中世纪哲学研究

A STUDY OF MEDIEVAL PHILOSOPHY

段德智◎著

人民出版社

目　录

导　论

中世纪哲学,顾名思义,是中世纪时期的哲学。对中世纪哲学的这样一种近乎同语反复的界定,一如我们将希腊罗马哲学界定为希腊罗马时期的哲学、将近代哲学界定为近代时期的哲学一样,原本不构成任何问题,但鉴于长期以来人们对它的"轻蔑鄙视"乃至"敌视"的态度和立场,①当讨论中世纪哲学时,我们便不得不一开始便采取一种"救偏补弊"、"拨乱反正"或"正本清源"的姿态。

一、对"中世纪哲学"的误读:"敌视"与"鄙视"

长期以来,人们对中世纪哲学往往采取两种态度和立场:一种是"敌视"的态度和立场,另一种是"鄙视"的态度和立场。对中世纪哲学取敌视态度和立场的西方哲学史家往往或是根本否定中世纪哲学的存在,或是攻击中世纪压制和反对哲学,是哲学的"黑暗时代"。对中世纪哲学取鄙视态度和立场的西方哲学史家虽然并不完全否认中世纪哲学的存在,但却对之采取极其轻蔑的态度,常常显现出不屑一顾的神态。结果,在许多西方哲学史书籍中,中世纪哲学即使没有没完全删略,也只是象征性地说上几句。

对中世纪哲学的这样一种态度和立场并没有因为中世纪的远去而淡化,它依然非常强烈、非常鲜明地显现在现当代哲学家和哲学史家的现实的哲学研究活动中和有关著作中。在新近出版的一本西方哲学和哲学史的教科书中,其主编在谈到中世纪哲学时,便曾经以非常轻蔑的口吻说道:"一个很长的时期——大约从公元 4 世纪——西方的思想被基督宗教所统治。这并不意味着没有哲学,远不是这样;但是它的大部分服务于神学或至少它被神学的思考所限制(除了在逻辑学这样一些情形之外)。"②中世纪哲学史家马仁邦在谈到这本书时,非常痛心地指出:"中世纪和文艺

---

①　参阅约翰·马仁邦主编:《中世纪哲学》,孙毅、查常平、戴远方、杜丽燕、冯俊等译,冯俊审校,北京:中国人民大学出版社 2009 年版,第 9、3 页。

②　转引自约翰·马仁邦主编:《中世纪哲学》,第 2—3 页。

复兴哲学,结果是明显地从整本书中被删除,只是简单地提了一下阿奎那。历史的截面从希腊人跳到笛卡尔而没有做任何评论。"①值得注意的是,马仁邦所批评的这部著作是1995年出版的,而且是牛津大学出版社出版的。这就意味着,对中世纪哲学的敌视或鄙视态度并非成为"历史",至今依然是横亘在我们面前而不能不奋力超越的障碍。

　　然而,相当一部分哲学家和哲学史家之具有这样一种敌视和鄙视情绪和眼光也不是偶然的,而是除了对中世纪哲学原典缺乏深入研究外,还另有其深刻的历史原因。我们不妨将其视为文艺复兴运动和启蒙运动的惯性运动的产物。无论是文艺复兴运动,还是启蒙运动,本质上都是以根本否定中世纪的制度和文化为基础的思想运动。就肇始于13世纪晚期意大利佛罗伦萨的文艺复兴运动来说,既然文艺复兴的意大利文 Rinascimento,由 ri-和 nascere 构成,既然 ri-的意思为"重新"而 nascere 的意思为"出生",则文艺复兴的基本意思便为"重新出生"。但是,一件事物的重新出生便意味着它曾经死亡。因此,文艺复兴便自然而然地内蕴有中世纪即为一个死亡时代或应当死亡的时代这样一层意思和这样一个基本前提。人们对中世纪哲学在内的整个中世纪制度和中世纪文化的敌对情绪由此可见一斑。继文艺复兴运动而来的第二次思想解放运动是所谓启蒙运动。这是一场肇始于18世纪法国和英国的思想解放运动。启蒙运动的法文为 Siècle des Lumières,英文为 the Enlightenment。法文单词 Lumière 的意思为"光"、"光亮"或"光明",而光或光明是以"暗"或"黑暗"为参照和对照的。而这就意味着,启蒙运动是以把中世纪视为"黑暗时代"为参照和对照的。其对包括中世纪哲学在内的中世纪制度和中世纪文化的敌视或鄙视的态度和立场由此不言而喻。英文单词 enlightenment 的原始义和基本义为"照耀"和"照亮",其中也内蕴有视中世纪为"黑暗时代"的意思。启蒙运动的德文 Aufklärung 虽然其基本义在于说明和澄清从而缺乏法文和英文中光明的含义,但也毕竟是以贬低和排斥中世纪制度和文化为基本前提的。康德曾经将启蒙运动界定为"人类脱离自己所加之于自己的不成熟状态",②其言下之意是中世纪乃"人类自己所加之于自己"的一种"不成熟状态",其贬低和否定的意思不言自明。更何况康德还明确地宣布"我们的时代是真正的批判的时代,一切都必须经受批判",③这就将包括中世纪哲学在内的所有传统文化都置放到了他的批判的矛头之下。

　　应当肯定,对中世纪的批判和否定,甚至鄙视和敌视,在一定的历史发展阶段是非常必要的,非如此不足以彻底摧毁旧制度和旧文化而确立新制度和新文化,人类社会就不足以革新和进步。但是,批判和否定是一回事,客观地作出历史评价则是另一

---

①　约翰·马仁邦主编:《中世纪哲学》,第3页。

②　康德:《什么是启蒙运动》,载《历史理性批判文集》,何兆武译,北京:商务印书馆1991年版,第22页。

③　康德:《纯粹理性批判》,邓晓芒译,杨祖陶校,北京:人民出版社2004年版,"第一版序"第3页。

回事。如果将近代与中世纪之交的批判和否定误作应然的历史评价,则我们就难免犯历史性的甚至常识性的错误。任何一种社会制度和任何一种文化形态,都既有其光明的一面,也有其黑暗的一面,都有一个酝酿、形成、兴盛和衰落的发展过程。黑格尔在他的《法哲学原理》中曾经说过:"凡是合乎理性的都是现实的,凡是现实的东西都是合乎理性的",①即是谓此。现在的问题是:人们对中世纪不仅拘泥于近代与中世纪之交的批判、否定、鄙视和敌视,而且还将其视为永恒真理,这就难免犯片面性的错误。如果将这种错误作为精神遗产继承下来,我们就不仅会将中世纪视为黑暗时代,而且还会将古希腊罗马、原始社会乃至整个资本主义时代视为黑暗时代,整个人类历史也就会因此而漆黑一团。而"全部哲学史",也就会因此而像黑格尔所说的,"成了一个战场,堆满死人的骨骼。它是一个死人的王国。这王国不仅充满了肉体死亡了的个人,而且充满着已经推翻了的和精神上死亡了的系统,在这里面,每一个杀死了另一个,并且埋葬了另一个。"②

鉴于现当代人类对中世纪敌视态度的逐渐消解,特别是随着考古学等学科的兴起以及人们对中世纪社会制度和文化本来面目的逐渐了解,现在,人们对中世纪的看法,像启蒙时代那样将整个中世纪不分青红皂白一概称之为"黑暗时代"的学者已经少之又少了。人们开始将"黑暗时代"局限于中世纪前期(476—800 年)这样一个时段。而且即使这样的史学家在当今时代也为数不多。大家毋宁用中世纪前期(Early Middle Ages)来指称这样一个时段。但是,相对于史学界的这样一个思想走势,西方哲学史界的学者似乎要滞后得多。至今还有相当一部分哲学家和哲学史家依旧笼罩在"启蒙时代"的阴影之中,成了"启蒙精神"的当代牺牲品。应该说,现在是西方哲学家和西方哲学史家跟上现当代史学家历史步伐的时候了。

"每一哲学都是它的时代的哲学"。正如古希腊罗马有自己的哲学,西方近代和现当代有自己的哲学一样,西方中世纪也有自己的哲学,也有自己据以解释整个世界的"哲学原则"。而且,正如希腊罗马时期有苏格拉底、柏拉图和亚里士多德,西方近代哲学有笛卡尔、培根、莱布尼茨、休谟、康德、黑格尔这样一些"伟大的灵魂"一样,西方中世纪也有波爱修、爱留根纳、安瑟尔谟、阿伯拉尔、阿奎那、波那文都、司各脱、奥卡姆和苏亚雷斯这样一些"伟大的灵魂"。这些"哲学史上的英雄们"也和西方哲学史其他发展阶段上的所有英雄们一样,不仅"为往圣继绝学",延续了西方哲学的命脉,而且还以自己的创造性工作把前此阶段的哲学提升到新的阶段,"为后世开新学"。就中世纪哲学而言,中世纪哲学家们不仅继承了希腊罗马哲学,特别是柏拉图和亚里士多德的哲学,而且还提出了一系列新的哲学原则。例如,他们新提出的本质与本体、本质与存在相区分的原则不仅超越了希腊罗马时期的本质主义哲学和实体

---

① 黑格尔:《法哲学原理》,范扬、张企泰译,北京:商务印书馆 1979 年版,"序言"第 11 页。
② 黑格尔:《哲学史讲演录》第 1 卷,贺麟、王太庆译,北京:商务印书馆 1981 年版,第 21—22 页。

主义哲学,而且还为后世的哲学本体论,甚至还为当代西方哲学本体论提供了宝贵的哲学资源。再如,他们提出的身体哲学以及人的个体性原则也同样不仅超越了希腊罗马时期的"魂学"(将灵魂视为人的本质规定性)和抽象的类概念,而且还为后世人学,特别是为当代西方人学提供了宝贵的精神资粮。所有这些都是需要我们这些后来人反复咀嚼,努力吸收和认真借鉴的。未来的哲学应该是更加光辉灿烂的,但是这样的哲学是绝对不可能建立在虚无主义基础之上的。当年,黑格尔在谈到中世纪哲学时,曾经以非常轻蔑的口吻写道:他"打算穿七里长靴尽速跨过这个时期"。① 然而,倘若黑格尔活到今天,倘若黑格尔肯坐下来认真地阅读一下中世纪哲学原典,倘若他确实感悟到中世纪哲学的革新气质,则他便极有可能脱掉他的"七里长靴",静下心来重写他的《哲学史讲演录》"第二部"。②

20世纪末,英国广播公司举办了人类第二个千年最伟大思想家的网上评选活动,结果阿奎那力压霍金、康德、笛卡尔、麦克斯韦和尼采,以排名第五的身份跻身于"千年十大思想家"之列。这个史实雄辩地告诉我们,中世纪哲学在人类思想史上的地位是无可否认的。现在是哲学家和哲学史家激流勇进,跟上历史步伐的时候了。

二、宗教功能的"二律背反":"负功能"与"正功能"

人们长期以来之所以对中世纪哲学采取敌视和鄙视态度,除了对中世纪的无知外,还有一项根本缘由,这就是对宗教哲学功能的片面理解,以为哲学一旦受到宗教的"污染"就不复是哲学。殊不知尽管宗教对哲学的影响始终是双重的,它既有阻碍哲学发展的一面,也有推进哲学发展的一面。

宗教社会学家奥戴在谈到宗教社会功能时,曾经突出地强调了宗教不仅具有负功能而且同时也具有正功能,他将这称作宗教功能的"二律背反"原理。他写道:"由于它们(宗教的负功能与正功能——引者注)并不仅仅只是一些问题,所以才是张力的内在根源,并被准确地称作二律背反。问题是可以解决的,但二律背反却是无法摆脱的悖论。我们必然会遇到它,而且必须得以某种方式来对付它,但绝不可能把它消除掉。"③奥德在这里所强调的虽然是宗教的社会功能的二律背反,但也同样适用于宗教的哲学功能。换言之,从宗教功能二律背反原理的角度看问题,不仅宗教有阻碍哲学发展的负功能,而且也同时具有推动哲学发展的正功能。而且既然宗教功能的

---

① 黑格尔:《哲学史讲演录》第3卷,贺麟、王太庆译,北京:商务印书馆1981年版,第233页。

② 黑格尔的《哲学史讲演录》共含三部。其中第一部为"希腊哲学",第二部为"中世纪哲学",第三部为"近代哲学"。

③ 托马斯·F.奥戴、珍尼特·奥戴·阿维德:《宗教社会学》,刘润忠等译,北京:中国社会科学出版社1990年版,第206页。

这样一种二律背反是"无法摆脱"的和"不可能消除"的,则我们就必须正视它,就必须对宗教的哲学功能有一个通盘的了解,而不能"弊于一曲而暗于大理"。就中世纪宗教的哲学功能而言,人们看到宗教对哲学的阻碍功能原本是无可厚非的,但倘若仅仅看到宗教的这样一种负功能并且因此而根本否认它的正功能便无疑是一种不能容忍的片面性了。事实上,一如宗教对哲学的负功能在中世纪有鲜明的表现一样,宗教对哲学的正功能也同样有鲜明的表现。例如,中世纪哲学的革新及其对古希腊罗马哲学的超越差不多都是由于宗教的刺激和挑战引发出来的。就经院哲学而言,它的革新及其对希腊罗马哲学的所有超越差不多都是由于基督宗教的教义(尤其是三位一体教义)刺激和挑战引发出来的。例如,在古希腊罗马哲学里,由于其本质主义的哲学路线所致,本质(ousia,eidos)与本体(hypostasis)往往是一体的。然而,倘若本质与本体一体,那就势必不是陷入"神格唯一论"(Monarchēs)、阿里乌派(Arianism)和"基督一性论"(Monophysism),就是陷入聂斯托利派(the Nestorian Party)的"基督二位二性说",从而非但不能解说圣父、圣子和圣灵的三位一体,反而陷入了这样那样的异端。① 这就向哲学提出了一个新的研究课题。而波爱修也正是在解决这一研究课题的基础上提出和阐述他的本质与本体的区分学说的。波爱修对本质和本体做了区分。他用 subsistantia 表示与 ousia 相关的词,表示种相和属相这样一类性质的实在性,表示"存在";而用 substantia 表示与 hypostasis 相关的词,表示个别事物的基体以及附着其上的偶性的实在性,表示"实体"、"存在者"或"是这个"。这样一来,经过这样一番哲学处理,上帝之为三位一体就顺理成章了。再如,在古希腊罗马哲学里,本质与存在的一体性乃哲学的一项基本原则。如果说这项原则在巴门尼德那里表现为"思想与存在的同一性"的话,在柏拉图那里则表现为"理念型相论"。因为在柏拉图那里,理念或型相(eidos)既是本质也是存在。然而,所有这些存在与本质一体的模式都不足以解说上帝的独一性和创造性。因为如果存在即是本质,即是思想和理念,则作为存在的上帝何以区别于其他精神实体? 又何以可能创造其他精神实体和物质实体? 而上帝的独一性和创造性又是基督宗教的基本信仰和基本教义。也正是为了应对基督宗教教义的这样一种刺激和挑战,阿奎那才明确地提出和阐述他的存在与本质的区分说。按照他的这一学说,事物的存在是一回事,其本质又是一回事。他强调说:"存在是某种并非本质或实质的东西(esse est aliud ab essentia uel quiditate)",无论是在受造的物质实体中还是在受造的理智实体中,"一件事物的存

① "神格唯一论"出现于2—3世纪,主张独一上帝只能有一个位格而不能有三个位格,圣子和圣灵只是圣父的另外两种表现形态,是一位上帝的三个方面。阿里乌派主张基督只是人而不是神。该派在325年召开的尼西亚公会议上被斥为"异端"。"基督一性论"主张耶稣基督的人性完全融入其神性,故只有一个本性(mónos phúsis)。5世纪中叶,君士坦丁堡附近隐修院院长优迪克和亚历山大里亚宗主教迪奥斯哥劳斯(Dioscorus,? —454年)倡导此说。451年,卡尔西顿公会议将其定为"异端"。聂斯托利派主张"基督二性二位说",断言耶稣基督虽然具有神性和人性,但却因此而具有神、人两个位格。该派在431年召开的以弗所公会议上被斥为"异端"。该派曾于唐代传入中国,被称作景教。

在是一回事,而它的本质、本性、形式则是另外一回事"。①他举例说:"我们能够理解一个人之所是以及一只不死鸟之所是,然而却不知道其究竟是否实际存在。"②阿奎那的存在与本质相区分的学说,一方面将作为存在与本质一体的上帝与作为存在与本质二分的受造物明确地区别了开来,从而强调了上帝的独一性和神圣性,另一方面又提出了受造物何以存在的问题,亦即上帝的创世问题,从而也就提出了作为上帝的存在本身只是一种纯粹的创造活动这样一个崭新的哲学原理。由此看来,无论是波爱修的本质与本体的区分说还是阿奎那的本质与存在的区分说,离开了基督宗教的刺激和挑战都是不可设想的。在中世纪,宗教对哲学的助推功能是极其巨大的。只看到宗教对中世纪哲学的负功能而对其对中世纪哲学的正功能视而不见显然是一种片面性。

在讨论中世纪哲学时,还有一点需要强调指出的。这就是相当一部分中世纪哲学家不仅具有浓重的哲学情结,而且具有不屈的战斗精神。他们不仅对智慧有真挚的"爱情",而且还是顽强的哲学战士。毋庸讳言,在某种意义上,我们可以说,中世纪是一个宗教思想差不多占统治地位的时代。对这一点,不仅我们这些后世学者作为旁观者有清醒的认识,而且即使中世纪的哲学家们,作为当局者,也有非常清醒的认识。并且,也正因为如此,他们才提出并反复地重申"两重真理论"。在中世纪哲学史上,阿维洛伊可以说是提出"两重真理论"的第一人。阿维洛伊不仅明确地将真理区分为"哲学真理"或"推证真理"和"神学真理"或"经文真理",而且还强调对"神学真理"或"经文真理"既可以做字面的解释也可以做寓言式的解释或隐喻式的解释。而这就意味着哲学真理乃第一真理或最高真理,当为判定神学真理或经文真理的基本标准。由此可以看出,阿维洛伊之所以倡导两重真理论,其初衷完全在于捍卫哲学的独立性和崇高地位。他的这样一种做法不仅是完全正当的(非如此就没有哲学可言),而且是非常难得的。阿维洛伊之后,阿奎那也是两重真理论的积极倡导者。阿奎那不仅在《反异教大全》中阐述和强调了"两重真理论",断言在"信仰真理"之外还另有"理性真理"或"理性探究的真理"(veritatis quam ratio investigat),③而且在《神学大全》中还进一步提出和阐述了"两门学科说",断言在"神学学科"之外还另有"哲学学科"(philosophicas disciplinas)。而且,他提出问题的方式也非常耐人寻味。在《神学大全》中,他提出的第一个问题是:"除哲学学科外,是否需要任何进一步的学问(Utrum sit necessarium praeter philosophicas disciplinas aliam doctrineam haberi)?"④这就是说,在阿奎那看来,"哲学学科"的存在是毫无疑问的,问题只是在于是否还另存有"神学学科"。因此,他的"两重真理论"和"两种学科说"无疑与阿

①　Thomae de Aquino,*De Ente et Essentia*,cap.4,6.
②　Thomae de Aquino,*De Ente et Essentia*,cap.4,6.
③　Thomae De Aquino,*Summa Contra Gentiles*,I,cap.9,3.
④　Thomae de Aquino,*Summa Theologiae*,Ia,Q.1,1.

维洛伊的"两重真理论"一样,都有捍卫哲学尊严和地位的初衷。他们无疑都是中世纪哲学史上的"英雄"。

三、中世纪哲学的整体性与宗教的家族相似性

在考察中世纪哲学时,除了要注意它对古希腊罗马哲学的承继性和超越性外,还应该特别注意它的整体性。

如果我们能够跳出欧洲文化中心论的话,我们就会看到中世纪哲学主要有三个部分组成,这就是"阿拉伯哲学"、"拉丁哲学"和"犹太哲学"。阿拉伯哲学发生在伊斯兰世界,通常用阿拉伯语写作。拉丁哲学发生在信仰基督宗教的欧洲国家,主要并且通常用拉丁语写作。犹太哲学则是犹太人的作品,他们不仅生活在伊斯兰世界,而且也生活在基督宗教世界,并且或是用阿拉伯语写作,或是用希伯来语写作。铿迪(Abū Yūsuf Ya'qūb ibn Ishāq alKindī,约800—873年)被公认为"第一位阿拉伯哲学家"。[①] 阿拉伯哲学的主要代表人物则为阿尔法拉比(Al Farabi,约875—950年)、阿维森纳(Avicenna,980—1037年)和阿维洛伊(Averroe,1126—1198年)。他们在应对伊斯兰教的刺激和挑战中将阿拉伯哲学提升到了前所未有的层次和水平。至于拉丁哲学,尽管我们可以将其源头一直上溯到波爱修,但波爱修的贡献与其在拉丁哲学本身,毋宁在于希腊哲学概念的拉丁化。因此,人们更倾向于将8世纪晚期的查理曼大帝的宫廷视为它的发源地。而把13世纪视为中世纪哲学的巅峰期,尽管这一哲学可以说一直延续到17世纪初期的西班牙人苏亚雷斯(1548—1617年)那里。犹太哲学的主要代表人物是阿维斯布朗(1021—1058年)和迈蒙尼德(1135—1204年)。从实体观上看,他们两人的观点似乎正相对立。阿维斯布朗主张"多型论",而迈蒙尼德则主张"单型论"。但他们对早期犹太哲学形态的塑造都起到了重要作用。

尽管我们可以将中世纪哲学区分为上述三个哲学传统,但这三个哲学传统在其发展过程中却不是孤立的,而是紧密地联系在一起的。而且,它们之间的关联性不仅是逻辑的,而且还是历史的。如果整体地和历史地看中世纪哲学的话,我们就不妨将阿拉伯哲学视为中世纪哲学的第一个哲学形态。阿拉伯哲学虽然发生在伊斯兰世界,但就思想源头而言,它与拉丁哲学完全是同源的。也就是说,阿拉伯哲学与拉丁哲学一样,所继承和使用的也主要是希腊哲学遗产,尤其是亚里士多德的哲学遗产。我们常常将阿拉伯哲学区分为"东部亚里士多德主义"和"西部亚里士多德主义",正表明他们所继承的主要是亚里士多德哲学。或许正是阿拉伯哲学与拉丁哲学的同源性使得它们之间存在有一种罕见的亲缘性和内在关联性。阿拉伯哲学对拉丁哲学的

---

① 穆萨·穆萨威:《阿拉伯哲学》,张文建、王培文译,北京:商务印书馆1997年版,第40页。

影响是极其深广的。例如,阿维森纳的存在学说和理智学说以及阿维洛伊的两重真理论都对阿奎那产生了直接而深刻的影响,给他的哲学思想打上了明显的印记。人们常常将阿拉伯哲学视为希腊哲学,特别是亚里士多德哲学进入拉丁哲学的中转站,视为以亚里士多德哲学为基础的中后期经院哲学生成和兴盛的推进器,这无疑是正确的。① 但是,这还是不够的。因为如上所述,阿拉伯哲学的创造性工作本身也在中后期经院哲学的发展过程中深深地打上了自己的烙印。② 可以说,离开了阿拉伯哲学,我们就既很难设想中后期经院哲学的产生,也很难设想中后期经院哲学的成就和繁荣。

　　阿拉伯哲学对犹太哲学的影响也同样是相当深广的。在某种意义上,我们可以说,中世纪犹太哲学是在阿拉伯哲学的影响下产生和发展起来的。诚然,早在公元 1 世纪就出现了第一位犹太哲学家菲洛(Philo Judaeus,公元前 25 — 公元 40 年)。但是,菲洛与其说是犹太哲学的奠基人,毋宁说是基督宗教哲学的奠基人。菲洛的贡献主要在于将斯多亚派的"逻各斯"概念和柏拉图的"理念型相"引进基督宗教神学,给基督宗教的上帝概念作出了哲学的解释,从而开启了基督宗教哲学。无怪乎有人据此评价说:"基督宗教哲学的历史不是以一个基督教徒,而是以一个犹太教徒,即亚历山大城的菲洛为开端的。"③然而,犹太哲学直到 9 世纪才在阿拉伯世界以东方穆斯林世界文化复兴的名义再次兴盛起来。一般认为,萨阿迪亚·本·约瑟夫(Saadia ben Joseph,882—942 年)为中世纪犹太哲学第一人,其著作《教义与信仰之书》为中世纪犹太哲学第一书。萨阿迪亚曾担任位于巴格达附近的一所拉比学院的院长。他的著作虽然被称作犹太教的"凯拉姆",但他的思想和著作却明显地具有阿拉伯哲学和阿拉伯神学的烙印。且不要说他的著作的内容和结构与阿拉伯哲学和阿拉伯神学(尤其是穆尔太齐赖派神学)完全一致,即使从他著作的名称也可以看出伊斯兰教神学和阿拉伯哲学(伊斯兰教经院哲学)对他的深刻影响。尽管"教义"(凯拉姆)或"教义学"这个词的丰富意涵一言半语很难讲清楚,但它在阿拉伯世界里意指为"伊斯兰神学"和"伊斯兰教经院哲学"则是没有疑问的。④ 萨阿迪亚将自己的著作取名为"教义与信仰之书",其从伊斯兰教神学和伊斯兰教经院哲学的角度和高度来论证

---

① 黑格尔在谈到阿拉伯哲学对于经院哲学的意义时曾经指出:"阿拉伯人之获知亚里士多德的哲学,这件事具有这样的历史意义:最初乃是通过这条道路,西方才知悉了亚里士多德。对亚里士多德作品的评注和亚里士多德的章句的汇编,对于西方各国,成了哲学的源泉。"见黑格尔:《哲学史讲演录》第 3 卷,第 261 页。

② 阿拉伯哲学影响拉丁哲学的方式有两种:一是为其提供精神资粮,一是为其提供研究的课题。例如,阿维洛伊的两重真理理论、独一理智论和世界永恒论等都成了中后期经院哲学讨论和研究的热点课题,并致使拉丁哲学内部产生了以西格尔为代表人物的拉丁阿维洛伊主义。

③ A.H.Amstrong,*The Cambridge History of Later Greek and Early Medieval Philosophy*,Cambridge University Press,1967,p.137.

④ 参阅穆萨·穆萨威:《阿拉伯哲学》,第 28 页。

包括犹太教信仰在内的宗教信仰的理论旨趣便昭然若揭了。其他犹太哲学家的情况也大体如此。例如，最为著名的中世纪犹太哲学家迈蒙尼德（1135—1204 年）就是这样。迈蒙尼德出生在受治于穆斯林阿摩哈德王朝的西班牙，后来又定居于埃及。诚然，就其哲学观点而言，迈蒙尼德是位亚里士多德主义者，而且也正是他把中世纪犹太哲学奠立在亚里士多德学说的基础之上。然而，作为哲学家，迈蒙尼德虽然信奉亚里士多德学说，但他信奉的与其说是希腊版的亚里士多德，毋宁是经过穆斯林亚里士多德学者阿尔·法拉比、伊本·西拿（阿维森纳）和伊本·巴哲（阿维门巴斯）过滤过的亚里士多德。也许正因为如此，黑格尔不仅强调犹太哲学与阿拉伯哲学联系紧密，而且在其《哲学史讲演录》中竟径直将犹太哲学作为阿拉伯哲学的一个环节加以叙述。①

另一方面，犹太哲学和阿拉伯哲学一样，与拉丁哲学的关系也极为密切。例如，伊本·加比罗尔（拉丁名字为阿维斯布朗）的关于上帝意志偶然性的思想曾对中世纪经院哲学产生了比较广泛的影响，而他的"普遍质型论"和"多型论"思想一方面引起了一些经院哲学家的共鸣，另一方面又遭到了一些经院哲学家的反复批判。而迈蒙尼德的"单型论"，特别是他的否定神学，对中后期的经院哲学也产生了相当广泛的影响。②

由此也可以看出，阿拉伯哲学、犹太哲学和拉丁哲学（经院哲学）虽然为三种相对独立的哲学传统，但在其发展过程中却是互存互动、一脉相承的。

阿拉伯哲学、犹太哲学和拉丁哲学在中世纪哲学的历史发展中所呈现出来的这样一种关联性和整体性可以说是世界哲学史上的一个奇迹。诚然，造就这样一个奇迹的因素是多方面的，但伊斯兰教、犹太教和基督宗教的家族相似性无疑是其中一项不可或缺的因素。1870 年 2 月，宗教学奠基人缪勒在英国科学院的一篇宗教学讲演中，曾经将"以经典为基础的宗教"区分为三个谱系。这就是"雅利安族系"、"闪米特族系"和"中国宗教"。其中，雅利安人中印度人和波斯人有以经典为基础的宗教，这就是婆罗门教、佛教和琐罗亚斯德教，它们的经典分别为吠陀书、三藏和波斯古经。闪米特人中希伯来人和阿拉伯人有以经典为基础的宗教，这就是犹太教（摩西教）、基督宗教和伊斯兰教，它们的经典分别是《旧约圣经》《新约圣经》和《古兰经》。中国人则有两个以经典为基础的宗教，这就是"孔夫子的宗教"（儒教）和"老子的宗教"（道教），它们的经典分别是《四书》和《道德经》。值得注意的是，犹太教的教义与基督宗教的教义尽管有所区别，尽管《旧约圣经》与《新约圣经》在内容上也有区别，但正统的基督宗教和基督宗教神学家对《旧约圣经》也持肯认的态度和立场，也

① 黑格尔在"阿拉伯哲学"标题下讲了三个问题："（甲）讲说者的哲学"；"（乙）亚里士多德的注释者"；"（丙）犹太哲学家摩西·迈蒙尼德"。参阅黑格尔：《哲学史讲演录》第 3 卷，第 3 页。
② 例如，阿奎那关于认识上帝本质的排除法就与迈蒙尼德所倡导的否定神学不无关系。Cf.Thomae de Aquino, *Summa Contra Gentiles*, I, cap.14,2; Thomae de Aquino, *Summa Theologiae*, Ia,Q.3.

将其作为自己的经典。而伊斯兰教,按照缪勒的说法,只不过是犹太教的"隐约的重复而已",也就是说,"伊斯兰教就其最根本的教义而言,是从亚伯拉罕的宗教的源泉产生的"。① 尽管人们可以批评缪勒的这样一种说法具有一定程度的西方文化中心论的色彩,但他的这个说法绝对不是空穴来风的。伊斯兰教不仅与犹太教和基督宗教一样都属于一神论和启示宗教,都突出创世学说和爱的说教,而且甚至它们经典中的宗教人物也多所雷同。例如,亚伯拉罕不仅是犹太教和基督宗教树立的信仰楷模,而且也是伊斯兰教树立的信仰楷模,只不过在《旧约圣经》称作亚伯拉罕,在《古兰经》中称作易卜拉欣罢了。而亚当不仅为《旧约全书》奉为人祖,而且也为《古兰经》奉为人祖。《新约圣经》中的耶稣基督尽管在《古兰经》中失去了神的地位,但《古兰经》还是给他保留了"先知"的地位。正是由于伊斯兰教、犹太教和基督宗教之间存在的这样一种家族相似性和内在关联性,为它们的教义的合理性作出哲学论证的阿拉伯哲学、犹太哲学和拉丁哲学(经院哲学)之相互借鉴和相互融通就不仅成了一种非常便利的事情,而且也成了一件非常自然的事情。也许正因为如此,许多哲学家在进行哲学推证时,他们往往并不将自己完全局限于某一个宗教传统之中,而以超越的态度和立场来探索形而上的哲学问题,从而使他们的哲学获得了一种超越的性质和价值,并且因此而获得和保证了他们哲学的纯粹性并具有某种永恒的价值和意义,构成人类哲学中不朽的内容。例如,第一个犹太哲学家萨阿迪亚·本·约瑟夫的《教义与信仰之书》(该著也被译作《论信仰和意见》),虽然如上所述,比较多地考虑到了伊斯兰教世界背景,但其用意却在于为犹太教、基督宗教和伊斯兰教的宗教信仰提供统一的信仰基础。该书分为十个部分,依序讨论了下述 10 个问题:(1)万物的创造;(2)造物主的一体性;(3)犹太教中上帝的戒律和禁令;(4)论服从、反叛、宿命和公正;(5)论善恶功过;(6)论灵魂的本质、死亡与来世;(7)论今世的复活;(8)论弥赛亚时代和犹太人的救赎;(9)论来世的赏罚;(10)论人生在世的正当行为。不难看出,这些问题中的大多数不仅是犹太教神学和哲学的话题,也不仅是伊斯兰教神学和哲学的话题,而且也是基督宗教神学和哲学的话题。再如,前面所提及的阿拉伯哲学家阿维洛伊所提出的双重真理论、理智独一论和世界永恒论也不仅是伊斯兰教神学和哲学的话题,而且同时也是犹太教和基督宗教神学和哲学不能不讨论和回应的问题。阿拉伯哲学、犹太哲学和拉丁哲学之间的互存互动实在是一件在所难免的事情。

　　诚然,在中世纪,也发生过绵延近两个世纪的十字军东征(1096—1291 年),但这似乎并没有从根本上阻止阿拉伯哲学、犹太哲学和拉丁哲学之间的互存互动和相互融通。如果考虑到这一层,则我们就不仅当为中世纪哲学家超越宗教冲突和宗教战争而致力于哲学的融通和提升感到庆幸,而且也当对他们的这样一种哲学精神由衷佩服。诚然,铸就阿拉伯哲学、犹太哲学和拉丁哲学一体性的因素还有很多,例如,它

---

① 　缪勒:《宗教学导论》,陈观胜、李培荣译,上海:上海人民出版社 2010 年版,第 35 页。

们哲学的同源性(它们共同以希腊哲学,特别是亚里士多德哲学的继承人自居)就是一项不可或缺的因素,但是,无论如何,犹太教、基督宗教和伊斯兰教的家族相似性是中世纪阿拉伯哲学、犹太哲学和拉丁哲学三位一体的一项基本因素。马仁邦在谈到宗教在促成中世纪阿拉伯哲学、犹太哲学和拉丁哲学整体性中所发挥的特殊功能时,曾经强调指出:阿拉伯哲学、犹太哲学和拉丁哲学这三个哲学传统都"属于一神论、启示宗教,即伊斯兰教、犹太教和基督宗教。虽然宗教学说哲学沉思之间的关系在各个传统中是变化的、不同的,在同一个传统内的不同时期之间也是不同的,但在所有这三个宗教中启示提出的问题和形式的限度都是相似的,对在它们各自的范围之内所产生的哲学著作发挥了深刻的影响"。这三个哲学传统与启示宗教的"密切联系"这个因素比其他因素"更能够解释适用于作为整体的中世纪哲学传统的一个最终的、内在的特色"。然而,他接着又不无遗憾地指出:这个因素"相对而言容易被人们忽视"。① 在这里,我们之所以特别强调催生中世纪哲学整体性的宗教因素,其初衷不仅在于还中世纪哲学的"庐山真面目",而且也在于消解马仁邦式的历史遗憾。

四、本著的基本框架和主要目标

本著的正文由四章组成。其中第1—2章旨在对中世纪经院哲学(拉丁哲学)和中世纪阿拉伯哲学作出概要性的说明,第3—4章旨在对阿奎那的哲学作出综合性和专题性的有一定理论深度的说明。

诚然,如前所述,中世纪哲学由三个大的哲学传统组成,这就是经院哲学(拉丁哲学)、阿拉伯哲学和犹太哲学。但是,鉴于相形之下,中世纪阿拉伯哲学和中世纪经院哲学(拉丁哲学)无论是就哲学的创新程度方面还是就哲学的学术规模和后世影响方面都远胜过中世纪犹太哲学,我们还是割舍了中世纪犹太哲学而着重概述了中世纪经院哲学和中世纪阿拉伯哲学。

在概述中世纪经院哲学时,我们不仅阐述了经院哲学产生和兴盛的文化背景和社会背景,而且还阐述了经院哲学的学院性质、学术地位和历史概貌。我们之所以阐述经院哲学的学院性质,旨在避免人们对经院哲学与教父哲学的混淆。我们之所以阐述经院哲学的学术地位,旨在纠正人们对中世纪哲学的敌视态度和鄙视态度。我们之所以阐述经院哲学的历史概貌,旨在帮助人们在较短的时间里对中世纪经院哲学有一个通盘的了解。

在概述中世纪阿拉伯哲学时,我们一方面特别阐述了中世纪阿拉伯哲学的西方属性,另一方面又特别阐述了中世纪阿拉伯哲学对拉丁哲学的影响。我们之所以特

---

① 参阅约翰·马仁邦:《中世纪哲学》,第2页。

别阐述中世纪阿拉伯哲学的西方属性,旨在强调中世纪阿拉伯哲学与拉丁哲学的同源性;我们之所以特别阐述中世纪阿拉伯哲学对拉丁哲学的影响,则旨在强调它们之间的内在关联性和互存互动性,从而为读者理解中世纪哲学的统一性和整体性提供理论视角和素材。正因为如此,我们在阐述中世纪阿拉伯哲学代表人物的哲学思想时,特别强调了他们的理论创新点及其对拉丁哲学的多重影响。

托马斯·阿奎那不仅是经院哲学的集大成者和最大代表,而且在一定意义上也可以看做是整个中世纪哲学的集大成者和最大代表。因为他不仅批判性地继承了在他之前的经院哲学的各种研究成果,而且还批判性地继承了在他之前的阿拉伯哲学和犹太哲学的主要研究成果,尤其是阿维森纳和阿维洛伊的主要研究成果。从他身上,我们差不多能够看到中世纪哲学所内蕴的所有有重大影响的哲学原理。正因为如此,唯有他才是我们具体深入地了解整个中世纪哲学的一个无可替代的窗口。阿奎那,作为中世纪哲学的最大代表,不仅是中世纪哲学的集大成者,而且是中世纪哲学的革新家。在他身上,中世纪哲学革新和超越希腊罗马哲学的哲学精神得到了相当全面的表达。正因为如此,当我们概述阿奎那时,我们明确地将其定义为"集大成者和哲学革新家"。为了使读者对阿奎那的哲学体系有一个全整的了解,我们依序介绍了他的哲学观、存在论、自然神学、人学、认识论、美学、道德哲学、政治法律思想和经济思想。为了突出他的创新精神和卓越贡献,我们在介绍他的哲学思想时并不是泛泛而论,而是尽力突出他的区别于他人的理论视角和特殊贡献。例如,我们在讨论他的哲学观时,使用了"作为神学'主妇'的哲学"这样一个短语,为的就是想借此表明,在阿奎那这里,哲学并非神学的婢女,它享有相对独立的地位,具有一定的学科尊严。再如,我们用"基于身体哲学的人学"来概括阿奎那的人学思想,其初衷即在于想藉此突出阿奎那的人学区别于希腊哲学家们将灵魂视为人的本质规定性的"魂学"的理论特征。相信细心的读者会理解我们的用心的。

本质学说是阿奎那本体论或形而上学的硬核。阿奎那哲学的革新性质及其对古希腊罗马哲学的超越,在很大程度上得益于他的本质学说。比较具体、比较深入地了解他的本质学说无论对于我们比较具体、比较深入地了解阿奎那自己哲学的革新性质和现时代意义,还是对于我们比较具体、比较深入地了解中世纪哲学的革新性质和现时代意义都是非常必要的和极其有益的。本章前三节的内容不仅相互关联,而且步步深入。其中,第一节在于概论阿奎那的本质学说,第二节在于具体阐述阿奎那的本质特殊学说,而第三节则在于从特指质料学说这一更为具体的理论视角阐述阿奎那的本质特殊学说和本质学说。阿奎那的公平价格学说是其经济学说最具创新精神和时代精神的内容。比较具体、比较深入地了解阿奎那的公平价格学说不仅有助于我们具体、深入地理解他的经济思想,而且也有助于我们更为具体、更为深入地理解阿奎那哲学思想的时代品格。

正文后面附有四项内容:《迷途指津》选译,《上帝慰藉之书》、《永恒之父通谕》

和《从"托马斯的现代化"到"现代化的托马斯"》。我们之所以将《迷途指津》选译收入本著，乃是因为犹太哲学虽然相对于拉丁哲学和阿拉伯哲学影响较小，但毕竟是中世纪哲学三大哲学传统之一。鉴于正文中没有专题介绍犹太哲学的文字，我们这样一种处置方式自然也就有弥补正文的缺憾之效。神秘主义虽然是中世纪哲学的一项重要传统，①但我们在正文中却很少涉猎。现在将艾克哈特的《上帝慰藉之书》收入附录，也是为了弥补正文的缺憾。利奥十三的《永恒之父通谕》不仅对于我们研究阿奎那至关紧要而且对于我们研究整个中世纪哲学和现代托马斯主义也至关紧要。且长期以来我国学界泛泛而谈该《通谕》的甚多，但真正了解《通谕》具体内容的却少之又少。相信我们的翻译文字无论对于阿奎那研究还是对于新老托马斯主义的研究都会有所裨益。《从"托马斯的现代化"到"现代化的托马斯"》实质上是对新托马斯主义两个代表人物马里坦和吉尔松的一种比较研究，强调马利坦的学术旨趣在于以阿奎那哲学的基本原理为出发点构建适合现代哲学环境的新的哲学体系，即"以神为中心的全整的人道主义"；而吉尔松的哲学旨趣则在于用现代哲学的眼光重新审视阿奎那，赋予阿奎那哲学本身以现代的甚至是永恒的意义。但无论是马利坦的"托马斯的现代化"还是吉尔松的"现代化的托马斯"，其着眼点都还是托马斯·阿奎那的哲学和经院哲学，故而都与本著的主题相关。相信读者通过阅读本文会加深对中世纪哲学的精神及其价值的理解的。

　　本著的主要目标在于正本清源。正本者，乃引导读者认识中世纪哲学的本来面貌和本来地位之谓也。换言之，就是要让读者意识到中世纪哲学与希腊罗马哲学和近现代哲学一样，都是自己时代的精华，都有自己所在时代的哲学家据以解释世界的"主导原则"，都有继往开来的哲学品格和理论承担。对中世纪哲学的敌视态度既是非历史的也是非哲学的，对中世纪哲学的鄙视态度也同样既是非历史的也是非哲学的。清源者，乃引导读者全面认识宗教哲学功能之谓也。也就是说，宗教在中世纪哲学的产生和发展过程中虽然具有负功能，但同时也有正功能。中世纪哲学之所以不仅在许多方面超越希腊罗马哲学，而且在许多方面值得后世哲学加以借鉴，一项根本的原因即在于宗教对它的刺激和挑战。这是在以后很长一段时期内还将是哲学动力学中一个需要正视和并予以反思的重大课题。

---

　　①　库赞(Victor Cousin)曾断言，中世纪在它发展的每一个时期都采取了他发现的四种形式：唯心主义，感觉主义，怀疑主义和神秘主义。参阅约翰·马仁邦主编：《中世纪哲学》，第3页。

第一章 中世纪经院哲学概论

中世纪经院哲学不仅是中世纪基督宗教哲学的主要形态和典型形态,而且也是整个中世纪哲学的主要形态和典型形态,对基督宗教哲学乃至整个西方哲学的后世发展,特别是对其现当代发展有着无可更替的作用。因此,我们对中世纪哲学的考察便从概述中世纪哲学的历史背景、学院性质、学术地位和历史概貌开始。

第一节 经院哲学兴盛的文化背景和社会背景

黑格尔在考察哲学的时代性时,曾经深刻地指出:"哲学与它的时代是不可分的。……哲学并不站在它的时代以外,它就是对它的时代的实质的知识。"①因此,在我们考察中世纪经院哲学时先行地考察一下它赖以产生的时代,亦即它赖以产生和兴盛的文化背景和社会背景,也就是一件非常必要的事情了。

经院哲学的拉丁文为"philosophia Scholastica"。其中,"philosophia"的意思为"哲学"。而"Scholastica"的词根"schol-"的基本意义为"教学"、"教材"、"教室"、"讲堂"或"学校",故而其基本意义为"学校(学院)中人",尤其意指"学校或学院中的教师或学者"。因此,"philosophia Scholastica"的原初意义和基本意义在于"学校或学院中的教师或学者的哲学"。在这个意义上,我们不妨将经院哲学称作"学院哲学"。② 这一点从经院哲学的理论队伍或学术阵容方面看,是相当清楚的。我们知道,古代的基督宗教哲学有两种基本形式,这就是教父哲学和经院哲学。"教父",拉丁文为"Patres Ecclesiae"。其中第二个词"Ecclesiae"的词根为"Ecclesia",其基本意义为"教会"。这就意味着教父哲学家通常为教会中人士,而非"学院中的学者"。第一个词"Patres"的词根为"pater",而"pater"的基本意涵虽然为"父亲",但却有"创始人"、"始祖"、"首领"、"组织者"、"筹备者"、"举办者"等延伸义,故而人们不仅用它

---

① 黑格尔:《哲学史讲演录》第 1 卷,第 56 页。
② 参阅段德智:《试论经院哲学的学院性质及其学术地位》,《基督教思想评论》2007 年第 1 册,第 3—8 页。

来表示有社会地位的"贵族"、"元老"、"绅士",而且还用它来表示具有神职的"神父",后来它的一个同义词"papa"竟被人用来指称"教皇(教宗)"。正因为如此,教父哲学家都不仅是基督宗教的教会中人士,而且还是基督宗教教会的组织者和领导人,都具有比较重要的教职,也就是说,他们往往一身二任,一方面是基督宗教教义的解释者和传播者,另一方面又是基督宗教教会的组织者和领导者。我们知道,教父通常被区分为希腊教父和拉丁教父,他们中又各自具有四个最为著名的代表人物,史称"四大博士",他们分别是:希腊教父纳西盎的格列高利、大巴兹尔、约翰·克里索斯顿、亚大纳西,拉丁教父安布罗斯、哲罗姆、奥古斯丁、大格列高利。其中,纳西盎的格列高利先后担任过纳西盎的神父和主教;大巴兹尔曾担任过恺撒城的主教;"金口约翰"先是担任叙利亚安提阿的助祭,后又担任过君士坦丁堡的大主教;亚大纳西先是担任过亚历山大城的教会执事,后又升任亚历山大城的主教;安布罗斯不仅担任过米兰的主教(主持过奥古斯丁的洗礼),而且还担任过米兰城的总督以及罗马帝国皇帝瓦伦丁尼二世和狄奥多西一世的顾问;哲罗姆先是在安提阿任神父,后又担任罗马城主教达马苏一世的教务秘书;奥古斯丁,众所周知,先后担任过希波城教会的执事和主教;大格列高利不仅身为图尔城的主教,而且还兼任地方政府长官。然而,在经院哲学家中,虽然其中有些人也曾担任过圣职,例如安瑟尔谟就曾担任过坎特伯雷的大主教,但总体来说,他们中的大多数属于学者型的,其中有不少本身即为大学教师。中世纪辩证神学的重要代表人物阿伯拉尔的基本身份是神学教师,而且还是一个几乎毕生都遭受教会谴责的教师;黑尔斯的亚历山大的基本身份是巴黎大学的神学教授;阿奎那的老师大阿尔们特虽然也当过两年的主教,但他的基本身份却是巴黎大学的神学教授;至于托马斯·阿奎那这一中世纪哲学的最重要的代表人物,在 1256 年获得硕士学位后,差不多可以说是当了一辈子教师,先后在巴黎大学、罗马大学馆和那不勒斯大学教书,直至病重去世;阿奎那之后经院哲学的重要代表人物之一邓斯·司各脱的基本身份是巴黎大学的神学教授;另一个重要代表人物、著名的逻辑学家奥康,这位牛津大学的高才生,虽然终生未能取得博士学位,却终究成为"奥康主义"学派的创始人。经院哲学家与教父哲学家在社会身份和社会地位方面的差异,深刻地影响了经院哲学与教父哲学学术取向方面的差异。一般而言,由于教父哲学家多为基督教会的组织者和领导者,故而教父哲学通常具有更为强烈的护教色彩。反之,由于经院哲学家多为学院中的学者和教师,故而经院哲学具有较为鲜明的理性色彩、论说风格、世俗品味和人文气质。这就是说,尽管经院哲学与教父哲学同为古代基督宗教哲学的基本形态,但是,相形之下,经院哲学更为注重对基督宗教教义的理论解说,更注重这种解说的理论性、科学性和系统性。黑格尔在谈到经院哲学的理论特征时,曾经强调指出:"只有能够科学地成体系地讲授神学的人才是经院哲学家",①即是

---

① 黑格尔:《哲学史讲演录》第 3 卷,第 278 页。

谓此。

经院哲学虽然是中世纪哲学的典型形态,但却直到公元 8 世纪才逐步酝酿形成、直到 13 世纪才发展到其全盛阶段的。其所以如此不是偶然的,而是由种种文化因素和文化背景造成的。在这诸多因素中,自查理大帝开始兴起的养士之风无疑是一个比较直接的动因。查理大帝(742—814 年)是欧洲中古历史上少有的几个极具雄才大略的历史人物之一。中古的法国之所以能够不仅成为称霸欧洲多个世纪的军事强国和政治强国,而且也逐步成为主导欧洲文化达多个世纪的"文化强国",应该说都是与查理大帝的远见卓识和养士之风分不开的。按照查理大帝的见解,为了全面提升法兰西的民族地位,彻底摆脱"蛮族"的恶名,就必须采取养士和兴办学校等措施来实施"文化强国"的战略。查理及其后人开办的学校主要有三个类别或三个级别:第一类是宫廷学校,这在当时是最高等级的学校;第二类是主教座堂里的学校,旨在培养神父和教士;第三类是修道院里开办的学校,这是一种最为普及的学校。修道院学校的基础课程为"七艺"。它们分别是语法(含语言和文学)、逻辑(哲学问题及其论辩)、修辞(含散文、诗与法律知识)、几何(含地理和自然历史)、代数(含历法)、音乐(含声学)和天文学(含物理学与化学)。它们实际上是当时西方人所知的世俗知识的总汇。这一教育体制的建立构成了查理"文化强国"和卡罗林文化复兴的一项基础内容。当时的欧洲,由于连年征战,文化凋零,唯有作为西北隅的爱尔兰还保存有一点文化气息。当时欧洲最好的学者和图书馆差不多都集中在爱尔兰。为了办好学校,查理亲自聘请著名的爱尔兰学者来主持他的宫廷学校。当时最为著名的爱尔兰学者之一约克的阿尔琴(Alcuin York,730—804 年)就是 782 年应查理大帝的邀请到法国主持宫廷学校的。另一位著名的爱尔兰学者约翰·司各脱·爱留根纳(Johannes Scotus Erigena,810—877 年)于 843 年也应秃头查理(823—877 年)的邀请来到法兰西,担任宫廷学校的校长和语法教师。查理帝国对境外学术人才的引进,极大地催生了中古法兰西比较理性、比较自由地思考、探讨和论辩哲学问题和神学问题的学术氛围。阿尔琴的《论辩证法》不仅运用逻辑推理探讨了"存在"、"潜在"和"意念"等哲学范畴,而且还初步显示了经院哲学的"批判"和"论辩"的学术风格。据说查理大帝不仅提倡比较理性、比较自由的学术讨论,而且还曾提出一些哲学问题和神学问题要求学者自由讨论,例如,据说查理大帝就曾经要求学者们对是否应该崇拜圣像问题展开研讨和论辩。在这样一种学术氛围下,一些学者甚至将批判的锋芒直指基督宗教的权威人士。拉特拉姆诺(Ratramnus,830—868 年)曾用关于共相的逻辑理论和哲学理论批判地考察奥古斯丁的灵魂观,得出灵魂作为种属不能成为独立实体,只能作为心灵的概念与个人灵魂相分离的观点,从而激发了经院哲学的共相之争。

爱留根纳则进一步提出"两重真理"的观点,突出和强调哲学的权威。"他主张,独立于启示之外的哲学具有同等的权威,或甚至具有更高的权威。他争辩说理性和启示二者都是真理的来源,因此是不能互相矛盾的;但假如二者之间万一出现了类似矛盾的时候,那么,我们就应当采取理性。"①针对奥古斯丁基督宗教是"真正的哲学"的主张,他鲜明地提出了"真正的哲学也是真正的宗教"的观点。② 他在《论神的预定说》一文中,公然反对奥古斯丁的"人已经死了"的观点,公然支持奥古斯丁所批判的"自由意志"思想。他的议论中的"那种纯哲学的性格"立即招来了教会"对他的愤懑",他的著作在 855 年的宗教会议上被谴责为"司各脱杂粥",只是由于国王的支持,他本人才得以逃避"惩罚"。③ 爱留根纳在哲学方面所作的一项重要工作是他奉秃头查理之命,翻译了伪狄奥尼修斯的著作。这些著作主要包括《论神的名称》、《论奥秘神学》、《论天国等级》、《论教会等级》和《信件十扎》。据 19 世纪末德国学者斯蒂格尔玛雅(J.Stiglmayr)和考诃(H.Koch)的考证,这些著作明显地带有五世纪新柏拉图主义者普罗克鲁斯思想的痕迹,因此根本不可能为雅典法官狄奥尼修斯的作品,很可能为生活在叙利亚的隐修士所作。然而,虽然这些著作的作者的名字是伪的,但是,它们传达给法兰西和欧洲大陆的五世纪哲学的信息却是真的,一如整个经院哲学史所表明的,它们在催生经院哲学方面所发挥的作用是"巨大"的,甚至是经久不衰的。爱留根纳的哲学原创性工作主要在于他写出了中世纪第一部重要的哲学著作《自然的区分》,提出了中世纪第一个"完整的哲学体系"。与教父哲学家们通常反对用作为世俗学问的辩证法研究神学和哲学的立场不同,爱留根纳主张并坚持用辩证法研究神学和哲学,成为用辩证法系统研究神学的第一人,从而也就因此而享有经院哲学第一人的美誉。④《自然的区分》将自然区分为四种:(1)"创造而非受造的自然"(Natura creans increala);(2)"创造而受造的自然"(Natura creans creala);(3)"受造而非创造的自然"(Natura creala nec creans);(4)"非受造亦非创造的自然"(Natura nec creala nec creans)。不难看出,其中第一种自然是作为创世主的上帝,第二种自然是存在于上帝之中的理念,第三种自然是有形事物,第四种自然是作为万物终极目的的上帝。上帝构成了万物的起点、中点和终点。其基督宗教神学的性质一目了然。但是,爱留根纳自然学说的哲学性质(或基督宗教哲学的性质)及哲学革新性质也同样是一目了然的。首先,在这一哲学体系中,爱留根纳不是将"存在"和"上帝",而是将"自然"(包含"存在"与"非存在")规定为哲学的最高概念,从而开创性地赋予"非存在"(即"有形事物")以实在性,从而不仅开了斯宾诺莎"自然即上帝"的先河,而且也为托马斯·阿奎那的自然神学和关于上帝存在的宇宙论证明作了铺

---

① 罗素:《西方哲学史》上卷,何兆武、李约瑟译,北京:商务印书馆 1981 年版,第 493 页。

② 参阅罗素:《西方哲学史》上卷,第 493 页。他甚至援引马提安(Martian)的话说:"除了哲学之外,无人能进天堂。"

③ 罗素:《西方哲学史》上卷,第 493 页。

④ 参阅约翰·马仁邦主编:《中世纪哲学》,第 137 页。也请参阅赵敦华:《基督教哲学 1500 年》,北京:人民出版社 1994 年版,第 21 页。

垫。其次,与教父哲学家不同,在这一体系中,爱留根纳赋予理念(逻各斯)以"创造"功能,从而为后世学者持守理论化或理性化的经院哲学路向作了铺垫。第三,在方法论上,与奥古斯丁"把逻辑学传统,以及把逻辑运用于神学的传统排除在外"的做法相反,爱留根纳坚持将逻辑用于哲学和神学体系的构建之中。不难看出,爱留根纳"自然的区分"实质上是一种"逻辑的区分"。从逻辑的观点,"自然"是最普遍的属概念,包括存在与非存在两个方面,其意义分别相当于"创造"与"非创造"。而"创造"的意义又可进一步解析为"能创造"或"被创造","非创造"的意义则可进一步解析为"不能创造"或"不被创造"。这四种意义两相组合,便可构成四种复合意义,它们既是"自然"范畴的全部可能的意义,同时也是他所谓的四种"自然"。其学说的逻辑严密性由此可见一斑。① 约翰·马仁邦曾从当代结构主义的立场上强调指出:"虽然爱留根纳避开了'结构'一词,但是,他却用与结构相同的要素建立了他的形而上学体系。"②他的这个说法虽然也有值得商榷之处,但是,无论如何也是包含一定真理的。最后,爱留根纳的自然学说不仅有一个逻辑学或认识论的问题,而且还有一个存在论或生成论的问题。如果说自然概念是他的自然学说的最高概念的话,创造概念则是他的自然学说的中心概念。爱留根纳对自然的区分一方面固然可以看做是对自然概念在逻辑层次上的一种区分,另一方面又可以看做是对自然生成和发展阶段的一种区分。因为第一种自然所讲的无非是作为起源的自然,第二种自然讲的无非是作为"原型世界"的自然,第三种自然讲的无非是作为"可感世界"的自然,第四种自然讲的无非是作为"归宿"的自然。这样,爱留根纳的自然学说,从总体上看,所讲的便是自然的一种生成和发展的过程,而且,如果说第二种自然和第三种自然是对第一种自然的否定的话,那么第四种自然则是对第一种自然的否定之否定。因此,爱留根纳的自然学说的学术意义,如果从中世纪基督宗教哲学的视域看,则为后世的存在论和生成论学说奠定了基础,如果从其对近现代西方哲学的影响的角度看,则可以视为主张辩证法、认识论和逻辑学相一致的黑格尔精神哲学的一种先兆。爱留根纳的这样一些哲学见解在他的母邦爱尔兰"可能是普遍的",③但是,经过他的教学活动和著译活动之传播到法兰西和欧洲大陆却对欧洲大陆的文化复兴和经院哲学的兴起起到了巨大的酵母作用。

　　如果说经院哲学的产生与查理大帝的养士之风密切相关的话,则经院哲学的兴盛则在很大程度上依赖于大学的诞生。西欧中古初期,罗马城市几乎全部没落。但是,从 10 世纪开始,随着生产力的发展、手工业与农业的分离和商业的逐渐活跃,作为手工业和商业中心的城市逐渐形成并且逐渐发展起来,行会制度也因此而逐渐盛

① 　参阅赵敦华:《基督教哲学1500年》,第213页。

② 　约翰·马仁邦主编:《中世纪哲学》,第138页。

③ 　参阅罗素:《西方哲学史》上卷,第497页。

行。在这种情况下,主教座堂和修道院的学校不仅数量有了明显的增多,而且规模也逐步大了起来。至12世纪,一些城市中已经开始出现了各色各样的学院,如艺学院(人文学院)、法学院(社会学院)、神学院和医学院。这些学院也都程度不同地具有行会的性质。至12世纪下半叶和13世纪初,这些学院之间开始出现了"大的合并",①从而形成了更大的由学生和教师组成的行会或公会(师生联合体),这也就是我们所说的"大学"。大学的拉丁文为"universus",由"uni"和"versus"合成,其中,"uni-"意指"集合"、"联合"或"结合",而"versus"意指"朝向"或"趋向"。因此,大学这个词的基本意义是"走向联合"或"趋向一体",也就是由若干个学院合并成一个更大的相互关联的行业公会。世界上最早的大学是巴黎大学,其他较早的比较著名的大学主要有牛津大学、博洛尼亚大学和萨莱诺大学等。大学的诞生对于经院哲学兴盛的意义是显而易见的。首先,大学的诞生推动了世俗文化或人文的研究。各个大学的招牌专业或招牌学院虽然各不相同,例如,巴黎大学和牛津大学以神学院闻名,博洛尼亚大学以法学院闻名,萨莱诺大学以医学院闻名,牛津大学以研究自然科学闻名,但是,它们在重视人文教育方面则是完全一致的。因为按照当时的大学体制和学位制度,只有在人文学院(或称文学院和艺学院)经过六年学习,修完人文七艺的所有课程,取得人文学院学士学位者,才能够进入神学院、法学院和医学院继续深造。这样,人文七艺就成了每一个大学生必修的大学教育的基础课程。② 其次,大学的诞生催生了人们研究大自然的兴趣和实验态度。按照波爱修(Boethius,480—524年)的说法,人文七艺可细分为两类。其中一类被称作"三科"(trivium),这就是语法、修辞和逻辑,它们被认为是哲学的工具。而另一类则被称作"四艺"(quadrium),这就是几何、代数、天文学和音乐,拉丁文原义为"四条道路",被视为"通向智慧的四条途径"。大学既然以人文七艺为基础课程,便势必会激发学生和学者对大自然的兴趣。牛津大学第一任校长格罗斯特(Robert Grosseteste,约1168—1253年)不仅以《论光》这一题目来称谓他的形而上学代表作,而且还在《后分析篇注释》中提出了"经验的普遍原则"理论。理查德·费夏克里(Richard Fishacre,约1200—1248年)在牛津大学的第一堂课上所发表的演讲中,即强调性地发出了读"自然之书"的呼吁。而且,与巴黎大学神学教授奥维尼的威廉(Guilelmus Auverrunus,1180—1249年)将上帝本身理解为自然之书不同,他是直接将受造世界或自然界理解为自然之书的。罗吉尔·培根(Roger Bacon,1214—1292年)在其代表作《大著作》中不仅像格罗斯特那样将数学理解为全部科学的基础,宣称数学是"其他科学的大门和钥匙",而且还第一个使用"实验科学"(scientia experimentalis)这一范畴,强调"实验科

---

① 参阅约翰·马仁邦主编:《中世纪哲学》,第209页。

② 一如《中世纪哲学史》一书所指出的,人文学院"是一种预备性的学院,为学生们进一步学习法律、医学特别是神学做准备"。参阅约翰·马仁邦主编:《中世纪哲学》,第210页。

学"乃最有用、最重要的科学。这些大学学者对自然科学和实验科学的重视和强调，无疑对托马斯·阿奎那的感觉论思想和自然神学思想（关于上帝存在的宇宙论证明）产生了积极的影响，并且成了17世纪弗兰西斯·培根经验主义认识论的先声。第三，大学的诞生酿造了一种理性思维和自由争鸣的学术空气。在中世纪的大学里，特别是在这些大学的人文学院和神学院里，普遍存在着一种程式化的教学方法。按照这种方法，大学的教学环节主要由两个环节组成，这就是"授课"和"争辩"。授课（lectio）的原意是阅读：由学生阅读指定教材，由教师对所读教材作出解释。争辩则区分为两种，这就是"问题争辩"和"自由争辩"。问题争辩是在课堂上进行的，其程序通常为：先由教师提出一个论点，并由他本人或由某个学生针对该论点进行反驳；然后由助教对该论点进行正面论证，并答复反驳意见；学生或教师也可以针对该助教的论证和答复提出新的反驳意见和问题；这种发问和回答、论证和反驳往往反复多次；最后，教师对他最初提出的论点作出是否成立的结论。自由争辩则是在公开场所进行的。实际上是一种辩论会，通常在新学期开学后数周内进行，也有在节日进行的。其程序通常为：首先由与会者提出一个或多个问题，然后由教师就其是否为"可解决的问题"表态；在教师给予认定后，即依照"问题争辩"程序展开争论。这样一种教学方法所贯穿的其实也就是经院哲学家们所使用的辩证法。经院哲学家们的许多重要著作，如托马斯·阿奎那的《神学大全》也就是依据这样的方法展开的。最后，新诞生的大学成了培植经院哲学家的摇篮和基地。按照1215年获准的巴黎大学条例，一个人要具有教授神学的资格，就需要：（1）经过六年学习，获得人文学院的学士学位（bacalaureus）；（2）进入神学院至少学习八年，获得圣经学士、神学学士和完全学士三个学位；（3）经过授课实习；（4）获得神学硕士。除早期少数几个经院哲学家外，著名的经院哲学家，如托马斯·阿奎那、波那文都、格罗斯特、大阿尔伯特、埃克哈特、约翰·邓斯·司各脱、威廉·奥康、罗吉尔·培根等，没有不受过大学系统而严格的学术训练的。

　　构成经院哲学兴起和兴盛的文化背景，除查理大帝的养士之风和大学的诞生外，还有一项重要内容，这就是自11世纪末开始的共相之争。共相问题最早是由3世纪的新柏拉图主义者波菲利（Porphyre，约232—305年）在《亚里士多德〈范畴篇〉导论》中提出来的。在波菲利看来，共相问题的实质主要在于："种和属是否独立存在，抑或仅仅存在于理智之中？如果它们是独立存在，它们究竟是有形的，抑或无形的？如果它们是无形的，它们究竟与感性事物相分离，或者存在于感性事物之中，并与之相一致？"[①]波菲利虽然提出了问题，但却没有给出任何答案或提示。然而，波菲利提出的共相问题在沉寂了近8个世纪之后，至11世纪末却忽然成了逻辑学或哲学的一

----

　　①　参阅北京大学哲学系外国哲学史教研室编译：《西方哲学原著选读》上卷，北京：商务印书馆1981年版，第227页。

个重大的热点问题。当时的著名学者差不多都卷入了这场争论。当时参与争论的学者分成了两派，这就是实在论和唯名论。实在论（realismus）强调共相即种相和属相的实在性，主张种相和属相不但先于个体事物而存在，而且还是个体事物得以存在的理据和原因。与此相反，唯名论（nominalismus）则强调个体事物的实在性，而根本否认共相即种相和属相的实在性，认为后者只不过是人们为了认知的方便而杜撰出来的"共名"而已。在参与早期共相之争的学者中，比较著名的有贝桑松的嘉兰度（Garlandus of Besançon，约1080—1149年）、贡比涅的罗色林（Roscelinus，约1050—1125年）和香蒲的威廉（Guillaume de Champeaux，1070—1120年）。香蒲的威廉，作为实在论的领军人物，开始时主张"物质/本质二分的本质实在论"，后来又倡导一种"中性理论"。按照他的"本质实在论"，每一个属相和种相都有一种普遍本质，都是一种普遍实体，为属于该属相和种相的所有个体事物所分有，而所有这些个体事物则因其偶性而成为个别的。而按照他的"中性理论"，则属于同一个属相的诸多个体事物同时是一，因为它们就其性质而言彼此"没有区别"。与此相反，贝桑松的嘉兰度则强调殊相的实在性，而仅仅把属相和种相理解成"语词"。罗色林比他更进一步，宣称属相和种相不仅是一种"语词"，而且是一种"声响"（flatus vocis）。这样一来，他就进而把唯名论转换成了一种"唯声论"。鉴于上述学者的上述极端立场，后人将他们的观点分别称作极端实在论和极端唯名论。随着争论的深入，随着双方片面性的暴露之越来越充分，这两个派别在共相之争中的立场和观点逐渐出现了某种趋同的迹象。这一点在阿伯拉尔身上得到了相当鲜明的体现。阿伯拉尔（Petrus Abaelardus，1079—1142年）曾于1094年拜师罗色林，后来因为不满意后者的极端唯名论立场而于1100年师从香蒲的威廉学习，但香蒲的威廉的极端实在论立场也同样不能使他感到满意，于是阿伯拉尔提出了自己的新的共相理论，即"概念论"。按照阿伯拉尔的概念论，共相并非像香蒲的威廉所说的那样，是一种普遍实体，而是一种逻辑概念和心灵中的观念。从存在论的立场看问题，根本不存在极端实在论者所说的"普遍实体"和"普遍偶性"，而只存在有"个别实体"和"个别偶性"。然而，共相也并不因此而成为罗色林所说的无意义的"声响"。凡共相都是一种有意义的"语词"，总要"意指"一些什么。而共相所意指的东西不是别的，而是同类个别事物在情状（status）方面的相似性。换言之，共相虽然只是我们心中的观念和逻辑概念，但在个别事物中却也是有其存在论基础的；正因为如此，有学者称阿伯拉尔的共相为"在物共相"（universale in re）。①阿伯拉尔的概念论不仅扬弃了极端实在论，而且也扬弃了极端唯名论，使得中世纪的共相理论获得了一种较为中庸的形态。由于他取这样一种双向扬弃的态度和立场，故而有人因此将其概念论称作"温和的唯名论"（如马仁

---

① 参阅邬昆如、高凌霞：《士林哲学》，台北：五南图书出版公司1996年版，第49—51页。

邦),也有人因此而将其称作"温和的实在论"(如邬昆如)。① 阿伯拉尔的概念论对于后世的经院哲学,特别是对托马斯·阿奎那(Thomas Aquinas,1224/1225—1274年)的存在论和认识论,有着相当重大的影响。

经院哲学的兴起和兴盛不仅与查理大帝的养士之风、大学的诞生和共相之争密切相关,而且也与亚里士多德著作的翻译密切相关。诚然,早在公元6世纪,波爱修就翻译过亚里士多德的著作,但是,当时波爱修只翻译出了亚里士多德的逻辑学著作《工具篇》,而且其中的《分析前篇》、《分析后篇》、《论辩篇》和《正位篇》等直至12世纪才被人发现。亚里士多德的著作绝大部分是在12世纪之后的一百多年期间经人翻译才逐步重新进入欧洲学人的视野之中的。其所以能够如此,在很大程度上得益于自1095年开始一直绵延到1291年的十字军东征。十字军的东征,特别是1203年十字军攻陷君士坦丁堡,使得包括亚里士多德著作在内的相当一部分希腊典籍得以重新回到欧洲人的手中,从而极大地推动了欧洲学者对亚里士多德著作的翻译和研究。在所有这些翻译家中,最为重要的当属意大利的多米尼克僧侣莫尔伯克的威廉(Wihelm von Moerbeke,约1215—1286年)。他的译作的数量之大、质量之高都是无人能够比肩的。从数量上说,莫尔伯克的威廉不仅翻译了亚里士多德的《范畴篇》和《分析篇》等逻辑学著作,而且还翻译了亚里士多德的《物理学》、《论天》、《论生灭》、《气象学》、《论灵魂》、《论感觉》、《论记忆》、《论梦》、《论发明》、《论长短》、《论气息》、《论朽灭》、《动物志》、《形而上学》、《尼各马可伦理学》、《政治学》、《修辞学》和《诗学》等著作。从质量上说,他既不是像有些译者那样是从阿拉伯文译成拉丁文的,更不是像他的同胞冈萨里兹(Domingo Gonzalez)那样先由别人由阿拉伯文译成西班牙文、他再由西班牙文译成拉丁文,而是直接据希腊文原本译成拉丁文。正因为他的译文的可信度高且数量又多,托马斯·阿奎那所采用的差不多都是莫尔伯克的威廉的译本。阿奎那之所以能够超越前人,成为中世纪经院哲学的集大成者,在很大程度上,得益于莫尔伯克的威廉的工作。在一个意义上,我们完全可以说,没有莫尔伯克的威廉,也就不可能有作为中世纪经院哲学的集大成者阿奎那。

查理大帝的养士之风、大学的诞生、共相之争和亚里士多德著作的翻译这些文化因素虽然构成了中世纪经院哲学的产生和兴盛的巨大动因,但是,倘若从更深的理论层次看,它们尚不是其产生和兴盛的终极原因,而只能说是其产生和兴盛的一些直接原因或近因。要想获得其产生和兴盛的深层原因,我们就必须到其产生和兴盛的社会背景中去寻找。黑格尔在谈到"支配哲学思想的外在的历史条件"时,曾经深刻地指出:"哲学开始于一个现实世界的没落。"②他进一步解释说:"当一个民族脱离了

① 参阅约翰·马仁邦:《中世纪哲学》,第175—179页;也请参阅邬昆如、高凌霞:《士林哲学》,第51页。

② 黑格尔:《哲学史讲演录》第1卷,第54页。

它的具体生活,当阶级地位发生了分化和区别,而整个民族快要接近于没落,内心的要求与外在的现实发生了裂痕,而旧有的宗教形式已不复令人满足,精神对它的现实生活表示漠不关心,或表示厌烦与不满,共同的伦理生活因而解体时,——哲学思想就会开始出现。"①那么,中世纪经院哲学所面临的趋于没落的现实世界究竟是个什么样的世界呢?尽管这个问题相当复杂,但是,为简洁计,我们不妨用欧洲历史上的"黑暗时代"予以概括。从表面上看,这个开始于4世纪末日耳曼蛮族大举入侵罗马帝国的时代的确是一个欧洲古代文明摧残殆尽、欧洲社会一时倒退重新陷入蒙昧的时代。然而,从实质上看,这又是一个欧洲社会从奴隶制向封建制转型的时代,一个基督宗教文明从根本上取代古代文明的时代,一个新的基督宗教哲学形态——经院哲学酝酿产生的时代,一个经院哲学照亮欧洲社会、逐步将欧洲社会从黑暗引向光明的时代。如前所述,经院哲学,作为基督宗教哲学的一个新的理论形体,其与教父哲学的根本区别即在于它对基督宗教信条论证的进一步理性化、世俗化、人文化和系统化,在于它对哲学和其他人文科学和自然科学以相对独立的学科地位,从而不仅构建了更具系统的基督宗教神学体系和哲学体系,而且也有力地推动了各种人文科学和自然科学的发展,使经院哲学的理性之光逐步照亮全欧洲。可以说,中世纪经院哲学的发展过程同时也就是欧洲文明复苏的过程。如前所述,法国在很长的一个历史时期内不仅是称霸欧洲多个世纪的军事强国和政治强国,而且也是中世纪经院哲学的策源地和根据地。直到12世纪,最重要的经院哲学家,除安瑟尔谟外,几乎全部是法国人(或是在法国从事经院哲学研究的外国学者)。而且,即使安瑟尔谟(Anselmus,1033—1109年),也不是英国人,而是一个曾在法国求学并长期在法国隐修院从事经院哲学研究和教会工作的意大利人。② 至13世纪,情况发生了重大的转变。欧洲中世纪经院哲学不仅在法国巴黎,而且在英国牛津和德国科隆都得到了长足的发展,形成了三足鼎立的局面。至14世纪,中世纪哲学出现了两大思潮,这就是司各脱主义和奥康主义,而这两大哲学思潮的创始人司各脱和奥康竟然全都是英国人。尽管司各脱(Johannes Duns Scotus,1265—1308年)也曾在巴黎大学学习和工作过多年,而奥康(Guillelmus de Ockham,约1285—1349年)为了躲避宗教迫害也曾长期在欧洲大陆从事学术活动和宗教改革运动。欧洲各国经院哲学中心由法国巴黎的一枝独秀到法国巴黎与英国牛津和德国科隆的三足鼎立,不仅彰显了中世纪经院哲学的成长和进步,而且也彰显了欧洲中世纪文明或基督宗教文明从法国走向全欧洲的伟大历程。这一历史事实可以被理解为中世纪经院哲学的社会价值的一个相当有力的佐证,充分说明作为基督宗教哲学高级形态的经院哲学不仅有化黑暗为光明、扭转乾

---

① 　黑格尔:《哲学史讲演录》第1卷,第54页。

② 　安瑟尔谟生于意大利,少年时即到法国毕尔岗底就学。后加入柏克隐修院,不久升任副院长和院长。1093年被任命为英国坎特伯雷大主教。曾因拥护教皇权益而与英王发生争执,并且因争夺主教任命权而被迫出走。1107年,教皇与英王达成协议,安瑟尔谟遂被召回英国继任大主教,直到1109年。

坤、救治社会病症的积极功能,而且也有推动人类文明进步和人类社会发展的积极功能。

同样值得注意的是,19 世纪末叶,经院哲学在沉默了 3 个世纪之后,又奇迹般地复活,在世界各国再次得到长足的发展,逐步成为现当代宗教哲学的一个极其重要的理论形态。这一历史事实不仅进一步表明作为基督宗教哲学高级形态的经院哲学具有旺盛的生命力,而且也进一步表明它的无可替代的学术价值和社会功能。我们据此可以断言,只要人类社会存在有这样那样的"黑暗",只要人类的"内心要求"与"外在的现实"存在有"裂痕",作为基督宗教哲学高级形态的经院哲学就有其存在和发展的土壤和动力。潜心经营与热情关注基督宗教哲学的这块园地乃当代学者的一份义不容辞的学术责任。

第二节　经院哲学的学院性质与学术地位

在对经院哲学的讨论中,人们往往将经院哲学与教父哲学混为一谈。诚然,教父哲学与经院哲学同属于基督宗教哲学,但它们之间却是存在着很大差别的。一方面,从历史的维度看,教父哲学其实属于古罗马时期,而经院哲学才本真地属于中世纪。另一方面,与教父哲学相比,经院哲学具有比较浓重的学院性质、形上意味和哲学气息。因此之故,我们对经院哲学的讨论便从经院哲学与教父哲学的分别开始。

一、经院哲学的学院性质:经院哲学与教父哲学的分别

究竟应当如何理解和看待经院哲学,对于这个问题,历来都见仁见智。其所以如此,一个重要原因是存留于人们头脑中的喜欢把简单问题复杂化的"洞穴假象"在作祟。诚然,作为人类历史上的一种社会现象和文化现象,经院哲学确实有非常复杂的一面,但是,就经院哲学的基本学术取向看,就经院哲学这一范畴的基本内涵看,倒是并不特别复杂。因为经院哲学,顾名思义,就是经院里的哲学,学校里的哲学,学者们的哲学,其所道出的无非是一种比较纯粹、比较学术化的哲学形态。倘若从语形学的角度看问题,事情就显得更加简单了。我们中国虽然早就有所谓"书院",但由于缺乏"哲学"这样一个现成的"概念",从而也就没有"书院哲学"这样一个说法,更谈不上有"经院哲学"这样一个"概念"了。这样,对于近现代中国人来说,"经院哲学"就是一个"洋词",一个外来词,一种舶来品,一种属于西方语系的东西。众所周知,"经院哲学"在英文中为"scholasticism",在德文中为"Scholastik",在法文中为"philosophie scolastique",而它们的源头又都可以一直上溯到希腊词"scholastikós",而这一希腊词所意指的无非是一种为学问而学问的比较纯粹的学术探究,甚至是一种带有几分学究气的学术探究。

再者,从这些词的词根(scho-)看,这些词除内蕴有学问、学习、学术探究外,还都内蕴有学校、学院、大学的意思。例如,英文"scholasticism"除与意指"学问"、"学识"的"scholarship"同源外,还显然与"school"(学校)同源。而且,在拉丁文中,"schola"的基本含义即为"学校"、"学舍"、"讲堂"、"教室"。也正因为如此,在西方历史上有一个值得关注的文化现象,这就是,大学的诞生与经院哲学的兴盛差不多是同步的。尽管人们对中世纪经院哲学时段的上下限有着不同的理解,但有一点却是被普遍认同的,这就是中世纪经院哲学的兴盛时期或鼎盛阶段是12—13世纪,而这一时期恰恰是西方大学的酝酿和诞生时期。巴黎大学是1170年建立起来的,牛津大学很可能是与巴黎大学同时创建的(也有人称是1167年创建的),而剑桥大学则是在1209年建立的。而它们之间的这样一种齐头并进甚至盘根错节的关系,是我们在考察经院哲学的学科性质、历史地位和哲学影响时不能不认真关注、深入思考的。

经院哲学还有一层意思,这就是从某种意义上讲,所谓经院哲学也就是"学者"的"学问","学者"的哲学。前面提到的希腊词"scholastikós"不仅如上所述,意指一种不为饭碗做学问、只为学问而学问的学术探究,而且还意指以这样的学术态度和学术立场治学的学者。在拉丁文中,"scholasticus"作为经院哲学的一个近义词,其基本内涵即为"学者"、"文人"。其意思与杜甫"士子甘旨阙,不知道里寒"(《别董颋》)一句中的"士子"以及吴敬梓的《儒林外史》书名中的"儒"字的含义大体相当。这就使得经院哲学家与古希腊罗马哲学家以及教父哲学家的身份有明显的差别。古希腊第一个哲学家泰勒斯不仅出身于名门望族,而且他成名后的基本身份是"社会贤达",为希腊"七贤"之一。毕达哥拉斯学派的创始人毕达哥拉斯,基本身份是一个宗教活动家和社会活动家。埃利亚派的创始人巴门尼德曾经是一位著名的政治活动家。苏格拉底不仅当过军人,而且还当过雅典城邦的执政官。亚里士多德在很长一段时间里是马其顿王子亚历山大的教师,而且他的死与其说是由于他的哲学思想,毋宁说是因为他作为马其顿王子教师的"太子太师"的身份。古罗马斯多葛派的重要代表人物塞涅卡与其说是个哲学家,毋宁说是一位政治家,他不仅就任过帝国会计官和元老院元老,而且还迁任帝国的执政官和皇储尼禄的家庭教师(太子太师),尼禄即位后,又升任尼禄的主要顾问,而且他与亚里士多德一样,也死于自己的这种政治身份,所不同的只是亚里士多德间接地死于自己学生的政敌,而塞涅卡则直接地死于自己学生手中(虽然是他自己割腕自杀的)。至于古罗马斯多葛派的另一个重要代表人物马可·奥勒留更是在位20年之久的罗马皇帝,至今仍享有所谓"哲学家皇帝"的声名。

就教父哲学家来说,人们往往在不经意之间将教父哲学家和经院哲学家混为一谈,其实不仅在学术路向方面,而且在理论队伍方面,两者之间都有很大的不同。"教父",拉丁文为"Patres Ecclesiae",其中第一个词"pater"的基本意涵虽然为"父亲",但却有"创始人"、"始祖"、"首领"、"组织者"、"筹备者"、"举办者"等延伸义,故而人们不仅用它来表示有社会地位的"贵族"、"元老"、"绅士"，而且还用它来表示具有神职的"神父"，后来它的一个同义词"papa"竟被人用来指称"教皇（教宗）"。正因为如此，教父哲学家都是基督宗教的组织者和领导人，都具有比较重要的教职，也就是说，他们往往一身二任，一方面是基督宗教教义的解释者和传播者，另一方面又是基督宗教教会的组织者和领导者。我们知道，教父通常被区分为希腊教父和拉丁教父，他们中又各自具有四个最为著名的代表人物，史称"四大博士"，他们分别是：希腊教父纳西盎的格列高利、大巴兹尔、约翰·克里索斯顿、亚大纳西，拉丁教父安布罗斯、哲罗姆、奥古斯丁、大格列高利。其中，纳西盎的格列高利先后担任过纳西盎的神父和主教；大巴兹尔曾担任过恺撒城的主教；"金口约翰"先是担任叙利亚安提阿的助祭，后又担任过君士坦丁堡的大主教；亚大纳西先是担任过亚历山大城的教会执事，后又升任亚历山大城的主教；安布罗斯不仅担任过米兰的主教（主持过奥古斯丁的洗礼），而且还担任过米兰城的总督以及罗马帝国皇帝瓦伦丁尼二世和狄奥多西一世的顾问；哲罗姆先是在安提阿任神父，后又担任罗马城主教达马苏一世的教务秘书；奥古斯丁，众所周知，先后担任过希波城教会的执事和主教；大格列高利不仅身为图尔城的主教，而且还兼任地方政府长官。然而，在经院哲学家中，虽然其中有些人也曾担任过圣职，例如安瑟尔谟就曾担任过坎特伯雷的大主教，但总体来说，他们中的大多数属于学者型的，其中有不少本身即为大学教师。中世纪辩证神学的重要代表人物阿伯拉尔的基本身份是神学教师，而且还是一个几乎毕生都遭受教会谴责的教师；"东部亚里士多德主义"的代表人物阿维森纳的基本身份是哲学家和医学家，其最高声誉是"卓越的智者"与"最杰出的医生"；"西部亚里士多德主义"的代表人物阿威罗伊的基本身份也是"评注家"和"医生"；黑尔斯的亚历山大的基本身份是巴黎大学的神学教授；阿李那的老师大阿尔们特虽然也当过两年的主教，但他的基本身份却是巴黎大学的神学教授；至于托马斯·阿奎那这一中世纪哲学的最重要的代表人物，在1256年获得硕士学位后，差不多可以说是当了一辈子教师，先后在巴黎大学、罗马大学馆和那不勒斯大学教书，直至病重去世；阿奎那之后经院哲学的重要代表人物之一邓斯·司各脱的基本身份是巴黎大学的神学教授；阿奎那之后经院哲学的另一个重要代表人物、著名的逻辑学家奥康这位牛津大学的高才生，虽然终生未能取得博士学位，却终究成为"奥康主义"学派的创始人。

　　然而，如此简单的历史事实却向我们提出了一个重大的学术问题，这就是，我们究竟应当在何种意义上理解经院哲学。当我们中国人把英文中的"scholasticism"和法文中的"philosophie scholastique"汉译成"经院哲学"时，其语言学根据和史学根据究竟何在？我们虽然也沿用了"经院哲学"这样一个用语，但这并不表明我们完全赞同这样一种译法，这只不过是一种"方便"的用法，属于一种"方便智"。如果有人将其译作"学院哲学"，我们至少是不会表示反对的，充其量我们会进一步补充说，学院哲学的源头还可以一直上溯到柏拉图的"亚加德米"和亚里士多德的"吕克昂"，仅此而已。黑格尔在谈到经院哲学与教父哲学的区别时曾经突出地强调了其理论队伍与理论旨趣方面的差异。他十分严肃地批评了"一些近代人"混同教父哲学与经院哲学的做法，指出："教会是为精神所统治的，并坚持理念中的规定性的，但理念必须永远在历史的形态中。这就是教父哲学的要点。他们曾经创造了教会，正因为发展了的精神需要一个发展了的学说，有一些近代人努力或企望使教会退回到它最初的形式，实在是最不适当了。以后（意指经院哲学出现之后——引者注）就有所谓博士出现，不复是教父了。"①这段引文中最值得注意的是最后一句，因为在这最后一句中，黑格尔是把作为经院哲学载体或主体的有学问的"博士"与作为教父哲学载体或主体的有圣职的"教父"的差异，作为经院哲学与教父哲学的区别性标志提出来加以对照的。不仅如此，黑格尔在讨论经院哲学的名称的起源时，对"经院哲学家"的身份作了更为具体明确的界定。他指出："经院哲学的名称是这样起源的。自查理大帝时代起，只有在两个地方，隶属于大教堂或大修道院的经院，有一个监管经学教员的监督（教士、僧正）叫做'学者'（scholasticus）（在第4世纪和第5世纪时，教师也叫做学者）；他同样作关于最重要的科学——神学的演讲。在修道院中最有能力的人便给僧侣讲课。这不是我们所要讲的，不过那个名称被保留下来，虽说经院哲学完全是另一回事。只有能够科学地成体系地讲授神学的人才是经院哲学家。"②在这段引文中，值得注意的同样是最后两句话。因为在这两句话中，黑格尔突出地强调了严格意义上的"经院哲学"并非是"经院里的哲学"，与后者相比，"经院哲学""完全是另一回事"，另一方面，又非常明确地强调了经院哲学的比较严格比较鲜明的学术性质或"科学"品格。多年来，我国学者虽然记住了黑格尔的许多话，但是，他所讲的这些话却被许多人忽视或淡忘了。现在当我们认真系统地探讨经院哲学时，我们就不能不拣起这个话题，并把它认真地讲下去或做下去。然而，当我们对经院哲学做深入细致的研究时，我们在术语方面就不能不面临两难境地：一方面在我国西方哲学史界乃至整个学界，差不多都约定俗成地使用了"经院哲学"这样一个中文名词；另一方面，当我们"面对事物本身"（胡塞尔语）时，我们又不能不对这样一个术语或概念的意涵作出必要的修正。出于这样一种考虑，我们不能不声明：当我们使用"经院哲学"这样一个术语时，我们所意指的主要是"作为学院哲学的经院哲学"。

总而言之，经院哲学不仅与古希腊罗马哲学不同，而且也与教父哲学有别，它总体上既不是政治家和社会活动家的哲学，也不是教会神职人员的哲学，而是一种学院中的学问，一种学者们的学问，一种相对纯粹的为了学问的学问。也正因为如此，他们中有些人甚至为他们的学术事业而受到过种种迫害，例如阿伯拉尔和奥康的学说都曾被宣布为"异端"，阿伯拉尔的《神学导论》不仅遭到焚烧，他本人甚至被处以阉

① 黑格尔：《哲学史讲演录》第3卷，第268页。
② 黑格尔：《哲学史讲演录》第3卷，第278页。

刑,奥康本人不仅因为自己的哲学、神学和逻辑学观点始终未能获得博士学位,而且还被教皇革除教籍。然而,在西方哲学史中,从广义上讲,这种类型的学院哲学始终构成哲学的一个重要的方面军,始终是哲学发展的一支不可或缺的学术力量,一如直接面向社会的种种哲学思潮对于哲学的发展是不可或缺的一样。在佛教教义中有所谓"胜义谛"与"世俗谛"之分,它们的学术层次和理论方向虽然有别,但是对于佛教及其教义的发展却同样不能付诸阙如。因为如果离开了"世俗谛",佛教及其教义固然会因此而失去必要的社会基础和社会支撑,但是倘若离开了"胜义谛",佛教及其教义也必将因此而失去必要的学理基础和理论支撑。虽然我们也不能因此在思辨哲学与哲学思潮的关系与佛教的"胜义谛"与"世俗谛"的关系之间画等号,但是,它们之间毕竟还是有某种类似性的。

其实,学院哲学与哲学思潮作为哲学存在的两种基本形态,它们之间应当是一种相互依存、相互补充、相互推动的和谐共存的良性关系。毫无疑问,学院哲学离开了对社会的认真关注,不仅其社会影响会大打折扣,其持续存在也会受到影响。《非理性的人》一书的作者威廉·巴雷特在讨论"存在主义的问世"时,曾对置当代社会和现实人生问题于不顾的学院派哲学作出过相当尖锐的批评。他指出:"今天,哲学家存在于'学院'里,是大学哲学系的成员,成为多少带有理论性质的人称哲学学科的专业教师。""实际上,要是今日的哲学家坦率的话,他们就会承认,他们对周围人们心理的影响已经越来越小。既然他们的存在已经专业化和学院化到这样一种地步,他们在大学校园之外的重要性也就日渐衰微。他们的争辩已经成了自己人之间的争辩;他们非但得不到强大民众运动的必要的热情支持,而且现在同依然留在学院之外的各类知识分子精英也没有什么接触。"①应该说,巴雷特的批评是不无道理的。但是,就现当代哲学的发展现状看,单靠各种变幻不定的哲学思潮似乎也未必能给哲学带来什么好运。因为在当代哲坛上,各种"主义"虽然纷纷登场,但是,我们还是很难从中找到几个能够与柏拉图、亚里士多德、阿奎那、康德相提并论的哲学大师和哲学英雄。由此看来,学院哲学作为哲学发展中的一支不可或缺的方面军,其存在是不应当为人忽视的,其作用是其他哲学形态不能取代的。从这个意义上讲,对经院哲学和学院哲学的研究是具有永恒意义的,只要哲学存在一天,学院哲学或作为学院哲学的经院哲学就应当存在一天,因为对学院哲学或作为学院哲学的经院哲学的研究,其意义因此就永远会有专属于自身的、面向未来而在的载体。

二、黑格尔的"七里长靴"与中世纪经院哲学

在我们初步完成了对作为学院哲学的经院哲学的语义学、语形学和语源学的考

---

① 威廉·巴雷特:《非理性的人:存在主义哲学研究》,段德智译,陈修斋校,上海:上海译文出版社2007年版,第4、7页。

察之后,有必要进而从史学的立场,从中世纪哲学的角度,对作为学院哲学的经院哲学作一番考察。这个问题,如果从正面讲,乃是因为作为学院哲学的经院哲学,作为一个哲学史范畴,首先并且归根结底是同中世纪这段历史时期及中世纪哲学这一哲学历史发展阶段相关联的。倘若在作为学院哲学的经院哲学的发展过程中也有一个雅斯贝斯所说的"轴心时代"的话,这样一个"轴心时代"非中世纪莫属。既然如此,则谈经院哲学而不谈中世纪就有点言不及义了。我们之所以必须回到中世纪,如果从负面讲,乃是因为人们在中世纪和中世纪哲学这个问题上存在着太多误读。一些学者至今仍将中世纪理解为一个"黑暗时代",即使以注重历史感著称的黑格尔,在中世纪和中世纪哲学这个问题上也采取了一种非历史的态度,一方面把中世纪宣布为哲学的"沉睡"、"沉沦"和"死亡"的时代,另一方面又非常轻蔑地把中世纪宣布为哲学的"坟墓"和"沙漠地带",声言要"穿七里靴尽速跨过这个时期"。① 这样两个方面都要求我们从中世纪哲学的角度,对经院哲学或作为学院哲学的经院哲学作出进一步深入具体的、具有拨乱反正意味的说明。

　　既然最直接影响我们对经院哲学作出事实判断和价值判断的,莫过于"中世纪是一个黑暗时代"这样一种说法,则我们的讨论从这样一种说法起步就是一件非常自然的事情了。"每一哲学都是它的时代的哲学。"②既然如此,则倘若一个时代整个地属于黑暗时代,则作为这个时代的哲学的意义和价值也就从根本上无从谈起了。然而,"中世纪是一个黑暗时代"这种说法显然是缺乏史学和社会学根据的。一如20世纪著名的德国史学家斯宾格勒在其名著《西方的没落》中所指出的那样。任何一种文明、任何一个历史时期都是一个"生命有机体",都要经历一个从"出生"到"成长"、从"衰老"到"死亡"的发展过程。按照斯宾格勒的说法,中国是从秦汉时代开始没落的,印度是从阿育王时代开始没落的,希腊是从亚历山大大帝时代开始没落的,中东是从穆罕默德时代开始没落的,西方是从拿破仑时代开始没落的。不管人们对他根据其"有机体论"所作出的这些具体结论有何评价,他的思想中有一点是不容否认的,这就是,任何一种文化和社会都有其发展过程,都有自己的光明面和黑暗面,都有自己的光明时代和黑暗时代。如果人们把中世纪这样一个与整个封建社会的兴衰相始终、在西方历史上绵延达几百年乃至近千年的历史时期,整个地说成是黑暗时代,则人们把作为西方奴隶制社会发展阶段的古希腊罗马时期同样说成是黑暗时代我们又有什么理由拒绝呢? 我们有什么理由拒绝人们把近代以来的自由资本主义发展阶段说成是黑暗时代呢? 然而,这样一种史学观念究竟对我们理解人类历史活动

　　① 黑格尔:《哲学史讲演录》第3卷,第233、263—268、323—335页。黑格尔在其中写道:"哲学史的第一个时期共一千年,从公元前五五〇年的泰勒斯到死于公元四八五年的普罗克洛,到异教哲学的研究机构于公元五二九年被封闭为止。第二个时期一直到十六世纪为止,又包括一千年,我们打算穿七里靴尽速跨过这个时期。"

　　② 黑格尔:《哲学史讲演录》第1卷,第48页。

有什么积极意义呢？诚然,在中世纪这一漫长的历史时期中确实有一个为史学家称作"黑暗时代"的历史阶段,这一阶段通常以公元 455 年汪达尔人攻陷罗马为上限,以公元 800 年法兰克王加冕称帝、甚至以更后的 11 世纪中叶为下限。即使此说成立,也只限于中世纪历史时期中的一个阶段,更何况这样一种说法本身也有缺陷,从而在当代史学界也很少有人明确表示认同。因为与其说这是一个"黑暗时代",毋宁说是一个社会转型时代,一个为了实现社会转型而出现社会阵痛的时代,一个走向新的黎明的时代。

至于黑格尔把中世纪哲学或经院哲学理解为哲学的"坟墓"和"沙漠地带",这种说法也同样是不能苟同的。因为即使按照黑格尔本人的哲学和哲学史观,整个哲学和哲学史无非是一个"有机的系统",一个"包含很多的阶段和环节在它自身内"的有机"全体";因此,"每一哲学在全部过程里是一特殊的发展阶段,有它一定的地位,在这地位上有它的真实意义和价值"。① 既然如此,我们就没有任何理由厚此薄彼,甚至从根本上否定作为整个历史时期的哲学的存在与地位;就像既然我们所说的长江是由沱沱河、通天河、金沙江、川江、荆江、扬子江等河段组合而成的,则我们就不能说扬子江比通天河和金沙江重要,或者说通天河和金沙江根本就不是长江的一个河段。更何况,中世纪的经院哲学在西方哲学史上的地位还不仅仅是"通天河"和"金沙江"在长江中的地位。因为即使按照黑格尔本人的说法,西方哲学史上的"第一个时期",即古希腊罗马时期,"共一千年",而"第二个时期",即"中世纪哲学"或"经院哲学","一直到 16 世纪为止,又包括一千年"。"这一段期间约有六百年,或者从教父算起约有一千年。"即使从量的角度看问题,我们也没有任何理由对整个中世纪哲学或经院哲学持漠视的态度和立场。

在讨论中世纪哲学时,我国不少学者常常将其二分为"教父哲学"和"经院哲学"。这样一种做法虽然也有一定道理,但是也内蕴有许多不周全之处。因为教父哲学虽然与后来的经院哲学有各种历史的和理论上的关联,但是,严格说来,教父哲学并不属于中世纪哲学的范畴,而只是古希腊罗马哲学的一个环节和阶段而已,至少从西方哲学史的角度看是不可能与经院哲学相提并论的。黑格尔在谈到经院哲学与教父哲学的时代性时,曾经明确指出:"经院哲学家是这个时期(指中世纪——引者注)的主要人物。它(指经院哲学——引者注)是欧洲中世纪的西欧哲学。反之,教父们主要是在古代罗马世界,在罗马帝国,属于拉丁文化;拜占庭人也属于这个体系。"②这就是说,至少从其源头或"轴心时代"看,所谓中世纪哲学也就是我们这里所说的经院哲学,或作为学院哲学的经院哲学。既然中世纪经院哲学与古希腊罗马哲学和西方近现代哲学一样,同是西方哲学发展过程中的一个环节和阶段,那我们就

---

① 黑格尔:《哲学史讲演录》第 1 卷,第 48 页。
② 黑格尔:《哲学史讲演录》第 3 卷,第 268 页。

应当像我们对待古希腊罗马哲学和西方近现代哲学一样,去从容地面对,细心地探究,而不能像黑格尔那样,慌慌张张地穿着"七里长靴"跨过去。

事情也确实如前所说,中世纪经院哲学作为西方哲学发展过程中的一个环节和发展阶段,作为其所在时代的哲学,作为其所处时代精神的"最盛开的花朵",像任何别的哲学形态一样,也具有它的"真实意义"和"价值"。尽管恩格斯作为一个西方哲学家和哲学史家,曾经高度地评价古代希腊哲学,强调指出:"在希腊哲学的多种多样的形式中,差不多可以找到以后各种观点的胚胎、萌芽。"①但是,我们还是要如实地指出,在中世纪经院哲学中确实存在着一些古希腊哲学中不曾存在的东西。

例如,尽管著名的希腊哲学专家莱昂·罗斑在其名著《希腊思想和科学精神的起源》中曾经用"人本文化"(la culture humaine)来概括希腊哲学的巅峰期,以及苏格拉底、柏拉图和亚里士多德的哲学,但是,严格说来,在古希腊哲学中存在的与其说是"人本"思想,毋宁说是"魂本思想",因为在大多数古希腊哲学家看来,人在本质上只不过是一个"灵魂"而已。我们知道,苏格拉底是以"认识你自己"著称于世的,然而,一如罗斑所指出,苏格拉底的"认识你自己"归根到底就是"他所谓的'留心自己的灵魂'(《申辩篇》20e—22e)"。②柏拉图则更进一步继承了奥斐教关于身体是"臭皮囊"的思想和毕达哥拉斯派关于身体是灵魂的"坟墓"和"监牢"的说法,提出了人生和哲学应当是一种"死亡的排练","一种使灵魂还原的努力"。③这也是不难理解的,既然身体在柏拉图看来,其功能主要是负面的和消极的,在于"玷污"灵魂和"封闭"灵魂,则"保持与身体的分离",在从身体的"解脱"中努力"纯洁"自己,就是人生的根本目标了。在亚里士多德那里,虽然身体获得了一些正面的意义和价值,但是,既然灵魂不仅是身体的形式因,而且也是身体的目的因和动力因,既然人不过是一种"理性的动物",则依然未能跳出苏格拉底和柏拉图人性概念的窠臼。然而,我们在中世纪经院哲学中,特别是在托马斯·阿奎那的哲学中,惊奇地发现了人的全整性和个体性概念。针对古希腊的片面的"人性"概念,阿奎那明确地区分了"人性"(humanitas,natura hominis)概念和"人"(homo)的概念。在阿奎那看来,古希腊哲学家所讲的只是一种"人性"概念,这一概念所关涉的是由"动物"概念和"理性"概念组合而成的第三个"概念",而非现实的存在的人,现实的人始终是由"这个身体"与"这个灵魂"组合而成的具体的人,一种有骨有肉的人,一种由"这根骨头"(hoc hos)和"这块肌肉"(haec caro)组合而成的"个体"(individuum)。而且,在阿奎那看来,构成人的"个体性原则"的不是别的,正是人的身上的"特指质料",是人身上的"骨头"和

---

① 恩格斯:《自然辩证法》,北京:人民出版社 1971 年版,第 30—31 页。

② 莱昂·罗斑:《希腊思想与科学精神的起源》,陈修斋译,段德智修订,桂林:广西师范大学出版社 2003 年版,第 154 页。

③ 柏拉图:《斐多篇》64a,67e,81a;[法]莱昂·罗斑:《希腊思想与科学精神的起源》,第 191 页。

"肌肉"。① 毫无疑问,"全整的人"概念和"个体的人"概念是一种古希腊罗马哲学中阙如的概念,它们对后世的"此在"概念和"身体哲学"无疑具有深广的影响。

　　再如,即使就古希腊罗马哲学的最高成就即形而上学言,中世纪经院哲学也对之作出了根本性的改造。柏拉图把"辩证法"看做是"最高的学问",但是在他看来,辩证法研究的无非是"存在"、"非存在"、"动"、"静"、"同"、"异"这些普遍概念或普遍理念的逻辑关系。② 与柏拉图不同,亚里士多德把"最高学问"称作"第一哲学"或"神学",亦即后人所谓的"形而上学"。但他同样把"存在"或"有"或"所是的东西"作为其主要研究对象,宣称:所谓第一哲学就是"一门研究所是的东西自身以及出于它的本性的属性的科学"。③ 亚里士多德虽然也进而提出了质料与形式、潜在与现实等范畴,但是,他的"有",乃至他的"有之为有"的概念,总的来说是一种静态的逻辑概念。但是,与柏拉图和亚里士多德不同,在托马斯·阿奎那这里,"存在"、"有"、"是"或"所是的东西"不再是一个静态的逻辑性概念,而变成了一种动态的生成论概念,一种生生不息的创造性活动。一如阿奎那在《论受造的精神》中所说:"'存在'(esse)的意义来自动词'是'(est):'是'本身的意义并不指一个事物的存在,……它首先表示被感知的现实性的绝对状态,因为'是'的纯粹意义是'在行动',因而才表现出动词形态。'是'动词主要意义表示的现实性是任何形式的共同现实性,不管它们是本质的、还是偶性的(原文为'偶然的'——引者注)。"④不仅如此,他还从根本上颠倒了"本质先于存在"这一古希腊罗马哲学的基本原理,事实上差不多早萨特800 年提出了"存在先于本质"的存在主义基本原理。他在《反异教大全》第 1 卷 22章 7 节中强调指出:"存在即是活动的名称(Esse actum quondam niminat),因为一件事物被说成是存在,并不是因为它处于潜在状态之中,而是因为它处于活动之中(sed ex eo quod est in actu)。"他在《论上帝的力量》问题 7 第 2 条中进一步强调指出:"存在是一切活动的现实性(actualitas omnium actuum),因此是一切完善的完善性(perfectio omnium perfectionum)。"吉尔松称赞阿奎那对存在的解释是"形而上学历史上的一场革命",威廉·巴雷特强调说,"就存在与本质的关系看",阿奎那是一个现代意义上的存在主义者,这些都是言之凿凿,一点也不过分的。⑤

　　如实地理解和诠释经院哲学不仅对于如实地理解和诠释中世纪哲学本身是必要的,而且对于古希腊罗马哲学以及近现代西方哲学也同样是必要的。因为如果像一些学者那样,将中世纪理解成"黑暗时代"和哲学的"沙漠地带",则古希腊罗马哲学

　　① 参阅托马斯·阿奎那:《论存在者与本质》,段德智译,《世界哲学》2007 年第 1 期。
　　② 参阅柏拉图:《智者篇》,237a—263b。
　　③ 亚里士多德:《形而上学》,Ⅳ,1,1003a20—23。
　　④ 托马斯·阿奎那:《论受造的精神》,转引自赵敦华:《基督教哲学 1500 年》,第 375 页。
　　⑤ Etienne Gilson, *History of Christian Philosophy in the Middle Ages*, New York: Randorn House, 1955, p. 365; William Barrett, *Irrational Man*, New York: Doubleday & Company Inc., 1962, p.104.

势必会因此而变成一潭死水,至多也只能被视为一股地下"暗流",这些学者也就很难鉴赏到古希腊罗马哲学奔腾不息、一泻千里的气势和景观。另一方面,如果我们不能如实地理解和诠释经院哲学,我们也就同样不能如实地理解和诠释近现代西方哲学。即使从我们在前面列举出的那些例证中也不难看出,如果不了解、不理解中世纪经院哲学,我们不仅不能够全面地把握现当代西方存在主义的理论渊源,而且也很难全面地理解和把握现当代西方存在主义强调人的"此在性"或"个体性"、强调"存在先于本质"的深刻的宗教文化背景。其实,中世纪经院哲学对后世哲学的影响是多方位的,不仅对西方人本主义哲学有深广的影响,而且对后世的理论自然科学或自然哲学也有深广的影响。例如,中世纪经院哲学对近代西方哲学的物质观就产生过非常重大的影响。众所周知,近代西方物质观有两个最为基本的观点,这就是物质的广延性和物体的运动性。令人诧异不已的是,所有这两种观点都可以在中世纪经院哲学中找到理论源头,我们不仅能够在托马斯·阿奎那的质料学说,特别是他的特指质料学说中找到近代哲学中"物质即广延"的理论源头,而且还可以在邓斯·司各脱的"主观质料"学说中发现物质的运动性的理论源头。赵敦华在其名著《基督教哲学1500年》中曾对此做过非常精辟的说明。他写道:"司各脱的'主观质料'和托马斯的'特指质料'预示了近代'物质'概念的两个意义:前者相当于物质的运动性,后者相当于物质的广延性。"他在谈到托马斯·阿奎那的"特指质料"的理论地位时还更为具体地说道:"他的'特指质料'相当于后来的'广延',他的物质实体个别化思想后来演化为把物质实体归结为广延的思想。从古代哲学的'质料'过渡到近代哲学的'物质'经历了漫长的经历,托马斯对'质料'意义的辨析起到承上启下的作用。"[①]

　　关于中世纪经院哲学,还有一点需要强调的是,中世纪经院哲学并非是完全过去和完全死去的东西,它不仅如上所述,存活于后世的哲学中,存在于近现代西方哲学中;不仅以一种相对独立的哲学形态,存在于新托马斯主义和人格主义等现当代哲学思潮中,而且还以这样那样的形式存在于分析哲学、语言哲学以及存在主义等现当代哲学思潮中,由于所有这一切都为读者所熟悉,我们这里也就不予赘述了。

三、经院哲学与宗教文化的相对相关

　　既然我们已经对经院哲学或作为学院哲学的经院哲学的基本内涵及其哲学史意义作了初步说明,现在就有必要也有可能对宗教文化及其与经院哲学的辩证关联作出一些说明了。

　　从治学的角度看,特别是从治宗教哲学的角度看,宗教文化与经院哲学所代表的是学术研究的两个不同的向度,其中经院哲学所代表的是学问和学术的学院向度,而

---

　　①　赵敦华:《基督教哲学1500年》,第470、388页。也请参阅段德智、赵敦华:《试论阿奎那特指质料学说的变革性质及其神哲学意义:兼论 materia signata 的中文翻译》,《世界宗教研究》2006年第4期。

宗教文化所代表的则是学问和学术的社会向度;经院哲学所代表的是学者的学术生命和学术使命,而宗教文化所代表的则是学者的社会责任感和社会承担。《周易》中讲:"刚柔交错,天文也;文明以止,人文也。观乎天文,以察时变;观乎人文,以化成天下。"①《尚书》中讲:"经纬天地日文,照临四方日明。"②一个学者要参与"化成天下"、"经纬天地"、"照临四方"的事业,你的眼光就不能仅仅囿于自己的书斋,也不能仅仅囿于自己所在的校园,像存在主义者威廉·巴雷特所批评的那样。"文化"固然要"化人"和"化己",但它首先需"人化"。而宗教的本质特征正在于它是人的本性的一种异化、对象化或外在化,宗教的社会功能也正在于它的"化成天下",在于它的创建社会和维系社会的社会作用,在于它作为世俗世界和世俗文化的"总理论"和"包罗万象的纲领",对所有社会意识形态和世俗文化形态的或隐或显的统摄作用和支配作用。③ 因此,研究宗教文化就实在是宗教研究和宗教学研究的应有之义,是宗教研究和宗教学研究中一项不可或缺的工作。

宗教文化与世俗文化作为人类文化的两种基本形态,虽然同具有"化人"和"人化"的性质,但是,二者之间却还是存在着许多重大的区别的。它们之间的区别,首先就表现在,宗教文化与世俗文化不同,它所表达的不是以世俗的人为中心的文化,而是一种以作为信仰对象的神圣者为中心的文化。宗教文化的另一个特点在于,虽然就宗教本身来说,它也是物质文化(如教堂、寺庙等)、制度文化(如宗教组织)和精神文化(如宗教观念或神学理论)的统一,但是,就其在整个社会文化大系统中的地位而言,它是享有大多数亚文化系统所不具有的特殊地位的。众所周知,文化系统的一个根本特征即在于它的层次性。这就是说,文化系统中的诸多要素,虽然是并存着的,但却不是杂乱无章地堆积在一起的,而是分别处于一定的层次结构之中的。人们常常把物质文化理解为文化的表层结构,把制度文化理解为文化的中层结构,把精神文化理解为文化的深层结构,即是谓此。宗教文化既然总是以这样那样的方式同被理解为终极实存的精神存在关联着的,则从文化系统和文化结构的立场看,它就显然属于精神文化的范畴,处于文化的深层结构之中,构成整个人类文化系统的一个硬核。

宗教文化既然具有这样一些为一般世俗文化所不具有的特殊性或特殊本质,则它在整个人类文化大系统中便势必扮演一个非常重要、非常特殊的角色。宗教文化的这样一种特殊角色首先便表现在它同种种亚文化系统关联的普遍性。这种普遍性不仅表现为宗教本身虽然首先是一种精神文化,但它同时也是一种物质文化和制度文化,而且还表现为宗教文化差不多同世俗文化的所有亚文化系统,诸如政治法律、

---

① 《易·贲·彖》。
② 《尚书·舜典》。
③ 参阅马克思:《〈黑格尔法哲学批判〉导言》,见《马克思恩格斯选集》第 1 卷,北京:人民出版社1995 年版,第 1 页。

经济制度、道德伦理、民风民俗、社会科学、自然科学、文学艺术等都有这样那样的关联。这是世俗文化的许多文化形式所不及的。宗教文化角色的特殊性还在于它对许多别的亚文化系统具有这样那样的支配和统摄作用。这种情况在中世纪表现得尤为显著，以至于恩格斯不止一次地强调基督宗教及其神学在中世纪整个文化大系统中的"万流归宗"地位，说："中世纪把意识形态的其他一切形式——哲学、政治、法学，都合并到神学中，使它们成为神学中的科目"，"中世纪的历史只知道一种形式的意识形态，即宗教和神学"。① 诚然，在近现代世俗文化和哲学中，宗教及其神学已经失去了其"万流归宗"的地位，但是，它们对世俗文化的影响却依然存在，以至于黑格尔在谈到近代西方哲学时，也非常无奈地说道："神在近代哲学中所起的作用，要比古代哲学中大得多。"②既然如上所述，宗教及其神学以及与之相关的宗教文化，总的来说，属于文化的深层结构即精神文化层面，具有世界观的性质和意义，则它之对于其他文化形态具有支配和统摄作用也就是一件在所难免的事情了。由此可见，对宗教文化的研究实在也是一项非常重要的文化工程。

不过，由于宗教文化的涵盖面极其广泛，我们主要从宗教学原理（对宗教普遍本质与一般发展规律的研究）、宗教哲学以及与之相关的基督宗教神学入手。而我们之所以采取这样一个维度，乃是因为所有这些内容都直指宗教文化的深层内容，都直指宇宙万物的终极实存，都直指人生的终极关怀。然而，不难看出，这些内容恰恰也是作为学院哲学的经院哲学的基本内容。从这个意义上，我们不妨把宗教文化与经院哲学看做是一体两面、内外互补的东西。③

第三节　中世纪经院哲学的历史概貌

中世纪经院哲学与大多数哲学形态一样，也经历了一个包含着酝酿期、兴盛期、鼎盛期和式微期在内的发展过程。

我们可以把波爱修和爱留根纳视为中世纪经院哲学酝酿时期的主要代表人物。波爱修（Anicius Manlius Severinus Noethius，480—525 年）可以说是中世纪第一位哲学家，但也可以说是古希腊罗马时期最后一位哲学家。波爱修生于 480 年，那时西罗马已经灭亡，意大利正在以狄奥多里克（Theoderic）为国王的东哥特人的统治之下。从 510 年起，波爱修在东哥特王国担任执政官。520 年，升任首席执政官。523 年，被

① 参阅恩格斯：《路德维希·费尔巴哈和德国古典哲学的终结》，见《马克思恩格斯选集》第 4 卷，北京：人民出版社 1995 年版，第 255、235 页。
② 黑格尔：《哲学史讲演录》第 4 卷，贺麟、王太庆译，北京：商务印书馆 1978 年版，第 184 页。
③ 本节原载许志伟主编：《基督教思想评论》（上海：上海人民出版社 2007 年版）第 1 册，第 3—18 页，收入本著时，小作修改。

控谋反罪入狱,两年后被处死。他虽然已经进入了一个新的历史时期,但却对古希腊罗马哲学有极其浓厚的兴趣,对希腊柏拉图主义者,尤其是对普罗提诺、普罗克鲁斯和波菲利的著作极为熟悉。他虽然用拉丁文写作,但他的思想源头却还是古希腊罗马哲学。从他的大多数著作中我们都可以窥见希腊罗马哲学、特别是普罗提诺、亚里士多德和柏拉图的身影。波爱修的哲学思想虽然明显地具有"前喻"的性质,但却对后世的哲学产生了巨大的影响。著名的英国中世纪哲学史家约翰·马仁邦在谈到波爱修对中世纪哲学的影响时,曾经非常中肯地写道:"从中世纪哲学的角度,波爱修看上去要更重要一些。只有亚里士多德本人,或许还有奥古斯丁,在其重要性和影响的范围上能够超过他。"①

首先,波爱修的逻辑思想为中世纪的逻辑学奠定了基础。波爱虽然修曾经发誓要将他能找到的亚里士多德和柏拉图的著作全部译成拉丁文,但他实际上只是译注了亚里士多德的逻辑学著作以及波菲利所写的《亚里士多德〈范畴篇〉导论》。他的这些译著和注释在中世纪被广泛地用作逻辑学教材,可以说是整个中世纪逻辑学的基础之作。波爱修的根本努力在于从本体论入手处理传统逻辑问题。3 世纪的新柏拉图主义者波菲利在《亚里士多德〈范畴篇〉导论》提出了共相即种相和属相是否独立存在的问题,波爱修则试图对波菲利提出的这一问题给出自己的答案。在波爱修看来,作为种相和属相的共相并非属于"实体"范畴,而是属于"属性"范畴,它既可以存在于有形事物中,也可以存在于心灵中,它以"无形的性质"的方式存在于有形事物中,而以"概念的方式"存在于心灵之中。这些可以说即是后来被称为"温和实在论"的雏形,极大地影响了中世纪共相学说的讨论。

其次,波爱修的第二项功绩在于他创造性地将希腊哲学的存在论概念引入了中世纪哲学。在中世纪,波爱修不仅被视为权威的逻辑学家,而且还被视为权威的神学家。他曾写过五篇神学论文,专题讨论当时基督宗教神学的热点问题——基督论或三位一体学说,强调上帝或基督既是"存在"又是"存在者",既是存在的"本质"又是个别的"实体",从而对基督论或三位一体学说给出了哲学的或形而上学的说明。这使他的这些神学论文在中世纪赢得了极高的声誉,被称作《圣书》。在这些著作中,波爱修区分了"存在"(esse)与"是这个"(id quod est)。断言"存在"解释成"纯形式",而将"是这个"解释成个别的或具体的实体。其次,波爱修又进而将"存在"区分为"存在(本身)"和"具体存在"。其中"存在(本身)"是绝对存在和"纯形式",是"单纯事物",它的"存在"同时即是它的"是这个"。而"具体存在"则与"是这个"有别。因为与"具体存在"相关的"是这个"是个"复合事物",在其中包含有"存在"与"具体存在"的区分。第三,波爱修超越古希腊哲学家,也超越同时代的拉丁神学家,区分了"本质"和"本体",并且主张用"subsistantia"这个拉丁词表示"本质",其意义

---

① 约翰·马仁邦主编:《中世纪哲学》,第 12 页。

大体相当于希腊文中的"ousia",而用"substantia"这个拉丁词表示"本体"或"实体",其意义大体相当于希腊文中的"hypostasia"。不难看出,波爱修对"本质"与"本体"的区分不仅有超越古代本质主义的哲学意蕴,而且进一步丰富了"存在"与"是这个"的区分,从而为其共相(种相和属相)是"属性"非"实体"的逻辑学思想提供了形而上学根据。尽管波爱修的存在论依然具有浓重的柏拉图式的理念论色彩,但它的原创性也不言而喻,无论对中世纪的基督宗教神学还是对中世纪的基督宗教哲学都产生了深远的影响。①

最后,波爱修不仅在逻辑学和存在论方面塑造了中世纪哲学,而且在伦理学方面也对中世纪哲学产生了深刻的影响。首先,波爱修依据他的存在论提出了"善的形而上学"公理。这项公理主要包含下述几个方面的内容:(1)波爱修断言:上帝之善乃"实体之善",其目的在于告诉人们上帝既然是"存在本身"从而也就是"善本身"。(2)万物皆有善,因为任何"是这个"都分有"存在"。(3)受造物的善与作为造物主的上帝之善不同,前者是不完满的善,后者则是完满的善(至善),前者是"受造之善",后者则是"实体之善",前者是"善的",后者则是"善本身",前者是"第二善",后者则是"第一善"。受造物之善乃是由于分有上帝之善才善的。(4)波爱修还断言:人类的幸福不是别的,就是获得最高的善,而这种最高的善不是别的,正是作为实体之善的上帝本身。波爱修不仅提出了"善的形而上学"公理,而且还具体地阐述了"上帝的预知"与"人的自由意志"问题。为了解说上帝的预知并不妨碍人的自由意志,波爱修提出了"单纯必然性"与"条件必然性"、"条件性必然性"与"现时性必然性"、"后件的必然"与"结果的必然"的区分问题。他的这样一些区分原则地打破了传统哲学将必然与偶然、必然与自由绝对二分的格局,从而给人的行为的偶然性和自由留下了空间。波爱修的"善的形而上学"公理以及他的自由意志学说对后世的人学和伦理学思想产生了重大的影响。②

中世纪经院哲学酝酿时期的另一个主要代表人物是爱留根纳。爱留根纳对中世纪经院哲学的影响至今依然见仁见智,但是,他藉他的《自然的区分》构建了中世纪"第一个完整的哲学体系"则是大家所公认的。而且,他之在方法论上注重逻辑学和辩证法,注重寻求"最深奥的理性",注重从"受造自然"向上帝的回溯,他之在本体论上注重"创造"这一基督宗教哲学的核心范畴,等等,无论如何,都是与经院哲学的路向完全一致的。因此,将他与波爱修一起视为经院哲学的先驱应该说是实至名

---

① 关于波爱修的存在论对托马斯·阿奎那的广泛而深刻的影响,请参阅董尚文的《阿奎那存在论研究:对波爱修〈七公理论〉的超越》(北京:人民出版社 2008 年版)一书。

② 关于波爱修的"善的形而上学"公理对阿奎那的影响,请参照董尚文的《阿奎那存在论研究:对波爱修〈七公理论〉的超越》(北京:人民出版社 2008 年版)一书的第 371—398 页。关于波爱修的"条件的必然性"学说对莱布尼茨的影响,请参阅段德智的《莱布尼茨哲学研究》(北京:人民出版社 2011 年版)第 342—373 页。

归的。①

　　中世纪经院哲学兴盛期的主要代表人物有安瑟尔谟和阿伯拉尔。安瑟尔谟
(Anselmus Canerbury,1033—1109年)是基督宗教哲学史上"一个重要人物",以关于
上帝存在的本体论证明而著称于世。他常常被称作"主流思想家",其实,他是一位
革新家,至少对于他所在的时代来说,他不是以"主流思想家"的面貌出现的。安瑟
尔谟的革新精神主要体现为一种比较彻底的理性精神。如果说爱留根纳的兴趣主要
在于探求"最深奥的理性"的话,安瑟尔谟的兴趣则主要在于"理解信仰",展现信仰
的"合理性"。他的代表作《独白》(Monologium)的原来的标题即为《信仰合理性之沉
思》。他的另一部代表作《宣讲》(Proslogion)的最初的标题为《信仰寻求理解》,同样
旨在阐述信仰的合理性。他曾强调指出:"在思考中不能靠经典权威来论辩,……要
简练地证明理性必然性,不管宣称什么样的研究结论,都要公开地显示出真理的明晰
性。"②毫无疑问,安瑟尔谟的"仅仅凭借理性来思考和著述"的信念在当时是一种非
常革命的思想,③而且此后一直构成了经院哲学的生命线。上帝存在乃基督宗教信
仰的核心问题,而安瑟尔谟的哲学工作最著名的也正在于对上帝存在的理性证明。
上帝存在作为基督宗教的一项基本信条是不容怀疑的,然而,我们仅仅凭借理性"能
否找到一个独立的充足的关于上帝存在的证明"呢?安瑟尔谟的回答是肯定的。其
答案即是他的基于上帝概念的证明,亦即哲学史上所谓上帝存在的"本体论证明"。
他给上帝概念所做的界定是:"上帝是人所能设想之至高至大者。"(aliquid quo nihil
majus cogitari possit)④需要指出的是,将上帝定义为一至高至大者,并非安瑟尔谟的
发明,公元6世纪的波爱修和5世纪的奥古斯丁便已经提出过类似的概念,甚至古罗
马异教作家塞内加(Lucius Annaeus Seneca,约公元前4年—公元65年)也曾将神界
定为"人所能设想之至大者"(qua nihil majus cogitari potest)。⑤ 但是,安瑟尔谟却是
运用上帝这一概念理性论证上帝存在之第一人。在安瑟尔谟看来,既然上帝是"人
所能设想之至高至大者",他就势必不仅存在于我们的观念(心智)中,而且也存在于
现实中。安瑟尔谟的这一证明曾受到他同时代的马蒙其埃修道院的高尼罗的批评,
至近代又受到康德的批评,但是,无论如何,安瑟尔谟是第一个将上帝存在与"人的
设想"关联起来、用人的理性对上帝存在作出系统证明的思想家。至于这一证明是
否有效,至今依然是个见仁见智的问题,这种状况或许还会持续下去。安瑟尔谟不仅
在《宣讲》中作出了上帝存在的先天证明,而且还在《独白》中作出了上帝存在的后天
证明。在安瑟尔谟看来,既然我们都能经验到"善的事物"、"所有事物的存在"以及

---

　　① 　关于他的哲学思想的具体内容,前面已经有所叙述,这里就不予赘述了。

　　② 　*Anselm of Canterbury*,ed.by J.Hopkins and H.Richardson,London:SCM,1974,p.3.

　　③ 　参阅约翰·马仁邦主编:《中世纪哲学》,第146—147页。

　　④ 　Anselm,*Prologion*,2.

　　⑤ 　Seneca,*Naturales Quaestiones*,praef.13.

"事物的完满性"这样一些事实,那我们便可以从中推证出"通过自身而为善"、"通过自身而存在"以及"通过自身而成为最高完满性"的东西,亦即上帝的存在。因为凡善的事物都是藉通过自身而为善的东西而成为善的事物的、凡存在的事物都是藉通过自身而存在的东西而获得其存在的、凡具有完满性的事物都是藉通过自身而成为最高完满性的东西而具有完满性的。安瑟尔谟的这些后天证明虽然还不能与托马斯·阿奎那的上帝存在的宇宙论证明相提并论,但是,至少在致思路向上还是有其一致之处的。

在安瑟尔谟时代,还有一个特别著名的经院哲学家,这就是阿伯拉尔。阿伯拉尔的名望虽然在很大程度上得益于他之为爱洛伊丝的丈夫以及他的坎坷经历,但是在很大程度上也得益于他之为"12世纪最渊博、最富于创造性的西方哲学家"。[①] 阿伯拉尔的哲学创造性,不仅在于他在共相之争中提出的具有深广影响的"概念论",而且还在于他对辩证法的创造性理解和运用。如果说在安瑟尔谟那里,辩证法主要地是一种证明推理的话,那么在阿伯拉尔这里,辩证法则主要地是一种辩证推理;如果说安瑟尔谟的辩证法主要在于悬置权威的话,那么阿伯拉尔的辩证法则主要在于审视权威和批判权威。他在《是与否》的前言中郑重地告诫人们说,对一切未辨真伪的权威著作"都要有充分的自由进行批判,而没有不加怀疑的接受的义务,否则,一切研究的道路都要被堵塞,后人用以讨论语法和论述难题的优秀智慧就要被剥夺"。相对于安瑟尔谟,阿伯拉尔对人类理性和辩证法的理解有着更为积极和更为自由的内容:如果说安瑟尔谟在"信仰寻求理解"的口号下,使辩证法成为证明上帝存在的一种工具的话,那么安瑟尔谟则在"理解导致信仰"的旗帜下,使辩证法终于成为研究问题、审视权威、发现真理的根本途径。阿伯拉尔的辩证法使得基督宗教哲学和基督宗教神学获得了"辩证神学"的新的理论形态,成为后世经院哲学家著述哲学著作和神学著作的样板。经院哲学的经典著作,如伦巴底的《箴言四书》和托马斯·阿奎那的《神学大全》等,都是大体沿用《是与否》以"论题"和"论辩"("是"与"否",亦即"正题"和"反题")的模式展开的。

鼎盛时期的中世纪经院哲学的主要代表人物,除阿奎那外,[②]还另有大阿尔伯特和波那文都。大阿尔伯特(Albertus Magnus,1200—1280年),按照罗吉尔·培根的说法,是一个破例"在世时就被奉为权威"的著名学者。他的哲学活动不仅在振兴当时相对滞后的德语区的经院哲学方面发挥了重要作用,而且对于整个欧洲的经院哲学事业也产生了巨大的影响。他的影响首先就表现在他之维护哲学的科学性和相对独立性。在经院哲学史上,大阿尔伯特第一个明确地区分了哲学和神学,强调哲学并非是神学的婢女,而是一种区别于并且独立于神学的认识途径和认识模式:哲学依靠

---

① 　约翰·马仁邦:《中世纪哲学》,第172页。

② 　关于阿奎那的哲学,我们将在后面做专门的介绍。

自然之光(亦即理性),按照事物自身认识事物;而神学则依靠超自然之光(亦即启示),根据信仰认识事物。① 他指出:"启示有两种方式,一种通过和我们同样自然的光,这是向哲学家启示的方式。……另一种光朝向高于世界的实在的知觉,它高于我们,神学在这种光中被揭示。第一种光照耀在自身便可知的事物,第二种光照耀着信条里的事物。"②他的这样一种哲学观对中世纪经院哲学,特别是对阿奎那的经院哲学产生了深刻的影响。大阿尔伯特高人一筹的地方还在于他对自然研究的特殊兴趣及其研究自然的经验方法。他把自然哲学界定为以实际存在的事物为对象的"实在科学",强调经验观察和经验分析,无论是对脱离经验事实的逻辑推理还是对片面的数学方法都不感兴趣。他的自然哲学思想集中地体现在他的《被造物大全》一书中,该书以创世说为背景,将创世过程区分为四个阶段。它们分别是:(1)质料或作为有形实体的物质元素创造阶段;(2)时间和运动创造阶段;(3)作为上帝位置的太空创造阶段;(4)天使或无形实体创造阶段。不难看出,大阿尔伯特的自然体系与爱留根纳的自然体系在致思路向和理论旨趣方面是大不相同的。也许正因为如此,有近代"实验科学"先驱之称的罗吉尔·培根曾对大阿尔伯特的包括自然哲学在内的哲学思想给予高度的评价。波那文都(Bonaventura,1221—1274年)是一个与托马斯·阿奎那同时代的经院哲学家。他于1243年在巴黎大学人文学院获得学士学位,于1257年秋季与托马斯·阿奎那一起获得神学硕士学位。与托马斯·阿奎那此后全身心致力于学术研究的人生路向不同,波那文都当年便被推选为弗兰西斯学会总会长,晚年还曾被任命为红衣主教,从而成了一位宗教事务活动家,尽管他也并未因此而完全放弃学术研究。或许正是出于人生路向方面的这样一种差异,在对待哲学和理性方面,波那文都表现出了与大阿尔伯特等学者迥然相异的态度和立场。波那文都的代表作主要有《论学艺回归神学》和《心向上帝的旅程》。在这些著作中,波那文都虽然也承认"被造物"世界和感性认识的作为认识起点的地位,但他始终强调的是神学和圣典,而不是哲学和世俗人文。他不仅视哲学家的"学艺"为最低等级的知识,而且还将哲学视为"永恒虚假性"的学问。如果说大阿尔伯特关注的主要是人的理性和感性(经验或观察)的话,波那文都关注的则主要是人的灵性。他曾经用"影子"、"足印"和"肖像"来刻画存在的三个层次和认识的三个阶段。他用影子来意指感性世界(感官认识),用足印来意指理念世界(理性认识),用肖像来意指我们的灵魂(灵性直观认识),断言,在感性认识阶段,我们认识到的只是上帝的影子,在理性认识阶段,我们认识到的只是上帝的足印,我们只有回归内心,藉灵性直观,才能在人的灵魂上,接受上帝的"光照",洞见到上帝本身。而他所谓从"学艺"回归"神学",所谓"心向上帝的旅程",说到底就是由感性认识上升到灵性直观知识、从见到上帝

---

① 参阅赵敦华:《基督教哲学1500年》,第349页。
② 大阿尔伯特:《神学大全》,第1部,第1篇,第4题。

的影子到见到上帝的足印再到见到上帝的肖像或上帝本身的进程。① 不难看出,波那文都虽然也接纳了一些亚里士多德的观点和立场,但是总的来说却带有较为浓重的奥古斯丁主义和新柏拉图主义的理论色彩。

从 13 世纪末开始,随着对阿维洛伊主义的大谴责、订正派与反订正派的大论战以及唯名论思潮的勃兴,中世纪经院哲学逐步步入了它的式微时期。这个时期的情况比较复杂,我们不妨将司各脱和埃克哈特视为其主要代表人物。司各脱(John Duns Scotus,1266—1308 年)是中世纪经院哲学中的一个重量级人物。他在世时虽然经历坎坷,但在其去世之后却赢得了许多追随者,而这些追随者在法兰西斯会的支持下,逐步形成了一个新的哲学派别,这就是所谓司各脱主义。在订正派与反订正派大论战的大背景下产生的司各脱主义,在经院哲学的后来发展中,扮演了相当重要的角色,逐步形成了与托马斯主义、波那文都主义鼎足而立的第三极。司各脱虽然年纪很轻的时候就加入了法兰西斯会,但是,他的哲学却具有明显地区别于波那文都主义的理论特征。与波那文都力图抹煞哲学与神学、理性与信仰的差异不同,司各脱则强调哲学与神学、理性与信仰的区别,强调哲学和理性的认知功能,认定信仰虽然超乎理性,但理性却并未因此而失去其巨大的认知功能,凭借理性,我们不仅可以获得抽象知识(物理共相和形而上学共相),而且还可以获得关于个别事物的直观知识,甚至还可以通达信仰。就此而言,司各脱倒是比较接近托马斯主义。然而,作为法兰西斯会成员,司各脱并未因此而走向托马斯主义。因为,在司各脱看来,理性虽然具有巨大的认知功能,但理智认知活动毕竟还有个动因问题和动因的动因问题。在理智的动因问题上,司各脱既反对亚里士多德的"白板说",也反对奥古斯丁的"光照说",认为无论是外在的事物(白板说)还是我们的灵魂本身(光照说)都不可能单独地构成理性认知活动的动因,唯有"这两个因素在一起"才能构成"知识的完整原因"。② 然而,对于司各脱来说,理性的认知活动除动因外,还有一个终极动因问题或动因的动因问题,这就是他所谓的意志问题。因为推动理性去理解和实践的东西不是别的,正是意志。尽管司各脱的这样一种意志主义区别于现代哲学中的叔本华的意志主义,归根到底是一种理性主义的意志主义,但是,无论如何与托马斯·阿奎那的理性主义路向是大相径庭的。大阿尔伯特特别著名的学生中,除托马斯·阿奎那外,还有另外一个,叫埃克哈特(Johannes Eckhart,1260—1327 年)。与司各脱的意志主义不同,埃克哈特则强调理智。他以《约翰福音》中的"太初有道"的说法为依据,断言上帝的本质既非托马斯·阿奎那所说的"存在",也非司各脱所说的"意志",而是"理智"。在埃克哈特看来,不仅上帝的本质在于理智,而且我们的灵魂的最高层面也在于理智,"上帝就在心灵之中",从而为我们在心灵中与上帝合一奠定了本体论根据。

---

① 参阅波那文都:《创世六天宣讲篇》,第 19 讲,第 12 节。
② 司各脱:《牛津评注》第 2 卷,第 3 部,第 7 题第 20 条。

因此，人生和哲学的根本努力便在于通过"忘我"，攻克"灵魂堡垒"，在内心或灵魂中与上帝相会，让"基督在我里面生活"。[①] 埃克哈特可以说是中世纪神秘主义思潮的主要代表人物。

在中世纪后期，还有几个比较重要的思想家，诸如威廉·奥康、罗吉尔·培根和苏亚雷斯等。威廉·奥康（Guillemus de Ockham，约1285—1349年）在中世纪哲学史上以其提出"奥卡姆的剃刀"而著称。"如无必要，勿增实体"这句流行的格言虽然"在奥卡姆的著作中是找不到的"，[②]但却体现了奥卡姆唯名论的基本目标。"剃刀"实乃唯名论的基本宗旨，奥卡姆超越前人的地方在于他提出并强调了共相的指代功能。在奥卡姆看来，共相与殊相的区别并不在于它们所指称的实在是普遍的还是个别的，而是在于它们在指称同样个别的实在事物的逻辑功能有所不同：殊相直接指称个别事物，而共相则是对个别事物指称的指称，即指称的指代。按照传统的世界图式，世界上各种不同的事物按照其内在本质的完满性程度的高低构成一个等级系统，上帝处在这个等级系统的顶端，从而人们可以自下而上地推证出上帝的存在与属性。经院哲学正是一个基于这样一种世界图式的关于上帝存在和属性的理性演绎或理性证明的概念系统。然而，按照奥卡姆的指称理论，世界上存在的包括上帝在内的一切事物，都是孤立地和独立地存在的，根本无所谓世界的等级系统，如是，则不仅安瑟尔谟的关于上帝存在的本体论证明和阿奎那的关于上帝存在的宇宙论证明缺乏根据，而且关于上帝存在和属性的任何理性推演或理性证明也都因此而缺乏根据，从而经院哲学便成了一种根本不可能的东西了。也正是在这个意义上，奥卡姆便成了中世纪经院哲学的掘墓人。当代著名的中世纪哲学史家吉尔松在谈到奥卡姆对中世纪经院哲学的破坏作用时，曾经指出"奥卡姆主义标志着经院哲学黄金时代的终结"，[③]即是谓此。罗吉尔·培根（Roger Nacon，1210—约1292年）在他同时代的哲学家中，最为重视数学和实验科学，这使他被视为英国经验主义哲学家弗兰西斯·培根的先驱。从这个意义上我们可以承认他在西方哲学史上的地位，但这似乎与中世纪经院哲学没有什么密切的关系。与培根不同，弗兰西斯·苏亚雷斯（Franciscus Suarez，1548—1617年）倒可以视为真正意义上的经院哲学家。苏亚雷斯不仅严格区分形而上学与神学，区分他作为哲学家与神学家之两种不同的角色，而且他常常以哲学家的身份自居。但这并不妨碍他之有意将他哲学视为基督宗教及其神学的工具。在苏亚雷斯时代，即使在经院哲学内部，也有人主张将形而上学二分为"关于上帝的形而上学"和"关于存在的形而上学"，企图将神学从哲学中分离出去。苏亚雷斯则强调了存在概念的普遍性和形而上学的统一性。在他看来，形而上学的研究对象是存在，但存在却

---

① 参阅《新约·加拉太书》2:20。

② 参阅约翰·马仁邦主编：《中世纪哲学》，第385页。

③ E.Gilson, *History of Christian Philosophy in the Middle Ages*, p.498.

不仅包含有限的无形存在(精神存在)和有限的有形存在(物质存在),而且还包含无限存在(上帝)。苏亚雷斯在存在与本质关系的认识上也别具一格。在存在与本质的关系上,中世纪哲学史上存在有两种不同的基本观点:(1)认为两者是"实在的区分",这属于托马斯主义的立场;(2)认为两者是"形式的区分",这属于司各脱主义的立场;(3)认为两者是"思想的区分",这属于哈勒斯的亚历山大的立场。苏亚雷斯则主张"思想区分"说,认为存在与本质无论从实在上还是从形式上都不可能作出任何区分,它们在现实中永远是不可分离的,它们之间的区分只能是一种思想上的区分,只能是一种抽象的结果。正是在这个意义上,苏亚雷斯将"存在"理解为"现实的存在",而将"本质"理解为"现实存在的本质"。也正是在"思想区分"说的基础上,苏亚雷斯将"存在"范畴区分为"现实存在"(即存在)和"可能存在"(即本质)。苏亚雷斯的存在的形而上学虽然有明显的心理主义倾向,但就其实质而言,却依然是"实在论"的。[①] 然而,正是由于对心理主义与实存主义的兼收并蓄使他的哲学或形而上学在西方哲学史上担当了继往开来的角色。

---

① 参阅约翰·马仁邦主编:《中世纪哲学》,第533页。

第二章　中世纪阿拉伯哲学概论

　　尽管阿拉伯哲学在世界哲学和世界哲学史上的地位至今依然见仁见智，但它在中世纪哲学和中世纪哲学史上的地位却是没有人予以否认的。黑格尔曾经强调指出："阿拉伯人的哲学必须在哲学史中提到。"①他给出的理由主要有两条。首先，在中世纪初期，阿拉伯人的文化和哲学"大大地超过了西方"。他写道："当日耳曼民族在西方已经获得了前此属于罗马帝国的土地，并且他们所征服的东西现在已经有了牢固的定型的时候，在东方则出现了另一种宗教，即回教（当译作伊斯兰教——引者注）。东方在自身中清除了一切特殊的和限定的东西，而西方则下降到精神的深处和现实性。……哲学受到了阿拉伯人的眷爱抚养。阿拉伯人带着他们的宗教狂热迅速地把自己的势力扩展到东方和西方各地，他们也以同样的速度经历了文化的各个阶段，在短时期内，他们在文化方面的进步，大大地超过了西方。"②其次，是中世纪阿拉伯人对亚里士多德作品的翻译、汇编和评注构成了中世纪经院哲学的"源泉"。他写道："阿拉伯人之获知亚里士多德的哲学，这件事具有这样的历史意义：最初乃是通过这条道路，西方才知悉了亚里士多德。对亚里士多德的评注和亚里士多德的章句的汇编，对于西方各国，成了哲学的源泉。……西方人曾在一个长时期里面，除了这些亚里士多德著作的重译本和阿拉伯人的评注的翻译之外，半点也不认识亚里士多德。"③尽管黑格尔的这些说法有西方文化中心论的嫌疑，但他对中世纪阿拉伯哲学的世界意义，特别是他对中世纪阿拉伯哲学对中世纪经院哲学的"历史意义"的肯定和强调则是值得称道的。

第一节　阿拉伯哲学的西方属性及其
对拉丁哲学的影响

　　我们这里所说的阿拉伯哲学，所意指的是存在于阿拉伯世界且主要用阿拉伯语

---

① 黑格尔：《哲学史讲演录》第3卷，第252页。
② 黑格尔：《哲学史讲演录》第3卷，第252页。
③ 黑格尔：《哲学史讲演录》第3卷，第261页。

写作的哲学。但西方哲学史所介绍和阐释的则是欧洲和北美的哲学。这就使得我们在具体介绍和阐释阿拉伯哲学之前，有必要先行地解释一下阿拉伯哲学何以能够构成中世纪西方哲学的一个组成部分，构成中世纪西方哲学史的一个环节。下面，我们就从阿拉伯哲学的西方属性及其对拉丁哲学的影响两个层面尝试着回答这一问题。

在讨论阿拉伯哲学的西方属性时，我们需要正视的一个虽然简单但却相当重要的事实是：铿迪(Abū Yūsuf Ya'qūb ibn Ishāq alKindī)被公认为第一个阿拉伯哲学家。尽管对铿迪的生卒年月存在有不同的看法，但毕竟大同小异，这就是他生于9世纪初，死于9世纪60年代或70年代，亦即他生活于阿巴斯王朝初期。而阿巴斯王朝初期乃中世纪阿拉伯世界和阿拉伯帝国发展的鼎盛时期，其疆土远远超出了穆罕默德当年栖居的麦地那，横跨亚非欧三洲：不仅涵盖包括也门在内的阿拉伯半岛南半部，不仅包括叙利亚、巴勒斯坦、伊拉克、呼罗珊、亚美尼亚等地区，而且还包括克尔曼与印度西北部，中亚的坦罗斯(属今哈萨克斯坦地区)、埃及、北非和西班牙的西哥特王国，并且一度迫使拜占庭帝国对其纳贡。那么，我们从阿拉伯帝国的版图中能够看到哪些我们值得关注的东西呢？

首先，我们看到，阿拉伯帝国的相当一部分地区经受过近千年的希腊化洗礼。早在公元前334年，马其顿国王亚历山大就统帅马其顿和希腊各城邦的军队进入"东方腹地"，先后侵占了小亚、叙利亚、埃及、伊朗、巴克特利亚、印度等地，建立了横跨欧亚非三洲的亚历山大帝国。亚历山大定都巴比伦，在推进政治东移的同时，也促成了希腊文化东渐，使后来成为阿拉伯帝国版图的广大地区接受了希腊化的初步洗礼。公元1世纪末2世纪初，罗马帝国的安敦尼王朝(96—192年)使罗马帝国发展到了极盛时期，不仅拥有日耳曼行省、西班牙和高卢行省、叙利亚行省，而且还设置了西亚行省和阿拉伯行省，从而进一步促进了希腊哲学和希腊文化的东渐。随着罗马帝国的扩张和分裂，特别是随着"米兰敕令"的颁布和基督宗教社会地位的合法化，基督宗教在阿拉伯地区得到了强势的发展。史称希腊教会的基督宗教东派教会逐步形成了亚历山大里亚、安提阿、耶稣撒冷和君士坦丁堡四个中心，成为希腊文化东渐的重要基地和支点。

其次，在继承和使用哲学遗产方面，阿拉伯哲学与拉丁哲学一样，所继承和使用的主要是希腊哲学遗产，主要是柏拉图和亚里士多德的哲学遗产。恩格斯在谈到哲学发展的前提和规律时，曾强调指出："每一个时代的哲学作为分工的一个特定的领域，都具有由它的先驱传给它而它便由此出发的特定的思想材料作为前提。"[①]中世纪阿拉伯哲学史告诉我们，阿拉伯哲学家，从9世纪的铿迪到12世纪的阿维洛伊，主要继承的正是希腊哲学遗产，尽管他们对希腊哲学遗产的态度不尽相同，对柏拉图主

---

① 恩格斯：《致康·施米特(1890年10月27日)》，载《马克思恩格斯选集》第4卷，第703—704页。

义和亚里士多德主义的态度也有所区别,但他们在致力于继承和阐述希腊哲学方面,特别是在致力于继承和阐述亚里士多德主义方面却是大同小异的。哲学史家常常用"东部亚里士多德主义"和"西部亚里士多德主义"来对他们作出区分,这一做法本身就表明了他们在对待和处理希腊哲学,特别是在对待和处理亚里士多德主义方面的一致性。诚然,阿拉伯哲学家也继承和阐释过希腊哲学之外的哲学遗产。例如,有第一个阿拉伯哲学家称号的铿迪就曾认真地讨论过印度婆罗门教的梵的理论,并且还因此而写出了论文《真主使者的确证》和论著《依逻辑学家的方式论证先知说》。但是,无论如何,阿拉伯哲学家所继承和阐释的主要是希腊哲学遗产,从而并不妨碍阿拉伯哲学与拉丁哲学的总体上的同源性。更何况,铿迪虽然认真探究过印度婆罗门教的梵的理论,但他对该理论的绝对理性主义态度和立场持鲜明的批判立场,而竭力主张调和理性哲学与宗教神学。从而,铿迪的这样一种调和理性哲学与宗教神学的态度和立场与西方中世纪经院哲学的态度和立场便可以说是大体一致或殊途同归。在哲学遗产方面的同源性以及处置哲学遗产方式的这样一种相似性使得阿拉伯哲学与西方中世纪经院哲学或拉丁哲学之间生发出了一种理论形态的罕见的亲缘性和内在关联性。

最后,在宗教神学思想方面的同系性也是阿拉伯哲学具有西方属性的一个重要理据。在讨论阿拉伯思想时,人们往往将阿拉伯哲学与阿拉伯神学区别开来,似乎至今尚没有人将穆尔太齐赖派和艾什尔里派称作哲学派别的,也没有人简单地将阿维森纳和阿维洛伊称作伊斯兰神学家。但是,这并不意味着阿拉伯哲学与伊斯兰教神学毫无关系。事实上,阿拉伯哲学与西方中世纪经院哲学一样,从主流和本质上看,也是一种为宗教教义作出理性论证的宗教哲学。它们之间的差别只是在从属宗教教义程度方面的差别,而不是是否从属层次上的差别。第一个阿拉伯哲学家铿迪虽然高扬哲学和人类理性,宣称"最高荣誉属于'第一哲学'",但他却还是将"推论真主存在"规定为哲学的一项基本任务,并且宣称在哲学学科中,还应当"掺进神学"等"引导人们行善弃恶的学问"。[①] 应该说,整个阿拉伯哲学大体上是继承了铿迪的这一理论传统的。事实上,即使那些对某些伊斯兰教教义持批评立场的比较激进的哲学家,他们在思考哲学问题时,也总是自觉不自觉地以伊斯兰教的教义为思想背景和参照体系的。例如,当阿维森纳宣布并论证个人的身体有朽时,谁能完全否认他在这种情况下并未想到伊斯兰教的"人身转世"的信条呢?然而,相映成趣的是,阿拉伯哲学与拉丁哲学不仅在理性论证宗教神学方面相一致,而且其所论证的宗教神学也有多方面的一致性和内在关联性。宗教学奠基人缪勒在谈到人类圣典宗教时,曾经谈到三个"族系"的宗教,这就是中国族系的宗教、雅利安族系的宗教和闪米特族系的宗教。中国族系的宗教有儒教和道教,其圣典分别为《四书》、《五经》和《道德经》。雅

---

① 转引自穆萨·穆萨威:《阿拉伯哲学》,第 49、52—53 页。

利安族系的宗教有婆罗门教、佛教和琐罗亚斯德教,其圣典分别为《吠陀书》、《三藏》和《波斯古经》。而闪米特族系的宗教有犹太教、基督宗教和伊斯兰教,其圣典分别为《旧约圣经》、《新约圣经》和《古兰经》。在谈到伊斯兰教与犹太教和基督宗教的关系时,缪勒还进一步明确指出:"伊斯兰教就其最根本的教义而言,是从亚伯拉罕的宗教的源泉产生的,亚伯拉罕是唯一的真神的崇拜者和朋友。"[1]这就把伊斯兰教与基督宗教的同系性和同源性极其鲜明地表达出来了。无论如何,伊斯兰教和基督宗教不仅都源于犹太教,而且都属于一神教和启示宗教。而宗教人物和宗教故事的相近更进一步拉近了这两大世界宗教的距离。所有这些都在很大程度上保证了阿拉伯哲学与西方中世纪经院哲学的一致性和通融性,保证了和加重了阿拉伯哲学的西方属性。不仅如此,一些基督宗教徒甚至在阿拉伯哲学的形成过程中也发挥过极其重要的作用。如所周知,生于叙利亚的聂斯托利(Nestorius,约380—451年)是一个很有思想的基督宗教神学家,曾担任过君士坦丁堡大主教,后来由于其提出过基督二性二位说而被革除教职,并受到绝罚。但他的信徒却因此而东逃,不仅在阿拉伯地区的一些学校(如安提阿学校、鲁哈学校和乃绥滨学校)继续宣传他们的基督宗教神学思想,而且还在位于幼发拉底河左岸的根塞林建立了自己的修道院,并使之成为古叙利亚和古希腊文化的一个中心。更为难得的是,一些聂斯托利派信徒,如费尔吉尤斯(卒于536年)、马尔萨威斯(卒于667年)、伊萨克(生活于阿巴斯王朝时期)等还翻译了多部亚里士多德和柏拉图的著作(如《论灵魂》、《范畴篇》、《论产生和消灭》、《政治篇》、《法律篇》等),不仅酝酿了阿拉伯哲学的产生,而且还推动了阿拉伯哲学的发展。基督宗教思想家之所以能够为阿拉伯哲学的产生和发展作出如此重大的贡献,其原因虽然是多方面的,但伊斯兰教与基督宗教的亲缘关系无疑是一项基本的原因。

如果说解说东部亚里士多德主义之具有西方属性比较困难的话,那么,相形之下,要解说西部亚里士多德主义之具有西方属性,显然就容易得多了。因为所谓西部亚里士多德主义,无非是西班牙的亚里士多德主义。而西班牙自公元前146年布匿战争结束后就成了罗马帝国的一个行省,就成了希腊文化和罗马文化的一个组成部分,就属于欧洲文化和西方文化板块。尽管公元419年西哥特人的入侵和711年阿拉伯人的入侵使西班牙的文化遭到一定程度的破坏,但希腊文化和罗马文化作为西班牙文化的底色毕竟会以这样那样的形式发挥作用。

由此看来,阿拉伯哲学尽管有其独立的价值和意义,但从本质上看却与拉丁哲学一样同具有西方文化和西方哲学的属性。

在讨论和阐释西方中世纪哲学时,不能不特别关注阿拉伯哲学,不仅因为阿拉伯哲学明显地具有西方属性,而且还因为阿拉伯哲学对作为经院哲学的拉丁哲学的产

---

①　麦克斯·缪勒:《宗教学导论》,第35—36页。

生和发展有举足轻重的影响。

我们知道,亚里士多德虽然和柏拉图同为希腊哲学的巨擘,但他们在希腊化时期和罗马时期的待遇却相当悬殊。亚里士多德是公元前 322 年去世的。他去世后,他所创立的学派即逍遥学派虽然由他的弟子继承了下来,但是对希腊化时期和罗马时期的哲学却并未造成重大的影响。亚里士多德哲学的继承人,无论是狄奥弗拉斯图(公元前 372—前 287 年逍遥学派领导人)还是斯特拉图(公元前 287—前 269 年逍遥学派领导人),都专注于自然科学研究,从而使得亚里士多德哲学研究褊狭化,很可能是亚里士多德哲学失去影响力的一个重要原因。但是,希腊人对马其顿王国和亚历山大帝国统治者的不满无疑也是亚里士多德哲学在希腊化时期和罗马时期缺乏影响力的一个重要原因。① 亚里士多德,作为亚历山大的老师,究竟是否应当为亚历山大的侵略行为承担责任,究竟应当在多大程度上为亚历山大的侵略行为承担责任,是一个相当复杂的社会问题和历史问题。但是,无论如何将对亚历山大帝国统治者的不满转嫁到亚里士多德身上,甚至转嫁到亚里士多德的哲学上面,无疑是有欠妥之处的。而且,由此蒙受损害的不止是亚里士多德哲学,归根到底,是整个希腊文化和希腊哲学。相形之下,柏拉图哲学的命运要好得多。柏拉图学园派不仅一直延续到"黑暗时代"(455—1050 年),而且,在柏拉图学院派后期,还形成了对教父哲学和经院哲学有过重大影响的新柏拉图主义。新柏拉图主义在其发展过程中还形成了多个小的派别,除了提出"太一说"和"流溢说"的普罗提诺和《九章集》的作者波菲利所代表的亚历山大里亚—罗马学派外,还有以普罗塔克和普罗克罗斯为代表的雅典学园派和以杨布利可为代表的叙利亚派。所有这些都使得柏拉图主义在罗马帝国时期和中世纪初期享有得天独厚的理论优势,不仅构成了奥古斯丁主义的理论基础,而且也构成了早期经院哲学的理论基础。

柏拉图主义不仅主导了"黑暗时期"西方哲学的发展,而且还一直主导着早期经院哲学的发展。黑暗时期最为著名的哲学家是波爱修。波爱修在形而上学领域所作出的最为杰出的贡献即是将柏拉图的"存在"概念和"分有"概念引进基督宗教神学,开辟了中世纪形而上学的新阶段。黑暗时期另一个著名的哲学家爱留根纳在形而上学领域的主要贡献则在于将柏拉图的通种论思想引进基督宗教的创世说,把上帝解释成"能创造而不被创造的自然"(即作为动力因的上帝)和"不被创造而且不能创造的自然"(即作为目的因的上帝)。这种状况即使到了 12 时期初期也没有得到根本的改变。安瑟尔谟这个被赞誉为"经院哲学之父"的著名的早期经院哲学家,在经院

---

① 伊拉克学者穆萨·穆萨威曾经指出:"亚历山大的去世使希腊摆脱了对马其顿王国的屈从,造成了希腊人对亚里士多德亲自创建并与亚历山大本人有联系的雅典学园教师的迫害。在这一迫害中,连亚里士多德本人也未能幸免。他在离开雅典时说,他不忍心再给雅典人对哲学真理犯罪的机会。当雅典人判决亚里士多德死刑时,他们已经没有机会执行这一判决,因为亚里士多德在离开雅典数月之后已在呼勒吉迪亚去世了。"(穆萨·穆萨威:《阿拉伯哲学》,第 19 页。)

哲学史上影响最为深远的是他所作出的"上帝存在的本体论证明"。而构成他的"上帝存在的本体论证明"的理论基础的东西不是别的,正是柏拉图的理念论。

毋庸讳言,即使在黑暗时期和经院哲学早期,人们也没有完全忘却亚里士多德。但我们必须强调指出的是,无论是在黑暗时期,还是在经院哲学早期,人们所讨论和阐释的都只限于亚里士多德的逻辑学思想。波爱修所翻译的只是亚里士多德的逻辑学著作,而且他在翻译亚里士多德逻辑学著作的同时,也翻译和注释了新柏拉图主义哲学家波菲利的《引论》,这也表明新柏拉图主义影响的普遍性。在经院哲学早期所出现的最为重要的哲学争论,即辩证法与反辩证法之争,所关涉的也只是亚里士多德的逻辑学思想及其哲学和神学运用问题。早期经院哲学家所理解的辩证法无非是亚里士多德的论辩推理。辩证学者,如吉尔伯特、贝伦加尔、阿伯拉尔等都主张在哲学和神学研究中运用亚里士多德的逻辑学方法或论辩推理;而反辩证的学者,如兰弗朗克、圣达米安和伯纳德等,则反对在哲学和神学研究中运用亚里士多德的逻辑方法或论辩推理。尽管辩证法与反辩证法的争论在中世纪经院哲学的发展过程中发挥过巨大作用,但无论如何,这一争论所关涉的只是亚里士多德的逻辑学思想。

对亚里士多德的哲学作出全面研究,并且使亚里士多德的哲学不仅在逻辑学领域而且在形而上学、伦理学和自然哲学领域都构成经院哲学理论基础的局面则是在12世纪下半期逐步形成的。而亚里士多德哲学在西方中世纪哲学即拉丁哲学中的全面复兴,不仅将中世纪经院哲学或拉丁哲学提升到了一个新的水平,而且也使得中世纪经院哲学或拉丁哲学在理论形态上面取得了与教父哲学迥然不同的面貌,获得了自己的特殊规定性。因此,需要我们进一步思考的问题是:西方中世纪经院哲学或拉丁哲学何以能够在12世纪实现这样的提升、转变或进步? 毋庸讳言,西方中世纪经院哲学或拉丁哲学之所以能够在12世纪实现这样的提升,归根到底,是由我们在前面提到的查理大帝的养士之风、大学的诞生、11世纪末开始的共相之争以及亚里士多德著作的翻译等诸多社会和学术因素决定的。而在这诸多因素中,最为直接的当属于亚里士多德著作的翻译这样一个因素。然而,更进一步也更深一层的问题却在于,西方中世纪经院哲学家或拉丁哲学家何以能够在12世纪看到亚里士多德全部著作及其译本? 一旦我们考虑到这样一个问题,我们就能够即刻发现阿拉伯哲学对于中世纪经院哲学转型或提升的至关紧要的作用了。

我们知道,早在395年,罗马帝国分裂为东西罗马。西罗马帝国以罗马为首都,东罗马帝国以君士坦丁堡为首都。西罗马帝国是在东哥特人、西哥特人、汪德尔人、勃艮第人、法兰克人、盎格鲁—撒克逊人等"蛮族"大举入侵的情况下瓦解或灭亡的。这样一种灭亡方式不仅使得当时欧洲的学校和教育制度丧失殆尽,而且也使得大量的希腊文和拉丁文典籍丧失殆尽。东罗马帝国虽然保存有一部分希腊文和拉丁文典籍,但由于东罗马帝国(即拜占庭帝国)与西方社会长期处于隔绝状态,这些典籍在13世纪之前根本不可能到达欧洲学者的手中,从而也就根本不可能成为西方中世纪经院哲学家或拉丁哲学家的哲学资粮。然而,值得庆幸的是,公元 529 年,信奉基督宗教的东罗马皇帝查士丁尼下令封闭雅典学园,迫使东罗马帝国的哲学家流亡中东阿拉伯地区。这样一种情况虽然给东罗马帝国的哲学研究带来了重大伤害,然而却在客观上成全了阿拉伯哲学和西方中世纪经院哲学或拉丁哲学。因为这样一种情况不仅助推了阿拉伯哲学的产生和兴盛,而且也使得西方中世纪经院哲学家或拉丁哲学家在十字军东征和拜占庭帝国灭亡之前得以通过阿拉伯哲学家的译著和专著看到亚里士多德的多方面的著作和思想。值得强调的是,阿拉伯学者不仅翻译和研究柏拉图的哲学著作,而且还特别注意翻译和研究亚里士多德的哲学著作:不仅注意翻译和研究亚里士多德的逻辑学著作,而且还注意翻译和研究亚里士多德的形而上学、伦理学和自然哲学著作。到 11 世纪中期,亚里士多德的著作,除《政治学》和《伦理学》的一部分外,都已经被阿拉伯学者译成了阿拉伯文。甚至一些新柏拉图主义者的著作,如普罗提诺的《九章集》的一部分和普罗克鲁斯的《神学要义》还被当做亚里士多德的著作被分别编译成《亚里士多德神学》和《论原因》。而整个阿拉伯哲学也被较为合理地区别为"东部亚里士多德主义"和"西部亚里士多德主义"。阿拉伯哲学家的这样一些努力以及阿拉伯哲学的这样一种性质无疑为西方中世纪经院哲学或拉丁哲学的亚里士多德化作了重要的学术准备和理论铺垫。事实上,阿拉伯哲学对于西方中世纪经院哲学或拉丁哲学的贡献还不止这些。因为阿拉伯哲学家毕竟是在阿拉伯文化背景下从事亚里士多德哲学的翻译和研究工作的。阿拉伯哲学家的这样一种文化背景势必会对亚里士多德哲学作出有别于欧洲人的思考和诠释,提出一些欧洲学者不曾想到或难以想到的问题,从而会推动欧洲哲学家对亚里士多德的哲学思想作出新的说明和解释,使得欧洲中世纪经院哲学或拉丁哲学获得更为丰富、更为深刻的内容。不难看出,12—15 世纪欧洲中世纪经院哲学所讨论和阐述的许多重大问题,如存在与本质的区分问题、人类理智的性质问题、能动理智与被动理智的关系问题、人类理智的独一性问题、哲学与神学的关系问题、世界的永恒性问题等,差不多都是阿拉伯哲学家提出和阐释过的问题。离开了阿拉伯哲学,我们是很难对中世纪中后期经院哲学的哲学内容和哲学成就作出充分的说明的。

著名的中世纪哲学专家、英国学者约翰·马仁邦(John Marenbon)在谈到阿拉伯哲学与拉丁哲学同属于"中世纪哲学"这个"单一的独特的传统"时,曾经强调指出:"为什么在西方哲学史中包含用波斯语和中东的非欧洲预言写成的著作呢?这些似乎是很难的问题,但答案很简单(尽管用一种傲慢的方式运用'西方哲学'的描述是错误的,阿拉伯语的著作对于中世纪哲学的重要性应该使历史学家问'西方哲学'到底是怎么回事):这些传统虽然存在有重要的差异,但却如此紧密相联,以至于最好把它们理解为一个整体。"①马仁邦的这个说法乍一听有点武断,但是,倘若我们充分

---

① 约翰·马仁邦主编:《中世纪哲学》,第 3 页。

注意到了阿拉伯哲学的西方属性以及它对中世纪中后期经院哲学发展的至关紧要的影响，我们就不能不承认他的这一结论确实是深中肯綮的。①

第二节　中世纪阿拉伯哲学概貌

阿拉伯哲学是从翻译和介绍希腊典籍起步的，特别是从翻译和介绍亚里士多德的著作起步的。这种翻译和介绍活动可以一直上溯到公元 5 世纪中期。最初，人们将希腊典籍翻译成古叙利亚文，之后，人们又将这些典籍译成阿拉伯文。830 年，阿拉伯帝国在巴格达建立了"智慧馆"（Bayt al-Hikmah），组织学者翻译希腊和波斯的典籍。曾一度担任"智慧馆"总管的伊萨克（Ibn Ishāq，809—873 年）不仅精通阿拉伯语、波斯语和古叙利亚语，而且还精通希腊语。据说，为了翻译希腊典籍，他曾到罗马专门学习过多年希腊语。他本人不仅将亚里士多德的《论灵魂》和《论产生和消灭》由希腊文译成古叙利亚文，而且还将柏拉图的《政治篇》和《法律篇》由希腊文译成阿拉伯文。他的儿子侯奈尼（Ishāq ibn Hunayn）继承他的事业，又将亚里士多德的《形而上学》和《伦理学》（部分）以及柏拉图的《智者篇》和《蒂迈欧篇》由希腊文译成阿拉伯文。至 1055 年塞尔柱突厥帝国攻陷阿拉伯帝国首都布拉格时，阿拉伯学者差不多已经完成了亚里士多德著作的翻译工作。阿拉伯人为什么对亚里士多德的著作情有独钟，至今仍然是一个值得深入研究的课题。有学者认为："亚里士多德在阿拉伯哲学中无处不在，然而其出现是几个世纪以前古叙利亚语译者选择的结果：'不是阿拉伯人选择了亚里士多德，而是叙利亚人把亚里士多德强加给了他们'。"②这种说法未必就是最后一言，但就其表达亚里士多德哲学在阿拉伯学者心中的至上地位而言，则是非常到位的。阿拉伯哲学可以说就是在翻译、介绍和崇拜亚里士多德哲学的学术氛围中形成并且向前发展的。

但是，真正说来，亚里士多德哲学在阿拉伯哲学中的至上地位也不是一开始就确立起来的，而是经历了一个演进过程的。阿拉伯世界的第一个哲学家叫阿尔金底（Al Kindi，约 800—873 年）。阿尔金底，在我国的有关哲学史著作中常常被译作铿迪。阿尔金底是巴格达的宫廷教师，知识非常渊博。据传记作者和著作目录编纂者伊本·纳迪姆（Ibn al-Nadīm）所作的阿尔金底的《书目大全》，他大约共有 265 篇/本论文或著作。其中有 50 篇/本论文或著作是哲学和逻辑学方面的，有近 100 篇/本论文或著作是关于数学和星象学的，有 35 篇/本论文或著作是关于医学和自然科学的。

---

① 本节原载《哲学动态》2012 年第 4 期，收入本著时，小作修改。

② G.Tropeau，"Le Rôle des syriaquea dans la transmission et l'exploitation du patrimoine philosophique et scientifique grec"，*Arobica* 38（1991）：1-10.也请参阅［英］约翰·马仁邦主编：《中世纪哲学》，第 34 页。

阿尔金底对亚里士多德的著作和思想比较熟悉。他曾写过一篇文章,其中列出了亚里士多德的各类著作,在亚里士多德的主要著作中,只有《政治学》漏掉了。在他开列的书单中,包含两本伪书,这就是《论植物》和《论矿物》,但是却不包含《亚里士多德神学》。未将《亚里士多德神学》列入亚里士多德的书单中这件事值得关注,因为当时和后来的许多学者都曾经将它视为亚里士多德的著作。而阿尔金底则是在对其阿拉伯译本进行一番考察后将其从亚里士多德的著作名单中剔除出去的。这一方面说明阿尔金底治学严谨,另一方面也说明他对亚里士多德的哲学思想比较熟悉。阿尔金底最重要的哲学著作是《第一原则》。在这部哲学著作中,他大量援引和讨论了亚里士多德的哲学思想。但是,种种迹象表明,阿尔金底并不是一个严格的亚里士多德主义者,在他的著作中,他几乎从来不直接引证除柏拉图之外的其他哲学家的语句。例如,在《第一原则》第一章中,阿尔金底虽然大量引用了亚里士多德《形而上学》的观点,但却不愿点出亚里士多德的名字。不仅如此,他还在这本著作中批评了亚里士多德关于世界永恒的观点。由此看来,阿尔金底既不是一个典型的柏拉图主义者,也不是一个典型的亚里士多德主义者,而是一个对亚里士多德持开放立场的新柏拉图主义者。阿尔金底曾给哲学下了一个比较完整的定义。他写道:"人类最高贵的艺术是哲学艺术,它的定义是尽人之能力来认识事物的本质。……最崇高的哲学是'第一哲学',我指的是所有真理起源的第一真理的学问。"①但他的哲学明显地具有宗教哲学和伦理哲学的色彩。他曾经强调说:"哲学是使人尽力仿效真主的行为和消除私欲来作为寻求科学和伦理上的美德的途径,以完善人的德行。"②阿尔金底反对亚里士多德的世界永恒学说,很可能是为了给他的伊斯兰教神学、特别是他的真主创世说留下地盘。他强调:"第一真理的行为是从无中求得有。这种行为表明它是专属于一切本源的终极——至高无上的真主的。这种从无中求有,非同一般,因此对这种行为特冠以'创造'之名。"③阿尔金底非常重视灵魂问题和理智认识问题。他强调灵魂的高贵性和不朽性。宣称:"灵魂是高贵、完美的纯真体","是尊严、伟大的真主的灵光的一部分"。④ 他在《论理智》一书中,曾根据早期柏拉图学派波菲利和约翰·菲洛伯努(John Philoponus)对亚里士多德理智理论的解释,将理智区分为"能动理智"、"潜在理智"、"现实理智"和"显现理智",从而将人的认识理解成一个在外在能动理智推动下渐次实现的生成过程。他的这些哲学观点构成了阿拉伯哲学讨论的热点问题。

亚里士多德哲学在阿拉伯哲学后来的发展中获得了更为崇高的地位,先后形成了"东部亚里士多德主义"和"西部亚里士多德主义"。东部亚里士多德主义的主要

---

① 转引自穆萨·穆萨威:《阿拉伯哲学》,第52页。
② 穆萨·穆萨威:《阿拉伯哲学》,第49页。
③ 穆萨·穆萨威:《阿拉伯哲学》,第52页。
④ 穆萨·穆萨威:《阿拉伯哲学》,第53页。

代表人物是阿尔法拉比和阿维森纳。阿尔法拉比的真名叫穆罕穆德,别名叫艾布·纳赛尔。阿尔法拉比是他的学名。阿尔法拉比生于土耳其,他不仅精通土耳其语、而且还精通波斯语、希腊语和阿拉伯语。他极其推崇希腊哲学,特别是亚里士多德的哲学,毕生致力于将希腊哲学阿拉伯化或将阿拉伯哲学希腊化。他被视为第一位"伊斯兰的亚里士多德主义者"。他在阿拉伯世界里地位非常显赫,有"第二导师"的绰号,这意味着在阿拉伯人的心目中他的地位仅次于亚里士多德。与阿尔法拉比不同,阿维森纳是波斯人,生于布哈拉(今乌兹别克斯坦)。他的著作虽然也有用波斯语写成的,但大多数却是用阿拉伯语写成的。他的阿拉伯名字称作伊本·西拿(Ibn Sīnā)。他不仅广泛地阅读了亚里士多德的著作,而且还注释了亚里士多德的《形而上学》和《论灵魂》。阿维森纳虽然接受了亚里士多德的哲学,但他却并不局限于亚里士多德的哲学,而是努力对它作出自己的阐释。他曾经将自己的哲学称作"东方哲学",以表明青出于蓝而胜于蓝,他的哲学出于希腊哲学而区别于和高于希腊哲学。阿维森纳被看做是"思想史上的巨人",[1]阿拉伯哲学的集大成者,阿拉伯世界的"东部亚里士多德主义"的顶峰。

东部亚里士多德主义虽然在注释和阐释亚里士多德哲学方面作出了杰出贡献,但是,无论是阿尔法拉比还是阿维森纳,对亚里士多德哲学的注释和阐释都带有程度不同的新柏拉图主义的理论倾向。阿尔法拉比不仅对柏拉图的政治哲学情有独钟,而且即使在形而上学领域也旨在按照新柏拉图主义精神解释亚里士多德。他之主张世界从第一存在流出的"流出哲学"更是明显地具有新柏拉图主义的印记。阿维森纳曾经将新柏拉图主义者的著作的节译本当做《亚里士多德神学》加以注释,这就不仅表明他对亚里士多德主义和柏拉图主义的原则区别并没有确切的把握,而且也表明他确实是在用新柏拉图主义的精神来解读亚里士多德的哲学思想。西部亚里士多德主义与东部亚里士多德主义的根本区别在于,它在亚里士多德主义和柏拉图主义之间作出比较明确的区分,努力从亚里士多德的哲学立场本身来理解和诠释亚里士多德哲学思想,努力消除东部亚里士多德主义的新柏拉图主义立场,努力剔除东部亚里士多德主义强加给亚里士多德哲学的新柏拉图主义"瑕疵"。生于西班牙萨拉盖斯塔的伊本·巴哲(Ibn Bājja,？—1139年)在他的主要著作《认一论者之安排》中,就曾遵循亚里士多德的理性路线,批判了新柏拉图哲学家的神秘主义。生于西班牙阿什峪城的伊本·图斐利(Ibn Tufayl,约1105—1185年)要求他的学生伊本·鲁西德去做的就是去"归纳"、"解释"和"提炼"亚里士多德的著作。而伊本·鲁西德(Ibn Rushd)也不负师望,毕生致力于亚里士多德著作的注释、归纳和提炼,终于成为西部亚里士多德主义的主要代表。伊本·鲁西德的拉丁名字为阿维洛伊。阿维洛伊对亚

---

① 约翰·马仁邦主编:《中世纪哲学》,第44页。

里士多德推崇备至。在《〈论灵魂〉注》中他曾把亚里士多德的学说宣布为"最高真理"。① 据说他一生写过 38 篇亚里士多德著作的注释。他对亚里士多德的每篇作品都写过 2—3 篇注释。这些注释长短不一,相应地被称作"短篇"注释、"中篇"注释和"长篇"注释。短篇注释其实是阿维森纳对亚里士多德著作的"概括"或"概要"。中篇注释则采取夹叙夹议的方法,在解说亚里士多德的观点的同时也发挥自己的观点。长篇注释则是对亚里士多德著作的非常细致、非常深入的解释和研究。阿维洛伊总共写了 5 篇长篇注释,它们分别相关于《分析后篇》、《物理学》、《论天》、《论灵魂》和《形而上学》。这 5 篇注释可以看做是对亚里士多德著作的非常详尽、非常认真的研究性著作,不仅全部引用了亚里士多德的原文,而且还逐句对亚里士多德的话作出自己的解释。阿维洛伊因此也被称作"评注家"。

由于篇幅所限,下面我们就依次对阿拉伯哲学的三个主要代表人物阿尔法拉比、阿维森纳和阿维洛伊的哲学思想作出较为具体、较为详尽的阐述。

第三节　阿尔法拉比的哲学思想

阿尔法拉比(Al Farabi,约 875—950 年),如上所述,不仅被视为第一位"伊斯兰的亚里士多德主义者",而且还被视为"第二导师"。这就表明,他的哲学思想不仅具有某种开拓性和独创精神,而且达到了相当高的水平并取得了令人瞩目的重大成就。其哲学著作主要有《关于理智的信》、《智慧的明珠》和《幸福的获得》等。

在《关于理智的信》中,阿尔法拉比依据亚里士多德《论灵魂》的观点,集中阐述了他的理智学说。在阿尔法拉比看来,我们可以对亚里士多德《论灵魂》中的理智的"意义"作出四种区分。这就是:(1)潜在理智;(2)现实理智;(3)获得理智;(4)能动理智。② 按照阿尔法拉比的说法,潜在理智既可以意指某个灵魂,也可以意指灵魂的一个部分,既可以意指灵魂的一种官能,也可以意指某种别的东西,这种东西的本质在于它随时可能也随时准备从一切现存事物中抽象出各种实质,从这些事物的质料中抽象出它们的形式。因此,潜在理智所意指的实际上即是人的灵魂或人的灵魂的抽象能力。现实理智与潜在理智并非两种截然二分的理智,而是人类理智两种不同的存在状态。当我们的理智中尚没有现存事物的实质或可理解的形式时,我们的理智便是潜在理智,一旦现存事物的实质或可理解的形式到达或存在于我们的理智之中时,我们的理智就变成了现实理智。"而这就是现实理智的意义。"③而所谓获得理

---

① 参阅赵敦华:《基督教哲学 1500 年》,第 298 页。

② Cf. Arthur Hyman and James J. Walsh ed. , *Philosophy in the Middle Ages*, Indianapolis: Hackett Publishing Company, 1973, p.215.

③ Arthur Hyman and James J. Walsh ed. , *Philosophy in the Middle Ages*, pp.215—216.

智,则无非是现实理智的内容而已。而所谓现实理智的内容,又无非是现存事物的实质或可理解的形式。也正是在这个意义上,阿尔法拉比强调说,"现实思想"、"现实理智"和"现实可理解的东西""完全是一个意思"。① 这样看来,人的认识归根到底便是一个由潜在理智转化为现实理智的过程。那么,人的认识究竟凭什么才能完成这样的提升和转化呢? 阿尔法拉比的答案是:靠能动理智。阿尔法拉比在谈到我们的现实理智与潜在理智的关系时,曾经用视觉打比方说:我们的眼睛具有视觉能力,但它在黑暗中却看不见任何东西。在黑暗中,我们的眼睛便只有潜在视觉。有了阳光,我们的眼睛就能够看见我们附近的东西。在这种情况下,我们便可以说,我们的眼睛具有了现实视觉。因此,太阳或阳光即是我们的眼睛从潜在视觉到现实视觉的提升和转化的根本动因。而人的能动理智也就是我们人的理智由潜在理智提升和转化为现实理智的根本动因。正是在这个意义上,阿尔法拉尔强调说:"现实理智同潜在理智的关系,一如太阳对处于黑暗状态中作为潜在视觉的眼睛的关系。"②

在阿尔法拉比看来,能动理智本身"独立于任何质料而存在",因而始终处于"终极的圆满状态"。③ 能动理智作为这样一种外在的和永恒的精神实体,一方面赋予质料以形式,另一方面又赋予我们的潜在理智以活动力量,从而造成两者的对应关系,产生出我们前面所说的那样一种获得理智,即现实事物的实质或可理解的形式。阿尔法拉比将能动理智置于亚里士多德物理学或宇宙论体系中予以考察。他援引亚里士多德《论产生和消灭》的观点强调指出:"天体是活动物体的第一动因,它们为能动理智提供活动的质料和基体。"④他进一步分析说:推动天体运动的推动者,既不可能是一种物体,也不可能是物体中的一种力量,而只能作为天体存在原因并借以成为实体的东西,一种在存在方面更其完满的东西。在存在方面比诸天体更为完满的是第一重天,而构成第一重天的推动者的则是比第一重天更其完满的第一重天的推动者。而第一重天的推动者"不是质料也不存在于质料之中","从实体方面看,它就是理智,它只思想它自身或它的本质,而它的本质不是别的,正是它存在的原则。"从而,它也就是"一切本原的本原和一切现存事物的第一本原"。阿尔法拉比断言,这里所谓第一重天的推动者正是"亚里士多德在《形而上学》中以字母 Lam 标明的那卷(第十二卷)里所提到的理智"。⑤ 阿尔法拉比将这样一种能动理智称作"一",宣布:尽管存在有许多种理智,"但是这个'一'是第一理智,是最初存在的,第一个'一'和第一真理。而所有其他形式的理智则只是依序由它生成的理智。"⑥不难看出,阿尔

① Arthur Hyman and James J.Walsh ed.,*Philosophy in the Middle Ages*,.p.216.
② Arthur Hyman and James J.Walsh ed.,*Philosophy in the Middle Ages*,p.218.
③ Arthur Hyman and James J.Walsh ed.,*Philosophy in the Middle Ages*,p.220.
④ Arthur Hyman and James J.Walsh ed.,*Philosophy in the Middle Ages*,p.221.
⑤ Arthur Hyman and James J.Walsh ed.,*Philosophy in the Middle Ages*,p.221.
⑥ Arthur Hyman and James J.Walsh ed.,*Philosophy in the Middle Ages*,p.221.

法拉比在这里所说的"一"或"第一个'一'"与新柏拉图主义者普罗提诺"流溢说"中所说的"太一"是极其相似的。

　　理智问题,特别是能动理智问题,是亚里士多德灵魂学说中的一项重大问题,也是一个亚里士多德虽然花费了大量笔墨但却未真正厘清的问题。能动理智究竟存在于"灵魂之中"还是存在于"灵魂之外"是亚里士多德留给后人的一个重大的哲学难题,不仅成了逍遥学派长期争论的哲学难题,而且也成了阿拉伯哲学家长期探讨的哲学难题。如前所述,阿尔金底就曾依据早期柏拉图学派的观点,将理智区分为"能动理智"、"潜在理智"、"现实理智"和"显现理智"。区别只在于:相形之下,阿尔法拉比的理智学说不仅更见系统、更有本体论意蕴,而且由于其将能动理智置放进了亚里士多德的天体体系予以讨论,从而又获得了一种宇宙论意蕴和神学意蕴。他的这一努力不仅引起了阿维森纳的重视和进一步发挥,而且也引起了阿维洛伊的重视和进一步发挥。

　　阿尔法拉比在本体论领域所作出的重大努力在于他开始对亚里士多德"实体"概念中"存在"与"本质"的意义作出区分。他强调说:"在存在着的事物中,本质和存在是不同的。本质不是存在,也不包含在它的含义之中。"[1]他举例说,人的本质并不包含他的存在。即使我们认识到了一个人的本质,我们也不能因此而断定他是否现实地存在。另一方面,"存在也不包含在事物的本质之中,否则的话,存在就是构成一个事物的性质,对它本质的认识若无对它存在的认识就是不完全的了。"[2]我们可以根据人的定义而知道一个人的肉身性和动物性,但是我们却不能因此而判定他究竟是否存在。我们要判定这个人是否存在,就必须对他"有直接的感官知觉,或有间接的知觉作为证据"。阿尔法拉比的结论是:"存在不是一个构成性质,它只是附属的偶性。"[3]将存在与本质区别来来,强调存在只不过是实体的一种"附属偶性"或"偶然属性",这就为他的真主创世说留下了空间。也正是在这个意义上,阿尔法拉比将存在区分为两种,即偶然存在和必然存在,并且将后者称作"第一存在"。他写道:"万物分两种:其一,如果从其本体来看,它并不必须存在,被称作可能的存在或潜在的存在。其二,如果从本体看,它必需存在,被称为必然存在。可能的存在由于它本身既是起因又是结果故不可能走到'无限',也不可能循环往复,最终必定归结到一个必然存在上,这就是'第一存在'。"[4]受造物在本质与存在方面的区分这一思想不仅深刻地影响了阿维森纳和阿维洛伊,而且也深刻地影响了托马斯·阿奎那。

　　阿尔法拉比虽然是一位声望卓著的医学家和音乐天才,但他对哲学的推崇却超出许多哲学家。在《幸福的获得》中,他借着希腊哲学家之口,宣称哲学"潜在地包含

---

①　E. Gilson, *History of Christian Philosophy in the Middle Ages*, p.185.

②　E. Gilson, *History of Christian Philosophy in the Middle Ages*, p.185.

③　E. Gilson, *History of Christian Philosophy in the Middle Ages*, p.185.

④　转引自穆萨·穆萨威:《阿拉伯哲学》,第82页。

所有的美德"，是"科学的科学"、"科学之母"、"智慧的智慧"和"技艺的技艺"。① 与希腊哲学家不同的是，作为一个阿拉伯哲学家，他虽然认同希腊哲学家的一些观点，但却不甘心将希腊哲学视为阿拉伯哲学的终极源头。他含糊其辞地写道："据说，这门科学古时候在（巴比伦的）迦勒底人即后来的伊拉克人中间业已存在，接着从迦勒底人扩展到埃及人，又从埃及人传到希腊人，它在那里持续存在到它之传给叙利亚人，继而传给阿拉伯人。"②但是，他的政治哲学思想却是与希腊哲学一脉相承的。他认为，一个人当一国的君王，靠的应当是他自己的自然本性而不仅仅是他自己的意志。具体地讲，当君王的必须具有下述四种德性和才能："理论德性"，"最高的深思熟虑的德性"，"最高的道义上的德性"和"最高的实践技艺"。不难看出，一个君王当具备的这样一些德性和才能不是别的，正是一个哲学家所应具备的德性和才能。正因为如此，阿尔法拉比强调说："哲学家，最高统治者，君主，立法者和伊玛目，仅只是一个观念。不管你使用哪一个词，如果你考察一下它们在我们讲这些词的多数人中所表示的东西，你就会发现，它们所意指的是同一个观念，归根到底完全一致。"③很显然，阿尔法拉比在这里所宣扬的正是柏拉图的"哲学王"的思想。

第四节　阿维森纳的哲学思想

伊本·西拿的拉丁名字为阿维森纳（Avicenna，980—1037年）。阿维森纳是一位极富开拓精神和创新能力的哲学家，他的哲学思想被视为"东部亚里士多德主义"的"顶峰"。一方面，他极其推崇希腊哲学家，另一方面，他又将自己的哲学称作"东方哲学"。④ 他的哲学著作主要有《论治疗》（一译为《充足之书》）和《论解脱》（一译为《拯救论》）。他在《论治疗》中阐述的主要是他的存在论思想，他在《论解脱》中阐述的主要是他的灵魂学说。

存在问题是阿维森纳哲学中的首要问题和基本问题。在阿维森纳看来，形而上学的基本对象和首要对象即是存在自身。为了说明存在问题在哲学或形而上学问题中的优先性，他曾作出过一个被称作"空中人论证"的哲学论证：设想一个成年人突然被造了出来。他不是生活在地上，而是生活在空中，眼睛也被蒙蔽，什么也看不到，四肢也接触不到任何东西，而且相互之间也不能接触。那么，在这种条件下，他能够具有什么样的知识呢？他显然既不可能有关于外部世界的知识，也不可能有关于自己身体的知识。但是，这并不意味着他一无所知。因为即使在这样的条件下，他也不

---

① Al Farabi, *The Attainment of Happiness*, IV, Ch.53.Cf.*Philosophy in the Middle Ages*, p.227.

② Al Farabi, *The Attainment of Happiness*, IV, Ch.53.Cf.*Philosophy in the Middle Ages*, p.227.

③ Al Farabi, *The Attainment of Happiness*, IV, Ch.58.Cf.*Philosophy in the Middle Ages*, p.230.

④ 参阅约翰·马仁邦主编：《中世纪哲学》，第45页。

可能不知道他自己的存在。而这就意味着任何一个思想着的心灵在任何情况下都不可能没有关于存在的知识,存在问题是一个在先的问题,一个"对一切东西都是相同的东西",从而也就势必是"形而上学这一门科学的对象"。① 这就是说,形而上学与其他科学的根本区别在于:其他科学所要回答的是存在的事物究竟是什么? 而形而上学探究的则是存在事物的存在和存在自身。

在探讨存在问题时,阿维森纳首先区分了"存在自身"和"存在事物"。在阿维森纳看来,存在事物总包含存在与本质两个方面。其中存在又进一步区分为"必然存在"和"可能存在"。阿维森纳断言,每一件事物都具有一定的属性,但它们的存在却可以区分为"必然存在"和"可能存在"两种。因此,我们可以从思想上将包括在存在里面的事物区分两种:其一是"那种当我们就其自身加以考察时,它不具有必然性的存在。但是,它的存在却也是并非不可能的"。② 因为倘若它的存在完全不可能的话,它也就因此而不可能包括进存在的事物之中了。阿维森纳的结论是:"这种事物是处于可能性的范围之中的。"③他把这种事物的存在称作"可能存在"。而"另一种则是那种当我们就其自身加以考察时,它具有必然存在的事物"。④ 他把这后一种事物的存在称作"必然存在"。阿维森纳将因果论引入对必然存在和可能存在的考察之中。他断言:"那种其存在因自身而必然的事物是没有原因的,而那种其存在因自身而可能的事物则确实是需要原因的。"⑤他证明说,那种其存在是必然的事物之所以不可能具有原因,乃是因为"如果其存在是必然的事物其存在具有一个原因的话,则它的存在就会是依靠那个原因的。凡存在依靠他物的事物,当人们撇开他物而只从其自身考察时,它便不再具有必然性的存在"。⑥ 因此,要是其存在是因自身而必然的事物有一个原因的话,则它就不再是其存在因自身而必然的事物了。但可能存在的情况就不同。因为可能存在本身即包含着可能非存在,包含着从非存在进入存在。而"凡可能存在的事物,当就其自身考察时,它所具有的存在和非存在便都来自某种原因"。⑦ 这是因为如果它存在,则作为不同于非存在的存在便已经到了可能存在的事物这里,而如果它不存在,则不同于存在的非存在便也已经到了可能存在的事物这里。既然可能存在的事物其存在就其自身而言只能是可能的,则它之具有存在和非存在这样两种属性便只能是来自作为其原因的他物:"存在的属性来自那作为存在原因的原因,而非存在的属性则来自那缺乏存在属性的原因的原因。"⑧

①　E.Gilson, *History of Christian Philosophy in the Middle Ages*, p.206.

②　Arthur Hyman and James J.Walsh ed., *Philosophy in the Middle Ages*, p.240.

③　Arthur Hyman and James J.Walsh ed., *Philosophy in the Middle Ages*, p.240.

④　Arthur Hyman and James J.Walsh ed., *Philosophy in the Middle Ages*, p.240.

⑤　Arthur Hyman and James J.Walsh ed., *Philosophy in the Middle Ages*, p.240.

⑥　Arthur Hyman and James J.Walsh ed., *Philosophy in the Middle Ages*, p.240.

⑦　Arthur Hyman and James J.Walsh ed., *Philosophy in the Middle Ages*, p.240.

⑧　Arthur Hyman and James J.Walsh ed., *Philosophy in the Middle Ages*, p.241.

　　然而,既然可能存在的事物其存在和非存在都是有原因的,而且其存在"必然依靠某种原因,并且是在和这一原因的关联中成为必然的",①在这个意义上,我们便可以说,一些可能存在同时也能够是必然存在:就其自身而言,它是一种可能存在,就其与作为原因的他物的必然相关而言,它也是一种必然存在。这样,在阿维森纳这里,实际上也就存在有两种必然存在:其中一种是"因自身而必然的",而另一种则是"因他物而必然的"。阿维森纳证明说,那种其存在是因自身而必然的事物"不是相对的,不是可以变化的,不是复多的,在其所特有的存在方面也是不可以与别的事物分享的"。② 阿维森纳还从因自身而必然的必然存在的独一性出发论证了这种必然存在与本质的统一性。他指出:"那种其存在是必然的事物一定必然地是一个本质。因为倘若不是这样,它就会是复多,而这个复多的各个部分都会因此而成为某种其存在是必然的东西。"③阿维森纳所说的这样一种因自身而必然的必然存在,显然不是别的,正是创造世界万物的真主。在谈到可能存在和因他物而必然的必然存在时,阿维森纳则强调了它们对因自身而必然的必然存在的依赖性及其复多性。他断言,那种其存在是可能的东西"就其自身进行考察时"只能是某种可能的东西,因此,它之成为"现实存在"就势必"需要某种别的东西"。离开了"某种别的东西",离开了因自身而必然的必然存在,任何可能存在都不可能成为现实存在。此外,因他物而成为必然的必然存在也都是"复合的和二元的"、其所以如此,一方面是因为凡因他物而必然的,必然存在要成为现实存在都"必须具有在时间上先于它而存在的质料";④另一方面是因为凡其存在必须依靠他物的东西,作为现实存在,都必定是本质与存在的复合物。也正是在这些意义上,阿维森纳得出结论说:"凡其存在总是要因他物而成为必然的都不可能是那种其真正本性为单纯的东西。因为那种当我们就其自身进行考察时属于它的东西是不同于那种虽然属于它但却来自他物的东西的。就其存在而言,其特殊性是由它们两者共同决定的。因此,当人们就其自身进行考察时,除其存在是必然的东西外,没有什么事物不被赋予潜在性和可能性特征。只有那种其存在是必然的东西是单一的东西,所有其余的一切都是复合的二元体。"⑤

　　值得注意的是,阿维森纳还进一步从存在论的高度对亚里士多德的动力因作出新的解释。哲学家们,特别是那些自然哲学家们,通常仅仅从"运动的本原"的角度来规定和看待亚里士多德的动力因,阿维森纳超越他们的地方在于,他从形而上学和存在论的高度,从真主创造世界万物的神学高度,来看待和处理亚里士多德的动力因。他写道:"所谓动力因,我们想到的是,它所意指的是那种赋予事物存在的原因,

①　Arthur Hyman and James J.Walsh ed.,*Philosophy in the Middle Ages*,p.241.

②　Arthur Hyman and James J.Walsh ed.,*Philosophy in the Middle Ages*,p.240.

③　Arthur Hyman and James J.Walsh ed.,*Philosophy in the Middle Ages*,p.243.

④　Arthur Hyman and James J.Walsh ed.,*Philosophy in the Middle Ages*,p.246.

⑤　Arthur Hyman and James J.Walsh ed.,*Philosophy in the Middle Ages*,p.246.

这种原因是区别于事物自身的。也就是说，该事物的本质，按照最初的意向，并非一个潜在的主体，由它所形成的事物从它那里接受其存在，以至于它本身只是偶然地才成为其存在的潜在性。"①这就是说，自然哲学家们只是从"运动的本原"的意义上，来理解动力因，它所涉及的只是事物的运动而非事物的存在，从而也就不足以解释事物何以具有"不同于运动的存在"。为了解释事物何以能够存在，形而上学家便更进一步，不仅将动力因理解成事物运动的原因，而且还进而将动力因理解成事物存在的原因，从而赋予动力因以造物主的身份。"动力因这个词，形而上学家，不仅像自然哲学家那样，用它来意指运动的本原，而且还用它来意指存在的本原和那种赋予事物存在的东西，诸如世界的创造者。"②为了表明动力因所具有的这样一种形而上学的意义，阿维森纳将这样理解的动力因称作"事物的本质原因"和"处于最高层次上的原因"。他写道："很显然而且也很确定，事物的本质原因——事物的本质是借着它才得以现实存在的——必定与它们所产生的东西同时存在，而且，它们也不是以为原因所产生的事物进入存在时它们就停止存在的方式先于事物而存在的。"③然而，"如果原因连续地或永恒地存在，则被产生的事物也就连续地存在。属于这类原因的一个原因是处于最高层次上的原因。因为他绝对地阻止了某些事物的不存在，并且将完满的存在提供给某些事物。而这也就是那种被哲学家们称作'创造'的东西的含义，也就是使某物在绝对不存在之后进入存在的东西的含义。"④

赋予动力因以存在论和形而上学的意义，显然是阿维森纳的一项发明。在自然哲学家们那里，动力因所关涉的只是现实存在的事物的运动，而阿维森纳所考虑的则是运动着的现实存在着的事物的存在，是运动着的现实存在着的事物何以从非存在进入存在，何以在"绝对不存在"之后"进入存在"。这就使动力因问题达到了终极实存的层面，达到了事物的生成论层面和创造论层面。

阿维森纳与阿尔金底、阿尔法拉比一样，也非常重视理智类型和理智性质的讨论。不过，与阿尔金底、阿尔法拉比将人类理智作出三重区分不同，阿维森纳将人类理智作出四重区分。他把我们人的认识区分为四个由低级到高级的阶段。这就是：感性知觉、想象、推测和理性思维。相应于人的这四个认识阶段，人的灵魂也处于四种状态，从而也就存在有四种理智："物质理智"，"习惯理智"，"现实理智"和"获得理智"。物质理智是那种相应于感性知觉的理智，它意指的是一种能够接受知识的潜在能力，也被称作可能理智，与阿尔金底和阿尔法拉比的"潜在理智"大同小异；习惯理智是那种相应于想象阶段的理智，旨在强调我们接受知识的不自觉性；现实理智是那种相应于我们认识的推测阶段的理智，它意指的是我们对业已接受的知识的思

---

① Arthur Hyman and James J.Walsh ed.，*Philosophy in the Middle Ages*，p.246.

② Arthur Hyman and James J.Walsh ed.，*Philosophy in the Middle Ages*，pp.246-247.

③ Arthur Hyman and James J.Walsh ed.，*Philosophy in the Middle Ages*，p.252.

④ Arthur Hyman and James J.Walsh ed.，*Philosophy in the Middle Ages*，p.252.

考和理解,与阿尔金底和阿尔法拉比所说的现实理智大体相当;获得理智是那种相应于我们理性思维阶段的理智,它着眼的是我们的理智从认识的对象中抽象出普遍概念,与阿尔法拉比的获得理智大同小异。

阿维森纳理智学说的另一个重大特点在于,他明确地用亚里士多德的质型论(hylemorphism,其中 hyle 表示质料,morphe 表示形式)来处理获得理智的抽象能力与物质理智的潜在能力的关系。阿维森纳认为,获得理智的抽象能力与物质理智的潜在能力是形式与质料的关系。他特别强调理性概念或可理解的形式的"非物质性",断言:"作为可理解的东西的基质的实体,自身并非一个形体,它也不以那个形体的任何一种功能或任何一种形式的方式存在于那个形体之中。"①人类理智的质料虽然是人类理智本身所固有的,但人类理智的形式却是从外面获得的,直接来自于外在于人类灵魂的能动理智。能动理智本身是纯粹形式,它同时规定和制约着认识对象和认识主体:一方面它把普遍形式传递给个别事物,构成事物的共同本质,另一方面它又把普遍形式赋予人的理智,构成人的获得理智。由于认识对象和认识主体的这样一种同源性,获得普遍形式的理智的抽象作用和抽象过程实际上也就只不过是相同形式之间的一种符合和适应。在阿维森纳这里,普遍形式也就是早期经院哲学家们所讨论的共相,这种共相因此也就有三种存在形态:共相作为能动理智存在于个别事物之先,作为共同本质存在于个别事物之中,作为抽象概念存在于个别事物之后。这样一种共相理论开了后来经院哲学温和实在论共相理论的先河,对托马斯·阿奎那的共相理论产生了重大影响。

与阿尔法拉比一样,阿维森纳也从亚里士多德的天体学说和宇宙论的角度和高度来阐述能动理智的本原和性质,只是阐释得更为详尽、更为系统罢了。阿维森纳认为,能动理智处于天体的最底层。每个天体都是一个纯粹的精神实体,都是一个理智领域。宇宙等级关系也就是理智领域之间的因果关系。真主是第一理智和第一推动者,他的领域是第一层天体。第一理智的纯粹思想推动第一层天体的运动,产生出第二层天体。第二层天体的理智活动推动第二层天体,产生出第三层天体,直至第十层天体,也就是月球。月球的理智活动一方面推动月球运动,另一方面又作用于地面上的事物和人的灵魂,推动人的理智活动,故而被称作"能动理智"。

在《论解脱》中,阿维森纳还较为系统地阐述了他的灵魂理论。阿维森纳的灵魂理论的一个重要特色在于他是从与人的身体的关联来讨论和阐述人的灵魂问题的。他曾专门讨论过"灵魂在时间上的起源"这样一个问题。他论证说,人的灵魂只能与人的身体同时进入存在,而根本不可能先于人的身体而存在。他断言:"认为身体何时进入存在,灵魂也就何时进入存在的看法是合适的。"②他虽然也强调人的身体对

①　Arthur Hyman and James J.Walsh ed., *Philosophy in the Middle Ages*, p.264.

②　Arthur Hyman and James J.Walsh ed., *Philosophy in the Middle Ages*, p.257.

于人的灵魂的工具性,但他却没有因此而完全否认人的灵魂与人的身体之间的互存性和互动性。他不仅承认人的身体是人的灵魂的"个体化原则",而且还承认它们之间存在有一种"相互适应的联系"。① 阿维森纳甚至认为,人的灵魂由于同身体的结合而获得的这样一种个体性,即使在其与人的身体相分离的情况下也不会丧失。他写道:"灵魂当其和他们的身体分离开之后,仍然保持其个体性。这归功于他们曾经处于其中的不同的质料,也归功于他们诞生的时间,以及他们不同的禀性。而所有这些都应归因于他们的由于特有条件而必然不同的质料。"②阿维森纳强调人的灵魂与人的身体的相互依存性和相互适应性,强调人的灵魂与人的身体共同构成"一个个体",这种人学思想既有别于新柏拉图主义,也有别于奥古斯丁主义,在西方人学史上是一种新的观念,对后来的人学思想,特别是对托马斯·阿奎那的人学思想产生了重大影响。

第五节　阿维洛伊的哲学思想

伊本·鲁西德的拉丁名字为阿维洛伊(Averroe,1126—1198 年)。他是西部亚里士多德主义最著名的代表人物,也是阿拉伯世界整个亚里士多德主义哲学运动的主要代表人物,以其名字命名的阿维洛伊主义即为整个亚里士多德主义的代名词。他的哲学和神学著作主要有:《论宗教与哲学的一致》、《矛盾的矛盾》(一译为《毁灭的毁灭》)、《论天体的实体》、《〈论灵魂〉注》、《〈形而上学〉注》和《〈物理学〉注》等。

阿拉伯哲学是从弘扬理性和哲学起步并逐步发展起来的。但是,至 11 世纪中期,随着塞尔柱突厥帝国的兴起和阿拉伯帝国的衰败,阿拉伯世界的一些守旧势力发动了一场对理性和哲学的讨伐运动。在宗教界,强调信仰至上的艾什尔里派抬头,开始取代倡导理性的穆尔太齐赖派,成为伊斯兰教的主流教义学派。在哲学界,一些哲学家发动了一场排拒亚里士多德主义、倡导神秘主义的运动。其代表人物为安萨里(al-Ghazālī)。安萨里的拉丁名字叫阿尔加扎里(Al-Ghazali,1058—1111 年)。阿尔加扎里是艾什尔里派哲学家和苏菲派神秘主义的主要代表。其主要著作有:《哲学的宗旨》、《哲学家们的矛盾》、《从错误中得救》和《宗教学的复兴》。在《从错误中得救》一书中,阿尔加扎里从伊斯兰教的立场上对亚里士多德的哲学做了分析。按照他的分析,亚里士多德的哲学既不同于"唯物主义哲学",也不同于"自然主义哲学",而是与苏格拉底和柏拉图的哲学一起,属于"有神论哲学"。不仅如此,亚里士多德"把逻辑系统化并把各门学科组织起来","获得了一种更高程度的准确性,并促使他

---

① Arthur Hyman and James J.Walsh ed.,*Philosophy in the Middle Ages*,pp.257-258.

② Arthur Hyman and James J.Walsh ed.,*Philosophy in the Middle Ages*,p.258.

们的哲学走向成熟"。阿尔加扎里认为,在传播亚里士多德哲学方面,没有一个伊斯兰教哲学家能够比得上阿尔法拉比和阿维森纳。但由于他们两个都是"不信教的人",而没有将亚里士多德哲学中"必须被认作是无信仰的"和"必须被认作是异端的"同"完全不可否认的"区别开来。①　阿尔加扎里则以对这些东西作出区分为己任。他认为,亚里士多德哲学中,虽然有"完全不可否认的"内容,但同时也有"必须被认作是无信仰的"和"必须被认作是异端的"内容。而亚里士多德以及阿尔法拉比和阿维森纳的"大多数错误"并不是发生在数学、逻辑、自然科学、政治学和伦理学领域,而是发生在"神学或形而上学"领域。他写道:"所有他们的错误共包括二十项,其中三项必须认定为不信教的,十七项属于异端。我撰写《哲学家们的矛盾》就是要指出在这二十个论点上他们观点的错误。"②阿尔加扎里所说的亚里士多德哲学中异于所有伊斯兰教神学的三个论点是:(1)"对肉体来说不存在死后复活;受到奖赏或惩罚的只是灵魂;奖赏和惩罚是精神上的,不是肉体上的。"(2)"神认识共相而不认识殊相。"(3)"世界是永恒的,没有开端或结束。"③

　　针对阿尔加扎里关于哲学与宗教相矛盾的观点,阿维洛伊在《论宗教与哲学的一致》中明确地将真理区分为"哲学真理"或"推证真理"和"神学真理"或"经文真理"。他明确宣布:"哲学并不包含任何反乎伊斯兰教的东西。"④他从哲学真理的立场论证说:"论证的真理和经文的真理是不可能相冲突的。因为既然这种宗教是真实的,是召唤人们去进行通往真理的知识的研究,则穆斯林社会就当确切地知道:论证的研究决不会导致与经文给予我们的真理相冲突的结论。因为真理不可能反乎真理,而只可能与真理相一致,并为真理作证。"⑤那么,我们究竟应当怎样来解说哲学真理(论证真理)与宗教真理(经文真理)之间所存在的表面上的冲突呢?阿维洛伊认为,这主要是由人们对宗教真理或经文真理的解释方式所致。对宗教真理或经文真理可以有两种不同的解释方式:一种是字面的解释,一种是寓言式的解释或隐喻式的解释。为了避免这两种真理之间发生冲突,我们就必须灵活地运用这两种不同的解释方式。当我们对经文做字面的解释不与哲学真理或论证真理相冲突时,我们就对经文做字面的解释;而当我们对经文所做的字面解释与哲学真理或论证真理相冲突时,我们就当对经文做寓言式的解释或隐喻的解释。他强调说:"如果经文的表面

---

① 　Cf.Algazali,*Deliverance from Error*,Ⅲ,2,in Arthur Hyman and James J.Walsh ed.,*Philosophy in the Middle Ages*,p.271.

② 　Algazali,*Deliverance from Error*,Ⅲ,2,in Arthur Hyman and James J.Walsh ed.,*Philosophy in the Middle Ages*,p.271.

③ 　Algazali,*Deliverance from Error*,Ⅲ,2,in Arthur Hyman and James J.Walsh ed.,*Philosophy in the Middle Ages*,p.271.

④ 　Arthur Hyman and James J.Walsh ed.,*Philosophy in the Middle Ages*,p.292.

⑤ 　Arthur Hyman and James J.Walsh ed.,*Philosophy in the Middle Ages*,p.292.

意思与论证的结论相冲突,那就应该对它加以寓言式的,也就是隐喻式的解释。"①他具体地论证说:"无论何时,凡论证的研究以任何方式导致有关存在物的知识时,则在经文中,这种存在物就在所难免地要么是没有被提到,要么是提到了。如果经文中没有提到,那就不会有什么矛盾……如果经文中提到了,文字的表面意思就在所难免地要么与它的相关论证的结论相一致,要么相冲突。如果相一致,那就无需争论了。如果不一致,就有必要对它进行寓言式的解释。而所谓'寓言式的解释'指的是把一种表达的意义从实在的意义层面扩展到隐喻的意义层面,又不因此而背离标准的阿拉伯语的隐喻的实践。这就像是用一个与之相似的某物的名字去称呼一个东西一样。这里所说的相似的某物或者是一个原因,或者是一个结果,或者是其伴随物,也可能是诸如在有关隐喻式的语言的说明中所列举的别的东西。"②阿维洛伊还具体论证说,既然我们可以并且应当对经文作出"寓言式的解释"或"隐喻的解释",则无论哲学家是否主张是肉体死后复活、神认知殊相和世界永恒,便都"不足以证明那种指责他们为无信仰的做法是正确的"。③ 这在事实上便为否认肉体死后复活与神认知殊相和肯定世界永恒的哲学观点做了辩护。很显然,尽管阿维洛伊的真理观被人称作"双重真理论",但是,在他那里,归根到底还是把哲学真理视为第一真理或最高真理,视为判定宗教真理或经文真理的基本标准。这在中世纪可以说是一种惊世骇俗的思想,在中世纪经院哲学家中引起了剧烈的思想震荡。

　　阿维洛伊的这样一种真理观在他对亚里士多德哲学的评价中体现得淋漓尽致。他以极其崇拜的心情在《〈论灵魂〉注》中写道:"亚里士多德的学说是最高真理。因为他的理智是人类理智的极限;正确地说,神的天意造就了他,把他送给我们,使我们可以知道我们所能知道的一切。让我们赞美真主。真主让他卓绝超群,让这个人达到了人性可以获得的最高尊严。"④尽管阿维洛伊的这些话表明了他对亚里士多德有浓重的迷信色彩,但从中透露出来的则是中世纪思想家对人类理性和哲学的信心以及旨在摆脱宗教迷信和宗教信仰束缚的努力和决心。阿维洛伊努力捍卫理性和哲学的相对独立性。他在《〈物理学〉注》中指出:混淆哲学与宗教只能使两者同时受到伤害,既不利于宗教信仰,也毁坏了亚里士多德的哲学学说。鉴此,他要求积极而审慎地处理宗教和哲学的关系:一方面,要看到它们之间的差别,另一方面,又要看到它们之间的一致。在阿维洛伊看来,存在于宗教与哲学之间的关系不是真理与谬误的关系,而是一种真理与另一种真理之间的关系,一种低级真理与一种高级真理之间的关系。他断言,可以将宗教信徒区分为三类:第一类是未受教育的普通人。这些人满足于权威与感情力量,满足于《古兰经》的经文和先知的启示。第二类是虽受过教育但

①　Arthur Hyman and James J.Walsh ed.,*Philosophy in the Middle Ages*,p.292.

②　Arthur Hyman and James J.Walsh ed.,*Philosophy in the Middle Ages*,p.292.

③　Arthur Hyman and James J.Walsh ed.,*Philosophy in the Middle Ages*,p.295.

④　D.Knowles,*The Evolution of Medieval Thought*,London：Longmans,1962,p.200.

智力平平的人,是神学家。这些人要求对信仰作出令人信服的论证。第三类是受过教育且智力卓绝之人,是哲学家。这类人要求无条件的理性证明。这就表明,在阿维洛伊这里,哲学高于神学,神学高于宗教信仰。这无疑是向阿尔加扎里的神秘主义和信仰主义的一种挑战。

阿维洛伊的灵魂学说和理智学说在阿拉伯哲学家中也独具一格。他明确地将人的灵魂和理智区别来开。一方面,把个人灵魂看做附属于人的身体的形式,是随着人的身体的死亡而消亡的;另一方面,把理智看做是外在于个人灵魂的能动理智在人的灵魂中造成的结果,是独立于人的个人身体的,其存在是不受个人身体的死亡的影响的。在理智学说方面,阿维洛伊也表现了许多与众不同的特色。首先,与阿尔金底、阿尔法拉比、阿维森纳等阿拉伯哲学家将理智作出四重区分或五重区分不同,阿维洛伊对理智作出三重区分,这就是"物质理智"或"接受理智"、"能动理智"和"思辨理智";①而且,与前此的阿拉伯哲学家赋予人类理智以某种相对独立性不同,阿维洛伊则从原则上取消了人类理智的相对独立性,归根到底将物质理智和思辨理智转换成了能动理智的一种产物和一种变形,突出地强调了理智的统一性和单一性。其次,阿维洛伊突出地强调了理智的精神性和单纯性。在阿维洛伊看来,既然理智理解一切事物,它就势必不是一切事物,而只是一种"被动的和主动的力"。在谈到"物质的、接受的理智"时,阿维洛伊写道:"如果理智理解所有那些存在于灵魂之外的东西的话,它就应当被描述成——先于它的理解活动——属于被动的而不是主动的力这个属。而且,它也必然不与形体相混合,也就是说,它既不是一个形体,也不是形体中的一种力,而是一种自然的或有生命力的力。"②他还进一步强调说:"就可理解的东西推动理智而言,理智是被动的,但就它这些可理解的东西为它所推动而言,它又是主动的。因此,亚里士多德接着论述说,在理性灵魂中,必须设定两种不同的力,即一种主动的力和一种被动的力。"③第三,阿维洛伊在《〈论灵魂〉注》中还强调了理智的永恒性。他写道:"在灵魂中有三种理智",即接受理智、能动理智和思辨理智。"这三种理智中的两种,即能动理智和接受理智是永恒的,而第三种理智从一方面看是可以产生和可以毁灭的,但从另一方面看则是永恒的。"④他论证说,既然"人类是永恒的",则"物质理智便永远不会缺乏那种为整个人类所共有的自然本原的,也就是说,它永远不会缺乏那为一切人所共有的第一命题和个体概念的"。⑤ 思辨理智的情况较为复杂。因为就接受者(某个个别的人)而言,就接受的形式(想象的形式)而言,我们的知识总是与有生有灭的个体事物相关的,从而我们的"早先知道的有关事物

① Cf.Arthur Hyman and James J.Walsh ed.,*Philosophy in the Middle Ages*,p.321.

② Arthur Hyman and James J.Walsh ed.,*Philosophy in the Middle Ages*,p.314.

③ Arthur Hyman and James J.Walsh ed.,*Philosophy in the Middle Ages*,p.315.

④ Arthur Hyman and James J.Walsh ed.,*Philosophy in the Middle Ages*,p.321.

⑤ Arthur Hyman and James J.Walsh ed.,*Philosophy in the Middle Ages*,p.321.

的知识"也会"由于对象的毁灭而毁灭",但"如果某人就可理解的东西的绝对存在而言,而不是就某个个别人的存在而言,来考虑这些可理解的东西,它们确实可以被说成是永恒的"。① 为了说明思辨理智的永恒性,阿维洛伊不惜援引柏拉图的共相理论。他说道:"柏拉图说,共相是既不能产生也不能毁灭的,而且它们存在于心灵之外。就内在于思辨理智之中的可理解的东西是不朽的意义来说,这种说法是真实的。"②最后,阿维洛伊在《〈论灵魂〉注》中还特别强调了理智的独一性。阿维洛伊认为,不仅外在于人类灵魂的能动理智对于全人类来说是独一的,而且即使物质理智和思辨理智对于整个人类来说也是独一的。他论证说,物质理智,尽管"按照被接受的形式(想象的形式)来说,它们是多",但是,"这些可理解的东西,若按照接受者(物质理智)来看,它们则是一"。因为物质理智所有的"自然本原",所具有的"第一命题和个体概念"都是"整个人类所共有的"。思辨理智也是如此。因为虽然就"被接受的形式(想象的形式)"而言,思辨理智是"多",但是,倘若从"被接受的内容"看,即从"可理解的东西",亦即从"全人类所共有的第一命题和个体概念"看,"思辨的理智在所有的人中则是'一'"。③

阿维洛伊的哲学思想在拉丁哲学中产生了巨大的反响。这种反响首先就表现在,至 13 世纪,在拉丁哲学的心脏地带,即巴黎大学,出现了拉丁阿维洛伊主义。拉丁阿维洛伊主义的代表人物有布拉邦的西格尔和达西亚的波爱修。布拉邦的西格尔(Sigerus de Brabant, 1240—1284 年)是巴黎大学艺学院教授,其著作主要有《〈论灵魂〉第三卷问题集》、《论理性灵魂》、《论理智》和《论世界的永恒性》。达西亚的波爱修(Boethius Dacus)也是巴黎大学艺学院的教师,曾著有《论世界的永恒性》和《论至善》等。但在另一方面,阿维洛伊的哲学观点也遭到了许多拉丁哲学家的强烈反对。阿维洛伊和拉丁阿维洛伊主义不仅构成了 1270 年"大谴责"的主要对象,而且也成了波那文都和托马斯·阿奎那的批评对象。波那文都在 1268 年的一次神学演讲中特别地批判了阿维洛伊主张世界永恒的观点,并且宣布阿维洛伊主义者有败坏圣典、信仰和智慧三大罪状。④ 而托马斯·阿奎那则在 1270 年发表了《论独一理智——驳阿维洛伊主义者》长文,对阿维洛伊的独一理智观点做了全面、系统的批评。⑤

① Arthur Hyman and James J. Walsh ed., *Philosophy in the Middle Ages*, p.321.

② Arthur Hyman and James J. Walsh ed., *Philosophy in the Middle Ages*, p.322.

③ Arthur Hyman and James J. Walsh ed., *Philosophy in the Middle Ages*, p.321.

④ Cf.E.Gilson, *History of Christian Philosophy in the Middle Ages*, p.403.

⑤ 参阅托马斯·阿奎那:《论独一理智——驳阿维洛伊主义者》,段德智译,《世界哲学》2010 年第 6 期。

第三章　阿奎那哲学概论

阿奎那不仅是中世纪经院哲学的主要代表,而且也可以说是整个中世纪哲学的主要代表。比较具体、比较系统、比较全面地了解一下他的哲学无论对于我们比较具体、比较深入地了解中世纪经院哲学还是对于我们比较具体、比较深入地了解整个中世纪哲学都是非常必要的。

第一节　作为经院哲学集大成者和 哲学革新家的阿奎那

中世纪经院哲学,作为中世纪哲学的主要形态和典型形态,作为中世纪整个世界观皆藉此得到解释的"主导原则",在其漫长的历史发展过程中,如前所述,涌现出了许多"伟大的灵魂"。例如,在其酝酿形成时期,有波爱修和爱留根纳。在其兴盛时期,有安瑟尔谟和阿伯拉尔。在其鼎盛时期,有大阿尔伯特和波那文都。即使在其式微时期,也有司各脱、艾克哈特、奥卡姆和苏亚雷斯等"哲学史上的英雄"。然而,在所有这些"伟大的灵魂"和"哲学史上的英雄"中,功绩至伟、地位最高、影响最大者,当属作为中世纪经院哲学集大成者托马斯·阿奎那(Thomas Aquinas,1224/1225—1274 年)。

阿奎那生于当时的那不勒斯王国的一个贵族世家。他 5 岁时即入著名的卡西诺修道院当修童。1239 年在该修道院关闭之后,到那不勒斯大学学习,开始接触亚里士多德哲学。1243 年左右,阿奎那加入了多米尼克托钵僧会。随后摆脱执意要他攀升圣职的家庭的阻挠,到巴黎和科隆跟随大阿尔伯特学习。大阿尔伯特非常赏识阿奎那。阿奎那由于沉默寡言而被同学戏称"西西里哑牛",但大阿尔伯特却预言道:"这只哑牛将来会吼叫的,他的吼声将传遍世界。"经大阿尔伯特推荐,1252 年阿奎那进入巴黎大学神学院学习,1256 年与波那文都同时获得神学硕士学位,正式开始了他的教学和著述生涯。当年,他受修会委托至罗马创办罗马大学馆。1268 年奉命重返巴黎大学,一方面反对当时人文学院盛行的阿维洛伊所代表的激进的亚里士多德主义,另一方面又反对当时神学院盛行的以法兰西斯会学者为代表的保守的奥古斯丁主义。1272年,阿奎那又被修会委以在那不勒斯建全修会的学术中心即全修会总学馆的重任,其后他同时在总学馆和那不勒斯大学任教。1273年12月,阿奎那中风。1274年2月健康状况急剧恶化。当年3月,在前往里昂参加主教会议的途中去世。阿奎那去世后,一方面,他的思想受到巴黎大学和牛津大学的谴责,另一方面,他作为一个思想家的地位却稳步上升。1323年,他被教皇约翰二十二世追谥为圣徒;1567年,教皇庇护五世又将其册封为"教会圣师"。阿奎那的思想虽然在宗教改革时期较为沉寂,但是,在1879年教皇利奥十三发出《永恒之父通谕》,号召重建托马斯主义之后,他的思想再次获得了较高的地位。

在阿奎那的研究者中,长期以来一直存在着阿奎那究竟是一位哲学家还是一位神学家的争论。然而,能够用作这一争论评判依据的只能是阿奎那的论著本身。阿奎那卷帙浩繁。其总字数如果汉译过来,当在1500万字以上。他的全集出了四个版本,其中以1570年的庇护版和1882年的利奥版为权威版本。阿奎那的著作可分为四大类:(1)注释类;(2)辩论类;(3)大全类,有《反异教大全》和《神学大全》两种;(4)小品类。但是,在他的所有论著中,最为重要的当是《论存在者与本质》(1254—1256年)、《反异教大全》(1259—1264年)和《神学大全》(1265—1273年)。

阿奎那早期最重要的著作是《论存在者与本质》和《反异教大全》。而这两部著作都可以视为阿奎那用哲学诠释基督宗教神学的最初尝试。《论存在者与本质》大约写于1256年3月之后的一段时间,从其标题即看出,它是一部相当纯粹的哲学著作或形而上学著作。吉尔松在谈到阿奎那对西方哲学的卓越贡献时,曾将阿奎那的哲学宣布为"形而上学历史上的一场革命",[1]而阿奎那对西方形而上学的革命在很大程度上就是从他的《论存在者与本质》这本小书开始的。也正因为如此,当代著名的中世纪学者阿·莫勒(1915—2008年)给予该著以极高的评价,曾称其为西方形而上学传统中的一部"经典"(a classic)之作。[2] 在这部著作中,阿奎那的根本努力在于用哲学的"存在"范畴来诠释基督宗教神学的"上帝"概念。按照阿奎那的观点,共存在有三种不同的存在者,这就是复合实体、单纯实体和上帝。其中,复合实体也就是包括人在内的物质实体。这种实体的本质由质料和形式构成。阿奎那所谓单纯实体,也就是受造理智的实体,其中最根本的也就是天使。这种实体的本质就是它的形式。在阿奎那看来,对于所有的受造物来说,本质与存在并不是一回事。阿奎那曾以人和不死鸟为例予以解说。他写道:"我们能够理解一个人之所是或一只不死鸟(phoenix)之所是,然而却不知道其究竟是否实际存在。"[3]既然如此,则不仅复合实体是复合的,即使作为单纯实体的受造理智实体便也同样是复合的。因为受造的理

①　Etienne Gilson,*History of Christian Philosophy in the Middle Ages*, p.365.

②　Cf.St.Thomas Aquinas,*On Being and Essence*,tr.by Armand Maurer,Toronto:Pontifical Institute of Mediaeval Studies,1968,p.8.

③　Thomae de Aquino,*De Ente et Essebtia*,IV,5.

智实体虽然就其本质而言是由形式构成的,但就其整体而言则是由本质(形式)和存在复合而成的。从而,真正单纯的存在者只有一个,这就是其本质与其存在合二而一的上帝。而这也就意味着,上帝即是存在或存在本身。在此基础上,阿奎那不仅哲学地论证了上帝的"绝对单纯性(in fini simplicitatis)",①而且还哲学地论证了上帝的创造活动。因为既然不仅任何受造物的存在来自作为存在本身或第一存在的上帝,而且任何受造物的本质也必须藉作为存在本身或第一存在的上帝才能由潜在转化为现实,则作为存在本身或第一存在的上帝也就自然而然地扮演了造物主的角色。也正是在这个意义上,阿奎那将作为存在本身或第一存在的上帝称作万物的"第一原则(primo principio)"和"原初的和纯粹的活动(actus primus et purus)"。② 不难看出,无论是将上帝规定为存在本身,还是将上帝规定为一种"原初的和纯粹的活动",都不仅是对基督宗教神学的根本性改造,而且也是对西方传统形而上学的根本改造。吉尔松关于阿奎那在西方形而上学历史上开展了一场革命的说法虽然初听起来有点耸人听闻,但仔细考察起来,却是有根有据、掷地有声的。

　　《反异教大全》写于1259—1264年,也是阿奎那的一部早期著作。这部著作是阿奎那应多米尼克会总会会长圣莱芒德的要求而写作的。圣莱芒德希望阿奎那写作一部著作指导在西班牙摩尔人中间传道的修士,该著作因此而冠以《反异教大全》这个标题。但是,在阿奎那看来,既然要反对异教,我们就不能运用异教所不承认的基督宗教的信仰及其《圣经》,而只能运用基督宗教和异教共同认可的理性和哲学来证明基督宗教的信仰,故而该书又被称作《哲学大全》。在《反异教大全》中,阿奎那借鉴和发展阿维洛伊的"双重真理论",对哲学的相对独立性作出了有力的辩护和论证。在《反异教大全》的第3章,阿奎那首先批判了当时经院哲学界依然强势流行的唯一真理观,指出:"使真理得以认识的方式并不总是一样的。"他援引亚里士多德的话强调指出:"凡有教养者,都只是在事物本性所允许的范围内去寻求每一种事物的确定性。"③而这就意味着在"信仰真理"(veritas fidei)之外还另有一种真理,这就是"理性真理"(veritas rationis)。在阿奎那看来,这种理性真理范围很广,不仅涵盖自然哲学(物理学)、数学、本体论、认识论、美学和伦理学等,而且还涵盖一部分神学内容。他断言:"在关于上帝我们所信仰的东西中,存在着真理的两种样式(duplex veritatis modus)。有些关于上帝的真理是超乎人的理性的整个能力之外的。上帝既为三个又为一个(trinum et unum),即是这种类型的真理。但是,也存在着一些真理,是人的理性所能企及的。上帝存在,上帝独一,等等,即是这样类型的真理。事实上,关于上帝的这样一些真理,哲学家们藉推证已经证明过,而这种推证则是在自然之光的

---

　　① Thomae de Aquino, *De Ente et Essebtia*, VI, 9.
　　② Thomae de Aquino, *De Ente et Essebtia*, IV, 3.
　　③ 亚里士多德:《尼各马可伦理学》, I, 3, 1094b24。

指导下进行的。"①阿奎那的这段话给我们透露了一个极其重要的信息,这就是:理性和哲学的适用范围并不仅限于受造世界,而且还可以进入信仰领域和神学领域,达到造物主,达到上帝。这就在事实上提出并论证了自然神学思想。

需要强调指出的是,双重真理论和自然神学对于阿奎那来说并不只是他的一个哲学观点或神学观点,而是一个贯穿于他的整个哲学和神学体系各个环节的全局性问题。一如他自己在《反异教大全》第1卷第9章中所说,他在该书第1—3卷中所讨论的主要是"理性探究的真理"(veritatis quam ratio investigat),②即"理性真理",而在第4卷中着重探讨的则是信仰真理。在具体谈及第1—3卷的内容时,阿奎那指出:"我们的目标在于遵循理性的方式阐述和探究人类理性对于上帝所能研究的东西。根据这一目标,我们首先考察的将是属于上帝自身的东西。其次是考察上帝创造受造物的过程。最后是考察受造物达到作为其目的的秩序。"③这就是说,在阿奎那看来,关于神学问题的理性真理主要有三个方面的内容。首先是关于上帝自身的问题(上帝论)。这是《反异教大全》第1卷的主题内容。该卷主要阐述了上帝的存在、上帝的属性(诸如现实性、单纯性、完满性、善、独一性、无限性)、上帝的理智、上帝的知识、上帝的意志、上帝的德性和真福等。其次是创造问题(创造论)。这是《反异教大全》第2卷的主题内容。该卷主要阐述了创造的主体问题、创造的本质问题、宇宙永恒问题、万物区分问题、理智实体问题、人的复合结构问题、人的理智问题、人的灵魂问题、灵智实体(天使)问题等。最后是天道问题(天道论)。这是《反异教大全》第3卷的主题内容。该卷主要阐述了上帝自身乃万物的目的、上帝对万物的治理和上帝对理智受造物的治理等问题。第4卷则着重讨论信仰真理,亦即"超乎理性的真理"(veritatis rationem excedit)。④ 该卷主要阐述了三位一体、道成肉身、圣事论、肉体复活、肉体荣光、末日审判和新天新地诸问题。构成其中心内容的则是一个救赎问题。不仅如此,阿奎那还从两个方面强调了他对理性真理与信仰真理、哲学真理与神学真理的相关性和对应性。一方面,他强调了阐释理性真理的道路与阐释信仰真理的道路的同一性,指出:他在阐释理性真理时所遵循的是一条上升的道路,一条从受造物到上帝的道路,而在阐释信仰真理时所遵循的则是一条下降的道路,一条从上帝到受造物(人)的道路。⑤ 另一方面,他还进而强调了《反异教大全》前三卷阐释理性真理的各个基本环节与第四卷阐释信仰真理的各个基本环节的一一对应性,断言:《反异教大全》的第1卷(上帝论)对应于第4卷的第一部分,即"三位一体"问题,两者讨论的都是上帝本身;《反异教大全》的第2卷(创造论)对应于第4卷的第

①　Thomae De Aquino, *Summa Contra Gentiles*, I, cap.3, 2.

②　Thomae De Aquino, *Summa Contra Gentiles*, I, cap.9, 3.

③　Thomae De Aquino, *Summa Contra Gentiles*, I, cap.9, 4.

④　Thomae De Aquino, *Summa Contra Gentiles*, I, cap.9, 3.

⑤　Cf. Thomae De Aquino, *Summa Contra Gentiles*, I, cap.9, 3-5.

二部分,即"道成肉身"问题,两者讨论的都是"上帝的作为";《反异教大全》的第3卷(天道论)对应于第4卷第三部分,即"肉体复活"和"灵魂永福"等问题,两者突出的都是"作为终极目的的上帝"。①

由此可见,宏观地看,阿奎那是以哲学研究和哲学著述开始其学术生涯的。而且,他的这样一种哲学研究和哲学著述也并非他一时的兴趣,而是直接关乎其一生学术研究和学术著述的,是一项奠定其后来学术研究和学术著述基础的工作。我们马上就会发现,无论就核心观点看,还是就致思进路和理论框架看,他的《神学大全》都是与《论存在者与本质》和《反异教大全》一脉相承的。离开了《论存在者与本质》和《反异教大全》,《神学大全》的成就几乎是不可设想的。而且,更为重要的是,即使就《神学大全》本身的结构和布局看,我们同样能够窥见阿奎那的哲学家身影。

1265年,阿奎那在意大利的奥维多完成《反异教大全》之后,被派往罗马去建立一个高级神学研究院。在那里,他开始着手撰写他一生中最为重要的著作《神学大全》。《神学大全》的写作从1266年开始,至1273年结束,前后历时8年。该著共分三集。其中第一集是他在罗马任教廷顾问期间(1266—1268年)写出来的。第二集是他在巴黎大学任教期间(1268—1272年)写出来的。第三集则是他在意大利那不勒斯大学任教期间(1272—1273年)写出来的。《神学大全》是阿奎那的一部未竟的著作。当阿奎那写到第三集第90个问题时,他便由于身体的原因而戛然搁笔了。对于该著的未竟部分,他的信徒们在集结其早年有关作品,特别是在集结其《〈箴言四书〉注》中的有关内容的基础上予以补充。这也就是我们通常所说的"补编"。就结构而言,《神学大全》与作为"哲学大全"的《反异教大全》也十分相近。如前所述,《反异教大全》共含四卷:第一卷为上帝论,第二卷为创造论,第三卷为天道论,第四卷为救赎论。其中第一至第三卷讲的主要是理性真理,第四卷讲的则属于信仰真理。《神学大全》分为三集:第一集为上帝论,第二集为伦理学,第三集为教理神学。其中第一集和第二集的内容大体对应于《反异教大全》的第一至三卷的内容,讲的主要是理性真理或哲学真理,主要是理论哲学(第一集)和实践哲学(第二集)。《神学大全》第一集共分七卷:(1)论上帝的本质,(2)论三位一体,(3)论创造,(4)论天使,(5)论六天工作,(6)论人,(7)论上帝的管理。第二集区分为上下两个部分。其中第二集上部通称"一般伦理学",含五卷:(1)论终极目的,(2)论人的行为,(3)论习性,(4)论律法,(5)论恩典。第二集下部通称"特殊伦理学",含四卷:(1)论信、望、爱,(2)论智德与义德,(3)论勇德与节德,(4)论特别属于一些人的行为。② 这一集的篇幅最大,内容极其广泛,不仅关涉到人的伦理行为,而且也关涉到人的政治行为、法律行为和经济行为,不仅极其深入地考察了政治正义、法律正义,而且还极其深入

---

① Thomae De Aquino, *Summa Contra Gentiles*, 4, cap.1, 11.
② 就篇幅而论,第二集下部大约是上部的两倍。

地考察了分配正义和交换正义,极其深入地阐述了同等性原则、商品价值论和公平价格学说。① 因此,这一集可以看做是阿奎那关于人的行为的学说的一个总汇,与其将其概括为伦理学,毋宁将其概括为"实践哲学"。第三集含两卷:(1)论道成肉身,(2)论圣事(未完成)。补编含四项内容:(1)论圣事(续),(2)论复活,(3)论最后之事,(4)两个附录。因此,《神学大全》第三集和补编与《反异教大全》的内容大体相当,都属于教理神学和信仰真理的范畴。

　　如前所述,阿奎那的著述生涯始自《论存在者与本质》,中经《反异教大全》,即《哲学大全》,最后是《神学大全》。如果我们对这一历程作进一步概括的话,鉴于《论存在者与本质》和《反异教大全》同属于哲学类著作,我们就不妨进一步将其简化为从《哲学大全》(即《反异教大全》)到《神学大全》。而且,阿奎那的这样一种心路历程,即使从《神学大全》本身,我们也可以窥见一二。因为既然如上所述,《神学大全》第一集阐述的主要是阿奎那的理论哲学,第二集阐述的主要是阿奎那的实践哲学,第三集阐述的主要是阿奎那的教理神学,则《神学大全》的这样一种布局便同样体现了阿奎那从哲学到神学的致思路向。而且,如果我们逻辑地(同时性地)看问题并且着眼于《神学大全》各集的思辨程度方面的差异,则我们就不仅可以看到阿奎那本人大体上是从哲学(形而上学)的高度来审视基督宗教神学问题的,从而窥见作为哲学家的阿奎那的身影,而且我们还可以窥到《神学大全》大体上是依降次幂的方式排列的,而专论阿奎那理论哲学或形而上学的《神学大全》第一集则是《神学大全》的理论制高点。

　　由此可见,阿奎那区别于中世纪其他基督宗教神学家的根本之处正在于他不仅是一个伟大的神学家,而且还是一个伟大的哲学家,在于他是一个有极高哲学智慧、极大哲学革新能力的基督宗教神学家。在《永恒之父通谕》中,教皇利奥十三世虽然不吝溢美之词,称颂阿奎那"天下无双","作为所有经院博士的大师和帝王,高高地矗立在他们所有人之上","他的上帝的知识和人的知识竟是如此的丰富,他就像是太阳",但对其成因却并没有给予特别中肯的说明。其实,阿奎那之所以能够"天下无双",之所以能够成为"所有经院博士的大师和帝王",之所以能够"像是太阳",归根到底在于:与中世纪的其他基督宗教神学家相比,阿奎那无论在理论视角方面还是在理论高度和致思进路方面都显然高于他们一等,就在于他不仅极具哲学智慧,而且在哲学智慧方面明显地高于他们一等,就在于他不仅是一个伟大的基督宗教神学家,而且还是他那个时代最为卓越的哲学家。这或许就是阿奎那得以"天下无双"的根本成因和真正秘密。

　　哲学史上有两类哲学家,一类是富于革新精神和批判精神的哲学家,另一类是善

---

① 参阅段德智:《试论阿奎那公平价格学说的理论基础和基本维度及其现时代意义》,《晋阳学刊》2010年第4期。

于构建严密思想体系的哲学家。阿奎那则兼而有之。阿奎那的哲学既是中世纪经院哲学的集大成者,也是西方哲学史上的一位革新家。① 他不仅在广泛吸收前人成果的基础上构建了一个博大、精深的经院哲学体系,而且无论是强调和论证理性和哲学的独立性方面,还是在提出和强调存在的先在性和非实体性、人的全整性和个体性等方面都有一定程度的开创之功。英国历史学家诺尔斯曾将 13 世纪称作西方哲学史上的"革命"时期,②阿奎那无疑即是这场革命的主要代表人物或领袖人物,是赋予中世纪哲学"主导性原则"和"历史性标签"的决定性人物。

正因为如此,阿奎那不仅在哲学史中占有一席之地,而且还享有崇高的地位。著名的英国哲学家和哲学史家安东尼·肯尼也把托马斯·阿奎那视为"西方世界屈指可数的几位最伟大的哲学家之一"。③ 现代分析哲学家罗素尽管对托马斯·阿奎那的一些哲学观点持有异议,但他还是对他在西方哲学史上的地位给予了充分的肯定。他在谈到托马斯·阿奎那的历史地位和历史影响时,不无肯定地写道:"圣托马斯不仅有历史上的重要性,而且还具有当前的影响,正像柏拉图、亚里士多德、康德、黑格尔一样,事实上,还超过后两人。"④

阿奎那的历史地位和世界性声望不仅来自基督宗教教会方面和哲学界,而且也来自世俗社会方面。20 世纪末,英国广播公司举办了人类第二个千年最伟大思想家的网上评选活动,结果阿奎那力压霍金、康德、笛卡尔、麦克斯韦和尼采,以排名第五的身份跻身于"千年十大思想家"之列。阿奎那对世俗社会影响之深广,由此可见一斑。不仅如此,由于这些思想家各有所长,所研究的领域迥然相异,从而缺乏严格意义上的可比性,即使得票高于阿奎那的那几位思想家,也很难说其历史功绩就一定高于阿奎那。至少就"立言"的角度论,我们既很难说阿奎那的《反异教大全》和《神学大全》比达尔文的《物种起源》(1859 年)、牛顿的《自然哲学的数学原理》(1687 年)、爱因斯坦的《广义相对论的基础》(1916 年)和马克思的《资本论》第一卷(1867 年)更伟大些,但也同样很难说达尔文的《物种起源》、牛顿的《自然哲学的数学原理》、爱因斯坦的《广义相对论的基础》和马克思的《资本论》第一卷比阿奎那的《反异教大全》和《神学大全》更伟大些。我们只能够说,正如达尔文、牛顿、爱因斯坦和马克思是以《物种起源》、《自然哲学的数学原理》、《广义相对论的基础》和《资本论》第一卷(1867 年)著称于世的一样,阿奎那是以他的《反异教大全》和《神学大全》著称于世的。

---

① Cf.Etienne Gilson,*The Christian Philosophy of St.Thomas Aquinas*,New York：Random House,1961,p.7.

② Cf.*The Cambridge Companion to Aquinas*, ed.by Norman Kretzmann and Eleonore Stump,Cambridge University Press,1993,p.20.

③ Anthony Kenny (ed),*Aquinas：a Collection of Critical Essays*,London：Macmillan,1969,p.1.

④ 罗素:《西方哲学史》上卷,第 549 页。

阿奎那的哲学思想是他留给哲学界和整个人类进步事业的一项极其宝贵的精神财富。

第二节　作为神学"主妇"的哲学

从西方哲学史的角度看,经院哲学所面临的首要问题是它的可能性或合法性问题。如前所述,经院哲学是基督宗教哲学的一种理论形态,是基督宗教信条和教义的理论化和系统化。这里就提出了一个问题:一个哲学形态何以可能既是哲学的又是宗教的? 与此相关的另一个问题是:既然基督宗教神学和基督宗教哲学一样,都是基督宗教信条和教义的理论化和系统化,则基督宗教哲学与基督宗教神学之间的本质区别究竟何在? 如果说第一个问题直接关涉的是理性和信仰的关系问题,第二个问题关涉的则主要是哲学(宗教哲学)与神学的关系问题。不难看出,这两个问题不仅是经院哲学的首要问题,而且也是它的一个基础性问题。经院哲学所有别的问题无不以这样那样的形式与这两个问题相关联。也许正因为如此,无论是在《神学大全》中还是在《反异教大全》中,阿奎那所首先面对并予以阐释的也正是这样两个问题。①

真正说来,这样两个问题也并非仅仅是经院哲学遭遇到的问题,而是所有形态的基督宗教哲学都要面对和都应面对的问题(广而言之,也是所有宗教哲学都要面对和都应面对的问题)。早在教父哲学时期,基督宗教哲学的可能性和合法性就遭遇到了来自两个方面的挑战:一方面来自极端理智主义的挑战,另一方面来自极端信仰主义的挑战。极端理智主义者,如《真逻各斯》的作者塞尔修斯(Celsus),用理性拒斥信仰,用纯粹的哲学拒斥基督宗教神学。极端信仰主义者,如主张"惟其不可能,我才相信"的德尔图良(Tertullian,145—220年),用信仰拒斥理性,用基督宗教神学拒斥哲学。然而,无论是极端理智主义,还是极端信仰主义,都有可能对基督宗教哲学采取取消主义的立场。因为既然基督宗教哲学是基督宗教信条和教义的理论化和系统化,则无论对宗教信仰还是对理性证明采取根本否定的态度和立场,都会使基督宗教哲学的可能性和合法性受到挑战、遭到否定。正因为如此,教父哲学在其发展过程中既反对极端理智主义又反对极端信仰主义,而逐渐采取了一种较为中道的理性辩护主义立场。这种立场在奥古斯丁的"基督宗教学说"这一概念中得到了经典性的体现。在奥古斯丁看来,存在有两种哲学,一种是"真正的哲学",一种是"现世的哲学"。他所谓"现世的哲学"指的是古希腊罗马哲学,而他所谓"真正的哲学"指的是那种直接为基督宗教信条和教义辩护的哲学,而且也正是在这个意义上,他径直将哲学称作基督宗教学说,或将基督宗教称作真正的哲学。不难看出,奥古斯丁所强调的

---

① Cf.Thomas Aquinas, *Summa Theologica*, Ⅰa.Q.1. *Summa Contra Gentiles*, Ⅰ, cap.1-9.

是哲学与宗教信仰和神学的统一性,倡导的是一种与宗教信仰和神学融为一体的哲学。然而,奥古斯丁所倡导的与宗教信仰和神学融为一体的作为"基督宗教学说"的哲学实际上是一种神学扩张主义或僭越主义,而这样一种扩张或僭越也同样势必导致对哲学的取消和抛弃,至少是对哲学的画地为牢,从而从根本上危及了哲学的存在和发展,危及了基督宗教哲学的存在和发展。因为事情正如吉尔松所指出的,奥古斯丁派之接受"基督宗教哲学"的"条件"在于"抛弃哲学"和"唯存基督宗教"。① 奥古斯丁对基督宗教哲学的这样一种理解和界定虽然为教父哲学家们普遍接受,但是,随着经院哲学的酝酿和兴起,开始遭到了越来越多的批评。11 世纪的贝伦加尔(Berengar de Tours,1010—1088 年)首先发出了用理性和辩证法审视宗教信仰和神学的呼吁,强调:"理性不知比权威高多少,它才是真正的主人和裁判。"②阿伯拉尔则明确拒绝奥古斯丁主义强加给他的"不加怀疑地接受""权威"的"义务"③。大阿尔伯特则针对奥古斯丁主义的融合说,进一步明确提出了哲学和神学的区分问题。然而,在经院哲学家中,从哲学的立场上,对哲学的相对独立性作出较为充分的肯定、对哲学与神学的区分作出较为全面、较为系统阐述的,则是阿奎那。

哲学的地位问题,或者说哲学与神学的关系问题一向是基督宗教哲学中一个争论不休的问题。"在中世纪,随着封建制度的发展,基督教成为一种同它相适应的、具有相应的封建等级制的宗教。……中世纪把意识形态的其他一切形式——哲学、政治、法学,都合并到神学中,使它们成为神学中的科目。"④因此,对于中世纪基督宗教哲学家来说,重要的并不在于要不要给基督宗教神学以主导地位的问题,而是要不要承认哲学的某种相对的独立性,要不要给予哲学以较高的学科地位问题。早在教父哲学的初期,克莱门特(Titus Flavius Clement,约 153—217 年)就模仿犹太哲学家斐洛,将哲学称作"主妇"。⑤ 稍后的奥利金(Origen Adamantinus,181—254 年)甚至提出了"知识"高于"信仰"的观点。⑥ 但是,在基督宗教哲学的发展中,这样一种观点很快为"哲学乃神学的婢女"(philosophia ancilla theologiae)所取代。就哲学服务于基督宗教及其神学而言,无论将哲学称作"主妇"还是将哲学称作"婢女"都是没有重大区别的,但是,就哲学的学科地位而言,哲学的主妇地位与哲学的婢女地位却是迥然相异的。当我们称哲学是神学的婢女时,这意味着哲学没有独立的学科地位,只不过是劝人接受基督宗教信条及其神学的一种工具而已。而当我们称哲学是神学的主

---

① Cf.Etienne Gilson, *The Spirit of Mediaeval Philosophy*, tr. by A. H. C. Downnes, New York:charles Scribner's sons,1940,p.9.

② David Knowles, *The Evolution of Medieval Thought*,London:Longmans,1962,p.37.

③ 参阅赵敦华:《基督教哲学 1500 年》,第 257 页。

④ 恩格斯:《路德维希·费尔巴哈和德国古典哲学的终结》,载《马克思恩格斯选集》第 4 卷,第 255 页。

⑤ 参阅克莱门特:《杂文集》第 2 卷,第 4 章。

⑥ 参阅奥利金:《反塞尔修斯》第 6 卷,第 14 章。

妇时,我们强调的则是哲学与神学一样,也有其独立的学科地位,也有其独立的研究领域,尽管它在与基督宗教信仰及其神学相关的领域内需要与后者保持一致,从而它的学科地位的独立只具有相对的意义。阿奎那所阐释和捍卫的正是哲学的这样一种相对独立性。下面,我们就来看看阿奎那是如何阐释和捍卫哲学的这样一种相对独立性的。

　　阿奎那用以阐释和捍卫哲学相对独立性的一个重要武器是他的双重真理论。按照奥古斯丁的"光照说",一切真理均来自"光照",来自上帝。"你们若不信,定然不能理解。"①从而对上帝的信仰便成了真理的唯一来源。与奥古斯丁的光照说和真理观不同,阿奎那虽然也肯认信仰真理,但他却没有因此而将其视为唯一的真理,而是主张双重真理论。他曾在《反异教大全》中对他的双重真理论作出过较为详尽、较为系统的说明。在《反异教大全》的第 3 章,阿奎那首先批判了当时经院哲学界依然强势流行的唯一真理观,指出:"使真理得以认识的方式并不总是一样的。"他援引亚里士多德的话强调指出:"凡有教养者,都只是在事物本性所允许的范围内去寻求每一种事物的确定性。"②而这就意味着在"信仰真理"(veritas fidei)之外还另有一种真理,这就是"理性真理"(veritas rationis)。阿奎那解释说:"既然理性关于某物知觉到的所有知识的原则在于对该存在者实体本性的理解(因为按照亚里士多德的观点,'一件事物之所是'乃推证的原则),③则我们借以理解一件事物的实体的那种方式也就必然决定着我们借以认识属于它的东西的那种方式。因此,如果人的理智理解某件事物的实体的话,例如,理解一块石头或一个三角形的实体的话,就没有任何属于该件事物的可理解的特征超出人类理智的把握。"④而且在阿奎那看来,这种理性真理范围很广,不仅涵盖自然哲学(物理学)、数学、本体论、认识论、美学和伦理学等,而且还涵盖一部分神学内容。所以,他接着指出:"在关于上帝我们所信仰的东西中,存在着真理的两种样式(duplex veritatis modus)。有些关于上帝的真理是超乎人的理性的整个能力之外的。上帝既为三个又为一个(trinum et unum),即是这种类型的真理。但是,也存在着一些真理,是人的理性所能企及的。上帝存在,上帝独一,等等,即是这样类型的真理。事实上,关于上帝的这样一些真理,哲学家们藉推证已经证明过,而这种推证则是在自然之光的指导下进行的。"⑤阿奎那的这段话给我们透漏了一个极其重要的信息,这就是:理性和哲学的适用范围并不仅限于受造世界,而且还可以进入信仰领域和神学领域,达到造物主,达到上帝。

————————

　　①　奥古斯丁:《论三位一体》,上海:上海人民出版社 2006 年版,第 212—213 页;也请参阅周伟驰:《记忆与光照》,北京:社会科学文献出版社 2001 年版,第 68—69 页。

　　②　亚里士多德:《尼各马可伦理学》,I,3,1094b24。

　　③　亚里士多德:《分析后篇》,II,3,90b31。

　　④　Thomae De Aquino, *Summa Contra Gentiles*, I, cap.3,3.

　　⑤　Thomae De Aquino, *Summa Contra Gentiles*, I, cap.3,2.

阿奎那不仅肯认信仰真理之外另有理性真理,而且还反复强调和论证了理性真理的可信性和实在性。在阿奎那看来,即使在信仰领域和神学领域,理性真理也与信仰真理一样,具有一定的可信性和真理性。针对一些教父哲学家和经院哲学家贬低理性、断言理性知识常常是错误的和荒谬的观点,阿奎那强调指出:"人类理性天赋的那些东西显然也是最真实的,从而我们是不能够设想这样的真理是错误的。"①他的结论是:"既然关于上帝这种神圣存在(divinorum)有两种真理,其中一种是理性的探究能够企及的,另一种是超乎人的理性的整个能力的,则这两种真理便都是适合于指示给人予以相信的。"②阿奎那为了进一步论证理性真理的可信性、实在性和一定程度上的权威性,他还进一步强调指出,即使信仰真理也不能否认和消除掉理性真理的可信性、实在性和其所固有的一定程度的权威性。他指出:"虽然我们讨论的上述基督宗教的信仰真理(veritas fidei Christianae)超乎理性的能力,可是,人类理性(humanae rationis)自然禀赋的真理却并不与基督宗教的真理相对立。"③对此,阿奎那作了多方面的论证。首先,真理只能与错误相对立,而不可能与真理相对立。既然如上所述,理性真理真实无误,是真理,而信仰真理也真实无误,也是真理,"则信仰真理就不可能与人类理性自然认识到的那些原则相对立"。④ 其次,上帝既是我们的造主,也就是我们本性的造主。既然上帝是我们本性的造主,则我们依照我们本性(即人类理性)所认识到的诸多知识(即理性真理),实质上也是"由上帝灌输给我们的",从而归根到底也是"包含在上帝的智慧之中的",一如"那些由教师灌输进学生灵魂中的东西总是包含在教师的知识之中"。既然如此,"我们藉信仰所持守的由上帝所启示的东西,因此也就不可能是与我们的自然知识相对立的"。⑤

在阿奎那看来,人类理性不仅能够获得具有可信性、实在性和一定程度的权威性的理性真理,而且即使对于信仰真理也不是毫无作为的。在《反异教大全》第8章里,他甚至专门讨论了"人类理性是如何相关于信仰真理的"这个问题。按照阿奎那的观点,广义的人类理性包括感性认识和理性(狭义)认识两个部分,而且,人类的理性认识是依赖于感性认识,并且"是从感性事物(sensibiles)那里获得其知识的起源的"。⑥ 但是,感性事物本身却是上帝所创造的东西,因而是以上帝为其存在的原因的。凡活动主体所产生的东西都是它自身的类似物,就像我们人类所制造的任何东西总带有我们自身的烙印一样。因此,"结果在其自身之中,以它们自己的方式,具有其原因的类似性(similitudirum)"。这样一来,作为上帝造物的感性事物本身便势

---

① Thomae De Aquino, *Summa Contra Gentiles*, I, cap.7, 2.

② Thomae De Aquino, *Summa Contra Gentiles*, I, cap.4, 1.

③ Thomae De Aquino, *Summa Contra Gentiles*, I, cap.7, 1.

④ Thomae De Aquino, *Summa Contra Gentiles*, I, cap.7, 2.

⑤ Thomae De Aquino, *Summa Contra Gentiles*, I, cap.7, 3.

⑥ Thomae De Aquino, *Summa Contra Gentiles*, I, cap.8, 1.

必"保留有类似于上帝的某种摹本(imitationis)"。① 既然如此,人类理性便可以通过认知感性事物而对上帝的属性有所猜测或有所了解,从而,凭借类比的方式,人类理性便能够"以获得信仰真理知识的一定类似性的方式相关于信仰真理的知识"。② 阿奎那承认,人类理性通过感性事物所获得的关于上帝的知识,是不可能藉直接看到上帝实体本身的人所获得的信仰真理那样"清楚明白的",从而人类理性与信仰真理的这样一种相关性便不足以"使信仰真理的知识像推证地得到理解的或藉自身得到理解的东西那样得到领悟"。然而,阿奎那强调说:"尽管如此,它对于人类理性在这样的证明中历练自身还是有用的:不管这样的作用是多么的弱小,只要不出现武断的领悟或推证,就总能起到一定的作用。因为能够看到最崇高的实在中的某些东西,不管看到的多么微乎其微,一如我们前面所指出的那样,都能成为最大欢乐的成因。"③

在讨论阿奎那的双重真理论时还有一点需要提及的是,双重真理论对于阿奎那来说不只是他的哲学和神学中的一个问题,而且还是一个贯穿于其整个哲学和神学体系各个环节的全局性问题。一如他自己在《反异教大全》第 1 卷第 9 章中所说,他在该书第 1—3 卷中所讨论的主要是"理性探究的真理"(veritatis quam ratio investigat),④即"理性真理",而在第 4 卷中着重探讨的则是信仰真理。在具体谈及第 1—3 卷的内容时,阿奎那指出:"我们的目标在于遵循理性的方式阐述和探究人类理性对于上帝所能研究的东西。根据这一目标,我们首先考察的将是属于上帝自身的东西。其次是考察上帝创造受造物的过程。第三是考察受造物达到作为其目的的秩序。"⑤这就是说,在阿奎那看来,关于神学问题的理性真理主要有三个方面的内容。首先是关于上帝自身的问题(上帝论)。这是《反异教大全》第 1 卷的主题内容。该卷主要阐述了上帝的存在、上帝的属性(诸如现实性、单纯性、完满性、善、独一性、无限性)、上帝的理智、上帝的知识、上帝的意志、上帝的德性和真福等。其次是创造问题(创造论)。这是《反异教大全》第 2 卷的主题内容。该卷主要阐述了创造的主体问题、创造的本质问题、宇宙永恒问题、万物区分问题、理智实体问题、人的复合结构问题、人的理智问题、人的灵魂问题、灵智实体(天使)问题等。第三是天道问题(天道论)。这是《反异教大全》第 3 卷的主题内容。该卷主要阐述了上帝自身乃万物的目的、上帝对万物的治理和上帝对理智受造物的治理等问题。第 4 卷则着重讨论信仰真理,亦即"超乎理性的真理"(veritatis rationem excedit)。⑥该卷主要阐述了三位一体、道成肉身、圣事论、肉体复活、肉体荣光、末日审判和新天新地诸问题。构成其中心内容

① Thomae De Aquino,*Summa Contra Gentiles*,I,cap.8,1.
② Thomae De Aquino,*Summa Contra Gentiles*,I,cap.8,1.
③ Thomae De Aquino,*Summa Contra Gentiles*,I,cap.8,1.
④ Thomae De Aquino,*Summa Contra Gentiles*,I,cap.9,3.
⑤ Thomae De Aquino,*Summa Contra Gentiles*,I,cap.9,4.
⑥ Thomae De Aquino,*Summa Contra Gentiles*,I,cap.9,3.

的则是一个救赎问题。阿奎那用来阐述理性真理和信仰真理的方法不同。用他自己的话说就是：在阐释理性真理时，"我们将既开展推证的证明，也开展盖然的证明。其中的一些证明我们将从哲学家们和圣徒们的著作中获得"，但是，在阐释信仰真理时，"我们"将"尽可能地应用盖然的证明和权威作品"。① 但是，这并不意味着在《反异教大全》中，对理性真理的阐释和对信仰真理的阐释是两个完全独立、绝对隔绝的系统。正相反，阿奎那从两个方面强调了他对这两条真理的阐释的相关性和对应性。首先，从宏观上讲，阿奎那强调了阐释理性真理的道路与阐释信仰真理的道路的同一性。他指出："既然自然理性通过受造物能够攀升到关于上帝的知识，而信仰的知识也能够通过上帝的启示从上帝降临到我们身上，既然上升的道路和下降的道路是同一条道路，我们在受到信仰的超乎理性的事物上行进的道路与我们在前面用理性探究上帝时所行进的道路便必定是同一条道路。"② 这就是说，《反异教大全》在阐释理性真理和阐释信仰真理时所遵循的完全是同一条道路，其差异只在于路向方面：阐释理性真理时所遵循的是一条上升的道路，一条从受造物到上帝的道路，阐释信仰真理时所遵循的则是一条下降的道路，一条从上帝到受造物（人）的道路。其次，从微观上讲，《反异教大全》前三卷阐释理性真理的基本环节与第四卷阐释信仰真理的基本环节也是一一对应的。例如，在《反异教大全》的第 1 卷，阿奎那讨论的是上帝本身，而在第 4 卷的第一部分，阿奎那讨论的是三位一体，也是上帝本身。再如，在《反异教大全》的第 2 卷中，阿奎那讨论的是创造问题，在第 4 卷第二部分中，阿奎那讨论的是道成肉身问题，两者都属于上帝的作为，所不同的只是，前者涉及的是万物的受造，后者涉及的是圣子的受生。最后，在《反异教大全》第 3 卷中，阿奎那讲的是上帝对万物和人的主宰和治理，而在第 4 卷第三部分，阿奎那讲的是肉体的复活和灵魂的永福等问题，虽然题材有别，但突出的却都是作为终极目的的上帝。③ 因此，虽然逻辑地看，存在有理性真理和信仰真理这样两种真理，但是，在具体的阐释活动中，阿奎那却是紧密地将其结合在一起的。

　　毋庸讳言，阿奎那并非提出双重真理论的第一人。通常认为，在中世纪第一个提出双重真理论的是阿维洛伊（Averroes，1126—1198 年）。④ 但是，在阿奎那的双重真理论与阿维洛伊的双重真理论之间是存在有许多重大差别的。首先，在阿奎那这里，两种真理相当明确地是以理性和信仰划界的。这从他将两种真理分别称作"理性真理"和"信仰真理"这一点就可以清楚地看出来。其次，无论是阿维洛伊的双重真理

---

① 　Thomae De Aquino, *Summa Contra Gentiles*, I, cap.9,3.

② 　Thomae De Aquino, *Summa Contra Gentiles*, I, cap.9,3-5.

③ 　Cf.Thomae De Aquino, *Summa Contra Gentiles*, 4, cap.1,11.

④ 　参阅马仁邦主编：《中世纪哲学》，第 55 页。在谈到阿维洛伊的双重真理论时，阿尔弗雷德·依弗里（Alfred Ivry）写道："尽管人们对'双重真理'的谴责是对他立场的曲解，'阿维洛伊主义'开始变为这些观点的代名词。

论还是阿奎那的双重真理论都强调了两种真理之间的区分和哲学的独立性,但是,与阿维洛伊不同,阿奎那在肯认和强调两种真理区分的基础上又进一步强调了这两种真理之间的一定程度的统一性和兼容性。例如,如上所述,阿奎那断言即使"在对于上帝我们所信仰的东西中"也同样存在有理性真理。再如,即使对于那些超乎理性的信仰真理,我们的理性也能有所作为。这在事实上就等于宣布理性真理与信仰真理是一种部分重合的关系。而在阿维洛伊及其后继者西格尔(Sigerus de Brabant,1240—1284 年)那里,更多强调的则是两种真理之间的平行关系。例如,西格尔就曾明确宣布:"不应该以理性研究高于理性的东西,也不要证明理性的错误。"①第三,与阿维洛伊为强调理性和哲学的独立性和崇高地位而将哲学称作"最高真理"不同,②阿奎那虽然也注重强调理性和理性真理的独立性和崇高地位,但他却并没有因此而否定和贬低信仰真理。诚然,阿奎那与阿维洛伊一样,也将其主要精力放在对理性真理的阐述上,但是,阿奎那的这些阐述始终是在两种真理并存的框架内进行的,是在强调信仰真理的"确定性"和"无误性"的前提下进行的。③ 不仅如此,阿奎那还特别强调了他的双重真理论的提法的相对性,断言:"我现在所讲的'关于上帝事物的两种真理'(duplicem veritatem),不是就上帝自身(ex parte ipsius Dei)而言的,因为上帝是唯一而单纯的真理,而是从我们的知识的观点出发(ex parte cognitionis nostrae)考虑问题的,我们的知识是以各种不同的方式相关于上帝事物的知识的。"④就一种抽象的理论看,阿维洛伊的双重真理论无疑具有远为彻底的理智主义色彩,在中世纪的哲学语境中也无疑具有更为激进的理论品格,但是,如果我们考虑中世纪经院哲学的生存环境,考虑到经院哲学之为基督宗教信仰及其教义的理论化和系统化这一基本规定性,则我们就不难看出:正是阿奎那双重真理论的这样一种中庸品格,才保证了中世纪经院哲学的可能性、合法性和可行性。在谈到阿维洛伊的哲学命运时,阿尔弗雷德·依弗里曾经凄婉地写道:"在日渐保守的穆斯林氛围中,阿维洛伊提倡的这种伊斯兰哲学随着他的去世而消亡。阿维洛伊没有重要的穆斯林门徒,他的书被阿拉伯读者遗忘了,……幸运的是,犹太人和基督宗教徒对阿维洛伊有着浓厚的兴趣;……基督教徒读拉丁语译本。从 13 世纪开始人们把阿维洛伊对亚里士多德的注释和原著放在一起读,这些注释本又产生注释;拉丁(更小的范围是希伯来)阿维洛伊主义出现了,它把阿维洛伊主义当做自己的先锋。"⑤毋庸讳言,阿维洛伊主义即使在当时欧洲经院哲学界也遭到过抵制,不仅波那文都主义者而且阿奎那主义者,甚至阿奎那本人也都曾对之作过相当激烈的批评。就阿维洛伊的双重真理论而言,阿奎

① 　Etienne Gilson,*History of Christian Philosophy in the Middle Ages*,p.720.

② 　Cf.David Knowles, *The Evolution of Medieval Thought*,p.200.

③ 　Cf.Thomae de Aquino,*Summa Contra Gentiles*,I,cap.4,6.

④ 　Thomae de Aquino,*Summa Contra Gentiles*,I,cap.9,1.

⑤ 　参阅马仁邦主编:《中世纪哲学》,第 57 页。

那也是依据当时欧洲的社情对其有所接纳也有所摒弃的。而且也正是由于这样一种比较务实和比较清醒的治学态度，不仅使得阿奎那的双重真理论避免了阿维洛伊的双重真理论的厄运，而且还渐次成为经院哲学的主流理论，并对后世经院哲学的发展产生了深远影响。

阿奎那不仅在《反异教大全》中提出和阐释了他的"双重真理论"，而且还在《神学大全》中提出和阐释了他的"两门学科说"。按照阿奎那的看法，哲学和神学一样，也是一门独立的科学或学科。我们不仅需要神学学科，而且也需要哲学学科。值得特别注意的是，在《神学大全》中，当阿奎那讨论哲学与神学的关系问题时，他提出的第一个问题是："除哲学学科外，是否需要任何进一步的学问（Utrum sit necessarium praeter philosophicas disciplinas aliam doctrineam haberi）？"① 如前所述，在《反异教大全》中，阿奎那提出双重真理论的方式是：存在有两种真理，有信仰真理，也有理性真理。② 然而，在《神学大全》中，问题的提法却变成这样：除哲学学科外，是否还需要神学学科？这就意味着阿奎那对哲学和理性的独立性的强调在《神学大全》中更甚于在《反异教大全》中。因为在《反异教大全》中，当阿奎那讨论双重真理论时是以肯认信仰真理为前提的，反之，在《神学大全》中，当阿奎那讨论两种学科论时却是以肯认哲学学科为前提的。这就是说，在《反异教大全》中，视为当然的无可争辩的构成讨论前提的是信仰真理，在《神学大全》中，视为当然的无可争辩的构成讨论前提的则成了哲学。其所以如此，固然同这两部著作的话语对象有关，因为《反异教大全》旨在提升在异教徒中间开展工作的基督宗教修士或神父的理论素养和工作水平，而《神学大全》则旨在"教育"基督宗教神学的"初学者"（incipientium）。③ 但是，无论如何，这与阿奎那对哲学学科地位的进一步提升和强调不无关系。

尽管如此，阿奎那的两门学科论与他的两重真理论也依然是密切相关的。如前所述，在《反异教大全》中，理性真理和信仰真理的认知对象和认知范围并没有什么根本的区别，都是既关乎受造万物和人又关乎造物主上帝的。同样，在《神学大全》中，哲学和神学的研究对象也没有什么根本的区别，也都是既关乎受造万物和人又关乎上帝的。而它们之间的区别正在于"认识的方式"，即我们究竟是依靠理性还是依靠信仰来获得科学知识的？ 在这个意义上，我们可以说，阿奎那的两门学科说归根到底是以他的两重真理论为基础的。阿奎那推证说："各门不同科学的区分是由其认识方式的不同决定的。"他举例说，天文学家和物理学家都能够以地球为研究对象，而且也都能够证明"地球是圆的"。但是，天文学家在探究地球时所运用的是数学的方法，也就是说他们根本不考虑物质，而物理学家运用的则是物理学的方法，他们考

---

① Thomae de Aquino, *Summa Theologiae*, Ia, Q.1, 1.

② Cf. Thomae de Aquino, *Summa Contra Gentiles*, I, cap. 3, 2.

③ Cf. Thomae de Aquino, *Summa Theologiae*, Ia, prologus.

察的是物质本身。阿奎那由此得出的结论是:"没有什么理由说,哲学学科藉自然理性之光所学得的,根本不可能由藉上帝的启示之光认知的另一门科学教给我们。因此,作为神圣学问的神学(theologia quae ad sacram doctrinam)同作为哲学之一部分的神学(theologia quae pars philosophiae)是分属不同种类的学问。"①在阿奎那的这个结论中,有下面四点比较重要:首先,阿奎那明确指出,哲学与神学"分属两种不同的学科",这就极其鲜明地提出和强调了哲学学科的独立性。其次,阿奎那进而将神学区分为"作为神圣学问的神学"和"作为哲学之一部分的神学"两个部分。他之所以作出这样的区分,乃是因为在他看来,无论是前者还是后者都是以上帝为其研究对象的,故而在这个意义上它们都不妨被称作神学。但是,既然它们的研究进路和研究方式截然相反,则它们便分属于神学和哲学这样两门学科。再次,阿奎那所说的"作为神圣学问的神学"是一种狭义神学,亦即他所谓的"藉上帝的启示之光认知"的"神学",其所意指的就是我们通常所说的"教理神学"。而他所说的"作为哲学之一部分的神学"其实属于广义的哲学,亦即他所谓的"藉自然理性之光所学得"的学问,其所意指的就是我们现在所说的"自然神学"。最后,由此不难看出,阿奎那在将神学狭义化的同时又将哲学广义化,其目的完全在于将哲学和神学的关系问题聚焦于理性与信仰问题,从而也就不仅进一步昭示了哲学的相对独立性和哲学对于神学的能动性,而且也昭示了他的双重真理论和他的两门学科说的内在相关性。

　　阿奎那的两门学科论不只是他的两重真理论的应用,而且也是他的两重真理论的深化。在《反异教大全》中,阿奎那在讨论理性真理与信仰真理的相关性时虽然也涉及了教理神学,但是就《反异教大全》的总体上看,其理论中心主要地还是放在了"作为哲学之一部分的神学"这个方面。但是,在《神学大全》第1集问题1里,当阿奎那在讨论两门学科论时,却将理性真理与信仰真理的相关性的讨论主要地放到了教理神学这个向度上。阿奎那是从下述几个层面来阐释这个问题的。阿奎那讨论的第一个问题是:"神圣学问是否为科学(scientia)?"在对这个问题的回应中,阿奎那所强调的主要在于,神圣学问(即教理神学)与哲学一样,都是一种理性演绎的学问。差别只在于其理性演绎的大前提或"出发点"不同:哲学"是从藉人的理智的自然之光所认知的原理出发的",神圣学问则是从"上帝启示给它的原理"出发的。② 但是,这样一种差别丝毫无碍于神圣学问之为科学;正像透视学和音乐虽然分别是从藉几何学和算术奠定的原理出发,丝毫无损它们成为科学一样。阿奎那讨论的第二个问题是:"神圣学问是否为一个证明问题(argumentativa)?"这个问题是第一个问题的继续和深入。神圣学问既然是一门理性演绎的学问,其中也就势必存在一个证明问题。因为按照亚里士多德的理解,"所谓证明"也就是"产生科学知识的三段式",从而也

①　Thomae de Aquino, *Summa Theologiae*, Ia, Q.1, 1.
②　Cf. Thomae de Aquino, *Summa Theologiae*, Ia, Q.1, 2.

就是理性演绎。① 除证明外,亚里士多德的哲学方法论还包括"辩证法"和辩证推理。究竟应当如何恰当地理解和处理证明方法与辩证方法的关系,如何恰当地理解和处理亚里士多德的哲学方法论与基督宗教神学的关系,如前所述,成了经院哲学兴起阶段的一个热点问题。当时的"辩证法"与"反辩证法"之争就是围绕着这些问题展开的。阿奎那对这个问题的回应和思考,可以看做是对这一争论的一个总结。阿奎那的基本观点在于,科学问题本质上是一个证明问题或一个理性演绎问题,而不是一个论辩问题,哲学科学如此,神学科学亦复如此。阿奎那这样说并非意在完全否定哲学论辩和神学论辩的价值,而是在于强调哲学论辩和神学论辩的终极效用问题。就哲学科学而言,那些低级的科学既不能证实它们的原理,也不能同那些否定它们的人们进行论辩,而是把这些事情留给较高级的科学来处理。"但是,这些科学中最高级的科学,即形而上学,却能够同那些否定它的原理的人进行争辩,只要对手肯作出某种让步就行。不过,如果对手寸步不让,那就不可能同他进行任何论辩了,尽管它也可以回答他的一些反对意见。"②同样,神圣学问既然是一种从上帝的启示出发的理性演绎知识系统,则它就能够同任何否认它的原理的人进行论辩。"但是,倘若我们的对手根本不相信上帝的启示,那就不再有任何藉推理来证明信条的方法,而只能回答他的反对信仰的异议。"③这里值得注意的是,无论是在阐释证明的有效性方面,还是在阐释论辩的无效性方面,阿奎那都始终以同一个理性尺度予以审视。这样一种理性精神在中世纪是相当难可贵的。此外,阿奎那不仅阐释了神圣学问的理性演绎性质和证明性质,而且还进而探讨了作为神圣学问理性演绎和证明之前提的《圣经》问题,较为具体地讨论了《圣经》的语言问题,亦即"《圣经》是否应当使用比喻(metaphoris)?"这样一个问题。这个问题从表面上看讲的是《圣经》的语言问题,但是,从深层看,涉及的则是人的理性和哲学理解和领悟神圣科学的可能性问题以及人的理性和哲学对于神圣学问的功能性问题。首先,《圣经》语言的比喻性质涉及人的理性和哲学理解和领悟神圣科学的可能性问题。因为一如阿奎那所指出的,"使用比喻"就是"藉类比表达问题",而所谓类比也就是"藉有形事物"来"表现上帝的和属灵的事"。既然我们的所有知识都起源于感觉,则认识感性事物并且用感性事物来类比"上帝的和属灵的事"就是我们理性的份内之事,也是哲学科学的分内之事。④ 其次,《圣经》语言的比喻性质还涉及人的理性和哲学对于神圣学问的功能性问题。神圣学问,作为一门相当尊贵的学问,是绝大多数人单凭自己的理性思考和理性推证难以企及的学问,如果《圣经》的语言缺乏比喻性质,人类的绝大多数便因此而不可能藉类比来理解《圣经》和上帝的启示,从而神圣学问也就势必因此而成了极个别人的学

---

① 参阅亚里士多德:《后分析篇》,71b18—19。

② Thomae de Aquino, *Summa Theologiae*, Ia, Q.1, 8.

③ Thomae de Aquino, *Summa Theologiae*, Ia, Q.1, 8.

④ Cf. Thomae de Aquino, *Summa Theologiae*, Ia, Q.1, 9.

问。这显然有违于基督宗教的公教性质和世界宗教性质。而《圣经》的语言之所以必须具有比喻性质，其用意也恰恰在于"使那些即使头脑简单得不足以理解理性事物的人"也可以"藉有形事物的类比"来理解《圣经》、理解上帝的启示或任何"属灵的东西"。① 由此看来，哲学对于作为神圣学问的神学的功能实在是多方面的。阿奎那在《神学大全》中不厌其烦地强调神圣学问当利用"人的理性"（ratione humana）和"哲学家的权威"（auctoritatibus philosophorum）问题，②绝不是偶然的。

综上所述，一如在两重真理论中，阿奎那既强调了理性真理对于信仰真理的相对独立性，又强调了理性真理对于信仰真理的相关性和能动性，在两种学科论中，阿奎那同样既强调了哲学对于神学的相对独立性，又强调了哲学对于神学的相关性和能动性。阿奎那对于理性真理与信仰真理、哲学与神学关系的这样一种中庸的或辩证的理解和阐释，虽然也受到"基督宗教教义外教化"的谴责，③但是，毕竟一方面为中世纪经院哲学的可能性和合法性提供了既有创新精神又合乎时代潮流的理论根据，另一方面又为他的既富于创新精神又合乎时代潮流的哲学体系的构建奠定了理论基础。

第三节　存在者的形而上学

阿奎那对理性真理和信仰真理、哲学与神学相对相关关系的上述界定，不仅使得他的神学思想获得了超越前人的广度和深度，而且也使他的哲学思想获得了超越前人的广度和深度，从而使其不但成为中世纪最为博学也最为深刻的基督宗教神学家，而且也使其成为中世纪最为博学也最为深刻的经院哲学家。在谈到阿奎那的学术身份和学术地位时，戴维斯曾经指出："如果阿奎那首要地来说是一个神学家的话，他也是一个值得哲学家们关注的哲学家的神学家。"④阿奎那的这样一种学术身份和理论品格在他的形而上学体系中获得了至为典型的表达。我们下面就会看到，阿奎那对作为哲学最高范畴的"存在"与作为基督宗教神学最高范畴的"上帝"的合一究竟在什么程度上拓宽了经院哲学的理论视野、加深了经院哲学的理论厚度。

阿奎那非常重视形而上学，曾将其称作哲学诸科学中"最高级的科学"（superiori scientiae），⑤不仅毕生致力于形而上学的体系构建，而且还毕生致力于从形而上学的高度来审视哲学的其他部门，努力将它们奠放在他所构建的形而上学的基础之上。

① Thomae de Aquino, *Summa Theologiae*, Ia, Q.1, 9.

② Cf.Thomae de Aquino, *Summa Theologiae*, Ia, Q.1, 8.

③ Cf.Etienne Gilson, *The Spirit of Mediaeval Philosophy*, p.7.

④ 马仁邦主编：《中世纪哲学》，第 269 页。

⑤ Cf.Thomae de Aquino, *Summa Theologiae*, Ia, Q.1, a.8.

阿奎那的形而上学虽然内容极其丰富,但是我们不妨将其区分为两个部分,这就是
"本质论"和"存在论"。本质论和存在论这两个部分是密切相关的。从词源学的角
度看,这一点很好理解。因为无论是存在(esse)和本质(essentia),作为拉丁词,都起
源于其意义为"我是"的 sum。Esse 乃动词 sum 的不定式,它单纯地意指"去存在",
一种存在活动。而本质 essenia 则是与存在活动相关的事物的可理解的和可限定的
东西。从这个意义上看,本质问题实际上也是一个存在问题。正因为如此,波爱修将
存在与本质即定义所表达的形式等同起来,①而奥维涅的威廉也曾使用 esse 这个词
来表示人的存在和人的可理解的和可限定的实质或本质。② 与波爱修和奥维涅的威
廉不同,阿奎那强调的是 esse 的"存在"或"存在活动"这一层意义。但是,阿奎那也
并未因此而排除本质与存在的相关性。③ 事实上,强调存在与本质的区分和统一实
乃阿奎那形而上学的真髓。本质论与存在论虽然在内容上因此而相互贯通,但它们
的致思路线却正相反:本质论遵循的是一条从存在者至存在或存在本身的致思路线,
一条向上的路线;而存在论遵循的却是一条从存在或存在本身至存在者的致思路线,
一条向下的路线。

　　阿奎那的本质论旨在摆脱传统本质论的束缚,发现事物的真正的本质。古希腊
的本质论,从巴门尼德到柏拉图,由于受逻辑主义思维模式的影响,将本质和存在理
解为一种普遍性最高的不可定义的逻辑概念,这种状况甚至在亚里士多德那里也没
有得到根本的扭转。④ 为了克服传统本质论的这样一种肤浅性和狭隘性,我们就必
须在实存论和逻辑学之间作出区分、划定界限,进而从实存论的立场来思考和理解本
质问题。正因为如此,阿奎那在其早期最为重要的形而上学论著《论存在者与本质》
中一开始就提出了区别实存论或形而上学概念和逻辑学概念的问题,明确地将本质
界定为实存论或形而上学的概念,视为"理智的原初概念"(primo intellectu concipiun-
tur),而把属相(genus)、种相(speciem)与种差(differentiam)概念界定为"逻辑概念"
(intentiones ligicas)。⑤ 按照阿奎那的理解,如果本质不是一种逻辑概念而是一种实
存论概念,则我们为要认识事物的本质,最便当的方法即是从实际存在的存在者
(ens)出发。但是,在西方哲学史上,人们却对存在者作出了两种不同的解释。一种
解释是把存在者"区分为 10 类",例如亚里士多德在《形而上学》中就曾经将存在者
区分为实体、数量、性质、关系、地点、时间、姿态、状况等 10 个范畴。⑥ 另一种解释是
把存在者理解为"命题的真实性"(propositionum veritatem)。阿奎那认为,我们讨论

---

①　Cf.Boethius,*The Second Edition of the Commentaries on the ISAGOGE of Porphyry*,IV,14.

②　Cf.William of Auvergne,*De Trinitate*,2,Paris,1674,supplementum,p.2b.

③　Cf.Thomae de Aquino,*De Ente et Essentia*,cap.1,3.

④　参阅段德智:《试论阿奎那的本质特殊学说及其现时代意义》,《哲学动态》2006 年第 8 期。

⑤　Cf.Thomae de Aquino,*De Ente et Essentia*,prologus.

⑥　参阅亚里士多德:《形而上学》,V,7,1017a22—35。

本质问题是不应当从第二种存在者入手的,因为这一类存在者根本就不具有本质。按照第二种解释方式,任何事物,凡是能够对之形成一个肯定命题的,就可以被称作存在者,即使那命题没有肯定任何东西实际存在,亦复如此。这样一来,"缺乏"(privationes)和"否定"(negationes)也就可以算作存在者了。因此,我们可以说"肯定与否定是相对立的"以及"盲是存在于眼中的"。从实际存在的事物出发,以实存论为其本质论的前提和基础乃阿奎那本质论的一项根本特征。

然而,既然实际存在者,如上所述,被区分为 10 个范畴,而这 10 个范畴又可被划分为两大种类即实体和偶性,则阿奎那从实际存在者出发对本质的考察因此而自然地由两个部分组成,即一方面是对存在于实体中的本质的考察,另一方面是对存在于偶性中的本质的考察。但是,由于在存在者中实体的地位高于偶性的地位,"存在者这个词是绝对地和首先用来言说实体的,是随后并且是在次要的意义上用来言说偶性的,故而本质也就内在地和真实地存在于实体之中,而只是以一定的方式并且是在从属的意义上才存在于偶性之中的",阿奎那便特别注重对存在于实体中的本质的考察。

按照阿奎那的观点,存在有三种种类型的实体。这就是"受造的物质实体"("复合的实体")、"受造的理智实体"("单纯的实体")和上帝。与此相应,也就存在有三种类型的本质。这就是在受造的物质实体(复合实体)中所发现的本质、在受造的理智实体(单纯实体)中所发现的本质和上帝的本质。① 这三种类型的本质在内容上相互区别,构成了阿奎那本质学说体系的三个基本层面或基本环节。

阿奎那首先着力考察的是受造的物质实体(复合实体)的本质。在本质论中,受造的物质实体所意指的是那种由形式和质料组合而成的实体。因此,他也常将其称作复合实体。他曾经以人为例来解说复合实体或受造的物质实体的复合性质。因为人总是由身体和灵魂组合而成的,而人的身体即是人的质料,而人的灵魂即是人的形式。他的这种观点原本来自亚里士多德的"质型论",但他却赋予其新的内涵,从中引申出了新的结论。这就是,既然复合实体或受造的物质实体是由形式和质料组合而成的,则"我们便不能够说单单形式和质料中的任何一方都可以称作复合实体的本质"。② 针对传统本质观的逻辑主义倾向,阿奎那强调指出,单单一件事物的质料固然不能构成复合实体或受造的物质实体的本质,"单单形式也不能说成是复合实体的本质,即使有人极力主张这样"。③ 他论证说:"一件事物的本质显然就是该事物的定义所意指的东西。但是,自然实体的定义不仅蕴含有形式,而且还蕴含有质料;否则,自然实体的定义与数学定义就会毫无二致。"④他以味觉打比喻说:尽管味觉是

① Cf.Thomae de Aquino,*De Ente et Essentia*,cap.5,1;cap.1,5.

② Thomae de Aquino,*De Ente et Essentia*,cap.2,1.

③ Thomae de Aquino,*De Ente et Essentia*,cap.2,1.

④ Thomae de Aquino,*De Ente et Essentia*,cap.2,1.

由溶解含水分的事物的动物的发热的活动造成的,尽管热气在这种情况下是甜味的原因,但是,一件事物之被称作甜的,并不仅仅是由于它的温度,而是由于它的味道,而它的味道是整合了热气与含水分的东西的。

　　与在阐释复合实体或受造的物质实体的本质时强调其本质的复合性不同,阿奎那在阐释受造的"理智实体"(substantia intelligente)的本质时所强调的则是其本质的单纯性。关于受造的理智实体,阿奎那最经常的提法是"脱离质料的实体或独立的实体"(substantiis separatis),①但他有时也将其称作"完全无形"(omnino incorporeus)的实体或"精神实体"。② 其目的都在于强调理智实体及其本质的单纯性,都在于强调理智实体的本质仅仅在于形式而不涉及质料。他之所以称其为单纯实体,即是谓此。实际上,在阿奎那这里,单纯实体被说成"脱离质料的实体"也好,被说成"独立实体"、"理智实体"和"完全无形的实体"和"精神实体"也好,所主要意指的却都是基督宗教神学中的天使,尽管也关涉到人的灵魂。因此,阿奎那所强调的理智实体及其本质的单纯性所意指的其实主要的也就是天使的那样一种既区别于上帝又区别于人的那样一种单纯性。在阐释和强调理智实体及其本质的单纯性时,阿奎那首先着力批评了在当时经院哲学界依然颇有影响的以"普遍质型论"命名的"把形式和质料的结构引进理智(intelligentia)之中"的种种意图和观点。早在教父哲学时期,奥古斯丁就曾经提出过"无形的精神质料"问题,断言无论物质的"地"还是精神的"天"都包含着形式和质料。至中世纪,阿维斯布朗(Avicebron,约1021—约1058年)在其代表作《生命之源》中更是将奥古斯丁的观点发挥成了较为系统的"普遍质型论"。按照阿维斯布朗的说法,所有的受造物,无论是受造的物质实体,还是受造的精神实体,都是由形式和质料组合而成的:物质实体是由形式与形体质料组合而成的,而精神实体则是由形式与精神质料组合而成的。它们之间的差别并不在于它们是否由质料构成,而是在于它们所具有的形式的等级有高有低而已。③ 阿奎那在批评普遍质型论时,将矛头集中指向阿维斯布朗。他对普遍质型论的批评主要是从下面两个方面着手的。首先,阿奎那从理智的功能及其理解活动入手来批评普遍质型论和精神质料说。他强调指出,我们看到,形式实际上除非脱离质料及其条件就是不可理解的;而且,形式实际上除非凭借理智实体的力量也是不可能成为可理解的。"因为正是理智将它们接受进自身之中并且作用于它们的。"④既然如此,理智实体之具有质料就非但是一件无益反而是一件有害的事情了。阿奎那由此得出的结论是:"因此,在任何理智实体中,都应当是完全没有质料的,以至于这种实体既没有作为其组成部分的

①　Thomae de Aquino, *De Ente et Essentia*, cap.4,1.

②　Cf.Thomae de Aquino, *Summa Theologiae*, Ia,Q.50,a.1.

③　Cf.Avicebron, *Fons Vitae*, III,18.

④　Thomae de Aquino, *De Ente et Essentia*, cap.4,1.

质料,甚至也不同于那种印在质料上的形式(forma impressa in matera)。"①阿奎那不仅从理智的功能的角度来批评普遍质型论和精神质料说,而且还进一步从形式与质料之间的不对等关系的角度批评普遍质型论和精神质料说。他指出,无论什么时候,只要两件事物相互关联,其中一件事物是另一件事物的原因,则构成原因的那件事物便能够在没有另一件事物的情况下具有存在,反之则不然。然而,我们发现,形式与质料却是以下述的方式相互联系的:形式能够将存在赋予质料,从而离开了形式,质料便不可能存在下去。但是,如果离开了质料,形式之存在下去却并非是不可能的。诚然,在受造的物质实体的情况下,我们发现形式除非在质料之中便不可能具有存在,这种情况之所以发生乃是因为那样一种形式距离第一原则较远的缘故。因此,"并非所有种类的形式都需要质料",像理智实体所具有的这种"最接近第一原则的形式""实际上是无需质料而自行存在的"。② 阿奎那由此得出的基本结论在于:复合实体或受造的物质实体的本质与单纯实体或受造的理智实体的本质之间的差别在于:前者的本质"不单是形式,而是包含形式与质料两个方面",而后者的本质则"单单是形式"。③ 从这条基本的结论中又可以演绎出下面两条次要的结论。首先,物质实体或复合实体的本质既然包含有质料,则它便既可以用来意指一个整体,也可以用来意指一个部分。也就是说,一个物质实体或复合实体的本质并不是在任何情况下都能够用来述说这个事物本身的。但是,理智实体的本质,作为它的形式,在任何情况下,却都只是能够用来述说这个理智实体本身而不能用来意指任何别的东西的。例如,一个天使的本质便只能用来述说这个天使本身。其次,物质实体或复合实体的本质,由于其可接纳进一定的质料之中,便依照其接纳进的质料的区分而增多。从而便出现了这样一种情况:某些事物虽然在种相方面同一,但是在号数方面(numero)却是有差别的。但是,既然理智实体的本质并不被接纳进质料之中,则它就不可能在号数方面有任何增加。从而,"在这样的实体中,我们就找不到属于同一个种相的许多个体,而是在它们之中有多少个体就有多少种相。"《神学大全》在谈到天使时说:"两个天使不可能属于一个种相;正如不可能存在有几个分开的白和几个人性一样",④即是谓此。

尽管从本质论的立场看问题,从理智实体的本质仅仅在于它的形式这个角度看问题,我们可以将理智实体称作单纯实体,但是,这却并不意味着它们"在任何方面都是单纯的"。⑤ 如果我们跳出本质论,从存在论的立场看问题,我们就会发现,即使理智实体也是复合的,也是一种复合实体。因为尽管理智实体与物质实体不同,其本

① Thomae de Aquino, *De Ente et Essentia*, cap.4,1.
② Thomae de Aquino, *De Ente et Essentia*, cap.4,3.
③ Thomae de Aquino, *De Ente et Essentia*, cap.4,4.
④ Thomae de Aquino, *Summa Theologiae*, Ia, Q.50, a.4.
⑤ Thomae de Aquino, *De Ente et Essentia*, cap.4,6.

质不是由形式和质料组合而成的,而仅仅是由其形式构成的,但是,它却与物质实体一样,也是由本质和存在组合而成的。正因为如此,阿奎那虽然在讨论理智实体的本质时曾将其称作单纯实体,但是,当其从存在论的立场考察理智实体时便再三地强调指出:"在理智实体中,除形式外还必定有存在","理智实体是形式兼存在(forma et esse)"。① 因此,倘若我们从存在论的立场看问题,真正单纯的实体只有一个,这就是上帝。因为对于上帝来说,"其本质即是他自身的存在"(cuius essentia est ipsummet suum esse)。② 一些哲学家,如阿维森纳和奥维涅的威廉等,因此而否认上帝具有本质或实质。但是,阿奎那却并没有因此而否认上帝具有他自己的本质,而只是强调上帝的本质即是他自己的存在,甚至即是他自己。而《反异教大全》第1集第21章和第22章的标题即分别为"上帝即是他自己的本质(Deus est sua essentia)"和"在上帝身上,存在与本质是一回事(In Deo idem est esse et essentia)"。

阿奎那不仅考察了各种类型的实体的本质,而且还考察了偶性的本质。偶性与实体虽然都可以看做是存在者,但却是两种不同的存在者:其中实体是"一种绝对意义上的存在者"(a being in an unqualified sense),是通过自身而存在的;反之,偶性却只是"一定意义上的存在者"(a being in a qualified sense),是凭借实体而存在的。③ 从而,实体是"第一种类的存在者"(the primary kind of being),而偶性则只是一种附加的或寄生的存在者。④ 由于"所有偶性中没有一个能够依照本性适合靠自己存在",故而"在抽象的方式下表示出来的偶性"就像是一个非存在者一样。但实际上它们也是一种存在者,只不过是一种依赖于别的东西(实体)存在的存在者,是"属于一种存在者的存在者"(ens entis)。⑤ 例如,颜色总是某件事物的颜色。偶性虽然不可能独立存在,但是却可以存在于某件事物之中。例如,白色虽然不可能独立存在,但是,它却可以存在于白色的事物之中。⑥ 诚然,无论物质实体的形式还是质料,分别地看,"都不具有完全的本质",但是,无论如何它们也构成实体"本质的一部分"。但是,"一个偶性便既没有一个完全本质的形态,它也不构成本质的一个部分。毋宁说,正如偶性只是在一定意义上才是一个存在者一样,它也只是在一定意义上才具有本质的。"⑦换言之,偶性只是在相对的或从属的意义上才具有本质的。这里,我们再次看到了阿奎那的本质论是完全奠基于他的实存论之上的:"因为存在者这个词是绝对地和首先用来言说实体的,是随后并且是在次要的意义上用来言说偶性的,故而

---

① Thomae de Aquino, *De Ente et Essentia*, cap.4,6.

② Thomae de Aquino, *De Ente et Essentia*, cap.5,1.

③ Cf.Thomas Aquinas, *Commentary on the Metaphysics of Aristotle*, tr.by John P.Rowan,Chicago:H.Regnery Co.,1961,Ⅶ,lect.1,§ 1248.

④ Cf.Thomas Aquinas, *Commentary on the Metaphysics of Aristotle*, Ⅶ,lect.1,§ 1248.

⑤ Cf.Thomas Aquinas, *Commentary on the Metaphysics of Aristotle*, Ⅶ,lect.1,§ 1253.

⑥ Cf.Thomas Aquinas, *Commentary on the Metaphysics of Aristotle*, Ⅻ,lect.1,§ 2419.

⑦ Thomae de Aquino, *De Ente et Essentia*, cap.6,2.

本质也就内在地和真实地存在于实体之中,而只是以一定的方式并且是在从属的意义上才存在于偶性之中的。"①

　　阿奎那的本质论是与他的存在论紧密地联系在一起的。既然阿奎那所说的本质,如上所述,并非一种逻辑概念,而总是存在者的本质,则他所说的本质也就总是要以存在者的现实存在为前提和基础的。因此,阿奎那的本质论归根到底要上溯到存在者的存在何以可能的问题,从而归根到底要上溯到他的存在论。

　　与本质主义哲学家从本质中推演出存在的立场不同,阿奎那坚持存在与本质的区分(就受造物而言)。在阿奎那看来,"凡不存在于本质或实质概念之中的都是来自本质之外的,都是同本质一起形成复合物的。"②这是因为本质虽然在没有作为其各个部分的诸多事物的情况下是根本不可能得到理解的,但却能够在对有关它的存在的任何事物缺乏了解的情况下得到理解。他举例说,我们能够理解一个人之所是以及一只不死鸟之所是,然而却不知道其究竟是否实际存在。阿奎那的结论是:"存在是某种并非本质或实质的东西(esse est aliud ab essentia uel quiditate)",无论是在受造的物质实体中还是在受造的理智实体中,"一件事物的存在是一回事,而它的本质、本性、形式则是另外一回事"。③ 既然一个存在者的存在与它的本质不是一回事,既然一个存在者的存在不可能从它的本质或实质中推演出来,则它的存在自然也就只能从它的外面获得,只能来自"更高级的实在"。④ 正因为如此,无论是受造的物质实体还是受造的理智实体,其存在都不是绝对的,而是相对的和有限的。受造的理智实体与受造的物质实体一样,其存在也并不就是它们的本质,它们的存在同样不是绝对的而是从更高级的实在接受过来的。诚然,就其本质不包含质料而言,从较低的层面看,它们的存在由于其形式不受那种接受它们的质料的能力的限制而不是有限的,但是既然它们的存在是接受过来的,则它们所具有的存在就必定"是受到其接受本性的能力的限制的,从而是有限的"。⑤ 至于受造的物质实体,其存在的相对性和有限性就更其明显了。"在这些实体中,存在既是接受过来的又是受限制的。这既是因为这样的实体是由于别的事物而具有存在的,也是因为这样的实体的本性或实质是被接受进特指质料之中的。所以,它们无论从较高的层面还是从较低的层面看便都是有限的。"⑥然而,这样一来,就提出了存在者的存在的源头问题或存在者的存在何以可能的问题。

　　存在者的存在的源头问题,在阿奎那这里,其实是一个存在者的存在的"第一

---

①　Thomae de Aquino, *De Ente et Essentia*, cap.1,4.

②　Thomae de Aquino, *De Ente et Essentia*, cap.4,6.

③　Thomae de Aquino, *De Ente et Essentia*, cap.4,6.

④　Thomae de Aquino, *De Ente et Essentia*, cap.5,4.

⑤　Thomae de Aquino, *De Ente et Essentia*, cap.5,4.

⑥　Thomae de Aquino, *De Ente et Essentia*, cap.5,10.

因"问题。作为存在者的存在的"第一因",从基督宗教神学的立场看,即为上帝,倘若从经院哲学的立场看,即是存在或存在本身。作为受造存在者的存在的第一因的上帝或存在,在一个意义上,也可以称作一个存在者。但是,上帝或存在这个存在者与所有别的存在者不同,他既不包含有质料,也不包含有形式,他甚至也不包含有本质和存在的区分和差异:他的本质也就是他的存在。① 也正是在这个意义上,阿奎那才说上帝或存在本身具有"绝对的单纯性"(in fine simplicitatis),并将之称作"纯粹存在"(esse tantum)。② 这种纯粹存在与古希腊哲学中的"普遍存在"(esse universale)或"公共存在"(esse commune)不是一回事:不仅与巴门尼德和柏拉图所说的存在迥然有别,而且与亚里士多德的"存在之为存在"也大异其趣。它们之间的差别主要在于:(1)公共存在或存在之为存在表示的是所有事物的共有存在,适用于一切事物,而纯粹存在所表示的只是上帝的独一存在。(2)公共存在或存在之为存在是多中之一、个别中的普遍,它存在于事物之中,犹如"月映万川"。但纯粹存在却是事物存在的外部原因,超越一切事物。(3)公共存在或存在之为存在,作为理智抽象的产物,不受相关事物数量多寡的影响。但纯粹存在,作为一种纯粹、简单的概念和一切事物存在的全体,其完善性与每一件事物的存在都息息相关。

这种纯粹存在不仅与公共存在或存在之为存在不同,而且也与别的存在者及其存在不同。这首先表现为,其他存在者都是"拥有"存在的,唯独上帝本身"即是"存在。阿奎那在谈到存在者的一般意义时,曾经将存在者界定为"拥有存在"的"一个东西"。③ 然而,说一个存在者"拥有"存在,这意味着存在原本不是这一存在者本身的内在规定性,而是从别处获得的。但是,这种情况并不适合于作为纯粹存在的上帝。因为上帝是自己存在,其存在不是从别处获得的,而是他自身所是的东西。《出埃及记》中耶和华对摩西讲"我是我所是"(Ego sum qui sum),④即是谓此。上帝是自己存在,其他所有的存在者都是一种自他存在,从自身之外获得其存在。因此,如果将上帝称作存在(现实存在)的话,则所有别的存在者事实上便都是一种潜在的存在。且不要说物质实体是一种潜在的存在,即使天使这样一种受造的理智实体,也依然是一种潜在的存在。因此,在谈到各种存在者的存在样式时,阿奎那写道:"事物存在的样式多种多样。有些事物之拥有存在仅仅是由于其寄寓于个体质料之中。所有的形体都是如此。但是,也有另外一些事物,其本身即是独立存在的本性,并不寓于任何质料之中,然而,其存在却不是它们自己的,而是接受过来的。这些无形的存

---

① Cf.Thomae de Aquino,*De Ente et Essentia*,cap.5,1; also Cf.*Summa Contra Gentiles*,I,cap.21-22; *Summa Theologiae*,Ia,Q.3,a.3.

② Thomae de Aquino,*De Ente et Essentia*,cap.6,10; cap.5,2.

③ Cf.Thomas Aquinas,*On Spiritual Creatures*,tr.by M.G.Fitzpatrick and J.J.Wellmuth,Milwaukee:Marquette University Press,1949,p.52.

④ 《出埃及记》3:14。

在者,我们称之为天使。但是,还有一种方式只适合于上帝:上帝即是他自己的独立不依的存在。"①其次,这种纯粹存在与别的存在者及其存在间的差异,还表现为作为纯粹存在的上帝的存在与其他存在者及其存在的关系是一种单向度的主从关系。这就是说,如果没有纯粹存在,如果没有上帝,就不可能有其他存在者及其存在,但是,如果没有其他存在者及其存在,则纯粹存在或作为纯粹存在的上帝的存在便不会受到丝毫影响。换言之,尽管我们可以说所有受造物及其存在都实在地相关于纯粹存在或作为纯粹存在的上帝的存在,但是,我们却不能反过来说,纯粹存在或作为纯粹存在的上帝的存在实在地相关于各种受造的存在者及其存在。阿奎那在谈到这种不对等的关系时,曾经论证说:"既然上帝处于整个受造物系列之外,并且所有的受造物都是由他安排的,而不是相反。那就很显然:受造物是实实在在地相关于上帝的,然而,上帝同受造物却根本不存在任何实在的关联。"②这就极其鲜明地突出和强调了纯粹存在或作为纯粹存在的上帝的存在的绝对独立性和绝对自由:既有赋予和不赋予这个或那个存在者存在的自由,也有赋予和不赋予所有受造的存在者存在的自由。最后,纯粹存在或作为纯粹存在的上帝的存在与所有其他存在者及其存在的更进一步的区别和差异则是它们在实存论和本体论层次上的区别和差异。在纯粹存在与其他存在者的存在的关系中,纯粹存在是因,其他存在者的存在是果,纯粹存在是活动主体,其他存在者及其存在则是"被存在活动作用"的客体。也正是在这个意义上,阿奎那强调指出:"存在者是存在活动产生的个体",③"存在是一个实体被称作存在者的依据(ipsum esse est quo substantia denominatur ens)。"④换言之,纯粹存在与其他存在者的存在的关系是一种创造和被创造的关系。

　　这样,我们就从存在者出发,终于进展到了阿奎那形而上学的核心层面,即存在层面。在阿奎那这里,所谓存在也就是我们所说的"纯粹存在"或作为纯粹存在的上帝的存在。纯粹存在这个词其实是一种同语反复。因为纯粹性或绝对单纯性正是存在的内在规定性。作为纯粹存在的上帝的存在则更是一种对同语反复的同语反复。因为上帝在阿奎那看来,不是别的,正是存在或存在本身。既然如此,上帝存在自然也就成了一种同语反复了。阿奎那在讨论上帝的单纯性和存在的意义时,曾经深刻地指出"'存在'(esse)可以意指下面两件事情中的任何一种。它既可以意指本质的现实,也可以意指藉心灵活动一个谓项连接到一个主项的命题的组合。如果从第一个意义上来理解'存在',则我们便既不可能理解上帝的存在,也不可能理解上帝的本质,所以,我们只能够从第二种意义上来理解。我们知道,当我们说'上帝存在'时

————————

　　① Thomae de Aquino, *Summa Theologiae*, Ia, Q.12, a.4.

　　② Thomae de Aquino, *Summa Theologiae*, Ia, Q.13, a.7.

　　③ *Selections from Medieval Philosophers*, II, ed. by B. Mckeon, New York: Charles Scribner's Sons, 1929, p.164.

　　④ Thomae de Aquino, *Summa Contra Gentiles*, II, cap.54, 6.

关于上帝我们所形成的这个命题是真实的,而我们是从上帝所产生的结果知道这一点的。"①关于我们究竟是如何"从上帝产生的结果知道""上帝存在"的,我们将在后面予以讨论,就目前的话题而论,重要的是阿奎那在这里将存在的意义直接与上帝存在关联了起来。但是,一旦我们将存在的意义与上帝存在关联了起来,一旦将存在与上帝关联了起来,我们就必须对我们所知道的"上帝存在"究竟是何意义作出一番解释。因为一旦我们在绝对的意义上肯认了我们知道"上帝存在",则紧接着的问题便是:既然上帝的本质与上帝的存在是一回事,则我们就势必也同时知道上帝的本质,从而我们也就因此而知道上帝。这显然不是阿奎那的意思。因此,真正说来,阿奎那在这里所讨论的存在,归根到底,就不是"以道观之",而是"以物观之",从通常存在者之存在的角度观之,从认识论的角度观之。阿奎那在对存在的意义作出界定时之所以使用"心灵活动"和"命题组合"的字眼,即是谓此。但是,在阿奎那的形而上学中,存在本身虽然是一种绝对超越从而不为我们所确知的东西,但也是我们不能不说的东西。《道德经》曾经将道描述为:"道之为物,惟恍惟惚。惚兮恍兮,其中有象;恍兮惚兮,其中有物;窈兮冥兮,其中有精,其精甚真,其中有信,自今及古,其名不去,以阅众甫。"②看来,这些话用来描述作为万物开始和归宿的存在和上帝,也是大体适用的。既然存在或上帝既非质料,亦非形式,甚至也不是我们常识意义上的实体,不是任何现成的东西,我们便不能对它作出任何实质性的规定。因此,如果我们要对存在和上帝说些什么的话,我们就只能够说,存在或上帝是一种活动,一种生生不已的创造活动。根据拉丁文,"存在"(esse)一词是由"是"(sum)一词派生出来的。阿奎那据此解释说:"'是'本身所意指的并不是一个事物的存在,……它首先表示的是被感知的现实性的绝对状态。因为'是'的纯粹意义是'在活动',因而才表现出动词形态。"③他还强调说:"存在所表示的无非是某种活动(esse actum quondam nominat)。因为一件事物之被说成存在,不是因为它之处于潜在状态,而是因为它之处于活动状态。"④这就是说,存在的最为基本的意义即是"活动",而且是"在活动",或者是"活动本身"。我们知道,在传统的西方哲学中,存在不是被理解为一个普遍的逻辑概念,就是被理解为一种现成的东西或实体。阿奎那用"活动"来规定存在的做法显然是对传统逻辑主义和实体主义"存在观"的一种颠覆。

阿奎那用活动来规定存在的做法之对传统主义和实体主义存在观的颠覆还表现为他在将存在规定为活动的同时又将本质规定为一种"潜在"。我们知道,按照传统的观点,本质总是被视为某种现实的东西。这一点不仅就柏拉图的理念论看是件再明显不过的事情,而且即使在亚里士多德那里也没有得到根本的改变。因为亚里士

---

①　Thomae de Aquino, *Summa Theologiae*, Ia, Q.3, a.4.

②　《道德经》,第 21 章。

③　Thomas Aquinas, *On Spiritual Creatures*, pp.52−53.

④　Thomae de Aquino, *Summa Contra Gentiles*, Ⅰ, cap.22, 7.

多德是在将形式理解为事物的本质的同时又将其理解为事物的现实的。① 然而，在阿奎那这里，情况却发生了根本的变化。阿奎那曾强调指出："实体的形式如果没有形式落实的事物，即质料，其本身是不可能具有绝对的存在的。"②这样一来，既然作为事物本质一部分的形式其本身的现实存在还有赖于质料，则将其说成现实的东西就显然不尽合理了。而且，既然如上所述，具有本质的任何一件事物，其存在都不可能由其本质推演出来，而只能从外面获得，则该件事物的本质便断然不可能成为现实的，而只能是潜在的。因为一如阿奎那所指出的："凡是从他物接受某种东西的，都潜在地相关于它所接受的东西，而该事物所接受的东西即是它的现实性。"③由此看来，推动本质由潜在状态达到现实状态的东西不是本质自身，而是存在或存在活动。正因为如此，阿奎那得出结论说："存在乃一切形式或本性的现实性"，④"形式若无具体存在，将不能理解为任何现实的东西。"⑤这就意味着，在阿奎那这里，本质非但不是先于存在的东西，反而是后于本质的东西了。

值得注意的是，在阿奎那这里，"存在先于本质"不仅意味着存在是一种"使在"，是所有其他存在者得以存在的东西，不仅意味着存在是所有其他存在者的本质由潜在状态达到现实状态的东西，而且还是所有其他存在者的属性得以完满的"最高的完满性"。在谈到上帝的完满性时，阿奎那曾经使用过"普遍完满"（universaliter perfectus）和"最完满"（perfectissimus）等字眼。⑥ 诚然，他这样说无疑是在强调上帝的完满性与万物的完满性之间的差异。然而，其中却还内蕴有另外三个方面更深层的内涵。首先，说上帝是完满的、普遍完满的和最完满的，并不是在说，上帝具有完满性或具有普遍完满性，而是在说上帝即是完满性或普遍完满性，一如我们不能说上帝具有存在，而只能说上帝即是存在。其次，完满性的问题归根到底是一个存在问题。"凡存在于任何给定的事物之中的卓越都是就其存在而属于它的。因为就其智慧的结果而言，人是不具有任何卓越性的，除非他是由于其实际具有智慧而成为智慧的。其他种类的卓越，亦复如此。"⑦即使就上帝而言，也是如此。因为上帝之所以是普遍完满的，正在于他"不是任何别的东西而只是他的存在，是普遍完满的存在（universaliter ens perfectum）"。⑧ 最后，既然所有事物的存在都是源自上帝这种纯粹存在，都

①　参阅亚里士多德：《形而上学》，1045a22-25。亚里士多德在其中谈道："以一项为质料另一项为形式，其一为潜在，另一为实现。"

②　Thomae de Aquino, *De Ente et Essentia*, cap.6,2.

③　Thomae de Aquino, *De Ente et Essentia*, cap.4,8.

④　Thomae de Aquino, *Summa Theologiae*, Ia, Q.3, a.7.

⑤　Thomae de Aquino, *De Potentia Dei*, Q.7, a.2.

⑥　Cf. Thomae de Aquino, *Summa Contra Gentiles*, I, cap.28, a.3,5.

⑦　Thomae de Aquino, *Summa Contra Gentiles*, I, cap.28, a.2.

⑧　Thomae de Aquino, *Summa Contra Gentiles*, I, cap.28, a.1.

是上帝赋予它的,既然每一件事物之为完满的仅仅是"就其处于现实状态而言的",①则所有受造物的完满性也就因此都来自使其从潜在状态达到现实状态的存在本身或存在活动,都是来自作为纯粹存在的上帝的完满性。正因为如此,阿奎那强调指出:"我在这里把存在理解为最高的完满性,因为活动总比潜在更完满。……存在是一切活动的现实性,因此是一切完满的完满性。"②

　　阿奎那的形而上学,无论是他的本质论还是他的存在论,都具有明显的革新性质。

　　阿奎那的本质论的革新性质首先表现为阿奎那藉他的本质论强调了本质的实存论意义。我们知道,在古希腊哲学里,本质(ousia)基本上只是一个普遍的逻辑概念或抽象概念。在西方哲学史上,我们虽然不能说阿奎那是从实存论上理解和规定本质的第一人,但无论如何我们却可以把他看做从实存论上系统阐释和规定本质的第一人。因为阿奎那,不仅如上所述,比较严格地将本质的讨论控制在"个体事物本身或具有偶性的实体"的范围之内,强调只有在这个范围内以这种方式解说的"存在者""才可以说是事物的本质",③而且还比较明确地区别了"形式"(forma)、"本性"(natura)、"实质"(quiditatis)和"本质"(essentia),宣称我们之所以将某个东西称作事物的本质,"乃是因为这存在者只有藉着它并且在它之中才具有存在的。"④阿奎那曾经以逻辑概念的"人"(natura hominis)与作为实存概念的"人"(homo)作比较,来解说人的本质的实存性。他强调指出:属相、种相和种差虽然分别对应于质料、形式及自然中的复合物的理由是很清楚的,但是它们同这些东西却并非一回事。因此,我们虽说人是理性的动物,但人却不是在人是由身体和灵魂组合而成的意义上由"动物"和"理性"组合而成的。"因为人被说成是由身体和灵魂组合而成,所说的是由这两样东西构成了第三样东西(res teria)。……但是,人在一定意义上被说成是由动物和理性组合而成的,这并不是在说人是由这两样东西组合而成第三样东西,而是在说人是由这两个概念组合而成为第三个概念(intellectus tertius)。"⑤其次,阿奎那藉他的本质论强调了本质的特殊性。我们知道,亚里士多德虽然也曾强调过物质实体的实体性和个体性,但他却并未因此而肯定作为物质实体的本质的形式的个体性,相反,他所强调的是作为物质实体的本质的形式的普遍性。他曾经举例说:生父和嫡子虽然并非"同一个物体",但他们的"形式"(品种)却"相同"。他还用加利亚和苏格拉底的例子加以说明:"如此这般的一个形式体现于这些肌肉与骨骼之中,当我们已经得有此综合实体,这就是加利亚或苏格拉底;他们因物质各别亦遂各成为一'这

①　Thomae de Aquino,*Summa Contra Gentiles*,1,cap.28,a.6.

②　Thomae de Aquino,*De Potentia Dei*,Q.7,a.2.

③　Thomae de Aquino,*De Ente et Essentia*,cap.1,2.

④　Thomae de Aquino,*De Ente et Essentia*,cap.1,3.

⑤　Thomae de Aquino,*De Ente et Essentia*,cap.2,9.

个'，但其形式却相同；他们的形式是不可区分的。"① 与亚里士多德不同，阿奎那始终强调的是本质的特殊性或个体性。在阿奎那看来，不仅上帝的本质是特殊的，受造的理智实体的本质是特殊的，而且受造的物质实体的本质也同样是特殊的。在阿奎那的本质学说里，物质实体的本质的特殊性是同它的本质的合成性密切相关的。这是因为既然物质实体的本质不仅仅是形式，而是由形式与质料复合而成的东西，既然物质实体的"个体化原则"（individuationis principium）是质料，则"自身同时蕴含有质料和形式的本质就只能是特殊的（tsantum particularis），而不可能是普遍的（non universalis）"。② 阿奎那的物质实体的本质特殊说内蕴着两个基本概念，这就是"特指质料"和"个体化形式"。所谓"特指质料"（materia signata），是相对于"原初质料"（materia prima）和"泛指质料"（materia non signata）而言的。原初质料是指那种无任何规定性的具有最大普遍性的质料，真正说来，这种质料无非是一种"逻辑概念"。泛指质料与原初质料不同：如果说原初质料是一种与实存的个体事物无关的逻辑概念的话，泛指质料则是一种与实存的个体事物有所关联的东西。特指质料所意指的则是那种"有限定的维度（determinatis dimensionibus）的质料"。③ 例如，被安置在人的定义中的是一种泛指质料，是"绝对的骨和肉"（os et caro absolute），被安置在苏格拉底定义中的则是一种特指质料，是"这根骨头和这块肌肉"（hoc os et haec caro）。④ 与将质料区分为特指质料和泛指质料相呼应，阿奎那也将形式区分为"形式本身"和"个体化形式"。在物质实体中，所谓形式本身无非是物质实体的作为"物种原则"的"公共形式"（forma communi），属于该个体事物的"实质"或"本性"的范畴，但是，一旦这种公共形式由于与质料结合的缘故而被个体化，则这种"个体化形式"（formae individuantur）因此便转化成了该个体事物的特殊本质。按照阿奎那的解释，不仅物质实体有个体化形式的问题，而且，即使理智实体也有个体化形式的问题，区别仅仅在于：在物质实体中，形式的个体化是由于质料的缘故，而在理智实体中，形式的个体化则不是由于质料而是"藉其自身而个体化的"（ipsae formae per se individuantur）。⑤

阿奎那的存在论的革新性质也主要体现在下述两个方面。首先，如前所述，无论是在巴门尼德的存在论中，还是在柏拉图的通种论中，存在概念基本上只是一个"可以思维"和"可以言说"的"抽象概念"或"逻辑范畴"；即使亚里士多德的"作为存在的存在"也依然是一个普遍的抽象概念或逻辑范畴。波爱修把"存在自身"解释为纯形式，非但没有超越亚里士多德，反而退回到了柏拉图。这种情况在早期经院哲学家那里也没有得到根本的改变。针对在存在概念的这样一种本质主义或逻辑主义传

①　亚里士多德：《形而上学》，1033b—1034a10。

②　Thomae de Aquino, *De Ente et Essentia*, cap.2,4.

③　Thomae de Aquino, *De Ente et Essentia*, cap.2,4.

④　Thomae de Aquino, *De Ente et Essentia*, cap.2,4.

⑤　Thomae de Aquino, *Summa Theologiae*, Ia,Q.3,a.3.

统,阿奎那不仅在中世纪经院哲学中第一个明确地用"活动"来界定存在或上帝,而且在中世纪经院哲学中第一个明确地用"力量"来界定存在或上帝,强调力量与存在的等义性。阿奎那明确指出:"力量有两种,一种是被动的,一种是主动的。被动的力量是绝不会存在于上帝之中的,但我们却必须把最高等级的能动的力量归于上帝。"①在阿奎那看来,就存在本身或上帝而言,力量与活动是一而二二而一的东西。针对人们关于活动高于能动力量的说法,阿奎那强调指出:"上帝的活动同他的力量并没有什么区别。这两者都是上帝的神圣本质,因为上帝的存在同他的本质是没有什么区别的。因此,我们不能够得出结论说,在上帝之中有什么比他的力量更为高贵的东西。"②从这个意义上,我们不妨将存在或上帝理解为一种生生不已的创造力。由此看来,力量与活动的同一性原则实乃阿奎那存在论的一项基本原则,深刻地理解和把握这一原则不仅对于我们正确理解阿奎那哲学中存在与本质的同一性、理性与意志的同一性、知识论与伦理学的同一性具有重要的意义,而且对于我们深刻地理解和阐释存在的真谛也具有重要的意义。莱布尼茨在《单子论》中曾经说道:"在上帝之中有力量(la Puissance),力量是万物的源泉,又有知识,知识包含着观念的细节,最后更有意志,意志根据那最佳原则造成种种的变化或产物。"③从一个意义上,我们不妨将其看做是对阿奎那存在论的一个较为妥帖的注脚。其次,对受造事物中存在与本质的区分以及对与之相关的存在先于本质这一哲学公式的首次提出和初步论证不仅在中世纪经院哲学史上具有创新的意义和价值,而且在西方形而上学史上也具有创新的意义和价值。因为阿奎那提出和阐释的这些思想连同前面提到的各种思想原则上突破了传统形而上学的逻辑主义和本质主义的理论藩篱,从而为后代形而上学的发展开辟了新径。无论是我们在海德格尔的《存在与时间》中读到"在"、"能在"和"此在"的时候,还是在萨特的《存在与虚无》中读到"反思前的我思"和"存在先于本质"的时候,我们总能够隐隐约约地感受到阿奎那的形而上学给现当代西方哲学带来的震颤,总能够模模糊糊地看到阿奎那"存在活动"、"存在先于本质"等哲学概念的投影。吉尔松在谈到阿奎那的形而上学时曾经将其宣布为"形而上学历史上的一场革命",④威廉·巴雷特在谈到阿奎那的形而上学时,曾将其宣布为现当代存在主义的"理论先驱"。⑤ 这些都是不无道理从而值得深思的。

① Thomae de Aquino, *Summa Theologiae*, Ia, Q.25, a.1.

② Thomae de Aquino, *Summa Theologiae*, Ia, Q.25, a.1.

③ Leibniz, *Monadologie*, §48, in *Gottfried Wilhelm Leibniz: Kleine Schriften zur Metaphysik*, hrsg. von Hans Hein Holz, Frankfurt: Insel Verlag, 1986, p.460.

④ Etienne Gilson, *History of Christian Philosophy in the Middle Ages*, p.365.

⑤ 参阅威廉·巴雷特:《非理性的人——存在主义哲学研究》,第110页。

第四节　"作为哲学一部分的神学"

　　本质论和存在论虽然是阿奎那形而上学的主体内容,但却不是它的唯一内容。"作为哲学一部分的神学"也是阿奎那形而上学体系中的一项极其重要的内容。

　　作为哲学一部分的神学,我们现在称其为自然神学。鉴于人们对自然神学这个概念存在有歧义性理解,我们在具体阐释阿奎那的自然神学之前有必要对阿奎那的"作为哲学一部分的神学"的自然神学的基本内涵先行作一下扼要的说明。阿奎那作为哲学一部分的神学的自然神学主要包含有下述三个层面的意涵。首先,阿奎那不是把自然神学规定为神学,而是规定为哲学,规定为"哲学之一部分"。许多研究者常常把阿奎那的自然神学理解为一种"神学",理解为基督宗教神学的一种形式,实在是对阿奎那自然神学思想的一种误解。诚然,阿奎那的自然神学是相对于启示神学而言的。但是,阿奎那却并未因此而将自然神学划归于基督宗教神学,而是将其明确地划归哲学。在《神学大全》中,阿奎那不仅明确地称自然神学为"哲学之一部分"(pars philosophiae),而且还明确地将其作为"哲学之一部分"而与"作为神圣学问的神学"对置起来,宣称"作为神圣学问的神学同作为哲学之一部分的神学分属不同种类(differt secundum genus)的学问"。① 究竟将自然神学划归基督宗教神学还是划归哲学至少从中世纪经院哲学史的角度看是意义特别巨大的。因为将自然神学划归为基督宗教神学所昭示的是哲学对于基督宗教神学的工具性,是基督宗教神学的至上地位,而将自然神学划归为哲学宣示的则是哲学对于基督宗教神学的独立性,是哲学向基督宗教启示神学垄断地位的一种挑战。其次,阿奎那将其"作为哲学之一部分的神学"的自然神学规定为"理性"神学。在一个意义上,自然神学也是神学,因为它与启示神学一样,也是以上帝为其对象的,也是一门关于上帝的学问。然而,阿奎那想要强调指出的是,自然神学虽然在对象方面与启示神学相一致,但是在具体"认识方式"方面却与启示神学迥然有别。因为"哲学学科是藉自然理性之光学得的",而启示神学或"作为神圣学问的神学"却是"藉上帝的启示之光认知的"。② 正因为如此,我们既然有理由将"作为神圣学问的神学"称作"启示"神学,我们也就同样有理由将"作为哲学之一部分的神学"即自然神学称作"理性"神学。1969 年在伦敦出版的《基督宗教神学词典》将自然神学界定为:"自然神学传统上指人类理性无需(超自然)启示的帮助便可获得关于上帝和神圣秩序的知识。"③其所突出和强调的也正

---

　　① 　Thomae de Aquino, *Summa Theologiae*, Ia, Q.1, a.1.
　　② 　Thomae de Aquino, *Summa Theologiae*, Ia, Q.1, a.1.
　　③ 　转引自詹姆士·利奇蒙德:《神学与形而上学》,朱代强、孙善玲译,成都:四川人民出版社 1997年版,第 1 页。

是自然神学的这样一种理性性质。最后，阿奎那的"作为哲学之一部分的神学"的自然神学归根到底是一种"自然"神学。当我们将自然神学界定成理性神学时，我们并未因此而达到阿奎那的作为哲学之一部分的神学的自然神学本身。这是因为我们虽然将阿奎那视为自然神学的创始人和奠基人，但是用理性思考"上帝和神圣秩序"却并非始自阿奎那。且不要说此前的大阿尔伯特、阿伯拉尔和安瑟尔谟等中世纪经院哲学大家等都曾强调和论证过不藉权威而仅仅依靠理性来思考"上帝和神圣秩序"，而且即使教父哲学家们，除其中极个别外，也都程度不同地在运用理性思考"上帝和神圣秩序"。因此，阿奎那自然神学的硬核或最后秘密并不在于它之属于理性神学，而是在于它究竟是怎样一种特殊类型的理性神学。对于此前在经院哲学传统中流行的本体论范式，阿奎那曾经做过相当认真的批评和清算。在《反异教大全》中，阿奎那针对安瑟尔谟从上帝是"人所能设想之至高至大者（aliquid quo nihil maijus cogitari possit）"的定义出发推证出上帝存在的做法作出了多层面的批评。他明确无误地指出："我们根本不可能得出结论说，只要我们知道上帝这个名称（nominis Deus）的意义，上帝的存在（Deum esse）也就被认识到了。"①在阿奎那看来，安瑟尔谟的推证之所以不能成立，首先就在于安瑟尔谟推证的前提是上帝观念天赋论，以为我们每个人的心里都天赋有上帝观念。但在实际上却并不是每个人心中都有这样的上帝观念，都承认上帝存在。其次，即使一部分人心中有上帝观念，但也未必都是安瑟尔谟所陈述的这样一个上帝观念。譬如，"圣象哲学"的代表人物大马士革的约翰（Johannes Damascenus，约675—约749年）的上帝观念就区别于安瑟尔谟的上帝观念（上帝的定义）。② 最后，也是最重要的，在阿奎那看来，安瑟尔谟本体论证明的最致命的弊端在于其混淆了现实存在和理智存在（用康德的话说就是，他混淆了口袋里的100块钱和头脑里的100块钱）。阿奎那论证说："即使每一个人都把上帝这个名称理解成某个人们不可设想比其更伟大的东西，那也未必实际上就存在有某个不可设想的比其更伟大的东西。因为一件事物与一个名称的定义应当以同样的方式予以设想。然而，由于上帝这个名称所指谓的东西是由心灵设想出来的，那就不能够得出结论说，上帝现实地存在着，而只能说他仅仅存在于理智之中。由此看来，那不可设想的比其更伟大的东西也可能并不必然存在，而只能说他仅仅存在于理智之中。由此也就不能得出结论说，现实地存在有某个不可设想的更其伟大的东西。"③既然我们不可能遵循安瑟尔谟的本体论范式推证出上帝存在，获得关于上帝及其存在的知识，我们也就只能另辟蹊径了。这条新的认知上帝的途径也就阿奎那所说的"通过上帝的结果"认知上帝的途径，亦即通过对自然万物的感性经验出发达到上帝的途径，一种从

---

① Thomae de Aquino, *Summa Contra Gentiles*, I, cap.11, 2.

② Cf.Ioahn Damascus, De Fide Orthodoxa, I, 9; A.Roberts and J.Donaldon ed., *The Ante Nicene Fathers*, III, Buffolo, 1885, 94, 836B-837B.

③ Thomae de Aquino, *Summa Contra Gentiles*, I, cap.11, 2.

存在者到存在、从受造物到造物主、从人到上帝的认知途径。① 可以说,阿奎那的自然神学正是在批判和扬弃安瑟尔谟所代表的理性神学本体论范式的基础上产生出来的。离开了这样一种思维范式的转换和进步,我们便无法对阿奎那自然神学的哲学意义作出恰当的理解和说明。当代著名的存在主义哲学家和神学家保罗·蒂利希曾经将阿奎那的这样一种从结果到原因、从存在者到存在、从受造物到造物主、从人到上帝的认知上帝的途径概括为"宗教哲学的宇宙论范式",并且高度称赞了它将一种全新的思维方式和表达类型引进到了基督宗教哲学研究中,"摧毁了本体论方法的基础以及和它一道的直接的宗教确定性",结束了至 13 世纪为止在基督宗教哲学研究中一直独步天下的由奥古斯丁和安瑟尔谟所代表的本体论范式的垄断地位,"用宗教哲学的第二种类型取代了第一种类型"。② 当代著名的天主教思想家汉斯·昆(Hans Kung,1928—)从基督宗教思想范式转换史的高度称赞阿奎那"宇宙论范式"的提出对中世纪经院哲学研究的巨大解放作用,说阿奎那的自然神学实现了"整个神学的解放性转换——朝向被造物的和经验主义的转换"、"朝向科学探究的转换"。③《反异教大全》的译者之一、当代著名的阿奎那专家佩吉斯(Anton C.Pegis)也敏锐地觉察到了阿奎那自然神学的巨大的历史价值和划时代意义,将之视为"时代的象征",宣称:"当我们从 12 世纪的圣贝纳尔来到 13 世纪的圣托马斯,我们遇到的是一个完全实在的世界,一个完全自然状态的理性……13 世纪开创了一个时代,一个基督宗教理性寻求发现和追踪从人到上帝的方式的时代。"④

　　阿奎那的作为哲学之一部分的神学,即他的自然神学,内容相当丰富,几乎涵盖他的哲学的所有方面:不仅关涉他的上帝论,而且也关乎他的宇宙论和人类学。然而,既然阿奎那的宇宙论和人类学所关涉的与其说是上帝本身的知识,毋宁说是上帝与宇宙和上帝与人的关系。故而,在考察阿奎那的自然神学时我们将集中考察关于上帝自身的知识途径问题,只是在非常必要时才涉猎到阿奎那的宇宙论和人类学。但是,鉴于阿奎那在其著作中,着重考察的是上帝存在、上帝的本质和上帝的属性的认知问题,下面我们就依次对阿奎那自然神学的这三个层面作出考察。

　　现在,我们就来着手考察上帝存在的认知方式或认知途径问题。阿奎那认为,上帝存在的认识方式或认知途径问题在他的自然神学体系中享有优先地位。在《反异教大全》中,在谈到该书的"编排顺序"时,阿奎那曾强调指出:"在我们必须承担的关于上帝本身的探究中,我们必须从证明上帝存在的方式这个问题开始。此乃整部著作的不可或缺的基础。因为倘若我们推证不出上帝的存在,关于上帝事物的所有考

　　① Cf.Thomae de Aquino,*Summa Contra Gentiles*, I,cap.11,4.

　　② 保罗·蒂利希:《文化神学》,陈新权、王平译,北京:工人出版社 1988 年版,第 19 页。

　　③ Hans Kung,*Great Christian Thinkers*,New York:The Continuum Publishing Company,1994,p.110.

　　④ ST.Thomas Aquinas,*Basic Writings of Saint Thomas Aquinas*,Vol. I,Beijing:China Social Sciences Publishing House,1999,p.xxxvii.

察就势必缺乏力量。"①正是基于这样一种认识，阿奎那无论是在《反异教大全》中还是在《神学大全》中都是在其著作的开始部分即讨论上帝存在的认知问题或证明问题的。例如，在《反异教大全》的第 1 卷里，阿奎那在用了九章的篇幅对其写作意图和编排顺序作出交代之后，紧接着在第 10—13 章里便集中讨论了上帝存在及其证明问题。而在《神学大全》中，阿奎那则是在其第 1 集问题 2 中讨论上帝存在及其证明的。

在上帝存在及其证明的讨论中，阿奎那首先关心的是上帝存在证明的致思路线问题，亦即他的宇宙论范式或由果溯因的后天演绎论证。在《反异教大全》中，阿奎那用了整整三章的篇幅讨论了这个问题。阿奎那认为，上帝存在这样一个问题是不可能藉安瑟尔谟的本体论证明得到证明的。这是因为为要使安瑟尔谟的本体论证明获得其合理性，我们就当对"上帝之所是"有一个真理性认识。一旦我们知道上帝之所是，知道上帝之所是即是他自己的存在，上帝存在这个命题便立即成了一个分析命题，一个"其谓词或者与主词相同，或者至少包括在主词的定义之中"的命题。② 换言之，"上帝之所是"与"上帝存在"实际上是同一个问题。然而，由于我们人之有限性，上帝之所是"相对于我们而言"便成了一个永恒的秘密。既然如此，则我们就根本无法依据上帝的概念对上帝的存在作出本体论证明。不过，上帝存在本体论证明的无效，并不意味着我们根本不可能对上帝存在作出任何证明。这是因为我们的理智虽然"不可能看到上帝本身"，但是，"藉上帝所产生的结果"却还是能够认识到上帝的存在的。③ 阿奎那的结论是："由此我们可以清楚地看到，上帝虽然超越所有感性事物和感觉本身，但证明其存在的推证却是以他的结果为基础的，而他的结果却又是感性事物。这样一来，我们知识的感觉起源也就适合于那些超感觉的事物了。"④这就将阿奎那的证明上帝存在的由感性事物到超感性事物、由受造物到造物主、由结果到原因的后天演绎范式给我们大体勾勒出来了。在《神学大全》中，阿奎那进一步强调了他的宇宙论证明范式的后天性质。他指出：关于上帝存在，"可以以两种方式进行推证。其一是由原因出发，即所谓'先天'证明。这是从绝对在先的事物出发予以推证的。另一种是由结果出发，即所谓'后天'证明。这是由仅仅对于我们相对在先的事物出发予以推证的。当结果比其原因更为我们所知时，我们就从结果进展到关于原因的知识。"⑤针对那种认为人的理智在证明上帝存在方面不可能有所作为的消极立场，阿奎那满怀信心地指出："从每一个结果中，都能够把它的原因的存在推证出来，只要我们对它的结果知道得更清楚些就行。因为既然每个结果都依赖于它的原

---

①　Thomae de Aquino, *Summa Contra Gentiles*, I, cap.9, 5.

②　Thomae de Aquino, *Summa Contra Gentiles*, I, cap.10, 4.

③　Cf. Thomae de Aquino, *Summa Contra Gentiles*, I, cap.11, 3.

④　Thomae de Aquino, *Summa Contra Gentiles*, I, cap.12, 9.

⑤　Thomae de Aquino, *Summa Theologiae*, Ia, Q.2, a.2.

因,则只要结果存在,它的原因也就必定先在。因此,上帝的存在,就其对我们不是自明的而言,是可以从我们所认知的他所产生的结果中推证出来的。"①

那么,阿奎那在《反异教大全》和《神学大全》中究竟是怎样遵循从存在者到存在、从感性事物到超感性事物、从受造物到造物主的由果溯因的后天演绎路线来具体证明上帝存在的呢? 在《反异教大全》中,阿奎那对上帝存在作了四路证明。这就是:从受造物运动的受动性出发的证明,从事物运动的动力因出发的证明,从受造物实在性程度出发的证明以及从受造世界管理出发的证明。所谓从受造物运动的受动性出发的证明是说,受到推动的每一件事物都是受到他物推动的。而这个推动者自身无非是两种情况:"它或者受到推动,或者不受到推动。"如果它不是受到推动的,我们就必须因此而"设定某个不被推动的推动者(movens immobile)","我们把这个不被推动的推动者称作上帝"。② 如果它是受到推动的,则它就是为另一个推动者所推动的。这样,我们就必须或者进展到无限,或者达到某个不被推动的推动者。然而,要进展到无限是不可能的。"因此,我们必须设定一个不被推动的第一推动者(primum movens immobile)。"③所谓从事物运动的动力因出发的证明是说,既然受造事物在动力因方面也和在其受动性方面一样"不存在任何无限倒退的可能性",则我们也就"必须设定存在有一个第一动力因(primam causam efficientem)。而这种动力因就是上帝"。④ 从受造物实在性程度出发的证明是说,我们所见到的受造事物的实在性程度总是有高有低的,但既然我们对受造事物实在性程度高低的比较"是以其与绝对地真的东西的接近程度为基础的",则我们就不妨进而推出,"存在有某个东西,他是至上的存在。而这种存在就是上帝。"⑤所谓从受造世界管理出发的证明是说,既然矛盾的或不一致的东西除非"处于某个管理者的治下",便不可能总是或大体成为一个秩序的诸多部分的,那就"必定存在有一个存在者,这个世界就是受其运筹管理的。我们把这个存在者称作上帝"。⑥ 需要指出的是,阿奎那在《反异教大全》中对上帝存在所作的四路证明中,用力最大的是第一路证明。这不仅是因为阿奎那在这一证明中对该路证明的两项预设的考察,即对"受到推动的每一件事物都是由他物所推动的"以及"在推动者和受到推动的事物中,任何一个人都不可能进展到无限"的考察原则上也适合于其他三路证明,更重要的还在于这一路证明能够更其充分展现阿奎那的作为纯粹存在的上帝的纯粹活动而非一抽象概念或逻辑概念的规定性,更加典型地展现阿奎那由果溯因的后天演绎证明范式。

①　Thomae de Aquino, *Summa Theologiae*, Ia, Q.2, a.2.

②　Thomae de Aquino, *Summa Contra Gentiles*, I, cap.13, 3.

③　Thomae de Aquino, *Summa Contra Gentiles*, I, cap.13, 3.

④　Thomae de Aquino, *Summa Contra Gentiles*, I, cap.13, 33.

⑤　Thomae de Aquino, *Summa Contra Gentiles*, I, cap.13, 34.

⑥　Thomae de Aquino, *Summa Contra Gentiles*, I, cap.13, 35.

在《神学大全》中，阿奎那针对"上帝似乎不存在"的异议对上帝的存在作出了"五路"证明，即"从运动出发的证明"，"从动力因理据出发的证明"，"从可能性和必然性出发的证明"，"从事物中发现的等级出发的证明"以及"从上帝对事物的管理出发的证明"。这五路证明虽然与《反异教大全》中的四路证明在内容上有所因袭，但无论在提法上还是在论证上也还是有所变革和有所增益，故而我们还是需要对它们一一作出说明。所谓"从运动出发的证明"是说，在这个世界上有些事物处于运动之中，凡运动的事物都为别的事物所推动，而"这另一个事物又必定为第二个另一个事物所推动"。但是，我们不可能这样无限地延续下去，所以，我们达到没有任何别的事物推动的第一推动者是非常必要的。"而这第一推动者正是我们人人了解的上帝。"①所谓"从动力因理据出发的证明"是说，"在感性世界里，我们发现存在有一个动力因的序列。"但在这一序列中，没有一件事物是它自身的动力因的。"所以，承认第一动力因是非常必要的，而每个人也都是把这第一动力因称作上帝的。"②所谓"从可能性和必然性出发的证明"是说，"我们发现，在自然界，诸多事物既可能存在也可能不存在。"然而，为要使这"既可能存在也可能不存在"的事物存在，"就必定存在某种事物，其存在是必然的"。"但是，每件必然的事物，其必然性要么是由另一件事物引起，要么不是。""然而，在其必然性来自他物的必然事物之间持续不断地推演下去，直至无限，是不可能的。"因此，我们必须承认某件事物的存在在其自身具有它自己的必然性。"所有的人都把这种其存在在其自身有它自己必然性的事物称作上帝。"③所谓"从事物中发现的等级出发的证明"是说，"在各种存在者中，有一些具有较多的善、真和尊贵，而另一些则具有较少的善、真和尊贵。"但"多"或"少"之被断言为不同事物的属性，乃是就其以不同的方式同最大值的事物相类似的程度而言的。因此，必定存在有某件事物是最真的、最善的和最伟大的，以为所有别的事物的存在、善和所有其他完满性的原因。"而这个，我们称之为上帝。"④所谓"从上帝对事物的管理出发的证明"是说，"我们看到缺乏知识的事物，如自然物体，也为一定的目的而活动。"它们之达到它们的目的，不是偶然的，而是设计出来的，受理智存在者的指导的。"所以，某个理智的存在者是存在的，而且正是由于它的存在，所有自然的事物才得以安排达到它们的目的。而这一存在者，也就是我们所谓的上帝。"⑤《神学大全》中的五路证明与《反异教大全》的四路证明的差别，除明确地添加上"从可能性和必然性出发的证明"外，最显著的则在于阿奎那在五路证明中以更为有力的笔触强调了他的由果溯因的后天演绎的出发点并非抽象概念和逻辑范畴，而是感性事物和

① Thomae de Aquino, *Summa Theologiae*, Ia, Q.2, a.3.
② Thomae de Aquino, *Summa Theologiae*, Ia, Q.2, a.3.
③ Thomae de Aquino, *Summa Theologiae*, Ia, Q.2, a.3.
④ Thomae de Aquino, *Summa Theologiae*, Ia, Q.2, a.3.
⑤ Thomae de Aquino, *Summa Theologiae*, Ia, Q.2, a.3.

感性认识,用他自己的话说就是,那些"对于我们的感觉来说是确实的和明显的"东西。① 诚然,也有一些中世纪哲学专家将阿奎那上述五路证明中的前三项称作"宇宙论证明",而将第五项证明称作"目的论证明",甚至将第四项证明视为奥古斯丁—安瑟尔谟式的证明。这种说法虽说也有一定的理据,但总的来说却是有失偏颇的。例如,阿奎那的"从上帝对事物的管理出发的证明"虽然与目的论相关,但在这一证明中,阿奎那强调的是"我们看到"即使自然物体也为一定的目的而活动,"它们的活动显然始终,或者差不多始终以同样的方式,追求最好的结果"。② 不难看出,在这里,如同我们在其他几个证明中所看到的一样,阿奎那力求贯彻的依然是他的从感性事物到超感性事物、从存在者到存在的宇宙论范式。至于阿奎那的"从事物中发现的等级出发的证明"虽然与奥古斯丁和安瑟尔谟的有关证明有些形似,但其致思路线却是大异其趣的。这一方面是因为阿奎那在这里依旧是从对"各种存在者"的比较出发的而不是从抽象理念出发的,另一方面则是它明确地是以亚里士多德在《形而上学》中的有关论述而不是以柏拉图的有关论述为其理论依据的。③

　　在思考和理解阿奎那的上帝存在的由果溯因的后天演绎证明时,有两点是需要努力避免的。首先,虽然在阿奎那的由果溯因的后天演绎证明中有明显的经验主义倾向,但我们却并不能因此而否定其中所内蕴的神学预设和神学背景。事实上,不仅"从可能性和必然性出发的证明"、"从事物中发现的等级出发的证明"以及"从上帝对事物的管理出发的证明"有明显的神学预设和神学背景,而且即使"从运动出发的证明"和"从动力因理据出发的证明"也都内蕴有明显的神学预设和神学背景。可以说,离开了上帝是"不动的推动者"、"第一因"、"必然存在"、"最完满者"和"至善",阿奎那的五路证明都是得不到合理解释的。而且,即使我们肯认了上述诸项神学预设,也依然有一个从受造物序列向超越上帝的"信仰的跳跃"问题。因为在阿奎那的存在论体系中,上帝并非受造物因果序列、等级序列之中的一项或其中的一个环节,而是完全处于这一序列之外的东西。既然如此,就有一个如何从经验的受造物因果序列或等级序列向上帝这一超验存在者跳跃的问题。在大多数情况下,阿奎那都是藉"我们不可能无限倒退"来实施这一信仰的跳跃的。但是,"我们不可能无限倒退"却是以人的有限性为前提和预设的,而人的有限性的预设显然又是以上帝的无限性为前提和预设的。从这些意义上,我们也可以说阿奎那上帝存在的由果溯因的后天演绎证明并非是绝对后天的和经验的,而是也内蕴有一些先天因素和独断成分的。克雷茨曼将作为终极实存的上帝称作阿奎那上帝存在证明的"工作假定"是不无理由的。④ 但是,另一方面,我们也不能因此而像康德那样,不分青红皂白地将阿奎那

---

① Cf.Thomae de Aquino, *Summa Theologiae*, Ia, Q.2, a.3.

② Thomae de Aquino, *Summa Theologiae*, Ia, Q.2, a.3.

③ Cf.Thomae de Aquino, *Summa Theologiae*, Ia, Q.2, a.3.

④ Cf.N.Kretzmann, *The Metaphysics of Theism*, Oxford: Clarendon Press, 1997, pp.84-85.

的上帝存在的由果溯因的后天演绎证明与安瑟尔谟的上帝存在的本体论证明混为一谈，并且因此而将其归结为一种本体论证明。康德在《纯粹理性批判》中曾经比较恰当地将人们关于上帝存在的证明归结为"物理学—神学"（physikotheologisch）证明、"宇宙论"（kosmologisch）证明和"本体论"（ontologisch）证明。这一点无疑有其值得称道之处。但是，在后来的阐述中，康德却进而宣布：物理学-神学证明"建立在宇宙论证明的基础上，而宇宙论证明却建立在本体论证明的基础上"。① 康德的这种阐释虽然有其深刻之处，但其论证的可靠性和精确性却难免令人生疑。因为至少从中世纪经院哲学史的角度看，康德的这一表述是不够客观、不够精确的。

　　如果说在上帝存在的认知方面，阿奎那采取的主要是一种由果溯因的后天演绎方法的话，那么在上帝本质的认知方面，阿奎那采取的则是一种排除方法（remotionis）。所谓排除方法是说，我们人类通过认识上帝不是什么而接近上帝本质的认识。那么，我们人类为什么在认识上帝的本质或上帝的实体时一定要采取排除法这样一种认知方法呢？ 在《反异教大全》中，阿奎那解释说："在考察上帝的实体时，我们应当特别地使用排除法。因为上帝的实体，由于其大而无外，便超出了我们理智所及的任何一个形式。从而，我们就不可能藉认识其所是（quid est）来认识它。然而，我们却能够藉认识不是其所是（quid non est）获得关于它的某种知识。"②在《神学大全》中，阿奎那重申了他的这一立场。他强调说："当一件事物的存在确定了之后，依然还有一个它的存在方式这样一个进一步的问题。唯其如此，我们才有可能知道它是什么。由于我们不可能知道上帝是什么，而只能知道他不是什么，所以，我们就无法考察上帝是怎样的，而只能考察上帝不是怎样的。"③在阿奎那的这些解释中有三点值得特别注意。首先，我们之所以必须采取排除法从根本上说是因为我们理智认识能力的有限性所致，是因为我们的理智根本不可能直接认识上帝之所是，是不得已而为之的无奈之举。其次，阿奎那告诉我们，我们虽然不可能直接认知上帝之所是，但是我们却可以通过认识上帝之所不是来间接地获得关于上帝之所是的某些知识。最后，阿奎那在这里所说的上帝所不是的东西也就是我们理智在感性事物身上所获得的东西，从而阿奎那在上帝本质认知方面的排除法虽然异于其在上帝存在认知方面的由果溯因的后天演绎法，但他的排除法却与他的由果溯因的后天演绎法一样，坚持了从感性事物到超感性事物、从受造物到造物主的致思路线和宇宙论范式。

　　阿奎那对于他的排除法的效用是充满自信的。他写道：凭借排除法，"我们就能够根据我们的理智越来越多地从上帝身上一些事物而更加接近关于上帝的知识"。诚然，我们不可能像认识受造物那样，藉"肯定"上帝与万物的种种差别来获得上帝

---

①　参阅康德：《纯粹理性批判》第二部分，第二编，第二卷，第三章，第六节"物理学—神学证明的不可能性"。

②　Thomae de Aquino，*Summa Contra Gentiles*，I，cap.14，2.

③　Thomae de Aquino，*Summa Theologiae*，Ia，Q.3.

区别于各种事物的特征,但是却可以"借助于否定性差别(differentia negativa)来获得上帝区别于其他存在者的特征"。① 正如在肯定性的差别中,一个是限定另一个的一样,一个否定性的差别也是由使之区别于许多存在者的另一个事物限定的。阿奎那举例说,如果我们说上帝不是一个偶性,我们因此也就将上帝与所有的偶性区别开来了。如果我们再进一步说"上帝不是一个物体",我们就进一步将上帝与一些实体区别开来了。这样依序进行下去,藉着一系列否定,上帝也就将与所有他所不是的东西区别开来了。"最后,当上帝被认为区别于所有事物时,我们因此也就有了对上帝实体的一个适当的考察。"②尽管即使到了此时,我们关于上帝本质的知识依然是"不完满"的,我们依然不能清楚地知道"上帝本身之所是",但是,我们毕竟对上帝之所是还是有了一定的知识。例如,当我们从受造物与上帝的比照中,逐步认识到在上帝身上不存在任何被动的潜能、没有任何质料、不存在任何复合物、不存在任何强制的和反乎本性的东西、不是一个物体、其存在不在其本质之外、没有任何偶性以及上帝并不存在于某个属相中、上帝并非万物的形式性存在、上帝并非任何物体的形式等,我们尽管对上帝的"绝对单纯性"依然缺乏确切的知识,但无论如何我们还是有了一定的知识的。③ 同样,凭借排除法,我们对上帝的永恒性、完满性、至善性、独一性和无限性等也可以具有一定的知识。④

阿奎那的排除法也被人称作阿奎那为我们认识上帝本质所设计的一种"去障之路"。毋庸讳言,这种说法难免有些言过其实。因为在我们人的理智与上帝的本质自身之间的隔障单靠我们的理智活动无论如何是不可能从根本上排除掉的。但是,这种说法也并非毫无理据。因为借助排除法,我们毕竟可以跨越横陈在我们与上帝之间的某些障碍物,使得我们与上帝的距离有所拉近。因为有谁能说在我们借助排除法对上帝的单纯性、永恒性、完满性、至善性、独一性和无限性等有所了解的情况下,我们对上帝本质的知识毫无增益呢? 中世纪犹太哲学家迈蒙尼德(Maimonides,1135—1204 年)曾经以我们对"船"的否定性认识来解说他的否定神学。他说,当我们不仅确实知道有某种东西叫"船",而且还依次知道它不是一个偶性、不是矿物、不是地上的植物、不是像门那样平的东西、不是一个球、不是直的、不是圆形的、不是等变形的、不是实心的时候,我们就通过这样的否定过程而达到了"船"的正确观念,"仿佛他已经有了与想象船是木质的、空心的、长的、由许多木板组成的人——即通过肯定属性知道船的人——完全一样的观念"。迈蒙尼德的结论是:"同样的道理,

① Thomae de Aquino, *Summa Contra Gentiles*, I, cap.14,3.

② Thomae de Aquino, *Summa Contra Gentiles*, I, cap.14,3.

③ Cf.Thomae de Aquino, *Summa Contra Gentiles*, I, cap.16—27; Thomae de Aquino, *Summa Theologiae*, Ia,Q.3; alsoThomae de Aquino, *De Ente et Essentia*, cap.6,10.

④ Cf.Thomae de Aquino, *Summa Contra Gentiles*, I, cap.28—43; also Thomae de Aquino, *Summa Theologiae*, Ia,Q.4—11.

通过否定,你就可以越来越接近于上帝的知识和对他的理解。"①相形之下,阿奎那对他的排除法虽然没有迈蒙尼德乐观,但就其对排除法效果的明确肯认而言,可以说他的排除法与迈蒙尼德的否定神学是异曲同工的。正因为如此,吉尔松在谈到阿奎那的排除法时,不无肯定地说道:"这样的认识是不完满的,但这要比纯粹的完全无知好。最重要的是,它消除了一种肯定性的伪知识,这种知识声称上帝是某种东西,而实际呈现出来的却不可能是这种东西。……用这种否定方法把上帝同其所有不是的东西区分开来,我们得到的他的实体的知识虽不是肯定的,但却是真实的。"②阿奎那的排除法在坚持从感性的受造物出发扩展哲学和理性的神学范围方面无疑是起到了非常积极的作用的。

　　与在上帝存在的证明上取由果溯因的后天演绎法、在上帝本质的认知上取排除法相一致,阿奎那在上帝属性的认知上所采取的是一种类比的方法。在阿奎那看来,类比的问题实际上是一个我们如何言说上帝的问题。阿奎那认为,既然上帝是完满的和卓越的,我们便不可能"单义地"(univoce)言说上帝和别的事物的,就像我们不能单义地言说太阳本身的热和太阳产生出来的热、不能够单义地言说存在于建筑师心中的房子与现实的房子一样。但是,也不是所有的名称都能够用来以"一种纯粹多义的方式"(secundum puram aequivocationem)来言说上帝和受造物的。因为,"凡纯粹多义之处,在事物本身之间便没有任何类似性,而只有一个名称的统一性。"③但是,既然上帝与其他事物之间是一种创造和受造的关系,是一种因果关系,则它们之间便势必存在有这样那样的类似性。因此,阿奎那的结论是:我们只能类比地言说上帝及其属性。他非常肯定地写道:"事情只能是:言说上帝和受造物的名称既不是单义地也不是多义地称谓的,而是类比地(analogice)称谓的。"④

　　阿奎那的这个表述中至少有两点是值得特别予以注意的。首先,阿奎那的这个说法表明,类比法实质上是一种由果至因、由作为上帝创造之果的受造物至作为造物主的上帝的类比推理,其运作方向与阿奎那在上帝存在证明中所运用的由果溯因的后天演绎推理和在上帝本质认知方面所运用的作为去障之路的排除法是完全一致的。因为在阿奎那看来,类比有两种,其中一种"是就许多事物关涉到某一件事物而言的",而另外一种则是"由两件事物的秩序和关系获得的"。他强调说:"用来言说上帝和事物的名称却不是就类比的第一种方式类比地说到的,……而是就第二种方式类比地说到的。"⑤他的意思是说,在我们用受造事物类比上帝的活动中,事实上涉

---

　　① Moses Maimonides, *The Guide of the Perplexed*, tr. by Shlomo Pines, Chicago: University of Chicago Press, 1963, I, ch.60, 1.

　　② Etienne Gilson, *The Christian Philosophy of ST. Thomas Aquinas*, pp.96-97.

　　③ Thomae de Aquino, *Summa Contra Gentiles*, I, cap.33, 3.

　　④ Thomae de Aquino, *Summa Contra Gentiles*, I, cap.34, 1.

　　⑤ Thomae de Aquino, *Summa Contra Gentiles*, I, cap.34, 4.

及两种不同的秩序:一种是"实在的秩序",另一种是"认识的秩序"。就实在的秩序而言,作为造物主的上帝是先于我们所认识的感性事物的,或者说我们所认识的感性事物是后于上帝而存在的。但是,就认识的秩序而言,我们首先认识的是感性事物的属性,而后才对上帝的属性有所认识。从而,在这种类比活动中,"由于我们是从别的事物得到上帝的知识的,则用来言说上帝和别的事物的名称的实在性虽然就上帝的存在样式而言是在先地适合于上帝,但这种名称的意义则是在后地属于上帝的。这样,上帝就被说成是由他产生的结果加以命名的。"①

阿奎那关于类比法的上述界定还有一层意思,这就是受造物与上帝类比的非单义性和非同义性。在阿奎那看来,类比是以类比事物之间的类似为基础和前提的。但是,事物之间的类似与事物之间的等同不是一回事,因为凡事物之间的类似总是以它们之间的差异为基础和前提的。这就是说,类似的事物之间总是既存在有相似的一面又存在有不相似的一面。阿奎那有一种说法:我们不能说"上帝类似于受造物",而只能说"受造物类似于上帝"。② 这分明是在强调,上帝和受造物是分属本体论两个完全不同的层面的东西,是说上帝所具有的完满性是任何受造物都不可能完全具有的,是说"上帝与受造物之间的距离比任何受造物相互之间的距离都大"。③诚然,每一件受造物都具有这样那样的完满性,但是,上帝不仅具有受造物的所有类型的完满性,而且这些完满性还都是"以另外一种更其卓越的方式(modum emonentiorem)"、"一种至上的样式"(supereminentiae modo)"存在于上帝身上的"。④ 例如,我们可以从我们具有知识而类比地推断出上帝也具有知识。但是,知识却是以"更其卓越"的方式存在于上帝身上的。例如,就认知方式而言,我们人类必须凭借身体感官和推理活动才能获得知识,而上帝则是既无需凭借身体感官也无需凭借推理活动就可以具有知识的。其次,就知识的范围而言,我们人类凭借我们的理智只可能具有部分受造物的知识,而根本不可能具有上帝自身的知识,而上帝则不仅具有他自身的知识,而且还具有所有受造物的知识;不仅具有所有现实事物的知识,而且还具有所有可能事物的知识,甚至对那些永远不存在的事物也具有知识。最后,就知识的性质和效能而言,我们的知识充其量不过是一些相对真理,而上帝所具有的则是绝对真理和永恒真理;我们的知识只具有认识论的意义,而上帝的知识则不仅具有认识论的意义,而且还具有本体论的意义,也就是说上帝的知识不仅是一种认识原则,而且也是一种生成原则和创造原则。正因为如此,在谈到类比法时,阿奎那反复叮咛我们的是不要因为使用类比法而把上帝降格为受造物,而是要充分考虑到上帝的超越性和卓越性。他曾经以上帝的"善"的属性为例提示我们:"当我们说'上帝是善的'时候,

---

① Thomae de Aquino, *Summa Contra Gentiles*, I, cap.34,6.

② Thomae de Aquino, *Summa Contra Gentiles*, I, cap.29,5,6.

③ Thomae de Aquino, *Summa Theologiae*, Ia, Q.13, a.5.

④ Thomae de Aquino, *Summa Contra Gentiles*, I, cap.30,2.

其含义并不在于说'上帝是善的原因',或者说'上帝不是恶的',而是在说:'凡我们归于受造物的善的东西都事先存在于上帝之中',并且是以一种更为高级的方式存在于上帝之中的。因此,我们不能得出结论说:上帝之所以是善的,乃是因为他产生了善,而正相反,毋宁说是由于他是善的他便把善倾泻到事物之中。"①阿奎那由此得出的结论是:"凡是说到上帝和受造物的东西,就都是按照受造物同上帝的关系来言说的,其中,上帝乃它的原则和原因,事物的完满性都是事先卓越地(excellenter)存在于上帝之中的。"②人们在谈到阿奎那的类比法时之所以常常称之为"卓越之路",盖源于此。

至此,我们便差不多达到了阿奎那作为哲学之一部分的神学,亦即他的自然神学的一个相对整全的图景。我们不仅凭借他的由果溯因的后天演绎证明确知了上帝的存在,而且还凭借他的排除法和类比法对上帝的本质和属性也获得了一定的知识。这就使得哲学对有关神学问题的探求获得了前所未有的论域,在其力所能及的范围内差不多触及到了基督宗教神学的各个主要领域,在基督宗教哲学史上第一次将启示神学真正驱逐到了它自己的固有疆域。而且,既然如上所述,不论是阿奎那的排除法还是他的类比法,都与他的由果溯因的后天演绎证明一样,所贯彻的都是一条由感性事物到超感性事物、由受造物到造物主、由存在者到存在的致思路线,所体现的都是一种宇宙论范式,都是阿奎那风格,则后世的自然神学及其种种变形,包括威廉·佩利、赫尔伯特、约翰·托兰德、马斯科尔、麦金托什等人的自然神学思想,无一不打上阿奎那宇宙论范式的烙印,就一点也不足怪了。

第五节　基于身体哲学的人学

如上所述,阿奎那在形而上学领域主张一条从存在者到存在的致思路线(存在者的形而上学),在自然神学领域主张一条从对受造物的感知到对造物主的认知的致思路线(宇宙论范式)。与此相一致,在人学领域,阿奎那则比较注意着眼于身体哲学,把人学奠基于他的身体哲学之上。

依照古代西方人学传统,人学或人类学(anthripologia)亦被称作灵魂学(psychologia)。这一传统可谓源远流长。我们知道,苏格拉底在希腊哲学史上是一个扭转乾坤的人物,一个使古希腊哲学由自然哲学或宇宙论时期转向人类学或道德哲学时期的人物,一个西方人类学或道德哲学诞生的标志性人物。苏格拉底人学和道德哲学的中心口号"认识你自己",要求人们从认识自然转向认识人自己。但他呼吁人们认

---

① 　Thomae De Aquino,*Summa Theologiae*, Ia,Q.13,a.2.

② 　Thomae De Aquino,*Summa Theologiae*,Ia,Q.13,a.5.

识的不是全整的人,不是人的身体,而是人的灵魂。① 他的学生柏拉图承袭他的人学思想,径直将人称作"使用身体的灵魂"(anima utens corpore)。② 这种将人学化约为魂学的哲学立场甚至在教父哲学和早期经院哲学中也未得到根本的扭转。奥古斯丁虽然对古希腊的魂学存有疑虑,但他还是将人定义为"一个使用可朽及世间肉体的理性灵魂",③终究未能完全跳出古希腊魂学的藩篱。奥古斯丁的这样一种人学观点长期以来一直主导着基督宗教神学和早期经院哲学,以至于阿奎那在谈到人的问题时抱怨说:"神学家考察人的本性时,虽然注意到了灵魂方面,但是却忽略掉了身体方面,除非在身体与灵魂相关的层面才考虑到身体。"④基于这样一种认识,阿奎那正本清源,努力将他的人学奠基于他的身体哲学的基础之上。下面,我们就从人的存在、本质和属性三个层面依次阐释他的基于身体哲学的人学思想。

首先,是人的存在问题。人的存在问题,在阿奎那的人学中是一个人的受造问题。这是不难理解的。既然按照阿奎那的形而上学,唯有上帝即第一存在是自己存在,其他所有的事物都是一种自他存在,其存在都是由上帝赋予的,则人的存在自然也是由上帝赋予的,或者说人是由上帝"直接"造出来的。诚然,阿奎那也承认人的灵魂与人的身体一样,都是由上帝创造出来的,但是针对传统人学灵魂优越论和祛身体化的强势影响,阿奎那鲜明地强调了人的身体的尊贵性。第一,阿奎那指出,人的身体,与人的灵魂一样,也不是由天使造出来而是由上帝"直接"造出来的。⑤ 为了更其充分地论证这一观点,阿奎那还对人的灵魂属于上帝的实体从而并非受造的观点作出了认真的批评。他指出,既然上帝的本性乃一"纯粹的现实",既然人的灵魂难免具有这样那样的潜在性,则人的灵魂之为上帝的实体就是一件根本不可能的事情,从而也就和人的身体一样,也是由上帝造出来的。⑥ 第二,人的灵魂并不是先于人的身体与天使同时造出来的,而是与人的身体"同时"创造出来的,不是"独立"地而是"在身体中"创造出来的。⑦ 第三,人的身体"配置"的"合宜性"。阿奎那断言:"上帝是以最佳的安排生产人的身体的。"⑧阿奎那的意思并不在于强调人的身体是世界上"绝对最好"的,而是说人被上帝造成最适宜于与灵魂及其运作匹配的。例如,触觉"在人身上比在其他动物身上更完满些","人在内感觉的能力方面也超出了所有的动物"。特别是人的手,作为"器官的器官",不仅"能够知觉无限多的事物",而且也

① 参阅柏拉图:《游叙弗伦,苏格拉底的申辩,克力同》,严群译,北京:商务印书馆1983年版,第78页。

② 参阅柏拉图:《斐多篇》,79C。

③ 奥古斯丁:《论公教会之路》第27章,第52节。

④ Thomae de Aquino, *Summa Theologiae*, Ia, Q.75.

⑤ Cf.Thomae de Aquino, *Summa Theologiae*, Ia, Q.91, a.2.

⑥ Cf.Thomae de Aquino, *Summa Theologiae*, Ia, Q.90, a.1.

⑦ Cf.Thomae de Aquino, *Summa Theologiae*, Ia, Q.90, a.4.

⑧ Thomae de Aquino, *Summa Theologiae*, Ia, Q.91, a.3.

"为他自身制造无限多的工具"。再如，人的身体的直立也明显地具有巨大的优越性，不仅有助于其视野开阔、身体各个部分自由灵活、语言的形成和表达，而且也有助于审美享受。① 这就是说，在阿奎那看来，人的身体非但不是人的灵魂及其运作的障碍，反而是其功能得以正常发挥的必要条件和基本手段。所有这些都表明，与古希腊哲学家和教父哲学家持守褒扬灵魂、贬黜身体的魂学立场不同，阿奎那采取了一种"贵身"、"尊身"和"敬身"的人学立场。阿奎那的这些思想显然与我国《左传》中"君子贵其身"的观点相呼应的。② 而这在本质主义和逻各斯主义长期占统治地位的西方古代哲学中是相当难能的。

人的本质问题在阿奎那的人学思想中占有特别重要的地位。按照阿奎那的理解，人的本质既不同于上帝的本质也不同于天使的本质，上帝的本质即是他自己的存在，天使的本质则在于它的形式，而人的本质则在于其形式（灵魂）与其质料（身体）的合成。人的合成性乃人的本质的基本规定性。可以说，阿奎那毕生都在强调人的这样一种合成性。在《论存在者与本质》中，阿奎那就明确指出："人是由身体和灵魂组合而成的"。③ 在《反异教大全》第 1 卷第 68、70 和 71 章中，阿奎那依据亚里士多德的质型论，反复强调和论证了人是由人的灵魂与人的身体结合而成的，并且表明人的灵魂"不是作为任何心像而是作为身体的形式"与身体结合在一起的。④ 在《神学大全》中，阿奎那在批判"灵魂就是人"的传统观点的基础上，对人的本质的合成性作了更充分的论证。阿奎那指出，虽然从逻辑主义的立场我们不妨将抽象的人视为一个灵魂，但是倘若从实存论的立场上看，我们就不能将现实的具体的人理解为一个灵魂。这是因为，倘若如此，"归因于人的所有的运作就将仅仅属于灵魂"了。然而，这显然是荒谬的，是不符合实际的。因为一个现实的和具体的人的运作并不都是由灵魂实施出来的。例如，感觉就"不仅仅是灵魂的运作"能够成就的。既然如此，我们就不能断言灵魂即是人了。而且，既然一只手或一只脚不能称作一个人，则灵魂也就同样不能被称作一个人。⑤

值得注意的是，阿奎那不仅提出和论证了人的本质的合成性，而且还进而对这种合成性的实存性、统一性、直接性和全面性作出了较为详尽的论证。首先，阿奎那断言人的灵魂既不是作为"实体"和"心像"，也不是作为推动者，而只是作为人的身体的形式与人的身体结合在一起的。在《反异教大全》中，阿奎那不仅以一个整章的篇幅论证"能动理智不是一个独立实体，而只是灵魂的一部分"，⑥而且还点名批判了柏

---

① 　Cf.Thomae de Aquino,*Summa Theologiae*, Ia,Q.91,a.3.

② 　参阅《左传·昭公二十五年》。

③ 　Thomae de Aquino,*De Ente et Essentia*,cap.2,9.

④ 　Cf.Thomae de Aquino,*Summa Contra Gentiles*, II,cap.70,6.

⑤ 　Cf.Thomae de Aquino,*Summa Theologiae*, Ia,Q.75,a.4.

⑥ 　Thomae de Aquino,*Summa Contra Gentiles*, II,cap.76.

拉图及其追随者关于人的灵魂或理智是以人的身体的推动者的身份与人的身体结合的、人的灵魂与人的身体的关系是水手与船的关系的观点，断言这样一来人的灵魂与人的身体的实体性关系就被肢解成了两种实体之间的关系，一种只有借助于外力的作用才能实现的关系。① 在《神学大全》中，阿奎那又进一步批判说："理智，除非通过欲望，是不可能推动身体的"，②但欲望总是由灵魂与身体合成的人的欲望，所以，人的灵魂或理智就不是以人的身体的推动者而只是以人的身体的形式与人的身体结合在一起的。在《论独一理智》中，阿奎那对种种错误观点进行了清算，一方面批判了起源于阿维洛伊的断言"理智是一种实体，它脱离身体而独立存在，而不是作为身体的形式同身体结合在一起"的观点，另一方面又批判了"在水手是船的现实的意义上来说明灵魂是否是其身体的现实"的观点。③ 所有这些都是旨在强调人的灵魂与人的身体的合成的实存性或实体性。事实上，早在《论存在者与本质》中，阿奎那就是在阐述复合实体的语境下讨论和阐释人的灵魂与身体的合成性的。④ 强调人的灵魂与人的身体的合成的实存性或实体性乃阿奎那的人的本质学说的一项根本特征。

其次，阿奎那还突出地强调了人的灵魂与人的身体合成的统一性。在阿奎那看来，人的灵魂与人的身体的合成的统一性最根本的就在于它是人的一个灵魂与人的一个身体的合成。为此，他非常认真地批判了多魂论。柏拉图在《蒂迈欧篇》里曾将人的灵魂区分为三个部分或三个种类，这就是理智灵魂、营养灵魂和感觉灵魂。与此相应，人的身体也存在有三个部分，这就是人的头部、人的腹部和人的四肢和感官。⑤这就从根本上破坏了人的统一。阿奎那曾反复地批判了柏拉图的这一观点。在《反异教大全》第二卷其标题为"在人身上根本不存在三个灵魂：营养灵魂、感觉灵魂和理智灵魂"的第 58 章中，阿奎那论证说，在我们身上只有一个灵魂而不存在几个灵魂，柏拉图的观点是"根本不可能的"。⑥ 在《神学大全》中，阿奎那更其明确地批判了柏拉图的灵魂观。他强调指出："在人身上，感觉灵魂、理智灵魂和营养灵魂从数值方面看只是一个灵魂。"⑦这是因为人不仅比植物完满，而且也比动物完满，故而人的理智灵魂就内蕴有作为植物灵魂的营养灵魂和作为动物灵魂的感觉灵魂，这就好像一个五边形总是超过并包含有四边形和三角形一样。但是，正如我们不能因此而将五边形说成是由五边形和四边形与三角形组成的一样，人的理智灵魂因此也就不能被说成是由理智灵魂、感觉灵魂和营养灵魂组成。因此，他的结论是："在人身上，

---

① Cf.Thomae de Aquino, *Summa Contra Gentiles*, Ⅱ, cap.56,10；cap.57,2.

② Thomae De Aquino, *Summa Theologiae*, Ⅰa, Q.76, a.1.

③ Cf.Thomae de Aquino, *De unitate intellectus contra Averroistas*, cap.Ⅰ,1,5.

④ Cf.Thomae de Aquino, *De Ente et Essentia*, cap.2,1-9.

⑤ 参阅柏拉图：《蒂迈欧篇》，69C—71A。

⑥ Cf.Thomae de Aquino, *Summa Contra Gentiles*, Ⅱ, cap.58,2,10.

⑦ Thomae de Aquino, *Summa Theologiae*, Ⅰa, Q.76, a.3.

除理智灵魂外",根本不存在任何别的灵魂,"根本不存在有任何别的实体形式"。①

再次,阿奎那还特别地强调了人的灵魂与人的身体的合成的直接性。无论在《反异教大全》中还是在《神学大全》中,阿奎那都专门讨论这个问题。在《反异教大全》中,阿奎那就非常明确地指出"灵魂是直接地同身体结合在一起的,无需任何中介将灵魂与身体结合到一起,无论是阿维洛伊所主张的心像,还是一些人所主张的身体的能力,或另外一些人所主张的有形精神,都是如此"。② 在《神学大全》中,阿奎那特别地对以偶性和形体为人的灵魂与人的身体结合的中介的说法作了更为具体更为深入的批判。他指出,既然偶性总是实体的偶性,它就不可能先于实体而存在从而成为实体结合的中介和原因。在谈到形体中介时,阿奎那指出,如果按照柏拉图的灵魂乃身体的推动者的说法,当灵魂与它推动的身体存在一定的距离时,灵魂与身体就有必要借助于别的形体了。然而,"如果灵魂是作为身体的形式而同身体结合在一起的,则它们藉另一个形体结合起来就是一件不可能的事情了。"③为了进一步解说人的灵魂与人的身体的结合是直接的,是根本无需任何中介的,阿奎那还批判了灵魂具有自己的质料即精神质料的说法。我们知道,波那文都曾从普遍质型论的立场出发,主张灵魂具有精神质料。但阿奎那却坚持认为:"灵魂不具有任何质料",既不具有形体质料,也不具有精神质料,无论从灵魂的一般概念看还是从人的灵魂的特殊概念看都是如此。从灵魂的一般概念看,灵魂只是一种形式。因为倘若灵魂具有质料,我们就将因此而只能理解处于潜在状态的事物。从人的灵魂的特殊概念看,事情就更其如此了。这是因为人的灵魂是理智灵魂,而理智灵魂区别于感觉的地方恰恰在于理智灵魂之认识一件事物是"绝对地就它的本性而言的"。④ 例如,它认识一块石头是绝对地作为一块石头予以认识的;故而,一块石头的形式,以至于它自己的形式的概念,也绝对地存在于理智灵魂之中。因此,这理智灵魂本身只能是一"绝对的形式"(forma absoluta),而不能成为由质料和形式组合而成的东西。倘若理智灵魂由质料和形式组合而成,它就因此就只能像感觉一样,只能认识个体事物而不能认识事物的本性了。⑤ 但是,如果人的灵魂没有质料而只是一种形式,则它与作为纯粹形式的天使的关系又当如何呢? 也正是由于这样一层关系,阿奎那在宣布灵魂不具有任何质料之后,便讨论了"灵魂与天使是否属于同一个种相"的问题。阿奎那在讨论这个问题时指出:凡属于同一个种相的事物,其运作方式也大体相同。但是,人的灵魂的运作方式与天使的运作方式却大相径庭:天使本身即为"单纯的和神圣的理智",它根本无需借助于可见事物获得其关于上帝的知识,而人的灵魂则需要借助于身体或

① Thomae de Aquino, *Summa Theologiae*, Ia, Q.76, a.4.
② Thomae de Aquino, *Summa Contra Gentiles*, II, cap.71, 1.
③ Thomae de Aquino, *Summa Theologiae*, Ia, Q.76, a.7.
④ Thomae de Aquino, *Summa Theologiae*, Ia, Q.75, a.5.
⑤ Cf.Thomae de Aquino, *Summa Theologiae*, Ia, Q.75, a.5.

肉体感官才能认识事物,并且因此而需借助于可见事物的知识而获得其关于上帝的知识。因此,人的灵魂与天使是分属于不同的种相的。①

最后,阿奎那在对人的灵魂与人的身体的合成的实存性、统一性和直接性作出上述论证的基础上,还阐述了这种合成的全面性。在《反异教大全》中,阿奎那以一整章的篇幅论证了人的灵魂与人的身体合成的全面性,指出:"整个灵魂存在于整个身体之中,并且存在于身体的各个部分之中。"②在《神学大全》中,阿奎那也专门讨论了"整个灵魂是否存在于身体的每一部分"这个问题,并且强调指出:"如果灵魂仅仅是作为身体的推动者而同身体结合在一起的,那我们就可以说,它并非存在于身体的每个部分之中,而仅仅存在于一个它借以推动其他部分的部分之中。但是,既然灵魂是作为身体的形式而同身体结合在一起的,它就必定存在于整个身体之中,并且也存在于它的每一个部分之中。"③如果考虑到近代哲学家笛卡尔的松果腺理论,阿奎那的人的灵魂与人的身体的合成的全面性观点在一定意义上可以算得上有先见之明。

阿奎那的人的本质学说在凸显人的身体构成的基础上给我们刻画了一副新的人的图像,在这幅图像中,不仅人的全整性得到了相当充分的展示,而且人的个体性和在世性也得到了相当充分的展示。在阿奎那的人的本质学说里,人的全整性是一个不言自明的问题。既然人不再仅仅是灵魂,而是由身体与灵魂合成的东西,则相对于希腊哲学中人的图像来说,人的这样一幅图像的全整性就是一件既非常自然又相当鲜明的事情了。人的个体性问题也是阿奎那人学思想中颇具特色的内容。在阿奎那这里,人的个体性是一个与人的全整性直接相关的问题,既然人的本质在于人的灵魂与人的身体的合成,则人的个体性也就是一个既与人的灵魂的个体性也与人的身体的个体性直接相关的问题。阿奎那既然强调人的身体是人的本质的一项不可或缺的内容,则他之强调人的身体的个体性就是一件非常自然的事情了。如前所述,当阿奎那说实存的和现实的人的身体是由骨和肉组合而成的时候,他的意思并不是说实存的和现实的人是由"绝对的骨和肉"组合而成的,而是在强调实存的和现实的人的身体是由诸多"这根骨头"和"这块肌肉"组合而成的。④ 这就将人的身体的个体性极其鲜明地表达出来了。阿奎那不仅强调人的身体的个体性,而且还特别地强调人的灵魂的个体性。我们知道,在柏拉图那里,灵魂是一个类概念,这也是他所提倡的灵魂转世说的一项基本理据。但在阿奎那这里,实存的和现实的人的灵魂却由于与其作为质料的身体的结合而总是具有个体性。与古希腊哲学家泛谈形式、相或灵魂不同,阿奎那则将"形式本身"与"个体化形式"区别开来,将灵魂概念和现实的个体化了的灵魂区别开来。按照阿奎那的理解,无论是在精神实体中还是在物质实体中都

① Cf.Thomae de Aquino, *Summa Theologiae*, Ia, Q.75, a.7.

② Thomae de Aquino, *Summa Contra Gentiles*, II, cap.72, 1.

③ Thomae de Aquino, *Summa Theologiae*, Ia, Q.76, a.8.

④ Cf.Thomae de Aquino, *De Ente et Essentia*, cap.2, 4.

有一个个体化形式的问题,区别仅仅在于:在精神实体(如天使)中,形式的个体化不是由于质料而是"藉其自身而个体化的",相反,在物质实体中,形式的个体化则是由于"质料"的缘故。① 因此,在精神实体中,形式本身与个体化形式就是一回事,相反,在物质实体中,形式本身则区别于个体化形式。因此,实存的和现实的人的灵魂就只能是一种个体化了的灵魂。特别值得注意的是,在讨论人的灵魂的个体性中,阿奎那还从质料乃物质实体的个体化原则的高度,强调了身体是人的灵魂的个体化原则。而且,也正是在这个意义上,阿奎那将灵魂宣布为"事物的三个维度得以标示的形式"。② 而他的这一说法显然也是适用于实存的和现实的人及其灵魂的。不仅如此,为了更其充分地论证人的灵魂的个体性,阿奎那对独一理智论展开了不懈的批判。我们知道,西部亚里士多德主义的最著名代表阿维洛伊曾依据我们人类认识的统一性强调指出,在所有现在、将来和过去的人身上,都只存在有一个可能理智。③ 在《反异教大全》中,阿奎那以一整章的篇幅批判了独一理智论,针锋相对地指出:"在所有现在、将来和过去的人中,并非像阿维洛伊所想象的那样,只存在有一个可能理智。"④在《神学大全》中,阿奎那针对阿维洛伊的独一理智论专题讨论了"理智原则是否会随着身体的数目而增加?"这个问题。阿奎那断言,既然身体是人及其灵魂的个体化原则,则有多少个人,有多少个身体,也就会因此而有多少个灵魂和理智原则,从而"一个理智属于所有的人是绝对不可能的"。⑤ 值得注意的是,在《神学大全》中,阿奎那不仅论证和强调了可能理智的复多性,而且也论证和强调了能动理智的复多性,指出:"有多少个灵魂也就有多少个能动理智,至于它们的数目,是随着人的数目的增加而增加的。"⑥最后,阿奎那在《论独一理智》中"以决定性地驳倒它的方式"对阿维洛伊及其追随者的"独一理智论"进行了清算。阿奎那批判阿维洛伊独一理智论的基本理据在于:灵魂是身体的实体性形式或现实,而理智并非是一种独立的实体而无非是灵魂的一种能力。⑦ 既然如此,理智则势必是一种由人的个体性的身体和灵魂所决定或制约的东西,从而也就势必是一种个体性的东西。而阿维洛伊独一理智论的根本局限正在于它根本无法说明人的理智活动的个体性。也正是在这个意义上,阿奎强调指出:"根据阿维洛伊的意见,要说明这个人在理解(hic homo intelligeret)是不可能的。"⑧阿奎那还进而谴责道,阿维洛伊的这样一种观点不尽歪曲了亚里士多德本人的观点,而且还歪曲了德奥弗拉斯和德米斯提等逍遥学派学者的观点,

---

① Cf.Thomae De Aquino, *Summa Theologiae*, Ia, Q.3, a.3.

② Thomae de Aquino, *De Ente et Essentia*, cap.2, 7.

③ Cf.Averroes, *Commentarium magnum in Aristotelis de Anima*, III, t.c.5.

④ Thomae de Aquino, *Summa Contra Gentiles*, II, cap.73, 1.

⑤ Thomae de Aquino, *Summa Theologiae*, Ia, Q.76, a.2.

⑥ Thomae de Aquino, *Summa Theologiae*, Ia, Q.79, a.5.

⑦ Cf.Thomae de Aquino, *De Unitate intellectus contra Averroistas*, cap.1, 12.

⑧ Thomae de Aquino, *De Unitate intellectus contra Averroistas*, cap.III, 7.

因而,其观点不仅鲁莽和草率,而且他简直因此而成了亚里士多德和逍遥学派的叛徒。① 由此看来,个体性原则实在是阿奎那人学的一项坚定不移的原则。阿奎那既然肯定了人的全整性和个体性,既然无论是人的全整性还是人的个体性都是以人之具有身体为前提和基础的,则人的在世性就是一件非常自然的事情了。这不仅是因为既然人的身体总具有三维性,它就势必要存在于现实世界之中,而且还因为离开了现实世界,无论是人的认知活动和意志活动都是不可能实现出来的。现代西方哲学家海德格尔曾将"在世"视为作为"此在"的人的一项本质规定性,可以说和阿奎那的在世思想如出一辙。

　　阿奎那在多数情况下,是通过讨论人的灵魂及其能力和运作来讨论和阐释他的人的属性观点的,尽管如此,我们还是从中可以看出身体问题始终是其人的属性学说的一个基础问题。一如我们在前面所指出的,上帝具有理智、意志和生命这些最为基本的属性。既然人是上帝的肖像,则人便同样具有理智、意志和生命这三个最为基本的属性。差别仅仅在于:上帝的理智、意志和生命都是不依赖物体或身体的,而人的理智、意志和生命总体上讲则都是依赖于人的身体的。首先,人的理智及其运作对人的身体总是有所依赖。诚然,从宇宙学的观点看问题,理智能力和理智活动总是高于感觉能力和感觉活动,因为毕竟动物也不仅具有营养能力和营养活动,而且也具有感觉能力和感觉活动,但是倘若"按照产生和时间的秩序看",人的感觉能力及其活动便总是先于人的理智能力及其活动的,一如人的营养能力和营养活动总是先于人的感觉能力及其活动的一样。② 这就是说,离开了人的营养能力及其活动以及人的感觉能力及其活动,任何现实的理智活动都是不可能实现出来的。然而,既然人的营养能力及其活动以及人的感觉能力及其活动都是以人的身体的存在为前提和基础的,则人的理智能力及其活动对于人的身体的依赖性也就可想而知了。正因为如此,阿奎那在具体地讨论他的灵魂及其运作时,首先阐释的便是灵魂的"通过身体器官实施"的运作,即灵魂的营养能力和感觉能力的运作。③ 其次,人的意志及其运作对于人的身体也是有所依赖。在一个意义上,人的意志对于人的身体的依赖要甚于人的理智对于人的身体的依赖。这是因为人的理智所关涉的是人的认识问题,而人的意志所关涉的则是人的运作问题或实践问题。"理智活动在于所理解的事物的观念存在于进行理解的人身上,而意志活动却在于意志倾向于作为自身存在的事物本身。"④因此,如果说人的理智运作的起始点在于与基于人的身体的感觉活动的话,则人的意志实现的整个过程都离不开人的身体的运作或实践。同时,人的理智既然是一种理性欲望,它的运作便总是以从感觉出发的理智活动为基础和前提的,从而也就

---

① 　Cf.Thomae de Aquino,*De Unitate intellectus contra Averroistas*,cap.Ⅴ,23.

② 　Cf.Thomae de Aquino,*Summa Theologiae*, Ⅰa,Q.77,a.4.

③ 　Cf.Thomae de Aquino,*Summa Theologiae*, Ⅰa,Q.78,a.1-3.

④ 　Thomae de Aquino,*Summa Theologiae*, Ⅰa,Q.82,a.3.

总是或是直接或是间接地与人的身体的存在及其活动为基础和前提的。最后,是人
的生命问题。在谈到生命时,阿奎那曾援引过亚里士多德的一句名言:"在有生命的
事物中,生命就是存在(vivere viventibus est esse)。"①据此,阿奎那强调说:"生命不
是别的,无非是存在于这种或那种本性中的存在活动。"②按照这样一个说法,既然如
上所述,人不仅具有理智活动,而且还具有意志活动,则它就势必具有生命。而且,人
的生命活动或存在活动总是以直接或间接的方式与人的身体密切相关的。人与上帝
和天使的差别并不在于其是否具有生命活动和存在活动,而是在于其生命活动和存
在活动是否依赖于身体或物体。也正是在生命即存在活动的理论框架下,阿奎那讨
论了人的灵魂的五种能力:营养能力、感觉能力、欲望能力、运动能力和理智能力,指
出其中营养能力、感觉能力、运动能力和理智能力等四种能力分别涉及四种"生命的
样式"。他举例说,一些生物,如植物,只具有营养能力或营养灵魂;一些动物,如贝
壳,则不仅具有营养能力或营养灵魂,而且还具有感觉能力或感觉灵魂;一些较为完
满的动物,则不仅具有营养能力或营养灵魂、感觉能力或感觉灵魂,而且还具有运动
能力或运动灵魂;而人作为最高等级的生物,则不仅具有营养能力、感觉能力和运动
能力,而且还具有理智能力。阿奎那之所以没有把欲望能力列为生命的样式,并不是
因为它并非生命的表征,而是在于"它并不构成生物的一个等级",而为所有具有感
觉能力的生物所共有。正因为人的各种灵魂能力及其运作均为人的生命表征,所以,
在讨论人的属性时,阿奎那不仅讨论了人的感觉能力、理智能力、意志能力及其活动,
而且还比较详尽地讨论了人的营养能力及其运作。例如,他专门讨论了"在无罪状
态下,人是否需要食物"的问题,并且指出:"在原始状态下理性灵魂把作为灵魂属于
其自身的东西传达给了身体。所以,这身体即被称作动物,……然而,生命的第一原
则在低级的生物中,就是植物灵魂,其运作在于食物的运用、繁殖和生长。这样的运
作是适合于无罪状态下的人的。"他的结论是:"在无罪状态下,人所具有的是一种需
要食物的动物生命。"③尽管阿奎那主张首生的人的身体和灵魂都是上帝直接创造
的,但在谈到人的生殖和种族保存时,他还是强调了生育和性交问题。他强调指出:
即使在无罪状态下,人口的增长也是通过"生育后代"实现出来的。针对在无罪状态
下根本不存在性交的说法,阿奎那强调说:在无罪状态下不存在的是"过度欲望的卑
劣",而非"男性和女性的协同作用"或"性交"。④ 很显然,所有这些都是与人的身体
直接相关的。我国古代有"食色,性也"的说法,⑤看来东圣西圣其揆一也。

---

① 亚里士多德:《论灵魂》,II,4,425b13。

② Thomae de Aquino, *Summa Theologiae*, Ia, Q.18, a.2.

③ Thomae de Aquino, *Summa Theologiae*, Ia, Q.97, a.3.

④ Thomae de Aquino, *Summa Theologiae*, Ia, Q.98, a.1,2.

⑤ 参阅《孟子》"告子章上"。

第六节　基于感觉经验的认识论与美学

　　认识论在阿奎那的哲学体系中占有特别突出的地位。有学者曾将中世纪经院哲学区分为主知主义、主情主义和主意主义;断言主知主义注重人的理性认知能力和认识论,主张透过理性进路,从形而下走向形而上,构建知性形而上学;主情主义注重人的灵性修炼和灵性生命,主张通过心灵情感和心灵体悟,进入神秘境界,与上帝直接相会;主意主义注重人的意志和道德实践,主张通过内心自觉洞达上帝的意志或意旨;并把阿奎那视为主知主义的主要代表。① 阿奎那之特别重视认识论不仅与他的哲学观、自然神学和形而上学密切相关,而且与他的人学思想也密切相关。因为在阿奎那看来,人虽然不仅具有理智属性,而且还具有意志属性,但是,"如果理智和意志就其自身予以考察的话,理智便是一种更高的能力"。② 正因为如此,在上述各种场合,阿奎那差不多都是从认识论的立场出发来思考和阐述他的哲学问题的。下面我们就从感觉论、理智论和真理论三个方面对阿奎那的认识论思想作出说明。

　　如前所述,阿奎那在自然神学方面坚持从感性事物到超感性事物、从受造物到造物主的宇宙论范式,在形而上学方面坚持从存在者到存在、从形下到形上的致思路线,在人学方面特别注重身体的实体性质和生成性功能,与其相一致,在认识论上阿奎那则坚持一条从外物到概念、从感觉到理智的致思路线。因此,感觉论在阿奎那的认识论中占有特别重要的地位。阿奎那反对怀疑论,认为我们的理智能够获得有形事物的真理性知识。对于阿奎那来说,问题不在于我们的理智能否认识有形事物,而是在于我们的理智究竟是如何认识有形事物的。在西方传统哲学中,存在有两种根本对立的认知路线:一条是德谟克利特所代表的认知路线,另一条是柏拉图所代表的认知路线。德谟克利特主张"流射说",以为所有的知识都像感觉一样,都是"由感觉对象引起的一种生理变化",从而从根本上抹杀了理智与感觉的区别。③ 柏拉图主张理智区别于感觉,强调理性知识"不是由影响理智的感性事物产生出来的,而是由理智所分有的独立的可理解的形式产生出来的"。④ 他认为感觉的功能仅仅在于"唤醒理智进行理解活动",而且即使感觉本身也"不受感性事物的影响",感性知识也"不完全是从感性事物产生出来的"。⑤ 阿奎那既反对德谟克利特的流射说,也反对柏拉图的"回忆说",秉承亚里士多德的认知路线,一方面主张我们的知识不限于感觉,另

① 　参阅邬昆如、高凌霞:《士林哲学》,第 141—162 页。

② 　Thomae de Aquino, *Summa Theologiae*, Ia, Q.82, a.3.

③ 　Cf. Thomae de Aquino, *Summa Theologiae*, Ia, Q.84, a.6.

④ 　Thomae de Aquino, *Summa Theologiae*, Ia, Q.84, a.6.

⑤ 　Thomae de Aquino, *Summa Theologiae*, Ia, Q.84, a.6.

一方面又主张我们的知识开始于感觉,强调"理智知识是由感觉所引起的",把我们的认识理解成一个从感觉到理性知识的生成过程。

如上所述,从宽泛的意义上讲,不仅我们人的灵魂具有感觉能力和感觉活动,而且所有的动物,甚至那些低级动物,也都具有感觉能力和感觉活动。人既然是一种比较完满的动物,则他所具有的便是一种比较高级的感觉能力和感觉活动。阿奎那将人的感觉能力和感觉活动区分为两种:外感觉和内感觉。在谈到外感觉的种类时,他又将其区分为视觉、听觉、嗅觉、味觉与触觉五种。他为什么要将我们人的外感觉区分为上述五种呢? 换言之,他将我们人的外感觉区分为上述五种的根据究竟何在呢? 前此的哲学家或是将感官作为感觉区分的根据,或是将媒介(如水、气等)作为根据,或是将感觉对象的感觉性质作为根据。阿奎那则认为,"外感觉的数目和区别的根据必须是那些本身完全属于感觉的东西",从而也就只能是感觉器官和感觉对象。倘若从这样一个角度看问题,我们就会发现各种感觉之间的区别是相当明显的。"在一些感觉中,例如在视觉活动中,我们发现只有精神的变化,而在另一些感觉中,我们则不仅发现有精神的变化,而且也能发现有自然的变化,不仅在对象方面能够发现,而且在感觉器官方面也同样能够发现。"①就感觉对象方面而言,我们能够发现作为听觉对象的声音总是随着发声物体位置的变化而变化的,作为嗅觉对象的气味不仅与空气的温度有关,而且也总是与发散气味的形体对热的接受能力有关。就感觉器官方面而言,自然的变化在触觉和味觉中也发生。例如,一只手如果触摸发热的事物,则它也就会因此而发热,而我们的舌头也会为美味佳肴发生变化,使之变得湿润,甚至流出口水。但是,嗅觉和听觉器官在通常情况下是不会为任何自然变化所改变的。阿奎那的结论是:视觉,既然无论是其感觉器官还是其感觉对象在其感觉活动中都不发生任何变化,从而"便是最富有精神性、最完满,而且也是最普遍的";而"触觉和味觉在所有感觉中是最具物质性的,……另外三种感觉并不是像这两种感觉一样,是通过与之结合在一起的媒介来实施,来消除它们感觉器官方面的自然变化的。"②阿奎那还进一步指出:"味觉,……是一种仅只存在于舌头上的触觉。"③由此看来,阿奎那虽然从"精神性"的维度给视觉以高度的评价,但是,既然他宣布感觉是一种"身体活动",其认识对象为"由质料所限定的个体事物",④他就势必要突出和强调触觉在认识论中的特殊功能,把它视为最基本、最重要的外感觉。这首先是因为就感觉器官方面,唯有触觉器官关乎到人的身体的全部,而其他感觉器官仅只关乎人的身体的一部。其次是因为就感觉对象而言,其他感觉所认识的只是个体事物的某些可感性质,唯有触觉认识的是可感事物的形体本身。最后,就感觉活动而言,其他感觉,如视

①　Thomae de Aquino,*Summa Theologiae*,Ia,Q.78,a.3.

②　Thomae de Aquino,*Summa Theologiae*,Ia,Q.78,a.3.

③　Thomae de Aquino,*Summa Theologiae*,Ia,Q.78,a.3.

④　Thomae de Aquino,*Summa Theologiae*,I-II,Q.2,a.6.

觉等,感知有形个体事物,往往是间接的,是需要借助于水和气这样一些媒介的,而触觉感知有形个体事物则是直接的。阿奎那称其"最具物质性",即是谓此。阿奎那对触觉的突出和强调,显然意在突出和强调外物在认识中的作用以及感觉的客观实在性质,其锋芒所向无疑是形形色色唯心主义认识论。在西方哲学史上,长期以来流行着被称作视觉中心论的感觉论,将视觉视为各种外感觉的基础,即使那些理性主义哲学家,也常常使用"心灵的眼睛"和"太阳的光照"这样一些隐喻。阿奎那的触觉中心论无疑是对视觉中心论主流地位的一种挑战和颠覆,对后世的唯物主义感觉论(如洛克、孔狄亚克等人的感觉论)产生了深广的影响。

　　相对于其他动物,"触觉,作为其他感觉的基础,在人身上比在其他动物身上更完满些",但"人在一些外感觉方面却由于某种必然性而比不上其他动物"。① 例如,在所有的动物中,人的嗅觉是最弱的;一些动物的视觉比人锐敏;一些动物的听力比人灵敏。然而,人在内感觉方面却明显地超过所有其他动物。这种状况特别有利于人类的生命维系。因为"一个完满的动物为了维系其生命,他就不仅在感觉活动的当下,而且在它阙如的情况下,也能够领悟一件事物"。② 人的内感觉主要有四种,这就是通感、想象、估计和记忆。通感(sensus communis)是五种外感觉的综合,其功能在于将眼、耳、鼻、舌、身获得的五种外感觉集合成一个统一的印象,可以看做是"外感觉的公共根(communis radix)和原则"。③ 通感与作为外感觉的专门感觉的功能不同。作为外感觉的专门感觉藉专门感觉得到的事物的性质与事物的同类性质辨别开来的方式来判断事物的感觉性质的。例如,视觉是藉把白的与黑的辨别开来来辨别一事物的颜色之为白的。但是,无论是视觉还是味觉都是不可能将白的与甜的辨别开来。因为"为要辨别这两样东西就必须同时认识这两样东西"。在这种情况下,就需要通感了。阿奎那的结论是:"对感觉的所有领会都必定关涉到通感,就像关涉到公共项一样,"而且,"感觉的所有内涵也都是通过通感而被知觉到的。"④例如,当有人看到他在看的时候,情况就是如此。想象(imaginato)是人的灵魂的更进一步的认知能力,不仅接受种种感觉印象和感觉形式,而且还进而对其进行初级抽象,一方面对感觉印象的可感性质或可感形式与可感质料区分开来,另一方面又将其在区分和分离的基础上重新组合起来,形成新的感觉印象,或曰"心像"(phantasmata)。阿维森纳在其《论灵魂》第1卷第5章中曾经将"幻想"和"想象"视为两种独立的内感觉能力,阿奎那则强调指出:"'幻想'与'想象'其实是一回事。因为它们似乎都可以说是通过感觉所接受的那些形式的一个仓库。"⑤估计是人的又一种比较重要的内感

① Thomae de Aquino, *Summa Theologiae*, Ia, Q.91, a.3.

② Thomae de Aquino, *Summa Theologiae*, Ia, Q.78, a.4.

③ Thomae de Aquino, *Summa Theologiae*, Ia, Q.78, a.4.

④ Thomae de Aquino, *Summa Theologiae*, Ia, Q.78, a.4.

⑤ Thomae de Aquino, *Summa Theologiae*, Ia, Q.78, a.4.

觉。人在估计活动中所领悟的概念并非直接来自外感觉,而是"那些并非藉外感觉接受过来的概念"。不仅人具有估计能力,而且一些动物也有估计能力。例如,一只小羊看到一只狼正向它靠近时,它就会立即跑开。其所以如此,并不仅仅是因为它看见了这只狼的颜色和形状,而是它估计到了"生命危险"。我们人的内感觉的特殊性在于,我们不是藉各种自然本能知觉到这些概念的,而是"藉观念的结合或比较"知觉到它们的。从这个意义上,我们不妨将人的这种估计能力称作"特殊理性"(ratio particularis)。这主要是因为它所比较的是个体概念,而非普遍概念的缘故。① 最后,是记忆(memoria)。记忆的功能在于"保存",将通过外感觉和内感觉获得的意念(intentionum)储存起来,就像是这些"观念的仓库"一样,以便产生这些意念的当下感觉活动消失后,依然能够随时重新呈现于我们的心灵之中。尽管别的动物也有记忆能力,但人的记忆要比其他动物"更完满些"。这是因为"人不仅可以像其他动物那样突如其来地回忆起过去,而且还能够借助三段论进行回忆,借助个体意念来搜索关于过去的记忆"。②

阿奎那在讨论和阐述他的外感觉理论时,如上所述,突出和强调的是触觉,而在讨论和阐述他的内感觉理论时,突出和强调的则是想象。想象的优越性首先在于它为"第一感觉的受动性"(passions primi sensitivi),其活动总是以接受外感觉以及感性事物的可感质料和可感形式为前提和基础的,从而为我们关于有形事物的知识的可靠性或可信性提供了保证。针对奥古斯丁和柏拉图混淆想象知识与理智知识的错误立场,阿奎那遵照亚里士多德的教导,强调指出:想象并非一种"仅仅属于灵魂的运作",而是"一种依据感觉产生的运动",③即是谓此。想象的另一个优越性则在于它的一定程度的能动性,在于它借助于抽象活动,将有形事物的可感形式从可感质料剥离开来,为理智进一步从可感形式抽象出可理解的形式提供了必要的条件。在谈到我们想象的能动性时,阿奎那指出:"在人身上存在着一种运作,它藉分类和比较形成各种事物的影像,甚至是那些感官不曾知觉到的事物的影像",从这个意义上,我们可以说:"在想象中不仅必须有一种被动能力,而且也必须有一种能动能力。"④正是由于想象具有这样一种两重性,它才得以成为人类认识从外感觉上升到理智知识的阶梯和中介。也许正因为如此,阿奎那才不仅将想象视为我们理智活动的"持久的基础",而且还将其视为"我们知识的一项原则"。⑤

值得注意的是,为了充分论证感觉在人的认知活动中的初始地位和基础作用,阿奎那还专题批判了柏拉图的天赋观念论。按照柏拉图的回忆说,我们的灵魂本身就

①　Cf.Thomae de Aquino,*Summa Theologiae*, Ia,Q.78,a.4.

②　Thomae de Aquino,*Summa Theologiae*, Ia,Q.78,a.4.

③　Thomae de Aquino,*Summa Theologiae*, Ia,Q.84,a.6.

④　Thomae de Aquino,*Summa Theologiae*, Ia,Q.84,a.6.

⑤　Cf.Thomae de Aquino,*Super Boetium De trinitate*,Q.6,a.2.

具有各色各样的天赋观念（species sibi naturaliter inditas），我们就是藉这些天赋观念理解所有事物的；我们之所以需要回忆或学习，乃是因为我们的灵魂的理解活动由于其与身体的结合而遭遇了障碍的缘故。阿奎那批驳说，如果灵魂本身就具有各色各样的自然知识，则灵魂忘却这些自然知识以至于不知道它之具有这些知识，似乎就是一件不可能的事情了。这就和一个人之不知道整体大于部分是件不可能的事情一样。其次，既然如上所说，人既非天使也非自然物体，我们的灵魂与我们的身体的结合是一件非常自然的事情，则"一件事物的自然运作完全为自然地属于它的事物所阻挠显然是不合理的"。最后，如果我们人缺乏某种感觉，则藉那种感觉所认识的知识也就因此而缺乏。例如，一个生来即盲的人是不可能具有关于颜色的知识的。因此，柏拉图说我们无需借助于感觉就能够获取有形事物的知识的观点是荒谬的。阿奎那由此得出的结论是："灵魂并不是藉天赋观念来认识有形事物的。"① 如果我们没有天赋观念，那么，我们的知识和观念究竟来自何处呢？阿奎那给出了一个相当明确的答案。这就是：我们的理智是从感性事物以及我们的感觉像和心像获取知识的。

阿奎那虽然强调知识的感觉来源，但是却并没有因此而否认知识的其他来源。他追随亚里士多德而强调说："我们心灵中的知识部分地源于内在的影响，部分地源于外在的影响。"② 这里，他所谓的外在影响，意指的是"感觉对象本身"，而他所谓的内在影响，意指的显然是人的理智及其活动。那么，为了获得有形事物的知识，为什么必须有理智及其活动介入其中呢？这是因为，我们通过感觉所获得的只是感性事物的可感形式，尚不是感性事物的可理解的形式或纯粹形式。而感性事物的可感形式只是一种被个体化了的形式，只是一种偶然形式，尚不具有普遍性和必然性，尚不是普遍必然性的知识。唯有有形事物的可理解的形式或纯粹形式才具有普遍性和必然性，才是一种普遍必然性的知识。因此，为要获取有形事物的可理解的形式或普遍必然性知识，我们就必须从感觉出发，继续前进，开展理智活动。

在具体讨论和阐释人的理智活动时，阿奎那将人的理智区分为"被动理智"（intellectus passivus）和"能动理智"（intellectum agentem）。被动理智强调的是理智的被动性。在阿奎那看来，人的理智并非一种独立的实体，而是人的灵魂的一种能力。而人的理智能力从根本上讲，是一种"被动能力"（potentia passiva）。在这里，所谓被动或被动性，所意指的是事物的潜在性，"凡从潜在过度到现实的东西都可以说成是被动的，甚至当它完满化的时候亦复如此"。③ 既然唯有上帝的理智是"纯粹的现实"，"没有什么受造的理智能够成为一种相关于整个普遍存在的现实"，那就没有什么受造的理智能够没有被动性，"没有什么受造的理智能够由于它的存在而成为所有可

① 　Thomae de Aquino, *Summa Theologiae*, Ia, Q.84, a.3.

② 　St.Thomas Aquinas, *Truth*, II, tr.by R.W.Mulligan, Cambridge：Hackett, 1954, p.28.

③ 　Thomae de Aquino, *Summa Theologiae*, Ia, Q.79, a.2.

理解的形式的现实,而是相对于这些可理解的事物来说是一种潜在和现实的关系"。① 其实,人的理智及其活动即内蕴于人的感觉活动中。首先,人的感觉活动并不仅仅是人的肉体感官的活动,而是整个人的活动,是人的灵魂也参与其中的活动。人的感觉之所以能够超越动物,在很大程度上得益于人的灵魂或人的理智的参与。其次,我们的感觉观念不仅包含有可感质料,而且还包含有可感形式。我们的理智活动想要获取的有形事物的可理解的形式正是以这些可感形式为对象,从这些可感形式中抽象出来的。而且,有形事物的可理解的形式不是像柏拉图所说的那样是我们的灵魂所固有的,也不是像阿维森纳所说的那样来自外部的天使或天体理智,而是随着由感觉活动向理智活动的上升运动由潜在状态升华为现实状态的。从这个意义上,我们可以说,凡是在理智中的没有不先在感觉中的,只是其存在的样态有所区别罢了。阿奎那因此而特别强调说:"在生命的现存状态下,灵魂既然同被动的身体结合在一起,我们的理智如果不回到心像便不可能现实地理解任何事物。"②心像学说之所以在阿奎那的认识论中受到反复的强调,盖源于此。

然而,如果我们的理智只具有一种被动性,只是一种被动能力,我们何以能够从有形事物的具有个体性和偶然性的可感形式抽象出其具有普遍性和必然性的可理解的形式呢? 这就提出了能动理智的设定问题。换言之,我们之所以要设定能动理智,正是为了解决我们的认识从有形事物的可感形式到可理解的形式的飞跃这样一个难题。我们虽然可以通过感觉获得有形事物的可感形式,但是,既然有形事物,作为一种复合实体,总是由形式与质料组合而成,则其可感形式便总是与其可感质料结合在一起,因此也就只是一种寓于作为特指质料的可感质料之中的具有个体性和偶然性的形式,从而也就不仅始终与有形事物的可理解的形式有别,而且也就只能成为现实的感觉对象,而不可能成为现实的理智对象。此外,尽管如上所述,我们可以将有形事物的可感形式理解为其可理解形式的潜在样态,尽管我们设定有形事物的潜在样态可望达到其现实样态,但是,有形事物的潜在样态与其现实样态毕竟不是一回事。然而,"除非藉某种现实的东西,就没有什么东西能够从潜在转化为现实,正如感觉须藉现实的可感觉的有形事物而成为现实一样。"阿奎那由此得出的结论是:"所以,我们必须在理智方面指派某种能力,通过从物质条件抽象出种相来使事物成为现实地可理解的。由此也就产生了设定能动理智的必要性。"③阿奎那批判了把人的能动理智理解为一种独立实体的观点。他承认,倘若从信仰的观点看问题,我们也可以承认存在有"这种独立的理智",然而这种独立的理智却并非人的能动理智,而只能是"上帝本身"。倘若从哲学上看问题,人的能动理智"只能是某种存在于灵魂中的东

---

① Thomae de Aquino, *Summa Theologiae*, Ia, Q.79, a.2.

② Thomae de Aquino, *Summa Theologiae*, Ia, Q.84, a.3.

③ Thomae de Aquino, *Summa Theologiae*, Ia, Q.84, a.3.

西"，只能是人的灵魂的一种能力。① 人的能动理智与其说是人的灵魂的一种单独的
能力，毋宁说是人的理智的一种属性，亦即人的理智的能动性。因此，在人的灵魂中，
能动理智与被动理智并非人的灵魂的两种能力，而是人的灵魂的同一种能力的理智
的两种属性，即能动性和被动性。其中，被动理智概念所侧重和强调的是人的理智的
被动性，是人的理智对于感觉或心像的依赖性，而能动理智所侧重和强调的则是人的
理智的能动性，是我们的认识从可感形式抽象出可理解的形式的可能性。也正因为
如此，阿奎那将能动理智视为一种理论"设定"。

　　从认识论的角度看，阿奎那设定能动理智的根本目的在于解决长期以来一直困
扰着西方哲学家的抽象问题。柏拉图既然主张观念天赋论和回忆说，他就因此而根
本回避了人的认知过程中的抽象问题。亚里士多德虽然正视了抽象问题，但由于其
将人类理智抽象化终究未能很好地解决这一难题。此后的哲学家，如奥古斯丁和阿
维森纳等，大多将能动理智及其活动外在化，借用超自然的精神力量来解释人类的抽
象活动，从而归根到底回避了现实的人类理智的抽象问题。与此不同，阿奎那将人类
认识的抽象问题纳入在人的现实的认知过程之中予以考察，努力在理性层面和哲学
层面来解决人类抽象这一难题。阿奎那用以解决人类抽象难题的根本手段在于将人
类的抽象活动过程化和层次化。阿奎那指出："有两种抽象活动。"②其中一种是"组
合与分解"。凭借着这样一种抽象，我们能够理解一件事物不存在于某个别的事物
之中。另外一种是"单纯化和绝对化"。例如，当我们理解一件事物而根本不考虑别
的事物的时候，就是这样一种情况。与这两种抽象活动或抽象活动方式相对应的是
想象活动(感觉抽象活动)和理智抽象活动。感觉，特别是想象，把有形事物的感性
性质或可感形式与具体的可感质料区别开来，这就已经是抽象活动了。因为在这种
情况下，我们考察的只是有形事物的某种感性性质或可感形式，而不是那个由可感形
式和可感质料组合而成的有形事物了。例如，一个苹果的颜色总是与有颜色的苹果
结合在一起的。当我们说这个苹果是红的时候，我们关注的就只是这个苹果的红色
而非具有这个红色的苹果了。倘若没有抽象活动显然是做不到这一步的。然而，感
觉抽象或想象抽象毕竟是一种初级抽象。因为感觉抽象或想象抽象虽然能够将感觉
性质或可感形式与具体的可感质料区分开来，但是却不能完全摆脱有形事物的感性
形象。例如，当我们感觉或想象一个苹果的红色时，总不能完全摆脱苹果形状、大小
等感性形象。也就是说，在感觉抽象或想象抽象中，我们所获取的尚只是有形事物的
具有个体性和偶然性的可感形式。理智抽象的优越性正在于它能够完全排除有形事
物的可感形式的诸如形状、大小的感性因素，达到完全无形的、普遍必然的形式，亦即
纯粹形式的认识。例如，当我们借助理智抽象获得红之为红的颜色概念或人之为人

---

①　Cf.Thomae de Aquino,*Summa Theologiae*,Ia,Q.79,a.4.

②　Thomae de Aquino,*Summa Theologiae*,Ia,Q.85,a.1.

的人性概念时,情况就是如此。阿奎那的两种抽象理论,通过对感觉抽象或想象抽象
与理智抽象的区分和关联,一方面将我们的认识活动理解成一个从感觉到理智、从可
感形式到可理解的形式、从被动理智(潜在理智)到能动理智(现实理智)的质变或飞
跃的过程,另一方面又将其理解成一个从感觉到理智、从可感性形式到可理解的形
式、从被动理智(潜在理智)到能动理智(现实理智)的具有连续性和渐进性的过程。
其在西方认识论史上的理论价值是不言而喻的。

　　阿奎那的抽象理论不仅在整个西方认识论史上具有重要的理论价值,而且在经
院哲学发展史上也具有重要的理论价值和现实意义。因为由理智抽象得来的可理解
的形式、纯粹形式或种相,其实也就是中世纪经院哲学家们所说的共相。而共相问
题,如上所述,又是一个经院哲学家们长期以来一直争论不休的热点问题。针对极端
唯名论和极端实在论割裂感性认识和理性认识的片面性,阿奎那则采取了一种比较
健全的立场。在阿奎那看来,"人的理智""不是感官的活动,而是灵魂的一种能力,
而灵魂则是身体的形式。……真正说来,感官所认识的是个体地存在于有形物质之
中的形式,而非存在于这一个体物质之中的形式。但是,认知存在于个体物质中而非
存在于有形物质中的形式,就是从个体物质中抽象出形式,而其中的个体物质则是由
心像呈现出来的。所以,我们必须说,我们的理智是藉心像的抽象活动来理解物质事
物的,而我们也正是藉受到这样考察的物质事物来获得非物质事物的某些知识
的。"①这样,一方面阿奎那藉强调有形事物、心像或感觉像在共相形成中的必要性和
实在性,而使他的抽象理论明显地区别于极端的实在论,另一方面又藉强调作为感觉
抽象或想象抽象产物的可感形式的个体性和偶然性,强调作为理智抽象产物的共相
的普遍性和必然性,又使他的抽象理论明显地区别于极端的唯名论,从而使之获得了
一种崭新的共相立场,一种既可以称作温和的唯名论又可以称作温和的实在论的共
相立场。而按照这样的立场,共相便获得了三种存在形式:存在于有形事物之先的共
相,存在于有形事物之中的共相,以及存在于有形事物之后的共相。有形事物是由形
式和质料组合而成的。而共相或可理解的形式则属于有形事物的公共形式。既然有
形事物的形式总是一种由公共形式个体化了的个体形式,则作为公共形式的共相存
在于有形事物之先就是一件非常自然的事情了。既然存在于个体事物之中的形式是
一种由公共形式个体化了的个体形式,则这种个体化形式便势必与公共形式具有某
种相似性,从而便可以看做是一种变相的公共形式。从这个意义上,我们也可以说共
相存在于有形事物之中。而既然我们是藉抽象从有形事物的心像或感觉像中获取有
形事物的可理解的形式或共相的,则在这个意义上,我们完全有理由说,共相是存在
于有形事物之后的。因此,阿奎那的共相理论并不仅仅是对先前共相理论的调和和
整合,而是在新的理论基础上,从认识论与本体论的结合上,建构起来的一种新的更

---

① Thomae de Aquino, *Summa Theologiae*, Ia, Q.85, a.1.

其合理也更见系统的认识理论。

对真理问题的讨论也是阿奎那认识论中的一项基本内容。在中世纪存在着两种根本的真理观。一种以奥古斯丁为代表，主张"真理即是存在"。另一种以波爱修为代表，主张"真理并非存在"。与奥古斯丁和波爱修不同，阿奎那虽然承认，我们可以以多种方式来界定真理，但他还是坚持主张从认知主体（能知）与认知对象（所知）的"关系"中来理解真理，主张由二者的"一致性"来界定真理。① 他强调说："真理乃理智和事物的综合（adaequatio）"，②"真理的定义在于理智与事物的一致（conformita-tem），认识这种一致也就是在认识真理"，③"就被现实理解的事物言，理智与被理解的东西是一回事"。④ 阿奎那给出的解释是："真理，就其最初的意义看，是存在于理智之中的。然而，既然每一件事物，就其具有其本性所特有的形式而言，都是真的，而作为在认识的理智，就其同所认识的事物具有类似性而言，也必定是真的，则就理智在认识言，这种类似物亦即它的形式。"⑤这就表明，阿奎那真理观的真正秘密在于他的本体论或存在论，在于认知主体与认知对象的同构性和类似性。既然无论是认识主体还是认知对象都是由形式和质料组合而成的，既然我们所认知的有形事物的可理解的形式，即共相，也无非是存在于有形事物之中的普遍共性，则我们的理智，作为认知主体，就不但具有认知有形事物可感形式和可理解形式的可能性，而且也具有获得这样一种知识的应然性。这种从认知主体和认知对象的自然结构和自然属性出发来解释真理性认识的可能性和应然性的哲学立场，既与柏拉图主义者所追求的"狂迷"状态和"超脱"境界大相径庭，也与偏执于光照说的奥古斯丁主义者的致思路向大相径庭，而与近代认识论的致思路向倒是比较接近。

阿奎那也被一些学者称作中世纪美学的集大成者。⑥ 他的美学思想与他的认识论思想是一致的，甚至可以被看做是他的认识论思想的一部分。阿奎那曾针对一些人混同美善的立场，突出地强调美与善的区别。在阿奎那看来，美与善虽然是常常联系在一起的，但是，它们之间却也是有分别的，而最根本的区别在于美是一种认知活动，它与认知能力有关。他辨析说："在一事物中，美和善基本上是一回事。因为它们是以同一个东西，即形式，为基础的，从而善也就被赞赏为美。但是，从逻辑上看，它们却是有区别的，因为善本身是同意欲相关的（善即为所有事物所意欲的东西），所以，它具有目的的特性（因为所谓意欲即为趋向一件事物的运动）。然而，美却同认知能力相关。"⑦阿奎那对美与善的这样一种区分，不仅是对美的本质的一种规定

①　Cf.Thomae de Aquino, *Questiones disputatae de veritate*, Q.1, a.1.

②　Thomae de Aquino, *Summa Theologiae*, Ia, Q.16, a.1.

③　Thomae de Aquino, *Summa Theologiae*, Ia, Q.16, a.2.

④　Thomae de Aquino, *Summa Theologiae*, Ia, Q.87, a.1.

⑤　Thomae de Aquino, *Summa Theologiae*, Ia, Q.16, a.2.

⑥　参阅凌继尧、徐恒醇：《西方美学史》第 1 卷，北京：中国社会科学出版社 2005 年版，第 613 页。

⑦　Thomae de Aquino, *Summa Theologiae*, Ia, Q.5, a.4.

（超功利性），而且，也把他的美学思想引向了理论深处，引向了他的基于感觉经验的认识论，引向了他的感觉论。他在对美何以与认知能力有关的解说中强调指出：其原因不是别的，正是"因为所谓美的事物即是那些当为人看到时让人感到愉悦的事物。因此，美即在于适当的比例。因为感官喜欢具有适当比例的事物，例如，感官总是喜欢与它们自己种类相仿的东西。这也是因为即使感觉也是一种理性（官能），一如每一种认识能力都是一种认识能力一样"。① 阿奎那的这段话对于我们理解他的美学思想是极其重要的。首先，阿奎那在这里将美界定为当人看到时让人感到"愉悦"的事物，这就进一步将美与善和真区别开来。其次，阿奎那既然将美界定为当人看到时让"人"感到愉悦的"事物"，这就表明，美是一种"主客统一性"：既与审美主体的感受相关也与审美客体的属性相关。最后，阿奎那既然将美界定为当人"看到"时让人"感到"愉悦的事物，则他就显而易见地将美奠基于他的感觉论。这与他的认识论的致思路向是完全一致的。阿奎那在其著作中反复地强调了他的最后一种观点。例如，他在强调人之感官与动物的感官的根本区别时，就曾强调指出："感官之赋予人，不仅在于获得生活必需品，其他动物即是为此而获得这些感官的，而且也是为了认知。因此，其他动物仅仅以有关食物和性事的感觉对象为乐，而唯独人以感觉对象的美自身的缘故而乐。"②

　　美的感觉内涵不仅在阿奎那的美的概念或定义中有明确的表达，而且在他的美的要素说中也有明确的表达。美既然是当人看到时让人感到愉悦的事物，美就是以人所感到的事物的外观或可感形式让人感到愉悦的。那么，这种令人感到愉悦的事物的外观或可感形式具有哪些根本特征呢？或者说构成美的要素主要有哪些呢？阿奎那认为，这就是全整性、协调性和明晰性。他说："美包含有三个条件：全整性（integritas）或完满性（perfectio），因为那些残缺的事物都是由于残缺而丑陋的；适当的比例（proportio）或和谐（consonantia）；最后是光明或明晰（claritas），凡被称作美的事物都具有鲜明的色彩。"③诚然，在这里，阿奎那是从美与圣子的类似性的角度来谈论美的要素的，但是，他所说的这三个要素无一不与我们的感觉活动或可感形式相关联。诚然，阿奎那在感觉美之外，也承认有所谓"理性的美"或"精神上的美"。例如，他曾经援引奥古斯丁的话来肯认"诚实"之为理性的美和精神上的美。但是，即使在这种场合下，他也并没有因此而否认感觉美，而是强调"美或者俊美都出自明晰而匀称的外表"，"一个身体美的人具有匀称的身体加上明晰的肤色"，"许多东西在肉眼看来是美的，然而却很难被恰当地称作诚实。"④这就表明，感觉美或者说基于肉眼的美是阿奎那美学思想中一个一以贯之的思想。

① Thomae de Aquino, *Summa Theologiae*, Ia, Q.5, a.4.

② Thomae de Aquino, *Summa Theologiae*, Ia, Q.91, a.3.

③ Thomae de Aquino, *Summa Theologiae*, Ia, Q.39, a.8.

④ Thomae de Aquino, *Summa Theologiae*, II-II, Q.145, a.2.

　　我们知道,自从柏拉图在《斐多篇》中提出唯有藉不受感觉干扰的纯粹思想本身才能获得永恒不变的美或美本身的美学思想之后,这种本质主义或逻辑主义的美学思想差不多一直制约着西方美学的发展。这种状况直到18世纪享誉"美学之父"的鲍姆嘉通(1714—1762年)提出了基于"感觉学"的"美学"概念之后,[①]才得到了根本的改变。然而,不难看出,鲍姆嘉通的这种美学概念与阿奎那的基于感觉的美学思想何等的类似。在这个意义上,我们完全有理由将阿奎那视为鲍姆嘉通的理论先驱。阿奎那不仅是中世纪美学思想的集大成者,而且也是西方美学史上的一位革新家。

第七节　基于人的自然欲望和
自然本性的道德哲学

　　与其主张基于身体哲学的人学和基于感觉经验的认识论相一致和相呼应,与那些偏执于灵性修炼的经院哲学家不同,阿奎那在道德哲学方面基本上持守一条基于人的自然欲望和自然本性的致思路线。虽然宗教伦理也是阿奎那道德哲学的一个基本向度,但是,阿奎那并没有因此而将宗教伦理与世俗伦理二元对置起来,而是对人的自然欲望和自然本性给了肯定性的评价,并将之视为其道德哲学的出发点和核心。因此,在阐述阿奎那的道德哲学时,我们将首先阐述他的欲望论和自然法思想。

　　人的灵魂学说是阿奎那道德哲学的重要基础。他在《亚里士多德的〈论灵魂〉注》中,曾经强调说:"完全的道德科学要求心理学知识。"[②]其实,阿奎那所说的"心理学"(psychologia)也正是他的灵魂学说。按照阿奎那的灵魂学说,我们人的灵魂虽然具有多种能力,但就我们人的活动方式而言,最为基本的则是认知能力和欲望能力。其中,认知能力直接相关于我们的认知活动,而欲望能力则直接相关于我们的欲望活动或实践活动,特别是我们的道德实践活动,尽管这两种能力无论在动物还是在人的具体活动中都常常是结合在一起的。一如在讨论人的认知能力时将其区分为感觉和理智,在讨论人的欲望能力时,阿奎那也将其区分为感性欲望和理性欲望。感性欲望虽然是一种与人的感觉活动相关的欲望,但就其性质而言却明显地区别于人的感觉活动。诚然,在一个意义下,我们也可以说"感觉运动是由感觉认识产生的欲望",但是,"这种认知能力的活动并不是像欲望活动那样严格地被称作运动的。因为这种认知能力的运作是在被认知的事物存在于进行认知的主体中的情况下完成的,而欲望能力的运作则是在有欲望的人与生俱来地趋向所欲望的事物的情况下完

　　①　鲍姆嘉通将美学命名为 Aesthetica,而 Aesthetica 这个词,照拉丁文词根 aesthesia 的原义看,就是"知觉"、"感觉"和"触觉",照希腊字根 aisthēsis 的原义看,就是"原始的、最初的感觉"。因此,所谓美学,在鲍姆嘉通看来,其实就是感觉学。
　　②　Thomas Aquinas, *Commentary on Aristotle's De Anima*, vol.I, Lect.1.

成的。所以，认知能力的运作类似于静止，而欲望能力的运作则毋宁类似于运动。"①
在这段引文中，有两点值得特别予以注意。首先，感觉活动，作为认知活动，是一种由
外到内的活动，它虽然接受外部事物的印象，但却不改变外部事物而只在于获取外部
事物的认识，它所引起的只是人的心灵内部的某种变化。而欲望活动，作为实践活
动，却是一种由内到外的活动，它不仅以外部事物为目的，而且还将自己的力量施加
到外部事物之上，它所引起的不是心灵内部的变化，而是心灵之外的外部事物的变
化。阿奎那用"静止"和"运动"来解说感觉活动和欲望活动的区别是有一定道理的。
其次，感性欲望是一种"与生俱来"的能力或运作，是一种"自然欲望"（appetitus natu-
ralis）。

　　在对作为自然欲望的感性欲望的进一步考察中，阿奎那将人的感性欲望区分为
情欲和愤怒两个部分。其中，"情欲能力既相关于合适的事物也相关于不合适的事
物"，也就是既"倾向于获得合适的事物"又相关于"避免有害的事物"。而"愤怒能
力的目标则在于抵制不合适事物的攻击"，也就是"倾向于抵制那些障碍其获得与之
适合的事物以及那些对之产生伤害的事物"。② 因此，无论是情欲还是愤怒所关涉的
都是一个趋利避害的问题。而从另一个角度讲，我们又可以将人的感性欲望区分为
食欲、性欲和生存欲，等等，其中食欲和性欲关涉的是人的情欲，而生存欲关涉的则是
人的愤怒。所有这些感性欲望，虽然其他动物身上也有，也支配着其他动物的种种活
动，但是，却也同样与人的理性一样支配着人的各种行为。阿奎那在谈到种种自然欲
望对人的行为的影响时，曾经指出："在改变人的因素之中，有些是生理的，有些是心
理的，心理的因素或是感性的，或是理性的，理性的因素或是实践的，或是理论的。在
生理因素中最强烈的是酒，最强烈的感性因素是女人，最强烈的实践因素是政权，最
强烈的理论因素是真理。"③在制约和决定人的行为的诸因素中，酒和女人，甚至政
权，都属于感性欲望或与感性欲望相关的范畴。诚然，除感性欲望外，阿奎那还承认
和强调理性欲望，并且认为理性欲望是一种高于人的自然欲望的东西，它之对于人的
感性欲望一如理智知识对于感性知识一样。阿奎那将人的理性欲望称作意志，明确
断言："意志乃理性欲望的称谓（voluntas nominat rationalem appetitum）。"④尽管如此，
阿奎那也没有因此而排拒感性欲望，相反，他明确地强调意志与感性欲望或自然欲望
的兼容性。阿奎那甚至提出了"意志本身即是一种自然"的论点。他解释说："自然
和意志处于这样一种秩序之中：意志本身即是一种自然。因为凡是在自然中发现的
东西都可以被称作一种自然。"⑤他由此得出的结论是："因此，在意志中就必定不仅

---

①　Thomae de Aquino, *Summa Theologiae*, Ia, Q.81, a.1.

②　Thomae de Aquino, *Summa Theologiae*, Ia, Q.81, a.2.

③　转引自赵敦华：《基督教哲学1500年》，第400页。

④　Thomae de Aquino, *Summa Theologiae*, I-II, Q.6, a.2.

⑤　Thomae de Aquino, *De veritate*, Q.22, 5.

存在有意志所固有的东西,而且也存在有自然所固有的东西。……因此,即使在意志中,也存在有某种自然欲望,以便获取与之相应的善。"①阿奎那还进一步推论说:"正如自然与意志之间存在有一定的秩序一样,在意志自然意欲的事物与那些自行决定而非被自然决定的事物之间也存在有一种平行的秩序。正如自然是意志的基础,自然欲望的对象也就同样是其他欲望对象的原则和基础。"②这就把自然欲望在人的意志活动中的地位明显不过地昭示出来了。

　　需要特别指出的是,阿奎那在这里所说的"自然"实质上所意指的正是人的"与生俱来"的"本性"。因此,阿奎那的欲望学说的最后基础在于他所谓的自然法。既然阿奎那所说的自然意指人的与生俱来的本性,则他所谓的自然法所意指的自然也就不是我们在常识意义上所说的自然界的规律,而是一种关于人的与生俱来的本性的法则。阿奎那认为,自然法有如下几个基本特征。首先是它的永恒性。阿奎那认为,自然法与包括民法、教规和神法在内的成文法的一项根本区别即在于它之具有永恒性。阿奎那曾将自然法界定为"理性生物对永恒法的分有"。③ 永恒法,作为上帝"支配万物的理念",是永恒不变的。但是,由于上帝在创造万物时,就以自然的方式将永恒法铭刻在万物之上,从而万物也就都或多或少地"分有永恒法",具有依据其固有本性活动的自然倾向。自然法就是以自然的方式铭刻在人的灵魂中和意志中的"永恒法",从而具有不可更易的性质。诚然,阿奎那也没有将自然法的这种永恒性质和不可更易性质完全绝对化。例如,他指出,一些超出自然法的"有益于人类生活的事物"也可以"增加"到自然法上面。再如,在一些次要原则和"被细化的结论"方面,自然法也往往需要随着情况的变化而变化。但是,阿奎那强调说:"自然法在其第一原则方面是完全不变的。"④

　　自然法的另一项基本特征在于它的本源性。阿奎那认为,自然法并非人的某种行为习性或美德,而是"人类行为的第一原则",是人的行为习性或美德得以形成的东西。阿奎那有时将自然法称作"实践理性的第一原则",断言:"自然法的规诫对于实践理性,一如推证的第一原则对于思辨理性。"⑤自然法之所以能够成为实践理性的"第一原则",逻辑地看,最根本的就在于它是一种"自明的原则"。阿奎那认为,自然法就其自身而言就是自明的。例如,人应当做善事这条自然法规则就其本身而言就是自明的,其自明性就和"整体大于部分"一样。既然自然法是人类行为的第一原则,它就规范和制约人类所有德性的行为。正是从这个意义上,阿奎那强调说:"如果我们说到具有德性的行为时把它看做是道德的,则所有道德的行为就都属于自然

① Thomae de Aquino, *De veritate*, Q.22, 5.

② Thomae de Aquino, *De veritate*, Q.22, 5.

③ Thomae de Aquino, *Summa Theologiae*, Ⅰ-Ⅱ, Q.91, a.2.

④ Thomae de Aquino, *Summa Theologiae*, Ⅰ-Ⅱ, Q.94, a.5.

⑤ Thomae de Aquino, *Summa Theologiae*, Ⅰ-Ⅱ, Q.94, a.2.

法"。这是因为既然自然法是关于人的本性的法,是铭刻在人的灵魂和意志上的东西,则"凡人依据其本性所做的一切便都属于自然法。"每件事物都自然地倾向于那种根据其形式而适合于它的活动,例如,火就倾向于发热。"既然理性灵魂是人所特有的形式,则每个人便都有依据理性行事的自然倾向,而这也就是依据德性行事。如此看来,凡具有德性的行为便都被自然法所规定:因为每个人的理性都自然地要求他道德地行动。"

自然法的第三项基本特征在于它的普遍适用性,在于它原则上适用于所有的人。自然法,作为实践理性的第一原则,其普遍适用性并不完全等同于思辨理性及其真理。因为思辨理性处理的是"必然的事物",是那些"只能是其所是而不能成为别样的事物",从而思辨真理"在所有人中便都是一样的,无论就原则而言,还是就具体结论而言,都是如此"。但实践理性处理的则是与人的行为相关的"偶然的事物",因此,虽然就"一般的原则"而言存在有必然性,则就"具体的细节"而言,并非对所有的人都是相同的。例如,在通常情况下,别人委托的物品应当物归原主,但当这样一种归还可能对人类的生命财产带来危害时,就成了一件"不合理"或不正当的事情了。但是,这是就具体的特殊情况而言的,而不是就自然法的一般原则而言的。"自然法,就其共同的第一原则而言,对一切人都是相同的,无论是有关正义还是就有关知识而言,都是如此。"所谓爱人如己,所谓己所不欲、勿施于人,这样一种黄金律信条,所体现的正是自然法的普遍适用性。为了更其充分地论证自然法的普遍适用性,阿奎那还专门讨论了"自然法能否从人心中废除"这个问题。阿奎那断言:既然自然法是"写在人心中的法",它就是不可能被废除的。[1] 在一些特殊情况下,由自然法派生出来的一些次要的戒律也可能从人心中抹掉,但是,即使犯罪活动也不至于将作为"普遍法则"的自然法从一些人的心中抹掉。在犯罪的情况下,从罪犯心中抹掉的只是一些从自然法派生出来的次要的戒律。阿奎那甚至认为即使恩典法也不能将自然法从一些人的心中抹掉。他强调说:"虽然恩典比自然更有效力,但自然对人更本质些,从而更持久些。"[2]阿奎那的结论是:"自然法,在它的普遍特征方面,绝不可能从人心中抹掉。"[3]

自然法的第四项基本特征在于它对自然欲望的突出和强调。毋庸讳言,自然法既然如上所说是对永恒法的分有,则它便势必有其超自然的大背景,但是,阿奎那在阐述自然法的具体内容时,却特别地突出和强调了它的世俗的自然的内容。人既然是理性的动物,他就势必应当以善为自己一切行为的基准和目的。阿奎那强调说:"实践理性的第一原则基于善的概念,也就是说,行善和追求善以及避免恶乃自然法

---

① 　Cf.Thomae de Aquino, *Summa Theologiae*, I-II, Q.94, a.6.

② 　Thomae de Aquino, *Summa Theologiae*, I-II, Q.94, a.6.

③ 　Thomae de Aquino, *Summa Theologiae*, I-II, Q.94, a.6.

的第一规诫。自然法的所有别的规诫都基于这条规诫的内容。凡被实践理性自然地认定为人的善(或恶)的东西,便都作为某种应当去做或应当避免的事情而属于自然法的规诫性。"①然而,问题在于究竟何为善何为恶。正是在对善恶的基准和内容的阐述中阿奎那特别地突出和强调了自然法内容的自然性质。"既然善具有目的的本性(自然),而恶具有与之相反的本性(自然),则人所自然倾向的一切便都被理性自然地认定为善,从而成为追求的对象,而其反面则被认定为恶,从而成为避免的对象。所以,自然法的规诫的秩序当以自然倾向的秩序为依据。"②既然如此,则自然法的首要内容便当是"自我保存"。这是因为,"人身上首先存在的是与其本性相一致的向善的倾向,而这种倾向是人与其他实体所共同具有的。也就是说,每个实体都根据其本性追求自我保存。由于这种倾向,凡作为保存人的生命的手段以及消除障碍自我保存的东西的手段,都属于自然法的范畴。"③自然法的第二项内容在于人的动物欲望和种族保存。如果说自然法的首要内容在于人的实体性,而自然法的第二项内容则在于人的"动物性"。"人身上存在有一种更其特别地属于他的东西的倾向,这就是他与其他动物所共同具有的本性。由于这种倾向,那些'自然曾教给所有动物的东西',诸如性交、教育后代,等等,也就都该被说成属于自然法。"④第三种则是那些更进一步属于人的自然法。人既然是"理性"的动物,则人的这种自然法就特别地与人的理性相关。"人身上存在有一种向善的倾向,所依据的是其理性的本性,而这种本性是人所特有的。"正因为如此,"人不仅具有认知有关上帝的真理的自然倾向,而且也有其在社会中生活的自然倾向。就此而言,凡是属于这种倾向的也就都属于自然法。例如,避免无知,避免伤害那些他不能不与其生活在一起的人们。以及与上述倾向有关的诸如此类的事情。"⑤既然不仅人的社会生活而且人对于上帝真理的认知也都被划入人的"自然倾向"的范围,则自然法的"自然"性质,自然法之为"自然"法就是一件再明显不过的事情了。

　　与自然法的自然性质相一致,阿奎那非常注重人的幸福问题。他明确宣布:"人的终极目的就叫作幸福(ultimus autum finis vocatur beatitudo)。"⑥诚然,阿奎那也认为如果从成因的角度来审视人的终极目的的话,我们自然会把"非受造的善"即上帝称作人的终极目的,但是倘若我们从人或人类本身的角度来看问题的话,我们就当将幸福称作人的终极目的。阿奎那不仅将幸福规定为人的终极目的,而且还进一步明确地将其规定为"某种受造物"。他写道:"人的终极目的是某种受造的事物,存在于

①　Thomae de Aquino, *Summa Theologiae*, I-II, Q.94, a.2.
②　Thomae de Aquino, *Summa Theologiae*, I-II, Q.94, a.2.
③　Thomae de Aquino, *Summa Theologiae*, I-II, Q.94, a.2.
④　Thomae de Aquino, *Summa Theologiae*, I-II, Q.94, a.2.
⑤　Thomae de Aquino, *Summa Theologiae*, I-II, Q.94, a.2.
⑥　Thomae de Aquino, *Summa Theologiae*, I-II, Q.3, a.1.

人的身上,不是别的东西,而只是终极目的的获得和享用。而这终极的目的即被称作幸福。倘若我们从其原因和目标的角度来审视人的幸福的话,它就是某种非受造的事物。但是,倘若我们就幸福的本质本身予以考察的话,则它就是某种受造的事物。"①不仅如此,阿奎那还将幸福规定为"人的终极的完满性",明确断言"幸福即是人的终极的完满性(beatitudo ultima hominis perfectio)"。② 更为难得的是,阿奎那明确地将"快乐"作为人的幸福的标志和"伴生物",强调快乐对于幸福的绝对必要性,声称"快乐为幸福所必需",一如热为火所必需。他虽然更多地强调的是人的灵魂的快乐,但他却并没有因此而完全排拒人的身体的快乐。他认为:"身体的快乐主要指食色(cibis et venereis)两个方面的快乐。"③而且,这样的快乐也是大多数人所"寻求"的。④ 阿奎那将人的快乐区分为"理智的精神的快乐"和"感性的身体的快乐"。虽然就质的规定性而言,理智的精神的快乐大于感性的身体的快乐,但是,就我们通常的感受而言,"身体的快乐则更为强烈"。⑤ 这主要是由于下面三点原因造成的。首先是因为"我们对感性事物比对理智事物更熟悉"。其次是因为"作为感性欲望的情感的感性快乐伴随有某种身体的变化,而精神快乐中则没有这种变化发生,除非高级欲望对低级欲望作出某种反应"。最后是因为"身体的快乐往往是为了寻求对身体缺陷和烦恼的补偿,各种痛苦便都是由其产生出来的。既然身体的快乐是由于这种痛苦产生出来的,从而这种感觉就更其强烈,且比精神的快乐更受欢迎"。⑥ 而这些也正是大多数人寻求身体快乐的主要根由。

与大多数经院哲学家相一致,阿奎那也承认"上帝的善"、"上帝的至善"和"上帝的幸福",但阿奎那却有明显地区别于他们的地方。这就是,阿奎那不仅承认"上帝的善"、"上帝的至善"和"上帝的幸福",而且也承认有"人类的善"、"人类的至善"和"人类的幸福",认为它们之间的差别只是在于前者具有"绝对"的性质而后者则只具有相对的性质和意义。⑦ 正是从这个意义上,阿奎那将上帝称作"万善之善"(omnis boni bonum),⑧并且论证说:"每件事物的善即是它的完满性。但是,既然上帝绝对完满,则一如我们已经证明了的,在他的完满性中也就包含了万物的完满性。所以,他的善也就包含了万善。因此,他即是万善之善。"⑨从这个意义上讲,无论人们追求什么样的善,归根结底,都是在自觉不自觉地追求作为万善之善的上帝。然而,这只

① Thomae de Aquino, *Summa Theologiae*, I-II, Q.3, a.1.

② Thomae de Aquino, *Summa Theologiae*, I-II, Q.3, a.2.

③ Thomae de Aquino, *Summa Contra Gentiles*, III, cap.27, 1.

④ Thomae de Aquino, *Summa Theologiae*, I-II, Q.31, a.5.

⑤ Thomae de Aquino, *Summa Theologiae*, I-II, Q.31, a.5.

⑥ Thomae de Aquino, *Summa Theologiae*, I-II, Q.31, a.5.

⑦ Cf. Thomae de Aquino, *Summa Theologiae*, Ia, Q.6, a.2; Ia, Q.26, a.3.

⑧ Thomae de Aquino, *Summa Contra Gentiles*, I, cap.40, 1.

⑨ Thomae de Aquino, *Summa Contra Gentiles*, I, cap.40, 2.

是从应然的或理论上的角度讲的。如果从实践层面看问题,事情就不完全是那么一回事了。这首先是因为人的行为的终极目的与次终极目的之间存在的是一种间接的"无穷后退"的关系,人们在追求自己当下的次终极目的的行为中一方面很难在当下追求的次终极目的与当追求的终极目的之间建立起一种直接的和必然的联系,另一方面甚至也无需或不必建立这方面的联系。例如,"就玩笑给人带来快乐和轻松而言,开玩笑的行为并不指向任何外在的目的,而只指向开玩笑者的善。"①再如,"当一个人沿路向前走时,他是不必考虑每一步的目的的。"②因此,"一个人在思考某件事情或者在做某件事情时,是无需总是想到终极目的的。"③其次,人是具有自由意志的。而人的理智的自由首先即表现在它对理智的必然判断的拒绝。阿奎那指出:"自由即意味着不服从一个固定的对象,依据心灵对普遍的善的理解,意欲以一个理智实体为对象,但不限于一个固定的善。"④即使理智能够告诉我们作为次终极目的的具体的善与作为终极目的的终极的善之间的必然联系,理智也依然能够不依据该具体目标与终极的善的关系,而仅仅依据受造善之间的关系或仅仅依据其为"公共善"的体现而选择该具体目标。这就是说,人的道德伦理行为并不总是具有宗教性,指向上帝,而是可以具有世俗内容,指向世上万物。因此,在通常情况下或在大多数情况下,人类的道德伦理行为所要服从的是作为"人类至善"的人类的幸福,而并非上帝或上帝的至善。也正是在这个意义上,阿奎那强调说:"幸福是人类的至善,是其他目的都要服从的目的。"⑤这就在宗教伦理之外,给世俗伦理留下了相当开阔的领域。

　　阿奎那认为,幸福对于人并非现成的,而是需要通过努力实现出来的,"幸福即是一种实现活动"。⑥因此,他在《神学大全》中还专题讨论了"幸福的获得"问题。既然在阿奎那看来,作为人类至善的人类的幸福关涉到人的身体和人的灵魂两个方面,则作为人类至善的人类幸福的获得自然也就包含人的身体和人的灵魂两个方面。在阿奎那看来,人的身体及其完满性是我们获得人类幸福的一项重要条件。他强调说:"身体对于现世的幸福来说是必需的。因为现世的幸福既存在于思辨理智的实现活动中,也存在于实践理智的实现活动中。"⑦而无论是思辨理智的实现活动还是实践理智的实现活动都是离不开人的身体的,都是需要一个"良好配置"的身体的。因为很明显,身体不好就会阻碍人的德性活动的实现,而配置良好的身体则有助于这

———————————

　　① Thomae de Aquino, *Summa Theologiae*, I-II, Q.1, a.6.

　　② Thomae de Aquino, *Summa Theologiae*, I-II, Q.1, a.6.

　　③ Thomae de Aquino, *Summa Theologiae*, I-II, Q.1, a.6.

　　④ Saint Thomas Aquinas, *Philosophical Texts*, ed. By T. Gilby, Oxford: Oxford University Press, 1960, p.259.

　　⑤ Thomas Aquinas, *Commentary on Aristotle's Nicomachean Ethics*, I, Lect.14.

　　⑥ Thomae de Aquino, *Summa Theologiae*, I-II, Q.3, a.1.

　　⑦ Thomae de Aquino, *Summa Theologiae*, I-II, Q.4, a.5.

些活动的实现和完成。然而,在阿奎那看来,如果说人的身体及其完满是人类幸福的一项必要条件的话,则人的德性及其活动则是人类幸福的一项基本条件。他说:"意志的正直为幸福所必需。"①他还援引亚里士多德的话强调说:"幸福是德性活动的奖赏。"②那么,所谓德性究竟是什么意思呢? 阿奎那从两个层面对德性作出界定。首先,德性并非只是一种能力,而是一种习性。当我们说一个人能挑一百磅时,我们所意指的并不是他的德性,而是他的能力。我们不能因此而说这个人的德性是一百磅,而不是六十磅。诚然,人的德性也与人的能力有关,但它所意指的是"能力的某种完满性",而且这里所说的完满性主要是就"它与它的目的的关系"而言的,是就人的行为而言的,是由人的行为习性决定的。正是在这个意义上,阿奎那断言:"人的德性是习性(vertutes humanae habitus sunt)。"③然而,德性也并不仅仅是一种习性,而且还,必定是一种"好的习性"(habitus bonus)。这是因为既然德性意指的是"能力的一种完满性",从而一件事物的完满性便是由"它的最高等级的能力"决定的,则"任何最高等级的能力便必定是好的"。④ 而且,既然恶在阿奎那看来不是别的,只是一种缺乏,则人的德性也就因此而必定被视为与好相关。

如果从德性主体的立场看问题,我们不妨将人的作为好的习性的德性区分为三个类型。这就是:理智德性、道德德性和神学德性。理智德性是理智的好习性。"依靠这种德性,我们永远说真话,永远不犯错误。"⑤理智德性,作为理智的好习性,既包含智慧、科学和理解,也包含技艺。智慧其实也是一种科学,不过由于它考察的是事物的"最高的原因",它"公正地判断一切事物,并把它们安排进一定的秩序之中",从而它对所有的科学作出判断,"不仅对它们的结论而且对它们的第一原理作出判断",它也就因此而高于所有别的科学。⑥ 技艺与智慧、科学和理解都有所不同,因为真正说来,技艺是一种"运作的习性"。但技艺这种运作的习性毕竟与"思辨的习性"有某种共同的东西。一个几何学家一旦论证了某个真理,他的欲望和情绪对此便无任何关系。同样,一个工匠一旦发明了某项技艺,他的欲望和情绪对此也没有任何关系。"因此,技艺作为思辨的习性,以同样的方式具有德性的本性,也就是说,就习性与运用来说,没有思辨的习性,技艺是成就不了好的作品的,就此而言,它恰恰是一种完善欲望的德性。"⑦

道德德性与理智德性不同,它关涉的不是人的理智、理智能力和理智活动,而是

① Thomae de Aquino, *Summa Theologiae*, I-II, Q.5, a.7.亚里士多德:《伦理学》,I,9,1099b16。

② Thomae de Aquino, *Summa Theologiae*, I-II, Q.5, a.7.也请参阅亚里士多德:《伦理学》,I,9,1099b16。

③ Thomae de Aquino, *Summa Theologiae*, I-II, Q.55, a.1.

④ Thomae de Aquino, *Summa Theologiae*, I-II, Q.55, a.3.

⑤ Thomae de Aquino, *Summa Theologiae*, I-II, Q.57, a.2.

⑥ Cf.Thomae de Aquino, *Summa Theologiae*, I-II, Q.57, a.2.

⑦ Thomae de Aquino, *Summa Theologiae*, I-II, Q.57, a.3.

人的欲望、欲望能力和欲望活动。意为欲望、意志、风俗、道德、伦理的拉丁词 Mos 有两个基本含义。它有时用来意指习性，有时又用来意指"做某种特定行为的自然的或准自然的倾向"。在后一种情况下，它也被用于不会说话的动物。阿奎那也将体现"欲望正直"的道德德性称作"基本德性"（virtutes cardinales）或"主要德性"（virtutes principales）。① 与其将理智德性区分为智慧、科学、理解和技艺四种一样，阿奎那也将基本德性区分为明智、正义、节制和刚毅四种。倘若就基本德性的"共同的形式原则"来看，"任何在理性的思考行为中产生善的德性即可以称作明智（pruden-tia）；每一种在行为中产生正当的和应得的善的德性即被称作正义；每一种抑制或压制情感的德性即被称作节制；每一种增强心灵反对任何情感的力量的德性即被称作刚毅。"②从这些意义上讲，我们不妨将明智称作"存在于理性思考中的善"，将正义称作"为理性所定义的置入我们行为中的善"，将节制称作"束缚情感的善"；将刚毅称作"坚定地坚持理性、反对情感冲动的善"。③ 但是，倘若就其各自的主要事务和职能而言，我们则不妨将明智视为"发布命令的德性"；将正义视为"地位相等者之间应有行为的德性"；将明智视为"抑制对触觉快感的渴望的德性"；将刚毅视为"增强反抗死亡危险的力量的德性"。④

在阿奎那看来，人不仅具有自然的本性，而且也具有超自然的本性。因此，"人的幸福是双重的"："一种是与人的自然相当的幸福，也就是说，人能够借助他的自然的原则得到他的幸福。另一种是超越人的自然的幸福，人只有借上帝的力量，借对神性的分有才能得到这种幸福。"⑤正因为如此，阿奎那在理智德性和道德德性之外，另提出了神学德性。如果我们把理智德性和道德德性称作人的自然幸福的原则的话，则神学德性即为人的超自然的幸福的原则。神学德性有信（信仰）、望（希望）和爱（仁爱）三种。在中世纪，相当一部分经院哲学家，特别是那些神秘主义思想家，往往从禁欲主义的立场出发，来理解和阐释神学德性，将神学德性与理智德性和道德德性（基本德性）完全对立起来。与这些中世纪思想家不同，阿奎那虽然也强调了神学德性与理智德性和道德德性的区别，但他却并没有因此而完全否认它们之间的关联，也没有因此而完全否认理智德性和道德德性的必要性和正当性，相反，即使他在讨论和阐释神学德性时也对理智德性和道德德性给予了相当的注意。例如，阿奎那在讨论和阐释爱德时便不仅强调对上帝的爱，而且也强调对邻人的爱和对自己的爱。爱德作为神学德性，固然要强调爱上帝，但是，爱德还有一个扩展问题，有一个向我们的邻人的扩展问题。阿奎那强调说："我们爱邻人的行为是经由上帝扩展来的；因为我们

①　Thomae de Aquino, *Summa Theologiae*, I-II, Q.61, a.1.

②　Thomae de Aquino, *Summa Theologiae*, I-II, Q.61, a.3.

③　Thomae de Aquino, *Summa Theologiae*, I-II, Q.61, a.3.

④　Thomae de Aquino, *Summa Theologiae*, I-II, Q.61, a.3.

⑤　Thomae de Aquino, *Summa Theologiae*, I-II, Q.62, a.1.

对邻人应当爱的,恰恰在于邻人即在上帝之中这一点。因此,很清楚,我们爱邻人的行为与我们爱上帝的行为是属于同一种类的。所以,爱德的习性不仅应当扩展到爱上帝,而且还应当进而扩展到爱邻人。"把爱邻人与爱上帝视为同一种类,诚然,就阿奎那的本意来看,是想以此来充实爱上帝的内涵的,意在从爱上帝的高度来审视爱邻人,以宗教道德来神圣化世俗道德,但倘若从另一个角度看,他的这样一种做法也有以此来升华爱邻人意涵的积极效用。阿奎那认为爱德不仅要求我们爱邻人,而且还要求我们爱自己。对此,阿奎那从"爱德是一种友谊"的角度作了两个方面的论证。首先,倘若从友谊的一般概念看,一个人是不可能成为他自己的朋友的,但"一个人就是他自己","一个人用来爱自己的那种爱,其实也就是友谊的形式和根基。这是因为,如果我们与其他人保持友谊,那只是因为我们对待他们就像对待我们自己一样。"①其次,爱上帝所意指的是人与上帝之间的友谊,是人与其所属的上帝的友谊,而在这种友谊中自然也就包括具有爱德的那个人自己。因此,"当一个人由于爱德而爱那些属于上帝的事物的时候,他也就由于爱德而爱自己。"②更加值得注意的是,在阿奎那看来,爱自己不仅意味着爱自己的灵魂,而且也意味着爱自己的身体。这是因为,"我们的身体的本性是上帝创造出来的,而不是像摩尼教所声称的那样,是由某个恶的原理创造出来的。"③而且,"虽然我们的身体不能通过认知上帝和爱上帝而享受上帝之中的喜乐,但通过我们身体所做的工作,我们却能够达到在上帝之中的完满喜乐。因此,从这种灵魂的喜乐中,也会流溢出一些幸福进入身体",而"身体也就能够因此以某种方式分享幸福,故而我们也就可以以爱德之爱去爱身体"。④

亚里士多德非常重视"中道",将其称作"那些具有实践智慧的人用来规定德性的原则"。⑤ 与亚里士多德一样,阿奎那也非常重视"中道"。既然阿奎那将德性区分为道德德性、理智德性和神学德性,他在《神学大全》中也就分别讨论了这三种德性与中道的关系。阿奎那认为,道德德性是遵循中道的。他论证说:"德性的本性是命令人向善。……那种被衡量或被规范的东西的善在于它们与其规则的一致性。……恶就在于它与其规则或尺度的不一致。这种不一致要么是由于它们超出了尺度,要么是由于它们达不到尺度。……因此,很显然,道德德性的善在于与理性规则的一致性。"⑥不仅道德德性遵守中道,而且理智德性也同样遵守中道。这是因为既然任何事物的善都在于通过与规则和尺度的一致而遵守中道,既然理智德性与道德德性一样,都在于令人向善,则"理智德性的善,就其从属于某一尺度而言,就在于

---

① Thomae de Aquino, *Summa Theologiae*, II-II, Q.23, a.4.

② Thomae de Aquino, *Summa Theologiae*, II-II, Q.23, a.4.

③ Thomae de Aquino, *Summa Theologiae*, II-II, Q.23, a.5.

④ Thomae de Aquino, *Summa Theologiae*, II-II, Q.23, a.5.

⑤ 亚里士多德:《尼各马可伦理学》,II,6,1107a1—2.

⑥ Thomae de Aquino, *Summa Theologiae*, I-II, Q.64, a.1.

遵守中道"。① "理智德性的善即是真。"不过,既然理智德性有思辨理智德性与实践理智德性之分,理智德性的真也就有两种形态:"在思辨德性的情况下,它就是被绝对理解的真。而在实践德性的情况下,它就是与正当欲求一致的真。"②在谈到神学德性时,阿奎那区别了两种情况:一种情况是就"德性的意向"而言的,另一种情况则是就"我们"而论的,或者说是就"神学德性的规则和尺度是通过与我们的比较"而言的。倘若就德性的意向而言,"神学德性的规则和尺度就是上帝本身"。③ 在这种情况下,神学德性的善是不在于遵守中道的。这是因为"我们的信仰是根据神的真理规定的,我们的爱是根据神的善规定的,我们的希望则是根据上帝的无限全能和充满爱的善意规定的"。④ 而所有这些尺度都是超出人的所有能力,以至于我们永远不可能像上帝那样地去爱他,永远不可能像我们应该信仰和希望上帝那样去信仰他和希望他。而在这些情况下,绝不可能存在有"过"的问题。因此,神学德性的善"并不在于中道,而是在于我们越来越接近最高处"。⑤ 然而,倘若就我们而论,神学德性也有遵守中道的问题。这是因为我们既然不能为了上帝而生,像我们应该的那样,我们就应该根据我们的条件的尺度,通过信、望和爱去接近上帝。而在这种情况下,也就出现了遵守中道的问题。例如,就望德而论,倘若一个人"希望得到来自上帝的超出他自身条件的善",或者是"没有根据他的条件去希望得到他能够得到的东西",这就出现了"臆想"和"失望"的问题,出现了过与不及的问题,从而也就出现了"中道"的问题。⑥ 再如,就爱德而论,如果我们为了爱上帝而不去爱邻人和爱自己,这就同样出现了过犹不及的问题。最后,即使持守神学道德信条也有一个以正当方式持守的问题。一个人可以以正当的方式,为了永恒生命的缘故,因为童贞而戒掉所有性事,因为贫穷而戒绝所有的财富,但是,倘若"以一种不正当的方式,也就是说,以一种非法的邪教异端,或者是为了虚荣心",则这样做就是一种"过度"。⑦

第八节　基于人性论和正义观的政治
法律思想和经济思想

阿奎那的社会政治思想比较丰富,从大的方面看,我们不妨将其区分为政治思

---

① Thomae de Aquino, *Summa Theologiae*, I–II, Q.64, a.3.

② Thomae de Aquino, *Summa Theologiae*, I–II, Q.64, a.3.

③ Thomae de Aquino, *Summa Theologiae*, I–II, Q.64, a.4.

④ Thomae de Aquino, *Summa Theologiae*, I–II, Q.64, a.4.

⑤ Thomae de Aquino, *Summa Theologiae*, I–II, Q.64, a.4.

⑥ Cf. Thomae de Aquino, *Summa Theologiae*, I–II, Q.64, a.4.

⑦ Thomae de Aquino, *Summa Theologiae*, I–II, Q.64, a.4.

想、法律思想和经济思想三个部分。

阿奎那认为,社会和国家对于人类生活是必不可少的。不过,他之对社会和国家对于人类及其生活的必要性主要地不是从宗教的和神的立场出发的,而是从人的本性和立场出发的。在《论君主政治》中,阿奎那在阐述政治制度的必要性时曾强调指出,人与其他动物的区别正在于他的社会性,而政治制度的必要性也正在于人的这种与生俱来的本性。他说:"如果人宜于按照其他许多动物的方式过一种孤独的生活,他就不需要别的指导者,而是每一个人在上帝、即万王之王的管辖下,将成为他自己的君主,并且对于自己的行动,有依靠上帝所赋予的理性的启发而充分加以指挥的自由。然而,当我们考虑到人生的一切必不可少的事项时,我们就显然看出,人天然是个社会的和政治的动物,注定比其他一切动物过更多的合群生活。"①阿奎那解释说,大自然为其他的动物准备了许多食物,为它们准备了一身皮毛,还赋予它们许多自卫的手段,如坚硬的牙齿、角、爪等。而人却没有这样的装备。尽管人有推理能力,但也不足以使一个人将"所有必需的东西"提供给自己。"由于这个缘故,人就自然需要和他的同类住在一起。"正因为如此,人也就比其他动物更需要也更善于"和他的同类互相沟通,甚至比那些似乎最爱群居的动物如鹤、蚂蚁或蜜蜂都强"。② 强调人的社会性并由人的社会性来论证人类社会和国家产生和存在的必要性和必然性是阿奎那的一个基本思想。他在其他著作中也不厌其烦地阐述和强调了这一思想。例如,他在《神学大全》中指出:"人总是社会的一部分,每个人,就其所是和所有的一切而言,都属于社会;一如每个部分,就其所是的一切而言都属于整体一样。"③在《亚里士多德〈尼各马可伦理学〉注》中,阿奎那也指出:"人天生是个过社会生活的动物。这是因为由于他有许多需要不能单靠自己的力量求得满足,他就不得不过社会生活。这一事实必然导致另一个事实,这就是:人天生注定要构成一个使他得以享受完满生活的社会的一部分。"④

如上所述,在讨论和阐述人的社会性以及人类社会及其制度的必要性时,阿奎那将之归结为人的"享受完满生活"的欲望,归结为"公共幸福"。他还强调说:"私人利益和公共幸福并不是同一回事。我们的私人利益各有不同,把社会团结在一起的是公共幸福。"⑤那么,这种公共幸福究竟有些什么样的具体意涵呢? 首先,是向社会成员"提供那些为维持生活所必需的东西"。因此,就有我们每个人都构成其中一个成员的"家庭团体"。从而,"我们大家都从我们的父母获得生命、食物和教育,并且一

　　① 阿奎那:《论君主政治》,载《阿奎那政治著作选》,马清槐译,北京:商务印书馆1982年版,第43—44页。

　　② 阿奎那:《论君主政治》,载《阿奎那政治著作选》,第44—45页。

　　③ Thomae de Aquino, *Summa Theologiae*, I—II, Q.96, a.4.

　　④ 《阿奎那政治著作选》,第155页。

　　⑤ 《阿奎那政治著作选》,第45页。

个家庭的各个成员都是这样地用生活所需的东西互相支援的。"①其次，社会成员从社会获得的帮助并不限于家庭团体，也不限于生存方面的内容，还有更多方面和更多层次的内容。"社会生活却能进一步使人达到人生的最高峰；不但能够生存，而且日子过得很圆满，幸福生活所必需的东西样样俱全。"例如，人成为其中一员的政治社会就必须帮助他"取得由一个国家的许多不同工业生产的这样一些物质福利"。② 最后，人生的最高峰和人生的完满性并不限于人的物质福利，还应当包含"精神上的幸福"。③ 鉴于这样一些理由，社会哲学便应当分成三个部分。第一部分研究"作为若干人注定要达到某种目的的人们"，被称作"僧侣"的部分。第二部分涉及"家庭团体"，被称作"经济"的部分。第三部分研究"公民社会的行动"，被称作"政治"的部分。阿奎那认为，社会哲学的这三个部分是相互关联而形成一个整体的，但是它们之间的统一只是一种"体系上的统一"，而非那种"无条件的统一"或"绝对的统一"。这就是说，它们相互之间也是具有一定的相对的独立性的。教会与国家的职能因此便既有相互关联的一面，也有相互独立的一面。

政治学在阿奎那的社会思想中占有特别重要的地位。这是因为"政治社会"在诸多社会形态和等级中是"最高等"的社会，"它在安排上以满足人生的一切需要为目的，因而它是最完善的社会"。④ 需要注意的是，在阿奎那时代，西欧手工业和商业已经有了相当程度的发展，西欧的工商业城市已经具有了相当的规模。而阿奎那在这里所说的"政治社会"所意指的首先是西欧城市社会，他的政治学首先也就是这样一种创建和治理城市的学问。政治社会的优越性在他那里其实也就是城市社会的优越性。既然"满足人生一切需要"乃政治社会的目的，"既然目的比那达到目的的手段更为重要"，则"我们称之为城市的这个统一体就比人类的理性所能理解和构成的其他一切较小的统一体占据更优越的地位"。⑤ 正是在这个意义上，阿奎那进而将政治学宣布为"一门研究城市的学科"。他强调说："为了哲学的完整起见，我们有必要设立一门研究城市的学科；这样的学科就称为政治学或治世之学。"⑥在谈到政治学的学科性质时，阿奎那强调指出：作为"研究城市的学科"的政治学并非一门纯粹思辨科学，而是一门"实践科学"或"实用科学"。"理论科学与实用科学不同之处，在于理论科学仅以认识真理为目的，而实用科学则与行动有关。所以我们这个学问是实用科学；因为理智不仅了解城市而且创建城市。"⑦阿奎那不仅将作为研究城市的学

---

① 《阿奎那政治著作选》，第155—156页。
② 《阿奎那政治著作选》，第156页。
③ 《阿奎那政治著作选》，第156页。
④ 阿奎那：《亚里士多德〈政治学〉注》，载《阿奎那政治著作选》，第159页。
⑤ 阿奎那：《亚里士多德〈政治学〉注》，载《阿奎那政治著作选》，第159页。
⑥ 阿奎那：《亚里士多德〈政治学〉注》，载《阿奎那政治著作选》，第159—160页。
⑦ 阿奎那：《亚里士多德〈政治学〉注》，载《阿奎那政治著作选》，第160页。

科的政治学称作实用科学,而且还进而突出地强调了这门学问的"崇高地位",把它视为"一切实用科学中最重要的科学"。他强调说:"与其他一切学科相比,我们可以特别提到政治学的崇高地位和价值。"①至于他特别提升政治学的崇高地位的具体理由,阿奎那主要谈到了两点。首先在于政治学的研究对象的特别重要性。"事实上,城市是人类的理性所构成的最重要的东西。因为它是一切比较小的社会的模仿对象和终极目的。"②其次,是就政治学的目标而言的,是就其为"满足人生的一切需要为目的"而言。既然政治学以此为目的,那就没有任何一门实用科学能够高于政治学而不能不从属于政治学了。正是在这个意义上,阿奎那指出:"由机械工艺用与人有益的东西制成的所有那些成品,就它们的目的来说都是给人安排的,因此,如果最重要的学问乃是研讨最高尚、最完美的东西的学问,我们当然由此可以推断,政治学是一切实用科学最重要的科学,并且是所有那些科学的枢纽;因为它所论述的是人类事务中最崇高的和十全十美的东西。"③

政治正义是阿奎那政治学中的首要问题。既然政治社会的根本目标在于"公共幸福",则公共幸福自然也就成了政治社会正义与否的根本标杆:一个政治社会如果造福于公众,它就是正义的,如果只追求统治者的私人利益,则它就是非正义的。也正是从这样一个高度,阿奎那强调说:"如果一个自由人的社会是在为公众谋幸福的统治者的治理之下,这种政治就是正义的,是适合的。相反地,如果那个社会的一切设施服从于统治者的私人利益而不是服从于公共福利,这就是政治上的倒行逆施,也就不再是正义的了。"④阿奎那还援引《圣经》上的话说,这些统治者"牧养"的"只是自己"而不是"群羊",应当受到上帝的惩罚。阿奎那还进而从政治正义的高度考察了各类统治者。所谓暴君就是那种用暴力压迫人民,而不是按正义的原则对社会进行治理的统治者,换言之,也就是那种"力求靠他的地位获得私利而置其所管辖的社会的幸福于不顾"的统治者。而正义的统治者则是那种专心致志地造福于公共福利的人。正义的政治也有各种类型。如果行政管理是由"社会上的大部分人"来执行的,这就叫做"平民政治"。如果行政管理归"人数较少但有德性的人"来承担,这就叫做"贵族政治"。如果正义的政治"只有一个人"掌握,则这个人就被称作"君主"。而王权的根本特征在于:"应当有一个人进行治理,他治理的时候应当念念不忘公共的幸福,而不去追求个人的私利。"⑤

既然政治社会的根本目标在于谋求公共幸福,那么究竟什么样的政体才最适合于谋求公共幸福呢? 阿奎那的答案是:"君主制是最好的政体。"其理由是:"任何统治

---

① 阿奎那:《亚里士多德〈政治学〉注》,载《阿奎那政治著作选》,第160页。
② 阿奎那:《亚里士多德〈政治学〉注》,载《阿奎那政治著作选》,第160页。
③ 阿奎那:《亚里士多德〈政治学〉注》,载《阿奎那政治著作选》,第160页。
④ 《阿奎那政治著作选》,第46页。
⑤ 《阿奎那政治著作选》,第47页。

者都应当以谋求他所治理的区域的幸福为目的；……但是，一个社会的幸福和繁荣在于保全它的团结一致；或者说得更简单些，在于和平。因为如果没有和平，社会生活就会失去它的一切好处；并且由于纷扰，反而会成为一种负担。所以，任何社会的统治者的首要任务是建立和平的团结一致。"①然而，"由一个人掌握的政府比那种由许多人掌握的政府"更容易获得"和平的团结一致"。这是因为"凡是本身是个统一体的事物，总能比多样体更容易产生统一；正如本身是热的东西，最能适应热的东西一样"。②

　　然而，君主政治是一种具有两面性的政治：它既可能产生最好的政体，也可能导致最坏的政体。"有一个国王执掌政权的政体是最好的政体，同样地，由一个暴君执掌政权的政体是最坏的统治形式。"③既然"统一的政权比分散的政权更为有效"，则以追求私人利益为目的的暴君政治对公共利益的损害就不仅大于贵族政治，而且也大于寡头政治。因此，如何预防君主政治蜕化为暴君政治就成了君主制面临的首要问题。君王的德性问题是一个必须首先予以考虑的问题。既然政治社会的根本目标在于公共利益或公共幸福，则明君与暴君的根本区别便在于做君为公还是做君为私。一个明君"必须特别专心致志地领导他所支配的社会走向幸福生活"。④具体地说，他必须尽力承担下述三项任务："他必须第一确立他所统治的社会的安宁；第二，他必须保证不让任何事情来破坏这样建立起来的安宁；第三，他必须费尽心机继续扩大社会福利。"⑤诚然，尽职的国王也有酬报，但他的酬报不应当是私人的利益，而应当是"荣誉和荣耀"，首先是"天国的最高幸福"。⑥既然如此，在推荐君王人选时也就必须坚持这样的德性标准。"在可能的候选人中，无论谁被宣布接任王位，都应具有那种使他不致成为暴君的德性，这是十分必要的。"⑦

　　预防君主制度蜕化的问题并不仅仅是一个君王人选的个人品质问题，还有一个制度方面和体制方面或组织方面的问题。"君主制度在组织上应作这样的规定，使国王一旦当政时没有机会成为暴君。"⑧例如，"应该适当地限制王权，使他不能很容易地转向暴政方面去。"⑨至于如何适当地限制王权，阿奎那提出了一种以君主制度为基础的混合的政治制度：一种包含君主制、贵族制和民主制在内的混合政体。阿奎那断言："在一个国家或民族之中，关于统治者的正当安排"，首先就在于"所有人都应当参与到政体之中承担某项工作。因为唯有这种形式的政体才能保证民众内部的

①　《阿奎那政治著作选》，第48页。
②　《阿奎那政治著作选》，第48页。
③　《阿奎那政治著作选》，第50页。
④　《阿奎那政治著作选》，第87页。
⑤　《阿奎那政治著作选》，第87页。
⑥　《阿奎那政治著作选》，第68、69页。
⑦　《阿奎那政治著作选》，第57页。
⑧　《阿奎那政治著作选》，第57页。
⑨　《阿奎那政治著作选》，第57—58页。

和平,所有人都命令他们自己,所有人都保护这种政体。"①更为难得的是,阿奎那在此基础上还进一步提出了普遍的选举权和被选举权的问题。他满怀信心地憧憬道:"最好的政体形式是:在一个国家中和一个君主国中,在那里一个人被授予统治所有人的权力,同时在他之下别的人也有统治的权力。而且,这种类型的统治还为所有的人所分享,这既是因为所有人都具有被选出来进行统治的资格,同时也是因为统治者是被所有人所选的。因此,这是最好的政治形式,它部分地是君主制,因为有一个人处在所有人之上;部分地属贵族制,因为有一些人被置于权力之中;部分地是民主制,也就是说,是人民的政制,这是就统治者可以由民众中选举出来而言,也是就民众有选择他们的统治者的权利而言。"②在这样的混合政体下,人民不仅享有民主的权利,而且也享有自由的权利。"所有人的自由生来平等,虽然其他禀赋都不平等。一个人不应像一个工具一样服从另一个人。因此,在完整的国家中没有废除属民自由的君主统治,只有不歧视自由的权威统治。"③在这里,我们似乎听到了康德的"人是目的"的呼唤。

最后是"万一国王横暴起来,应当采取什么行动"的问题。阿奎那认为,如果国王横暴起来,成了暴君,人民完全有权或迟或早地废黜他。在阿奎那看来,废黜暴君对于人民和社会是一件好事。他甚至强调说:"如果虐政分外厉害,达到不堪忍受的地步,那么由一个比较有力量的公民起来杀死暴君,甚至为了解放社会而甘冒牺牲生命的危险,那也不失为一件好事。"④不过,阿奎那认为,这样一种行为也有一些弊端,很可能对社会及其统治者招惹一些别的危险。因此,阿奎那主张:"克服暴政弊害的办法应以公众的意见为准,而不能以若干个人的私见为断。"⑤阿奎那强调说:"特别是在一个社会有权为自身推选统治者的情况下,如果那个社会废黜它所选出的国王,或因他滥用权力行使暴政而限制他的权力,那就不能算是违反正义。这个社会也不应为了这样废黜一个暴君而被指责为不忠不义,即使以前对他有过誓效忠诚的表示也是如此;因为这个暴君既然不能尽到社会统治者的职责,那就是咎由自取,因而他的臣民就不再受他们对他所作的誓约的拘束。"⑥在阿奎那的这些话语中,我们似乎隐隐约约地听到了近代平民思想家卢梭在谈到暴君时所说过的"暴力支持他,暴力也推翻他"的声音。⑦

---

① Thomae de Aquino, *Summa Theologiae*, I-II, Q.105, a.1.

② Thomae de Aquino, *Summa Theologiae*, I-II, Q.105, a.1.

③ 阿奎那:《〈箴言书〉注》,2卷,44章,问题1,第3条。转引自赵敦华:《基督教哲学1500年》,第408页。

④ 《阿奎那政治著作选》,第58页。

⑤ 《阿奎那政治著作选》,第59页。

⑥ 《阿奎那政治著作选》,第59—60页。

⑦ 参阅卢梭:《论人类不平等的起源和基础》,李常山译,东林校,北京:商务印书馆1982年版,第146页。

　　阿奎那不仅主张和强调政治正义,而且因此也主张和强调法律正义。按照阿奎那的法律体系,我们主要有自然法、神法和人法三种。其中,自然法为不成文法,人法和神法则为成文法。人法和神法,作为成文法,虽然都是以自然法为依据的,虽然都指向公共善,但它们却分别适用于两个不同的社群。其中神法涉及的是人神关系,是神—人共同体,而人法涉及的则是人与人的关系,是公民社群或公民共同体。"人法是为公民共同体制定的,它意味着人与人相互之间的责任,人通过外在性而相互命令。根据人法,人们共同生活在一个集体之中。这种人与人在一起的共同生活与正义有关,而正义特有的功能即在于指导人类共同体。"①

　　人法可区分为国际法和民法。属于国际法的,是所有那些直接从自然法得出的结论。例如,公平买卖等就属于国际法。因为没有这些人法,人类就不可能生活在一起。而那些藉特殊规定的方式派生于自然法的东西,则属于民法。这是由每个国家或每个城市根据其特殊情况和特殊需要而规定的人法。人法的第二个特点在于它以国家和城市的公共善或公共福利为目标。据此,人法可以按照那些对公共善或公共福利负有专门职责的人的不同职务加以区分,例如,有藉为民众向上帝祈祷来谋求公共善的神父,有藉治理民众谋求公共善的统治者,有藉为民众安全而战谋求公共善的士兵,等等。人法的第三个特点在于它应当由国家或城市的统治者予以制定。这样,政体不同,自然法的形式也就不同。例如,在君主制下,有所谓"君王的律令";在贵族制下,有所谓"智者的意见"和"元老院的建议";在寡头政治下,有所谓"执政官法"或"荣誉法";在民主制下,有所谓"平民法"。人法的第四个特点在于它乃支配人类行为的法则。根据这个观点,人法可以按照其不同的对象分类。人法有时以其制定者命名。例如,有所谓"关于通奸罪的朱利安法"和"关于暗杀罪的科尼利安法"等。不过这里所针对的不是制定者,而是其所处理的问题。② 人法虽然是由每个国家或每个城市根据其特殊情况和特殊需要而制定出来的,但是它的目标却不在于"任何私人的利益",而是在于"全体公民的公共善"。但公共善却包含着许多内容,从而人法就应当顾及到许多方面,顾及到个人、各种事件和具体时间。因此,法律的完善并非"一朝一夕之事",而是"需要公民相继努力耗时长久才能完成的"。③ 而且,人法与自然法不同,它要求所有的人都一无例外地服从,具有明显的强制性。"法首先是人的行为的规则,其次它乃具有强制性的权力。"④但是,人们服从法律也分两种情况。一种情况是人们以"法律遵守者服从法律制定者"的身份来服从法律。在这个意义上,"凡服从某个权力的人也都服从由这个权力所制定的法律"。⑤ 另一

————————

①　Thomae de Aquino, *Summa Theologiae*, I-II, Q.100, a.2.

②　Thomae de Aquino, *Summa Theologiae*, I-II, Q.95, a.4.

③　Thomae de Aquino, *Summa Theologiae*, I-II, Q.96, a.1.

④　Thomae de Aquino, *Summa Theologiae*, I-II, Q.96, a.5.

⑤　Thomae de Aquino, *Summa Theologiae*, I-II, Q.96, a.5.

种情况是人们是以"一个受胁迫者服从胁迫者"的身份被说成是服从法律的。"在这个意义上,凡有德性的人和义人便都不受法律的支配,只有恶人才服从法律。"①因为胁迫和暴力是与意愿相反的;好人的意愿是和法律相一致的,而恶人的意愿则与其不一致。正当地不服从权力的情况也有两种。一种情况是,人们完全不受其权威的约束。例如,一个城邦或一个国家的臣民是不受另一个城邦或另一个国家的最高统治者所制定的法律的约束的。其原因在于他们根本无需服从他们的权威。另一种情况是,人们处于更高等级的法律的支配之下。例如,一个总督治下的臣民通常是应当服从他的命令的,但如果在他直接得到皇帝的命令的情况下,他则不必听从总督的命令。但是,在一个国家的范围内,任何人都是应该遵守该国的法律的。尽管"就法律的约束力而言,一个君王的地位是超过法律的",但是这只是就在封建制度下,如果君王违反法律,谁也无法对他判罪这样一种情况而言的。倘若"就法律的支配能力而言,一个君主的自愿服从法律,是与法律规定相符合的"。② 而且,既然我们的权威都应以法律的权威为依据,倘若君王自愿承受法律的约束,他的这种做法便是与"一个统治者的尊严相称"的。权力服从法律的支配,实在是政治管理上最重要的事情。《马太福音》第23章曾批评过那些"能说不能行"的人们。阿奎那据此强调说:"按照上帝的判断,一个君王是不能不受法律指导力量的约束的,而是应当自愿地、毫不勉强地满足法律的要求。"③如果有必要的话君王可以变更法律或者依据某些具体情况对法律的实施作出某些变更,所谓"君王的地位高于法律"应该是仅就在这个意义上而言的。

　　按照阿奎那的正义论,除法律正义外,还有两种有关经济活动的正义,这就是交换正义和分配正义。与法律正义不同,交换正义和分配正义不是普遍的正义,而是一种"特殊的正义",一种指向私人的或者指向私人与社群关系的正义。其中,交换正义指向的是一个私人与另一个私人的关系,关涉的是两个个人之间的相互交易的关系,是交易双方个人所有的商品。而分配正义指向的则是社会群体与每个个人的关系,关涉的是公共货物的合比例的分配。交换正义与分配正义的"中项"(medium)不同。在分配正义中,一些物品之给予一个私人,乃是就属于整体的东西应当归于部分而言的,而且所给予的量也是与该部分在整体中的地位的重要性成比例的。从而,在分配正义中,一个人在社群中的地位越是突出,则他所获得的公共货物也就越多。当然,个人在社会中的地位与政体直接相关。一个人的社会地位,在贵族社群中,是视德性而定的;在寡头政体中,是视财富而定的;在民主政体中,则是视自由而定的。因此,"在分配正义中,中项并非是根据物品与物品的均等性原则持守的,而是根据物

①　Thomae de Aquino, *Summa Theologiae*, I-II, Q.96, a.5.

②　Thomae de Aquino, *Summa Theologiae*, I-II, Q.96, a.5.

③　Thomae de Aquino, *Summa Theologiae*, I-II, Q.96, a.5.

品与个人的比例持守的。"①这就是说,按照一个人超出另一个人的程度,分配给一个人的物品也就按照同样的比例超出另一个人。亚里士多德说,分配正义的中项是根据"几何学的比例"持守的,②即是谓此。然而,在交换中,某件物品之被付给某个个体,乃是因为他的某件东西是他曾经获得的。这种情况主要出现在买卖活动中,交换概念首先就是在这种活动中实现出来的。因此,物物等值就是一件必要的事情了。唯其如此,一个人才会将他由于获得别人的物品而变富的同质的物品偿付给别人。这里依据的是"算术中项"的同等性原则,而这样一种中项则是根据量的方面的同等的超出予以估量的。

在欧洲商品经济有所发展的大背景下,阿奎那特别注重交换正义,并且因此而提出和论证了他的公平价格学说。阿奎那倡导"公平在先"的原则,断言:"正义之被用来言说公平是先于它之用来言说法律正义的。因为法律正义是服从公平方向的。"③阿奎那的公平价格学说有两个基本维度,这就是"同等性原则"和"商品价值论"。在阿奎那看来,公平价格问题或交换正义问题,归根到底是一个恪守同等性原则的问题。首先,正义,作为一种德性或实践原则,与包括明智、节制和刚毅等德性不同,所关涉的不是一种个人的内在感情或思维活动,而是与其外在运作相关的外在事物和他人。因此,正义问题势必就是一个人们在相互交往和相互交易中如何坚持和维护各自"应得权益"的问题,也就是如何恪守同等性原则的问题。阿奎那强调说:"所谓正义的固有行为,无非在于把属于每个人自己的东西给予每个人。"他甚至更为直截了当地宣称:"所谓正义行为就是对从他人那里获得的任何物品给予一种公平价格",④"正义仅仅存在于那些完全平等的东西之间"。⑤ 这就是说,在阿奎那看来,公平价格问题,本质上是一个用于交换的物品之间的"量"的等同性问题。然而,问题在于,我们究竟应当如何正确地理解商品的"量"的等同性问题。倘若双方用于交换的商品完全一样,则似乎也就没有交换的必要。既然如此,则公平价格问题,说到底是一个计算交换物品之间的量的等同性的"可公度性"(commensurationem)问题。这就提出了商品的价值与价值量问题。阿奎那在阐述这个问题时,着重讨论了"效用"和"成本"两个子问题。其中,效用涉及的是商品的使用价值,而成本涉及的则是商品的价值。

阿奎那认为,"效用原则"是实现商品交换正义同等性原则的首要条件、第一"公度"。这是由人们交换商品的动机决定的。" 一种商品与另一种商品交换,或者用钱

---

① Thomae de Aquino, *Summa Theologiae*, II-II, Q.61, a.2.

② 参阅亚里士多德:《伦理学》,V,3,1131a29。

③ Thomae de Aquino, *Summa Theologiae*, II-II, Q.120, a.2.

④ Thomae de Aquino, *Summa Theologiae*, II-II, Q.58, a.11.

⑤ Thomae de Aquino, *Summa Theologiae*, II-II, Q.114, a.1.

来交换一种商品,其目的在于满足生活需要。"①因此,"买卖关系似乎是为着买卖双方的共同利益建立起来的。"②既然如此,基于效用的价格公平就是一件非常自然的事情了。因为,"买卖关系"既然是"为着共同利益建立起来的",则在买卖中,就"不应当使一方的负担多于另一方,从而,他们之间的所有的契约也就应当遵循物物对等的原则。……一件事物的价格如果超出了其本值的数量,或是相反,这其中就不再有公平精神所要求的对等原则了,从而,出售一件物品高于其本值或买一件物品低于其所值,其本身就是一种不公平和不合法的事情了"。③ 显然,这里所说的"物品本值"或"物品所值"实际上意指的是物品的"效用"或"使用价值"的问题。正是在这个意义上,阿奎那强调说:"可销售物品的价格并不取决于它们本性的等级,……而是取决于它们对人的有用程度。因此,卖方或买方都无须察知所售物品的潜在性质,而只须了解物品适合人们使用的性质。"④

在阿奎那时代,商品经济刚刚抬头,自然经济依然强势,在经济生活中占统治地位,许多思想家对贱买贵卖的商品贸易持抵触情绪。其中一些人认为在商品贸易中贱买贵卖有失公平原则;一些人依据《马太福音》所说"谁要是买进物品是为了牟取渔利而全然不变地照原样售出,那他就是那个被逐出上帝圣殿的商人"的说法,⑤断言:凡商人都有违圣经,都应该"被逐出圣殿";而另外一些人则依据教会不允许教士经商的规定来旁证经商从事贸易活动有罪。在《神学大全》中,阿奎那俨然以商品经济代言人自居,严厉驳斥了上述种种贸易有罪论。阿奎那反对人们简单地从神学、道德学和刑法学的角度来看待贸易问题,而主张从交换正义的角度来具体深入地考察贸易问题和赢利问题。他写道:"作为贸易目的的赢利,虽然就其本性而言,并不蕴含有德性的和必要的东西,但是其本身却也并不就隐含有任何犯罪的和有违德性的东西。因此,也没有什么东西能够阻止赢利活动指向某一必要的甚至有德性的目的,从而,贸易活动也是能够成为合法的事情的。例如,一个人可以用他在贸易中获得的适度的赢利来养家糊口,或者资助穷人;甚至一个人也可以为了某种公众利益而从事贸易活动,例如,他可以为避免他的国家缺乏生活必需品而致力于这种活动;这样,他之牟取赢利也就不是以赢利为目的,而不过是作为他的劳动的一种报酬罢了。"⑥这就为贸易和赢利的正义性和合法性做了有力的辩护。

尤其值得注意的是,阿奎那还进而从商品成本价值和商品成本价格的角度相当深入地讨论了贸易和赢利的正义性和合法性。阿奎那认为"那种以赢利为最终目的

---

① Thomae de Aquino, *Summa Theologiae*, II-II, Q.77, a.4.
② Thomae de Aquino, *Summa Theologiae*, II-II, Q.77, a.1.
③ Thomae de Aquino, *Summa Theologiae*, II-II, Q.77, a.1.
④ Thomae de Aquino, *Summa Theologiae*, II-II, Q.77, a.2.
⑤ 《马太福音》21:12。
⑥ Thomae de Aquino, *Summa Theologiae*, II-II, Q.77, a.4.

的贸易活动"也是应当予以谴责的。例如,那种为了追逐赢利在"对物品不作任何加工"的情况下"即以较高价格出售"这样一类贸易活动就是不合法的。但他想要强调的是:"然而,如果他以较高价格出售的是经过他改进过的物品,则他似乎就是在接受他的劳动的酬报了。这样,赢利本身就还是可以合法地追求的,不过不是作为最终的目的,而是如上所述,为了必要的或有德性的别的目的予以追求的。"①在具体谈到贱买贵卖贸易行为的"合法性"和"公平性"时,阿奎那指出:"如果有人买了一件东西,不是为了出售而是为了持有,但是后来,由于某种原因,却希望出售,在这种情况下,即使他卖了高价,那也算不上在从事贸易活动。他这样做就可以说是合法的,其所以如此,或者是因为他在某些方面对物品进行了加工,或者是因为随着时间地点的变化而物品的价格也相应发生了变化,或者是因为他冒险将物品从一个地方运到另一个地方,或者是他让人帮他运送物品。从在这个意义上看,无论是买进还是售出就都不能说是不公平的。"②在谈到教士被禁止从事贸易活动时,阿奎那指出:从这样一种规定并不能推证出商品交换活动的非法性。教士之所以应当尽可能避开商品贸易活动,乃是因为教士为了更好地担当其自己的职责,"不仅应当避开那些其本身即为恶的事情,而且甚至还应当避开那些貌似邪恶的事情",他们只有远离"尘世的得失",才能一心一意地"关心灵性生命"。③

　　阿奎那的公平价格思想,特别是他的商品价值论思想,不仅是西方中世纪经济思想学说中最卓越的成就之一,而且对近代西方价值论的萌生也具有相当深刻和积极的影响。

---

①　Thomae de Aquino, *Summa Theologiae*, II-II, Q.77, a.4.

②　Thomae de Aquino, *Summa Theologiae*, II-II, Q.77, a.4.

③　Thomae de Aquino, *Summa Theologiae*, II-II, Q.77, a.4.

第四章　阿奎那本质学说与
公平价格学说研究

在阿奎那的哲学体系中,其存在学说与其本质学说一体两面。这不只是因为在其存在链条的最高端即作为上帝的存在本身那里,存在与本质一体。而且还因为我们为要达到对作为存在本身和终极因的上帝的某种程度的认识,我们固然可以走存在者的存在这样一条道路,而且也可以走存在者的本质这样一条道路。因为只要对物质实体(复合实体)、精神实体(单纯实体)和作为"绝对单纯者"的上帝进行一番比较,我们就不难比较深刻地感悟到上帝或存在本身的"绝对单纯性"。此外,在阿奎那的本质学说中,我们不仅能够强烈地感受到他的哲学的"去本质主义"或"去实体主义"的理论旨趣,而且也因此而能够强烈地感受到中世纪经院哲学对古希腊罗马哲学的超越以及中世纪哲学的特殊贡献和现时代意义。而阿奎那的公平价格学说,也不仅使他成为一位卓越的中世纪经济学家,而且也使他成为西方世界自然经济向商品经济过渡或转换的代言人或代言人之一。

第一节　阿奎那的本质学说对亚里士多德的
超越及其现时代意义

每个时代的哲学都有一个"整个世界观据以解释"的"主导原则"。① 如果从连续性的观点看问题,这一"主导原则"一方面是前此阶段的哲学的继续,另一方面它又孕育着后来阶段的哲学。然而,倘若从非连续性的观点看问题,则这一"主导原则",作为其所在时代的"实质的知识",必定内蕴有区别于前此阶段的哲学内容,必定依据其所在时代的时代精神对前此阶段的哲学进行这样那样的变革。托马斯·阿奎那作为西方中世纪哲学的一个主要代表人物,其哲学思想中固然有不少从古希腊罗马哲学中承继下来的东西,但也势必内蕴有一种革命性的内容。但是,长期以来,在对阿奎那哲学研究中一直流传着一种观点,认为阿奎那的哲学无非是古希腊哲学,

---

① 参阅黑格尔:《哲学史讲演录》第 1 卷,第 41 页。

特别是亚里士多德哲学在基督宗教神学方面的一种应用,①从而极大地障碍了人们对阿奎那哲学的革命性质的探究,并且因此而极大地妨害了阿奎那哲学研究的理论深度。因此,为要把阿奎那的哲学研究引向深入,全面深入地探究阿奎那哲学的革命性质,全面地探究阿奎那哲学对亚里士多德的超越就是一件首要的和基础性的工作了。

然而,全面系统地探究阿奎那哲学的革命性质是一个巨大的系统工程,需要开展多方面的工作。吉尔松曾经高度地评价了托马斯·阿奎那在形而上学领域所作的种种颠覆工作,说他开展了"形而上学历史"上的"一场革命"。② 然而,即使阿奎那在形而上学领域所发动的革命也并不囿于吉尔松所强调的"存在"范畴这样一个狭隘范围,它还广泛地涉及"本质"以及与之相关的其他一些范畴。鉴于吉尔松等学者已经对阿奎那在"存在"范畴方面已经做过虽说是初步的但也是比较系统的研究,本文将集中力量在阿奎那自然哲学的范围内探讨阿奎那的本质学说的革命性质,探讨阿奎那的本质学说对亚里士多德的种种超越,并在此基础上对阿奎那本质学说的现时代意义作出扼要的说明。

一、本质的实存性与合成性

毫无疑问,在诸多古希腊哲学家中,阿奎那最为推崇的便是亚里士多德,以至于在他的许多著作中,"哲学家"(philosophus)成了一个特指亚里士多德的专有名词了。然而,哲学发展的辩证法让人感到不可思议:崇拜对象往往就是或隐或显的批判对象。亚里士多德当年就喊出了"吾爱吾师,吾更爱真理"的千古绝句,而两千年之后的叔本华也正是在《康德哲学批判》一书中写出了"康德乃几百年一出的天才"。阿奎那对于亚里士多德也是如此:一方面,阿奎那独尊亚里士多德,另一方面他又对亚里士多德的哲学作了根本的变革。就自然哲学领域而言,他以他的本质实存说、合成说、特殊说和潜在说而对亚里士多德的本质学说进行了根本的变革。下面,我们就首先依次对阿奎那的本质学说的这几项内容或理论特征作出说明。

如所周知,亚里士多德在哲学方面所作出的一项根本努力即在于将巴门尼德所开创的"存在论"转换成"实体论"或"本质论"。如果说,在巴门尼德那里,哲学的中心概念是"存在"(to on)的话,那么,在亚里士多德这里,哲学的中心概论便演变成了"实体"或"本质"(ousia)。从这个意义上,我们不妨把亚里士多德的形而上学称做"实体论"或"本质论"。③ 然而,亚里士多德在其著作中对实体范畴的说法却不尽一

---

① 参阅罗素:《西方哲学史》上卷,第561页。其中,罗素指出:"阿奎那的独创性表现于对亚里士多德哲学稍加改篡用来适应基督教教义一事上。"

② E.Gilson,*History of Christian Philosophy in the Middle Ages*,p.365.

③ 在亚里士多德著作中,"ousia"意指"形式"、"本质"和"实体"诸多含义。而且,下面,我们将会看到,这几个"词"在内涵上又常常是一致的。

致。例如，他最初在《范畴篇》第五章里宣布个别物体为"第一实体"，而将"属相"和"种相"（eidos，genos）宣布为"第二实体"。但是，到最后，在《形而上学》第7卷里，却又宣布"eidos"为"基本实体"，亦即"第一实体"（2a12—4b19）。亚里士多德的实体学说或本质学说何以会如此混乱，他为什么在"第一实体"概念之外另提出所谓"第二实体"，为什么他最初视个体事物为第一实体，而到最后反而又以种相或属相概念作为第一实体呢？应该说这是亚里士多德向后人提出了一个值得反思的重大问题。对此，人们自然是见仁见智，可以给出不同解释的。

应该说，阿奎那对于亚里士多德的实体论中存在的这样一个问题是有清醒意识的。这只要看一看他的早期著作《论存在者与本质》就非常清楚了。在这一短篇论著中，阿奎那一开始就提出了区别实存论的或形而上学的概念与逻辑学的概念问题。在那里，他明确地把本质（essentia）界定为实存论的或形而上学的概念，视为"理智的原初概念"（Primo intellectu concipiuntur），而把属相（genus）、种相（speciem）和种差（differentiam）概念界定为"逻辑概念"（intentiones ligicas）。阿奎那之所以在本质和种相之间作出这样的区别，显然意在纠正在亚里士多德在本质上的多元论立场。很可能在阿奎那看来，亚里士多德的实体学说之所以存在着如此严重的混乱，其根本原因正在于亚里士多德混淆了作为实存论的或形而上学的本质概念与作为逻辑概念的种相概念。阿奎那虽然也肯认这两种概念之间也有某种相关性，但是，他所强调的却是它们之间的差异性。

阿奎那虽然也承认依照亚里士多德的主谓词逻辑，认为我们也可以藉命题的真实性来言说存在者（ens），但是我们却不能够说，凡这样的命题都能够肯定事物实际存在。例如，我们虽然可以说"肯定与否定是相对立的"以及"盲是存在于眼中的"，但是，其中所涉及的"否定"（negationes）和"缺乏"（Privationes）一类字眼尽管也可以称做"存在者"，但是，它们却"并不具有本质"（quae essentiam non habent）。因此，在阿奎那看来，言说存在者的这样一种方式是产生不出"本质"来的。这样，阿奎那就从原则上排除了从亚里士多德主谓词逻辑的角度考察本质的可能性，从而把本质概念的讨论严格控制在实存论的或形而上学的维度，严格控制在"个体事物本身或具有偶性的实体"的范围之内。

阿奎那的自然哲学在确定了本质的实存性之后，便立即着手讨论本质在物质实体或感性实体中的存在方式，即本质的合成性。阿奎那认为，我们可以把实体区分为两种类型，一类是精神实体或"独立实体"（substantiis separatis），另一类是物质实体或感性实体，他又把前者称做"单纯实体"，把后者称做"复合实体"（substantiarum compositarum）。而他的自然哲学所讨论的则显然是他在这里所说的实体的第二种类型，亦即物质实体或复合实体。需要说明的是，阿奎那是在讨论本质的存在方式的前提下来讨论实体的类型的，因此，他所谓的"单纯"或"复合"是就本质的构成而言的。换言之，当阿奎那使用"复合实体"这一概念时，他就是在强调物质实体或感性实体的本质的合成性了。

事实上,阿奎那一进入"复合实体"这一话题,就将复合实体的本质的复合性提出来了。他开门见山地指出:既然像人有躯体又有灵魂一样,所有的复合实体都是既有质料也有形式的,那么,唯一的可能性便在于:"所谓本质,在复合实体的情况下,无非意指由质料与形式复合而成的东西。"①他用味觉打比喻说:尽管是由溶解含水分的事物的动物的发热的活动造成的,尽管热气在这种情况下是甜味的原因,但是,一件事物之被称为甜的,并不仅仅是由于它的温度,而是由于它的味道,而它的味道是整合了热气与含水分的东西的。阿奎那据此得出结论说:"我们不能够说单单形式和质料中的任何一方都可以称作复合实体的本质。"②在具体阐述这一观点时,阿奎那特别批评了那种认为形式即事物的本质的观点。他强调说:"单单形式并不能构成复合实体的本质,即便有人极力主张这样。"他还进一步论证说:"自然实体的定义不仅蕴含有形式,而且还蕴含有质料;否则,自然实体的定义与数学定义就会毫无二致。"③由此看来,阿奎那强调本质的实存性与他强调本质的合成性的理论路向是完全一致的。需要特别指出的是,许多学者都断定阿奎那在这里所批评的是阿维洛伊及其信徒的观点,但是,我在这里想要强调指出的是,阿奎那在批评阿维洛伊及其信徒的同时便在事实上批评了亚里士多德。诚然,亚里士多德在讨论物质实体时,确实也认定凡物质实体都是由质料和形式组合而成的复合实体、交会实体或"综合实体",但是,他却同时把形式宣布为复合实体的"本质"(或曰"本体"、"怎是"、"何以是")。④ 本质的合成性是阿奎那的本质说区别于亚里士多德的本质说的又一项重要内容。

二、本质的特殊性

阿奎那的本质学说的第三个重要特征在于他主张本质是特殊的。我们知道,亚里士多德虽然也曾强调过物质实体的实体性和个体性,但是,他却并未因此而肯认作为物质实体的本质的形式的个体性,相反,他所强调的却是作为物质实体的本质的形式的普遍性。他曾经举例说:生父与嫡子虽然并非"同一个物体",但是,他们的"形式"(品种)却"相同"。他还用加利亚和苏格拉底的例子加以说明:"如此这般的一个形式体现于这些肌肉与骨骼之中,当我们已经得有此综合实体,这就是加利亚或苏格拉底;他们因物质各别亦遂各成为一'这个',但其形式却相同;他们的形式是不可

---

① 阿奎那:《论存在者与本质》第 2 章,第 3 节。该句的原文是:"Relinguitur ergo quod nomen essentiae in substantiis compositis significat id quod ex matera et forma compositum est."

② 阿奎那:《论存在者与本质》第 2 章,第 1 节。该句的原文是:"Non autem potest dici quod alterum eorum tantum essentia esse dicatur."

③ 阿奎那:《论存在者与本质》第 2 章,第 1 节。

④ 参阅亚里士多德:《形而上学》1033a25 — 1034a35。

区分的。"①

与亚里士多德不同,阿奎那始终强调的是本质的特殊性或个体性。在阿奎那看来,不仅上帝的本质是特殊的,精神实体的本质是特殊的,而且物质实体的本质也同样是特殊的。在阿奎那的本质学说里,物质实体的本质的特殊性是同它的本质的合成性密切相关的。这是因为既然物质实体的本质不仅仅是形式,而是由形式与质料复合而成的东西,既然物质实体的"个体化原则"(individuationis principium)为质料,则"自身同时蕴含有质料和形式的本质就只能是特殊的(tantum particularis),而不可能是普遍的(non universalis)。"②阿奎那的本质特殊说内蕴着两个基本概念,这就是"特指质料"和"个体化形式"。这也是非常自然的。既然物质实体的本质是由质料和形式复合而成的,则它的本质的特殊性也就势必同质料与形式两个方面直接相关,否则,物质实体的本质的复合性也就无从谈起了。

"特指质料"对于阿奎那的本质特殊说是非常必要的。如上所述,阿奎那是把质料视为物质实体的本质的特殊性的一项根本理据的。既然如此,他也就在事实上向人们提出了质料何以能够具有如此功能的问题。我们固然可以用阿奎那所说的质料是物质实体"个体化原则"的话来回答这一问题,但是,人们依然会追问:质料在什么情况下才能够成为物质实体的"个体化原则"呢?然而,为要回答这一问题,我们就必须进展到阿奎那的"特指质料"概念。按照阿奎那的理解,人的本质与苏格拉底的本质是不同的。它们之间的差异究竟何在呢?就质料方面而言,这就是特指质料与泛指质料的不同。诚然,在共同关乎苏格拉底和加利亚的人的定义中也涉及骨头和肌肉,但是,这里所涉及的并不是这根骨头和这块肌肉,因为倘若如此,这样界定的人的定义如果适合于苏格拉底的话,就一定不会适合于加利亚了。因此,人的定义所关涉的就只能是那种"绝对的骨和肉"(os et caro absolute),一种"非特指的质料"(materia non signata),或曰"泛指质料"。然而,苏格拉底的本质所关涉的,就绝不应当是"绝对的骨和肉",因为倘若如此,这样界定的苏格拉底的本质,就一定也同时适合于加利亚了,从而也就不再仅仅是苏格拉底的本质,而成了苏格拉底和加利亚所共有的本质了。因此,苏格拉底的本质所关涉的就只能是"这根骨头和这块肌肉"(hoc os et haec caro),一种"特指质料"(materia signata)。③ 阿奎那在谈过所有这一切后强调指出:"很显然,人的本质与苏格拉底的本质,除去特指与泛指外,便没有什么不同。"④

与质料区分为"特指质料"和"泛指质料"相呼应,阿奎那也将形式区分为"整体的形式"和"部分的形式"以及"形式本身"和"个体化的形式"。所谓"整体的形式

① 亚里士多德:《形而上学》1033b20—1034a10.
② 阿奎那:《论存在者与本质》第2章,第4节。
③ 阿奎那:《论存在者与本质》第2章,第4节。
④ 阿奎那:《论存在者与本质》第2章,第5节。

（forma totius）"，阿奎那所意指的是那种包含实体的形式和质料两者在内的整个本质的"形式"。而所谓"部分的形式（forma partis）"，阿奎那意指的则是那种作为物质实体本质的一个部分的形式。阿奎那在《论存在者与本质》中曾不止一次地用"人性"和"人"这两个术语的区别来解说"部分的形式"与"整体的形式"的区别。阿奎那曾经明确地指出："人（homo）这个词是用来述说个体的。但是，人性（humanitas）这个词却是用来意指作为人的部分的人的本质的。因为在它的意涵中所内蕴的只是那属于人之所以为人的东西，而排除了一切指定性，从而也就不可能用来述说个体的人。"这是因为当我们从"人性"的意义上讲"人是理性的动物"时，这里所说的"人"却不是在人是由躯体和灵魂组合而成的意义上由"动物"和"理性"组合而成的。因为当我们说人是由躯体和灵魂组合而成的时候，这里所说的是由躯体和灵魂这两样东西组合而成了第三样东西。但是，当我们说人是由动物和理性组合而成的时候，却并不是在说人是由动物和理性这两样东西组合而成了第三样东西，而是在说人是由这两个概念组合而成了第三个概念。但是，既然"人性"这个概念是一个关乎人这一整个物种的概念，我们也不能说它同个体的人一点关系也没有，故而在一个极其宽泛的意义上我们也还是可以把它说成作为个体的人的一种本质或形式。但是，既然它完全无关乎物质实体的特指质料，从而在严格的意义上它就根本不可能用来直接表达作为个体的物质实体的人的本质，充其量只能算作是一种"部分的形式"或"部分的本质"。与此不同，"整体的形式"既然不仅包含形式而且包含质料，则它也就因此而能述说个体了。

但是，阿奎那一方面讲"整体的形式"和"部分的形式"，另一方面又讲"整体的形式"是由形式和质料组合而成的东西，那么，这种与质料结合在一起的形式的根本特征何在呢？它与"部分的形式"又有什么样的区别呢？对于这些问题，阿奎那在《论存在者与本质》一文中虽然也有所涉及，也曾经把灵魂宣布为"人的躯体的三个维度得以标示的形式"，[①]但是却未曾给予更加充分的说明。然而，回答这些问题的必要性还是把阿奎那引向了更其深入的思考，终于在《神学大全》中作出了"形式本身"与"个体化形式"的区分。在《神学大全》中阿奎那明确地提出和讨论了"个体化形式"或"形式的个体化"（formae individuantur）问题。按照阿奎那的解释，无论在精神实体中还是在物质实体中都有一个"个体化形式"的问题，区别仅仅在于：在精神实体（如天使）中，形式的个体化不是由于质料而是"藉其自身而个体化的"（ipsae formae per se individuantur），相反，在物质实体中，形式的个体化则是由于"质料"的缘故。因此，在精神实体中，"形式本身"与"个体化形式"就是一回事，相反，在物质实体中，"形式本身"就区别于"个体化形式"。[②] 因为在物质实体中，"形式本身"无非是物质

---

① 阿奎那：《论存在者与本质》第 2 章，第 7 节。

② Cf. Thomae de Aquino, *Summa Theologiae*, Ia, Q.3, a.3.

实体的作为"物种原则"的"公共形式"（forma communi），属于该个体事物的"实质"或"本性"的范畴，但是，一旦这种公共形式由于与质料结合的缘故而被个体化，则这种"个体化了的形式"就因此而转化成了该个体事物的特殊本质。①

三、本质的潜在性

阿奎那本质学说的第四个重要特征在于强调本质的潜在性。我们知道，亚里士多德是强调本质的现实性的。这对于亚里士多德来说实在是一件在所难免的事情。亚里士多德既然一方面强调物质实体是"这一个"，强调物质实体是由质料与形式组合而成的综合实体，另一方面又强调形式或作为本质的形式的普遍性，这就出现了一个显而易见的悖论：形式或作为本质的形式既然是一种普遍的东西，它何以能够成为作为"这一个"的物质实体的成分呢？事实上，亚里士多德正是在回应这一问题的过程中提出并阐述他的本质现实说的。他承认，如果我们"循其常习"来理解和讲述形式、本质或定义，我们就"不能阐明问题而为之解答。""但照我们所说，以一项为质料另一项为形式，其一为潜在，另一为实现，则疑难就消释了。"②其实，亚里士多德强调形式或作为本质的形式的现实性并不仅仅是为了消极地应付人们的责难，而是有其更深层次的用心的，这就是：在把形式理解为物质实体的本质的同时又赋予它动力因、目的因以及纯粹活动的意涵。亚里士多德一方面从生成论的角度来理解和处理质料和形式、潜能和现实的关系，指出："现实之于潜能，犹如正在从事建筑的东西之于能够从事建筑的东西，醒之于睡，正在观看的东西之于闭着眼却有视力的东西，已由质料构成的东西之于质料，已经制成的东西之于尚未制成的东西"，③另一方面又从动力学的角度来理解和处理这种关系，把物质实体生成的动因归结为作为本质的形式，宣布物质实体的由潜在到现实的生成过程无非是"潜在者本身的现实化""运动"，无非是具有能动性的形式本身由潜在转化为现实的过程。④ 这样，在亚里士多德这里，作为本质的形式与由形式与质料合成的物质实体的现实存在也就因此而近乎合二而一了。

然而，在阿奎那看来，亚里士多德所说的那种作为本质的形式并不具有亚里士多德所说的那样一种现实性的。首先，这是因为"实体的形式如果没有形式落实的事物即质料，其本身是不可能具有绝对的存在的"。⑤诚然，如果离开了形式，质料便不可能存在下去，但是，同样，在物质实体的情况下，"形式除非在质料之中也不可能具

---

① Cf.Thomae de Aquino, *Summa Theologiae*, Ia, Q.29, a.3.
② 亚里士多德：《形而上学》1045a22—25。
③ 亚里士多德：《形而上学》1048b1—5。
④ 参阅亚里士多德：《形而上学》1065b16。
⑤ 托马斯·阿奎那：《论存在者与本质》第6章，第2节。

有存在"。① 既然形式与质料在物质实体中是相对相关、相互依存的,则把其中一个称做"潜在",而把另一个称做"现实"就是一件不合适的事情了。其次,既然如上所述,物质实体的本质总是特殊的而不是普遍的,既然亚里士多德所说的形式是一个普遍概念,它就是一种完全同物质实体无关而仅仅是一种"在理智中具有存在"从而是一种原则上缺乏现实性的东西。② 阿奎那曾以作为普遍概念的人性为例证对此作了透彻的说明。他指出:"说绝对考察的人的本质存在于这单个的人身上是荒谬的:因为倘若这适合于人之为人的东西存在于这单个的人身上,则这单个人之外就绝不可能再有人存在。同样,倘若这适合于人之为人的人性并不存在于这单个的人身上,则人的本质就绝不可能存在于他身上。"阿奎那由此得出的结论是:这种"绝对考察的人的本性是同任何存在本身相分离的。"③ 最后,对于受造物来说,"存在总是某种非本质或实质的东西",总是某种"处于本质之外"的东西。正因为如此,"我们能够理解一个人之所是以及一只不死鸟之所是,然而却不知道其究竟是否实际存在。"④ 第四,"凡适合于一件事物的东西,如果不是由它自己本性的原则所引起的","就是来自某种外在的原则"。因此,物质实体的存在本身是绝对不可能"由该事物的形式或实质所引起的"。⑤ 第五,"凡是从他物接受某种东西的,都潜在地相关于它所接受的东西,而该事物所接受的东西即是它的现实性。"既然如此,则物质实体的形式乃至本质都只能是一种潜在的东西,而唯有其所接受的存在本身才是物质实体及其形式和本质的现实性。正是基于这样一种思考,阿奎那才非常明确地指出:"存在乃一切形式或本性的现实性",⑥ 并进而强调说:"形式若无具体存在,将不会被理解为任何现实的东西。……我们在这里所理解的存在是一切活动的现实性,因此,是一切完善的完善性。"⑦ 本质的潜在性与存在的现实性乃阿奎那自然哲学和形而上学的一项根本原则。

四、阿奎那本质学说的历史意义与现时代意义

阿奎那的本质学说既然以强调本质的实存性、合成性、特殊性和潜在性为其理论特征,也就不仅从原则上超越了柏拉图的本质观,而且也从原则上超越了亚里士多德的本质观,对西方哲学史上的本质范畴实施了根本性的改造,从而形成或建构了西方思想发展的一个"拐点":一方面,从基督宗教神学上讲,阿奎那以他的本质学说建构

---

① 托马斯·阿奎那:《论存在者与本质》第4章,第3节。
② 参阅托马斯·阿奎那:《论存在者与本质》第3章,第4节。
③ 托马斯·阿奎那:《论存在者与本质》第3章,第4节。
④ 托马斯·阿奎那:《论存在者与本质》第4章,第6节。
⑤ 托马斯·阿奎那:《论存在者与本质》,第4章,第7节。
⑥ Thomae de Aquino, *Summa Theologiae*, Ia, Q.3, a.4.
⑦ Thomae de Aquino, *De Potentia Dei*, Q.7, a.2.

了一个从启示神学转向自然神学的拐点;另一方面,从哲学上讲,阿奎那以他的本质学说建构了一个从本质主义转向实存主义、从以本质论为基础的存在主义转向以现象论为基础的存在主义的拐点。

首先,阿奎那的本质学说对于西方基督宗教神学的发展的影响是重大的。我们知道,在此前的基督宗教神学中,据主导地位的是以柏拉图主义及其本质学说为理论基础的启示神学以及与之相关联的关于上帝存在的本体论证明,但是既然在阿奎那看来,本质不再是抽象的和普遍的,而是具体的、实存的和特殊的,是存在于可以触摸得到的感性实体(substantiis sensibilibus)之中的,则从感性实体出发来体悟和论证上帝存在就是一条可行的认知路线了。尽管在阿奎那那里,启示的方法以及与之相关的作为去障之路的否定的方法依然具有特别重大的意义,但是,他毕竟开启了一条由果溯因的后天演绎的新路线,开辟了以类比方法为基础的自然神学的新领域。尽管在阿奎那之后,上帝存在的本体论证明仍然有一定的市场,但是毕竟失去了其在基督宗教神学史上曾经享有的那种崇高地位。

其次,阿奎那的本质学说对于西方哲学的发展的影响同样是十分巨大的。众所周知,在前此的西方哲学(包括古希腊罗马时代的哲学和中世纪的教父哲学和经院哲学)中,占主导地位的一向是以否定现象世界(实物世界)实在性、强调本质(ousia,eidos,essentia)的实在性和至上地位为根本特征的本质主义。这样一种类型的本质主义虽然在其发展过程中也不时地遭到这样那样的批评,但是由于这些批评多半是从外部实施的,即或有人对传统的本质范畴实施批评,也往往缺乏必要的理论深度和建设性努力,从而始终未能对之形成根本的威胁。相反,如上所述,阿奎那是从传统本质观的内在矛盾入手展开对传统本质观的批评,并积极构建自己的崭新的本质观的,这就势必对前此的本质观和本质主义造成实质性的冲击,并且对后世的哲学发展,特别是对现当代的存在主义的发展产生这样那样的影响。在现当代的存在主义哲学中,我们是不难发现阿奎那本质的实存说、合成说特殊说和潜在说以及与之相关的存在现实说的踪迹的。法国哲学家雅克·马利坦曾经宣称:"存在主义所包含的全部内容,圣托马斯早在13世纪就都讲过了。"①他的这一说法虽然有些夸张,但也未必是空穴来风。

最后,阿奎那的本质学说对后世哲学的影响,从一个层面看,它构成了古代本质主义向现当代存在主义转向的一个拐点,但是,倘若从另一个层面看,它则构成了古代存在主义向现当代存在主义转向的一个拐点。因为所谓古代的本质主义其实也是存在主义的一种类型。无论是在巴门尼德那里,还是在柏拉图和普罗提诺那里,"存在"都是哲学的最高范畴,差别只是在于,在这些哲学家那里,存在与本质是统一的,甚至是同一的,而在现当代存在主义哲学家这里,存在与本质是有原则的区别的,而

---

① 转引自威廉·巴雷特:《非理性的人:存在主义哲学研究》,第107页。

最早把它们之间的这样一种区别以及本质的潜在性与存在的现实性明确地系统地昭示出来的,不是别人,正是托马斯·阿奎那。可以毫不夸张地说,"就存在与本质关系看",阿奎那本人是一个现代意义上的存在主义者。①

如上所述,本文的目标只在于从阿奎那的自然哲学的角度考察他的本质学说对亚里士多德的超越,考察他的本质学说的现时代意义。我们相信,随着阿奎那哲学研究的深入,阿奎那哲学的革命性质及其现时代意义,将会以更为明晰的轮廓展示在我们面前。届时,充分体现中世纪哲学主导原则的阿奎那的"庐山面目"将会进一步大白于天下。②

第二节　试论阿奎那的本质特殊
学说及其现时代意义

阿奎那的本质特殊学说,特别是他的自然哲学领域中的本质特殊学说,是阿奎那哲学—神学体系中一项具有重大意义的内容,不仅在其整个本质学说中具有非常重要的地位,而且在其整个自然哲学和形而上学体系中也具有非常重要的地位。然而,人们对于阿奎那哲学—神学体系中的这一重要内容,至今尚缺乏应有的重视,尚缺乏全面、系统、深入的专题考察,这不能不被看做是阿奎那研究中的一个缺憾。因此,本文的根本目标即在于对照古希腊本质学说,对阿奎那的本质特殊学说作一个专题考察,一方面对阿奎那本质学说的革命性质作出必要的揭示,另一方面对于该学说的理论前提和理论结构作出宏观的概述,并在此基础上对这一学说的历史的和现时代的意义给出一个扼要的说明。

一、阿奎那本质特殊学说的提出:对传统本质学说的根本颠覆

阿奎那的本质特殊学说是阿奎那哲学—神学体系中一项特别具有创意的内容。因为他所提出的这一学说从根本上颠覆了传统的本质学说,对后世的本质学说产生了深广的影响。

本质究竟是普遍的还是特殊的这一问题,作为本体论和认识论中的一个根本问题,本来是一个可以永远无穷争论下去的问题。但是,由于如果从长时段的立场看问题,古代希腊总的来说处于西方哲学的酝酿时期和形成时期,而超越前哲学的形而下学的思维模式,无论对于处于酝酿阶段或形成阶段的东方哲学还是西方哲学,都是哲

---

① 参阅自威廉·巴雷特:《非理性的人:存在主义哲学研究》,第110页。
② 本节原载《哲学研究》2006年第8期,收入本著时,小作修改。

学的一项基本特征。我国先秦哲人的"道""器"之分,①希腊哲人的"存在"与"非存在"、"原型"与"摹本"之分,包括柏拉图的"辩证法"和亚里士多德的"第一哲学"或"形而上学",都是处于酝酿和形成时期的哲学的这一特征的典型表达式。然而,正是早期哲学的这一特征,使得这一发展阶段的哲学从整体上强调本质的普遍性以及与之相关的实在性。

　　我们知道,在希腊哲学中,与本质相对应的词主要有两个,一个是 eidos,另一个是 ousia。我们知道,eidos,作为柏拉图哲学的基本概念,其基本含义是意指永久不变的、完满的、非物质的"原型",与之形成对照的则是作为其不完满的摹本的形形色色的具体的现存事物。因此,存在于 eidos 与具体事物之间、"原型"与"摹本"之间的关系其实既是一种"本质"与"现象"之间的关系,又是一种"一"与"多"以及"普遍"与"特殊"的关系。由此看来,本质的普遍性特征在柏拉图这里是非常清楚的。亚里士多德虽然曾一度在"吾爱吾师,吾更爱真理"的口号下,对柏拉图的本质学说表示异议,并在《范畴篇》第五章里用"ousia"意指现存的个体事物,甚至称个体事物为"第一本质"或"第一实体"(ousia prote),但是,在《形而上学》第 7 卷里,他却又宣布"种相"或"属相"为"基本实体",亦即"第一实体"。② 这就表明,亚里士多德最后还是回到了柏拉图的立场上来了。倘若我们进一步考察古希腊的形式学说,亚里士多德与柏拉图的相通性和一致性就更其明显了。在柏拉图那里,所谓"eidos",其实本身即是一种形式。因为既然"eidos"被视为"原型",既然它本身毕竟也是一种"型"(typos),则它之为一种形式也就确然无疑了。诚然,对于柏拉图的"eidos",人们有不同理解,从而也有不同的译法,陈康先生将它译为"相",王太庆先生将它译为"是",而汪子嵩先生则将它译为"在",但是,无论怎样理解、怎样翻译,其中内蕴有"形式"这样一层含义则是没有疑问的,而"形式"之具有普遍性因此也就是一件非常自然的事情了。与柏拉图的这种观点相一致,亚里士多德也突出地强调了作为本质的形式的普遍性。他曾经举例说:生父与嫡子虽然并非"同一个物体",但是,他们的"形式"(品种)却"相同"。他还用加利亚和苏格拉底的例子加以说明:"如此这般的一个形式体现于这些肌肉与骨骼之中,当我们已经得有此综合实体,这就是加利亚或苏格拉底;他们因物质各别亦遂各成为一'这个',但其形式却相同;他们的形式是不可区分的。"③

　　与强调本质的普遍性的古希腊哲学相反,阿奎那旗帜鲜明地强调了本质的特殊性。他在他的著名的短篇论著《论存在者与本质》一文中,曾经强调指出:本质"只能是特殊的,而不可能是普遍的(essentia sit tantum particularis et non universalis)。"④毋庸讳言,阿奎那是在讨论物质实体或复合实体的本质时讲这句话的,但是,他的这一

---

①　我国《易·系辞上》有所谓"形而上者谓之道,形而下者谓之器"的说法。

②　Aristotle, *Metaph.*, 2a12-4b19.

③　Aristotle, *Metaph.*, 1033b20-1034a10.

④　Thomas de Aquino, *De Ente et Essentia*, cap.2, par.4.

论断却是普遍适用于各种类型的实存或存在者的。因为按照他的观点,实存或存在者无非有三"种",首先是上帝,其次是精神实体,再次是物质实体。而所有这三种实存或存在者尽管相互之间有非常重大的差别,但是,在其本质都是特殊的这一点上却是毫无二致的。就上帝而言,既然它是"绝对单纯的"(in fine simplicitatis),则"无论是属相的概念还是种相的概念,以及定义的概念,便都不适合于它"。① 精神实体的本质也同样只能是特殊的而不可能是普遍的。这是因为对于精神实体来说,任何一个个体都是一个单独的种相,换言之,对于精神实体来说,个体与种相始终是同一的。阿奎那曾援引阿维森纳的话强调说:"在这样的实体之中,我们是找不到属于同一个种相的许多个体的,在它们之中有多少个体也就有多少种相。"② 至于物质实体或复合实体的本质就更其只能是普遍的而不可能是特殊的。这是因为所谓复合实体强调的无非是由形式与质料组合而成的实体,既然质料是事物的个体化原则,则这样一种类型的实体的本质也就只能是特殊的了。本质特殊学说是阿奎那本质学说的一项基本的具有革命性质的内容。

二、阿奎那本质特殊学说的理论前提:逻辑学与本体论的区分

当阿奎那思考本质问题的时候,他所面临的有两个层面的问题,一是为什么像柏拉图一类的希腊哲学家会如此执著于本质普遍性的观点,二是为什么像亚里士多德这样伟大的哲学家最后还是回到了柏拉图的立场上。可以说,阿奎那正是在对这样两个问题的沉思过程中,提出逻辑学与本体论的区分,从而为他自己的本质特殊说扫除理论障碍,建构理论前提的。

很显然,古希腊哲学家之所以执著于本质普遍的观点,其症结完全在于他们对本体论、实存论或形而上学同认识论和逻辑学的混淆。事实上,这样一种混淆早在巴门尼德那里就非常昭然了。众所周知,巴门尼德在本体论方面所作的根本努力在于区分"存在"与"非存在",然而,他的这一区分正是以他对本体论和认识论的混淆为基础和前提的。因为在他看来,所谓"不存在者"就是那种"既不能认识""也不能说出"的东西,而所谓"能存在者"也就是"能被思维者"。③ 在古希腊哲学的此后的发展中,这样一种混淆不仅没有消除,反而愈演愈烈。诚然,就表面上看,柏拉图似乎走的是一条与巴门尼德相反的路线,因为他明确反对巴门尼德在"存在"与"非存在"之间所作出的那样一种区分,强调它们之间的相通性或"同一性"。④ 但是,如果从方法

---

① Thomas de Aquino,De Ente et Essentia,cap.6,par.9.

② Thomas de Aquino,De Ente et Essentia,cap.4,par.5.See Avicenna,Metaph.,fol.87va.

③ 巴门尼德:《论自然》残篇 D4、D5,载北京大学哲学系外国哲学史教研室编译:《西方哲学原著选读》上卷,第 31 页。

④ 例如,柏拉图曾明确宣布:"我们必须对巴门尼德的论断提出质疑,并且用主要的力量去建立这样的命题:不存在的东西在某些方面具有存在,反过来也一样,存在的东西以某种方式是不存在的。"柏拉图:《智者篇》241D。

论的角度看问题,情况就完全不同了。因为无论如何,巴门尼德对存在与非存在的区分是简单地从"认识途迳"的角度作出的,而柏拉图对存在与非存在的相通性或同一性的强调则显然是进一步从语言学和逻辑学的角度提出来的。例如,柏拉图曾经宣布:"'非'这个前缀表示与后续的词不同的某事物,或者倒不如说,表示与否定词后面的词所表示的事物不同的事物。""'非存在'无疑也是一种具有其自身本质的事物,正如高就是高,美就是美,所以非高就是非高,非美就是非美。"而当他说这些话的时候,他的语言学和逻辑学立场是明白无误的。①

亚里士多德何以最后还是退回到了柏拉图的立场之上的原因亦复如此。按照亚里士多德的主谓词逻辑,定义本身即是表述事物的本质的一个词组。就构成事物的要素或部分而言,可以说具体事物作为"综合实体"具有不同的部分,这些部分可以是"形式(怎是)",可以是"物质",也可以是"形式与物质的结合体",但是,其中只有"形式(怎是)"才能构成定义或"公式"的内容。换言之,定义与形式是同格的。亚里士多德给出的理由是:"因为一个圆与其'所以为之圆',即怎是相同,灵魂也与其'所以为灵魂'者一样。"②因此,对于亚里士多德来说,在讨论事物本质亦即在给事物下定义的问题上,头等重要的是:在具体事物中,究竟"哪一类的部分属于形式,哪一类不属于形式而属于综合实体。"因为"假如这问题不先弄明白,事物就难为之定义;因为定义是属于形式而具有普遍性的。"③

既然古希腊本质学说的根本缺陷即在于它对本体论、实存论或形而上学同认识论和逻辑学的混淆,则为要救治传统本质学说的这种弊端,首先就需要在本体论、实存论与认识论和逻辑学之间作出区分、划定界限,进而从本体论和实存论的立场来思考和理解本质问题。兴许正是出于这样一种考虑,阿奎那在其重要哲学论著《论存在者与本质》中一开始就提出了区别实存论的或形而上学的概念与逻辑学的概念问题。在那里,他明确地把本质(essentia)界定为实存论的或形而上学的概念,视为"理智的原初概念"(Primo intellectu concipiuntur),而把属相(genus)、种相(speciem)和种差(differentiam)概念界定为"逻辑概念"(intentiones ligicas)。④ 阿奎那虽然也承认传统意义上的主谓词逻辑,也认为我们也可以藉命题的真实性来言说存在者(ens),但是我们却不能够说,凡这样的命题都能够肯定事物实际存在。例如,我们虽然可以说"肯定与否定是相对立的"以及"盲是存在于眼中的",但是,其中所涉及的"否定"(negationes)和"缺乏"(Privationes)一类字眼尽管也可以称做"存在者",然

①　柏拉图:《智者篇》257B—C,258B—C。柏拉图在《智者篇》中集中讨论了后人所谓"通种论"的问题,讨论了存在与非存在的关系问题,提出了"非存在者存在"和"存在者不存在"的著名命题。但是,正如柏拉图专家泰勒所说:"《智者篇》的主要兴趣是逻辑的。"A.E.泰勒:《柏拉图:生平及其著作》,谢随知等译,济南:山东人民出版社1991年版,第532页。

②　Aristotle,*Metaph.*,1035b30−1036a5.

③　Aristotle,*Metaph.* 1036a25−30.

④　Cf.Thomas de Aquino,*De ente et essentia*,Prooemium.

而,它们却"并不具有本质"(quae essentiam non habent)。① 因此,在阿奎那看来,言说存在者的这样一种方式是产生不出"本质"来的。这样,阿奎那就从原则上排除了从语言学和主谓词逻辑的角度考察本质的可能性,从而把本质概念的讨论严格控制在实存论的或形而上学的维度,严格控制在具体的"个体事物本身或具有偶性的实体"的范围之内,从而从根本上突破了古希腊哲学本质理论的抽象性的局限,而他的本质学说也因此而具有明显的具体性的和实存论的性质。具体性原则和实存性原则乃阿奎那本质学说的一项根本特征。

三、阿奎那本质特殊学说的理论结构:本质的层次性与个体化原则

阿奎那不仅针对古希腊的本质学说,坚定地把他的本质学说奠放在实存论的或形而上学的基础之上,鲜明地强调了本质的实存论性质,而且还从实存论的和形而上学的角度和高度对他的本质特殊的观点作了多方面的论证,从而大体上建构了一个具有相当规模的理论体系。而本质的层次性观点与个体化原则则是阿奎那用来构建他的本质特殊学说体系的两项基本原理。

首先,本质的层次性原则或类型学原则是阿奎那用来构建其本质特殊学说的一项基本原理。这与他的形而上学体系或实体学说的体系是完全一致的。按照中世纪哲学家尤其是阿奎那的观点,我们大体上可以把实体区分为三种类型,这就是:上帝、精神实体和物质实体。阿奎那认为,虽然所有"存在者"的本质都是各各不同的,但是,这并不妨碍我们对本质在各类实体中的"存在方式"作出类型学的分析。这也是非常自然的。既然有三种类型的实体,也就势必存在有三种类型的本质。这就是:在上帝身上所发现的本质,在"受造的理智实体"中所发现的本质,以及"在由质料和形式合成的实体中所发现"的本质。这三种类型的本质在内容上或构成方面相互区别(这也是本质特殊的一个重要表征),构成了阿奎那本质学说体系的三个基本层面、基本环节或要素。

阿奎那用以区分或划分本质三种类型或三个层面的基础或根据从表面上看是实体的类型,而从更深的方面看,则在于这样三种类型的实体的本质在构成方面的差别。正是基于这样一种考虑,阿奎那在讨论本质的这样三个层面或三种类型时,首先将实体区分为"单纯实体"和"复合实体"。在阿奎那这里,复合实体(substantiarum compositarum)其实也就是我们通常所说的物质实体或感性实体。阿奎那认为,这样一种实体的本质是由形式与质料复合而成的。这是十分自然的。因为既然像人有躯体又有灵魂一样,所有的复合实体都是既有质料也有形式的,那么,唯一的可能性便

---

① 　Thomas de Aquino, *De ente et essentia*, cap.1, par.1. 这与我们在前面所引述的柏拉图在《智者篇》中所强调的"非存在"也是一种"具有其本质"的事物的立场正好相反。

在于："所谓本质,在复合实体的情况下,无非意指由质料与形式复合而成的东西。"①
他用味觉打比喻说:尽管味觉是由溶解含水分的事物的动物的发热的活动造成的,尽
管热气在这种情况下是甜味的原因,但是,一件事物之被称为甜的,并不仅仅是由于
它的温度,而是由于它的味道,而它的味道是整合了热气与含水分的东西的。阿奎那
据此得出结论说:"我们不能够说单单形式和质料中的任何一方都可以称作复合实
体的本质。"②

在具体阐述这一观点时,阿奎那特别批评了那种认为形式即事物的本质的观
点。③ 他强调说:"单单形式并不能构成复合实体的本质,即便有人极力主张这样。"
他还进一步论证说:"自然实体的定义不仅蕴含有形式,而且还蕴含有质料;否则,自
然实体的定义与数学定义就会毫无二致。"④在把物质实体或感性实体称做复合实体
的同时,阿奎那把数理实体或天使等精神实体或"受造的理智实体"(substantiis
creatis intellectualibus)称做"单纯实体"(substantiae simplicis)、"独立实体"或"脱离
质料的实体"(substantiis separatis),其用意显然在于表明:"复合实体与单纯实体的
本质之间的差别在于:复合实体的本质不单是形式,而是包含形式与质料两个方面,
单纯实体的本质则单单是形式。"⑤关于本质构成方面还有一点需要指出的是,阿奎
那虽然常常把作为"第一因"的上帝同灵魂、灵智(intelligentia)并称为精神实体或脱
离质料的实体,但是,他还是到处把上帝同其他精神实体严格区分开来,到处强调上
帝的"绝对单纯性",强调上帝的本质即是"他自己的存在(deus,cuius essential est ip-
summet suum esse)"。⑥

总之,在阿奎那看来,"实体之具有本质可以有三种方式",这就是:在上帝身上
所发现的本质,在受造的精神实体中所发现的本质,以及在受造的物质实体中所发现
的本质;而且,正是由实体之具有本质的这样三种方式决定了本质的三个等级或三个
层次,而决定本质的层次性或等级差别的不是别的,正是本质的构成性特征。为鲜明
计,我们不妨将它们之间的关系列表如下:

$$\text{本质}\begin{cases}\text{上帝}\text{-----------}=\text{他自己的存在}\\[4pt]\text{受造物}\begin{cases}\text{受造的精神实体/单纯实体}=\text{形式}\\[2pt]\text{受造的物质实体/复合实体}=\text{形式}+\text{质料}\end{cases}\end{cases}$$

如果说我们刚刚讨论过的本质的层次问题尚属于阿奎那本质特殊学说的表层结

---

①　Thomas de Aquino,*De ente et essentia*,cap.2,par.3.

②　Thomas de Aquino,*De ente et essentia*,cap.2,par.3,1.

③　不难看出,阿奎那在这里所批评的其实也就是亚里士多德在《形而上学》第7—8卷中所申明的
观点。

④　Thomas de Aquino,*De ente et essentia*,cap.2,par.1.

⑤　Thomas de Aquino,*De ente et essentia*,cap.4,par,5.

⑥　Thomas de Aquino,*De ente et essentia*,cap.5,par.1.

构方面的内容的话,则本质的个体化原则(individuationis principium)则明显更进一步,属于阿奎那本质特殊学说深层结构的内容。因为如果说本质的层次性关涉的是阿奎那本质特殊学说的静态结构的话,本质的个体化原则关涉的则是阿奎那本质特殊学说的动态机制或生成机制。阿奎那在其对复合实体或物质实体的本质的说明中曾对他的这一原则作了极其充分的说明。按照阿奎那的观点,凡是具有本质的事物都是实存的和具体的事物,而凡是实存的和具体的事物也必定都是个体的事物。就复合实体或物质实体而言,事物的本质既然是由质料和形式复合而成的,则阿奎那关于复合实体的本质的个体性自然也就从质料与形式两个方面入手。阿奎那在这方面所作出的最引人注目的努力便是将复合实体的质料明确规定为复合实体的"个体化的原则"。"原则"一词在拉丁文中有"原因"、"根源"和"根据"的意涵,阿奎那既然把质料规定为复合实体的个体化的原则,自然也就视质料为个体化的原因、根源和根据,这同柏拉图视理念为个体事物的原因、根源和根据以及亚里士多德视形式为个体事物的原因、根源和根据的做法是迥然相异的。

值得注意的是,阿奎那不仅提出了质料为复合实体的个体化原则这样一条原理,而且还进一步提出了"特指质料"(materia signata)的问题。按照阿奎那的理解,人的本质与苏格拉底的本质是不同的。它们之间的差异究竟何在呢?就质料方面而言,这就是特指质料与泛指质料的不同。诚然,在共同关乎苏格拉底和加利亚的人的定义中也涉及骨头和肌肉,但是,这里所涉及的并不是这根骨头和这块肌肉,因为倘若如此,这样界定的人的定义如果适合于苏格拉底的话,就一定不会适合于加利亚了。因此,人的定义所关涉的就只能是那种"绝对的骨和肉"(os et caro absolute),一种"非特指的质料"(materia non signata),或曰"泛指质料"。然而,苏格拉底的本质所关涉的,就绝不应当是"绝对的骨和肉",因为倘若如此,这样界定的苏格拉底的本质,就一定也同时适合于加利亚了,从而也就不再仅仅是苏格拉底的本质,而成了苏格拉底和加利亚所共有的本质了。因此,苏格拉底的本质所关涉的就只能是"这根骨头和这块肌肉"(hoc os et haec caro),一种"特指质料"(materia signata)。[1] 阿奎那在谈过所有这一切后强调指出:"很显然,人的本质与苏格拉底的本质,除去特指与泛指外,便没有什么不同。"[2]

复合实体的本质的个体化原则除了体现为"特指质料"外,还体现为"个体化形式"。与将质料区分为"特指质料"和"泛指质料"相呼应,阿奎那也将形式区分为"形式本身"和"个体化的形式"。按照阿奎那的解释,无论在精神实体中还是在物质实体中都有一个"个体化形式"的问题,区别仅仅在于:在精神实体(如天使)中,形式的个体化不是由于质料而是"藉其自身而个体化的"(ipsae formae per se individuan-

---

① Thomas de Aquino, *De ente et essentia*, cap.2, par.4.

② Thomas de Aquino, *De ente et essentia*, cap.2, par.5.

tur)，相反，在物质实体中，形式的个体化则是由于"质料"的缘故。因此，在精神实体中，"形式本身"与"个体化形式"就是一回事，相反，在物质实体中，"形式本身"就区别于"个体化形式"。① 因为在物质实体中，"形式本身"无非是物质实体的作为"物种原则"的"公共形式"（forma communi），属于该个体事物的"实质"或"本性"的范畴，但是，一旦这种公共形式由于与质料结合的缘故而被个体化，则这种"个体化了的形式"就因此而转化成了该个体事物的特殊本质。②

在对阿奎那的层次性观点和个体化原则作出上述考察之后，我们便大体上可以发现阿奎那本质特殊学说的理论结构的整体框架：从表层结构看，我们可以把阿奎那的本质特殊学说理解为"上帝—精神实体—物质实体"这样三个基本维度；然而，倘若从深层结构看问题，我们又不妨把阿奎那的本质特殊学说理解一个生成过程，一个本质被个体化的过程，当然，归根到底，推动受造特殊本质个体化的"第一因"或第一推动者，毫无疑问，是作为纯粹存在活动的"绝对单纯"的上帝。

四、阿奎那本质特殊学说的历史意义与现时代意义

阿奎那的本质特殊学说既然，如上所述，从根本上颠覆了传统的古希腊本质学说，也就势必在西方本质学说史上享有崇高的地位，对中世纪的乃至后世的神哲学思想产生重大的影响。

阿奎那的本质特殊学说在西方人学史上享有崇高的地位。我们知道，古希腊时代的大多数哲学家，尤其是毕达哥拉斯和柏拉图，往往是视人的身体为人的灵魂的监狱和坟墓的，因此，对于他们来说，所谓人学其实不过是一种"魂学"或"灵学"。从这个意义上讲，古代希腊是根本不存在什么人学的。至中世纪（广义上的），这种状况才发生了根本变化。在教父哲学家和经院哲学家看来，身体不仅不再是人的灵魂的监狱，反而成了"上帝的殿堂"（德尔图良语）。甚至灵魂也不像古希腊哲学家所断言的那样只是"一片空灵"，"物质性灵魂"的概念自希腊护教士塔提安（Tatian，约110—172年）提出之日起，就一直受到人们的推崇。但是，在很长一段时间，人们由于受到柏拉图思想的羁绊，对身体的地位的认识始终摇曳不定。奥古斯丁虽然曾提出过身心两个实体的概念，但是对于他来说，身心关系依然是一种"主从关系"。③ 只是到了阿奎那这里，身体在人学中的地位才获得了比较充分的肯定：不仅与灵魂一起构成了个体的人的本质的一个不可或缺的成分，而且唯有作为"特指质料"的身体才构成人的本质的个体化的"原则"。这就在一定意义上根本颠倒了古希腊的乃至奥古斯丁的人学公式，从而在西方思想史上真正开启了关于全整的人的学说。

---

① Thomas Aquinas, *Summa Theologica*, Ia, Q.3, a.3.

② Cf. Thomas Aquinas, *Summa Theologica*, Ia, Q.29, a.2.

③ 参阅奥古斯丁：《论公教会之路》第1章第6节。在其中，奥古斯丁强调指出：人是"一个使用可朽及世间肉体的理性灵魂"。参阅赵敦华：《基督教哲学1500年》，第162页。

阿奎那的本质特殊学说在西方灵魂学说史上的地位也是非常重要的。在古希腊哲学家那里，灵魂作为精神实体，其本质是理性的，或者说，就其应然形态而言，是理性的。至少就柏拉图的立场看是如此。亚里士多德虽然断言人的灵魂也有营养功能和感觉功能，但是，无论如何，唯有理性才是人的灵魂的根本规定性。正因为如此，亚里士多德宣布："对于人，符合于理性的生活就是最好的和最愉快的，因为理性比任何其他的东西更加是人。"①由此看来，从总体上讲，古希腊人的灵魂观念原则上是一个"类概念"。奥古斯丁虽然提出了灵魂的"个体性"问题，提出了"我的灵魂"的概念，但是既然他提出了"双重人格论"，强调"内在的人"是"理性灵魂的深幽之处"，则他便依然没有摆脱古希腊哲学对他的影响。② 阿奎那的老师大阿尔伯特在解说人的灵魂的个体性方面无疑前进了一大步，因为他不仅强调了人的灵魂自身作为精神实体是"是这个"，而且还断言当灵魂与身体结合在一起的时候以及分离之后都始终保持着他的"是这个"的个别存在。然而，大阿尔伯特对人的灵魂的"是这个"，特别是与人的身体结合在一起的灵魂的"是这个"何以可能的问题并没有给予具体的说明。阿奎那既然提出并阐述了质料是复合实体本质的"个体化原则"以及"形式的个体化"或"个体化的形式"这样一些重大理论问题，则他对人的灵魂的个体化问题便可以说是给了一个比较系统的说明。阿奎那的灵魂学说对于基督宗教的个人灵魂不朽、灵魂救赎和末日审判等多项教义和有关神学理论的功用是不言自明的。

此外，阿奎那的本质特殊学说以及与之相关的个体化思想，尤其是他的"特指质料"和"形式个体化"理论，无论是与萨特的"为我的存在"，还是与海德格尔的"此在"概念都有诸多"疑似"之处。也许正是在这个意义上，美国存在主义哲学家威廉·巴雷特才断言："圣托马斯似乎是个存在主义者。"③

第三节　阿奎那特指质料学说的变革性质及其神哲学意义

相对于古希腊哲学的基于本质主义和实体主义的本质论，阿奎那的本质论的变革性质不仅在其强调本质的实存性、合成性、潜在性和特殊性方面有鲜明的表现，而且在他的特指质料学说中也有其鲜明的表现。本文的根本目标即在于通过对质料的类型学和发生学考察，阐述阿奎那特指质料的实存论意蕴和生成机制及生成性功能，解说阿奎那在质料学说方面对古希腊哲学的变革及其神哲学意义，并顺便论及

---

① 　亚里士多德：《尼各马可伦理学》第 10 卷，第 7 章。
② 　参阅奥古斯丁：《论教师》第 1 章，第 2 节。
③ 　威廉·巴雷特：《非理性的人：存在主义哲学研究》，第 110 页。本节原载《哲学动态》2006 年第 8 期，收入本著时，小作修改。

materia signata 的中文翻译问题。

一、阿奎那特指质料学说的提出：对传统质料学说的重大变革

阿奎那的质料学说同传统质料学说的关系是复杂的，一方面，它同西方传统质料学说有这样那样的关联，但另一方面它又对传统质料学说进行了一系列根本的改造，从而构成了其自然哲学中乃至其整个神哲学体系中一项特别具有创意的内容。

质料学说在西方哲学史上是一个相当古老的学说。但是，长期以来，古代哲学家，至少是柏拉图及其以前的哲学家，都一直强调质料的普遍统一性或同一性。毕达哥拉斯很可能是西方哲学史上第一个提出"质料"范畴的哲学家。他从他的数本体论的高度，把"不定的质料"界定为"二"，宣布："万物的本原是一。从一产生出二，二是从属于一的不定的质料"，"从完满的一与不定的二产生出各种数目"，进而"创造出有生命的、精神的、球形的世界。"[①]柏拉图则从理念论的高度，视原始混沌的无形无状的"质料"为"场所"或"空地"，而宇宙万物则无非是巨匠或造物主将理念"原型"加诸"质料"的结果。[②] 但是，问题在于：毕达哥拉斯和柏拉图所说的这种无差别的普遍统一的质料何以能够在与普遍的"完满的一"和"理念"的结合中转化成形形色色的具有特殊本质的个体事物？

亚里士多德似乎意识到了毕达哥拉斯和柏拉图质料学说中存在的这样一种困难，断言他们的质料学说对于解释事物的"个体存在"毫无帮助。[③] 于是亚里士多德另辟蹊径，力图用他的"质型论"和"潜在—现实说"来解释质料与形式的关系，在强调实体乃质料与形式的合体的同时，一方面把质料宣布为形式的潜在，另一方面又把形式宣布为质料的潜在性的实现。这样，亚里士多德就一方面通过他的"质型论"摆脱了毕达哥拉斯和柏拉图的质料学说的外因论的窘境，另一方面又借助他的"潜在—现实说"似乎向人们提供了一种解说具有特殊本质的个体事物生成过程的理论范式。但是，在亚里士多德那里，问题并没有得到解决。这首先是因为亚里士多德虽然藉他的"潜在—现实说"提出了普遍统一的质料向具有特殊本质的个体事物的转化问题，但是，既然在他那里，质料依然是无差别的一般状态，而形式又只是一种普遍本质，则它们的结合何以转化成具有特殊本质的个体事物的问题就依然存在。亚里士多德的功绩与其说是解决了问题，倒不如说是提出了问题。更有甚者，亚里士多德的质料学说非但不能解决这一问题，反而从根本上堵塞了解决这一问题的道路。这

---

①　第欧根尼·拉尔修：《著名哲学家的生平和学说》第 VIII 卷，第 1 章。

②　Cf.Plato，Timaeus，48e-52c.Also cf.Aristotle，Physics，iv，text，15；Thomas de Aquino，*Summa Theologiae*，Ia，Q5，a3；.Ia，Q66，a1.Plotinus has explained matter as"privation（kakon）"and"the image of being（eikon）".

③　参阅亚里士多德：《形而上学》第 1 卷第 9 章 991a14—15。载北京大学哲学系西方哲学史教研室编：《西方哲学原著选读》上卷，第 127 页。

是因为既然质料如亚氏所说,是潜在的,则它之扮演转化成具有特殊本质的个体事物的"主体"或"基质"的角色也就因此而失去了依据。①

这样,摆在阿奎那面前的问题便是:质料之谜的谜底究竟在哪里？如果像亚里士多德这样伟大的哲学家都不能给出走出质料迷宫的阿里阿德涅(Ariadne)之线,那么,亚里士多德是否一开始就遭遇到了一个假问题。换言之,是否古希腊人所面对的本来就是一个根本没有谜底的永恒之谜。也许正是对这样一个问题的意识,阿奎那才在几经尝试之后,最终提出了他的著名的"特指质料"的学说。② 毋庸讳言,阿奎那最初也曾试图沿着亚里士多德的路线前进,并尝试着用"形体形式"(forma corporeitatis)来解决这一难题,但他很快就放弃了这项努力。而阿奎那之所以放弃这项努力,其根本缘由不是别的,而是在于他越来越清楚地认识到:古希腊哲学家毕达哥拉斯、柏拉图乃至亚里士多德所讨论的那样一种质料根本就缺乏实存论的基础。因为"自然中根本没有完全不与现实性相联结的潜在性","总有一定的形式与原初质料相联结"。③ 既然如此,则他们所讨论的从普遍统一的质料向具有特殊本质的个体事物的转化问题原本也就因此而成了一个子虚乌有的问题。正是在对古希腊质料学说的这样一种反思和自我反省的基础上和背景下,阿奎那提出了他的"特指质料"范畴,并比较系统地论述了他的"特指质料"学说。

阿奎那的特指质料学说的提出是对传统质料学说的一种根本性的变革和实质性的超越。这种变革或超越首先在于:通过对质料的类型学分析,突出和强调了特指质料的实存性质,强调了特指质料不再是那种无任何规定性的理念性的东西,而是一种具有空间维度的量的实存的东西。其次,特指质料不再是如古希腊哲学家所说的那样一种具有普遍意义的抽象物,而是一种本身即为"这一个"或"是这个"的个体化的东西。最后,特指质料本身既非柏拉图和柏拉图派所说的那样一种"缺乏"或"非存在",也非亚里士多德所说的那样一种潜在,而是本身即具有存在、形式和现实性的东西。不仅如此,它作为个体化原则,在一定程度上,还是"第一主体"和个体化形式的成因。下面,我们就依次对阿奎那特指质料学说的这些内容作出扼要的阐述。

二、质料的类型学分析与特指质料的实存论性质

按照阿奎那的质料学说,我们可以把质料区分为"原初质料"、"泛指质料"和"特指质料"这样三种类型。阿奎那的特指质料一方面与原初质料相区分和对照,另一方面又与泛指质料相区分和对照。阿奎那对特指质料的实存论性质的论证就是建立在他对质料的这样一种类型学分析的基础之上的。

---

① 参阅赵敦华:《基督教哲学 1500 年》,第 385—386 页。

② 参阅赵敦华:《基督教哲学 1500 年》,第 386—387 页。

③ *Saint Thomas Aquinas Philosophical Text*, ed. by T. Gilby, London：Oxford University Press, 1960, p.151.

　　首先,阿奎那的特指质料是一种与原初质料相区分和对照的质料。在考察这种区分和对照时,我们需要特别予以注意的是:阿奎那是从实存论、本体论、自然哲学或形而上学与逻辑学的区分的角度或高度来看待和处理二者的差异和区分的。在阿奎那看来,古希腊哲学家之所以在质料问题上身陷迷宫而不能自拔,最根本的原因即在于他们从根本上模糊了逻辑学与实存论和本体论的界限,把原本属于逻辑学范畴的东西误作实存论或本体论的东西。因此,他自己的根本努力即在于在逻辑学与实存论之间明确地划出界限。① 按照阿奎那的理解,我们可以把毕达哥拉斯和柏拉图所说的那种无任何规定性的质料以及亚里士多德所说的作为潜在的质料理解为"原初质料"(materia prima)。毫无疑问,这样一种原初质料确实是具有古代哲学家们所说的那样一种普遍性的,然而它也正因为如此而只是一种"逻辑概念"(intentiones logicas),而根本不属于实存论的、自然哲学的或形而上学的范畴。阿奎那虽然沿袭了亚里士多德的"质型论",强调个体事物的本质是由质料与形式结合而成的,但是在具体阐述复合实体的特殊本质时,阿奎那还是非常鲜明地指出:[原初]质料"并不构成认识的原则;一件事物之归属于它的属相或种相,也不是由它的[原初]质料决定的"。② 不仅如此,阿奎那在谈到作为个体化原则的质料时,又进一步强调指出:"我们应当明白:并非以任何方式理解的质料都能够构成个体化原则,只有特指质料(materia signata)才行。"③诚然,阿奎那所说的这句话也关涉到泛指质料与特指质料的区别,但也毕竟同时关涉到原初质料与特指质料的区别。这是非常清楚的。既然原初质料只是一种普遍性的逻辑概念,它也就根本不可能构成复合实体的特殊本质,构成实存事物的个体化原则。

　　其次,在阿奎那看来,特指质料也是一种与泛指质料相区分和对照的质料。泛指质料(materia non signata)与原初质料不同。如果说原初质料是一种与实存的个体事物无关的逻辑概念的话,泛指质料则是一种与实存的个体事物有所关联的概念。阿奎那曾用人性概念(hoc nomen humanitas)和人的概念(hoc nomen homo)的差别来解说这种区分。阿奎那指出:"人这个词和人性这个词虽然都是意指人的本质的,但是,如上所述,④它们意指的方式却并不相同。因为人这个词所意指的是作为整体(ut totum)的人的本质;换言之,是就这本质非但不排除质料的指定,反而内在而含混地蕴含有它,就像我们说属相包含着种差那样。⑤ 所以,人这个词是用来述说个体的。但是,人性这个词却是意指作为人的部分(ut partem)的人的本质的,因为在它的意涵中所内蕴的只是那属于人之所以为人的东西,而排除了一切指定性,从而也就不

---

① Cf.Thomas de Aquino,*De ente et essentia*, prooemium.

② Thomas de Aquino,*De ente et essentia*,cap.2,par.1.

③ Thomas de Aquino,*De ente et essentia*,cap.2,par.4.

④ Cf.Thomas de Aquino,*De ente et essentia*,cap.2,par.11.

⑤ Cf.Thomas de Aquino,*De ente et essentia*,cap.2,par.5.

可能用来述说个体的人。"①在《论存在者与本质》的另一处,阿奎那在阐述原初质料与泛指质料的差别时,又进一步以同一个事例强调了原初质料的逻辑学意义。他指出:"我们虽然说人是理性的动物,但人却不是在人是由身体和灵魂组合而成的意义上由'动物'和'理性'组合而成的。因为人被说成是由身体和灵魂组合而成,所说的是由这两样东西构成了第三样东西;而这第三样东西是不同于这两样东西中的任何一个的:人实际上既不是灵魂,也不是身体。但是,人在一定意义上被说成是由动物和理性组合而成的,这并不是在说人是由这两样东西组合而成第三样东西,而是在说人是由这两个概念组合而成为第三个概念。"②但是,泛指质料,既然是泛指的,也就与特指质料有别。阿奎那在解说人的定义和苏格拉底的定义的差别时,曾对泛指质料与特指质料的区分作了经典的说明。他说:"我所谓特指质料是指那种被认为有限定的维度的质料。不过,这种质料并不是被安置在人之为人的定义中,而是被安置在苏格拉底的定义中,如果苏格拉底有定义的话,事情就是如此。然而,被安置在人的定义中的是一种泛指质料。因为在人的定义里所安置的,并不是这根骨头和这块肌肉(hoc os et haec caro),而只是绝对的骨和肉(os et haec caro absolute),而这种绝对的骨和肉正是人的泛指质料。"③这就是说,尽管与作为逻辑概念的原初质料相比,泛指质料对实存的个体事物也有所指,但它毕竟只是一种抽象概念,不能像特指质料那样构成实存的个体事物的特殊本质,不能用来述说个别实体或"个体的人"。

至于特指质料既区别于原初质料又区别于泛指质料的基本规定性,阿奎那也讲得很清楚。这就是"有限定的维度(determinatis dimensionibus)的质料"。而且,按照阿奎那的说法,这样一种质料,既不可能存在于精神实体中,也不可能存在于我们的心灵中,而只能存在于个体实体中,存在于"苏格拉底的定义中"。④ 为了解说特指质料的这样一种实存性质,阿奎那曾把"有限定的量(quantitate dimensiva)"规定为质料(特指质料)的"最初配置(prima dispositio materiale)"。⑤ 他的这一提法后来遭到司各脱的批评,被认为是在用实体的偶性解说具有偶性的实体。⑥ 司各脱的批评虽然也不无道理,但是,在这里,我们想要说的是:阿奎那所强调的是"有限定的量"的规定性的"特指质料",而且是从实体的结构的角度来谈论特指质料的,而司各脱所讨论的则是作为个体实体的偶性的"量",是从实体的偶性的角度和立场来讨论一个物体的量的规定性的。

① Thomas de Aquino, *De ente et essentia*, cap.2, par.13.

② Thomas de Aquino, *De ente et essentia*, cap.2, par.9.

③ Thomas de Aquino, *De ente et essentia*, cap.2, par.4.

④ Thomas de Aquino, *De ente et essentia*, cap.2, par.4.

⑤ Thomas de Aquino, *Summa Theologiae*, IIIa, Q.77, a.2.

⑥ Cf. A. Hyman and J. Walsh, *Philosophy in the Middle Ages*, p.587. 也请参阅赵敦华:《基督教哲学1500年》,第472—473页。

在讨论特指质料的实存论性质时还有一点需要提及的是,阿奎那在对质料作出上述分类之外,还曾用"公共质料"(materia communis)与"个体质料"(materia individualis)、"可理解的质料"(materia intelligibili)与"可感觉的质料"(materia sensibili)等范畴来对质料作类型学的考察。① 不过,阿奎那对质料的这样一些分类同我们刚刚讨论过的三分法大体上是相对应的。而且,其目的也同样旨在强调特指质料的实存性质。因而,我们在这里就不予赘述了。此外,阿奎那在《神学大全》中还曾把质料二分为"可朽坏物体的质料"与"不可朽坏物体的质料"。② 由于他的这样一种分类与我们讨论的当前话题关系不大,我们也就对之不作介绍和分析了。

三、质料的发生学分析与特指质料的生成机制和生成功能

阿奎那的特指质料学说不仅内蕴有质料的类型学分析,而且还内蕴有质料的发生学分析,从而不仅昭示了特指质料的实存论性质,而且还揭示了特指质料的生成机制和生成功能。

应该说,古希腊哲学家亚里士多德就已经从动力学或发生学的角度对质料的生成机制作了比较系统的说明。但是,由于当时亚里士多德是以质料为潜在、形式为现实的理论模式解释质料的生成或现实化的,他也就因此而把推动质料生成或转化的动因完全奠放在形式方面了,从而也就因此而陷入了以普遍形式促成普遍质料转化成个体事物的理论困境。与亚里士多德不同,阿奎那是从更高的理论层次,即从本质与存在的关系的层次,来审视特指质料的生成机制的。在阿奎那看来,特指质料与个体化形式结合而成的仅仅是个体实体或个别事物的本质。但是,无论是形式,还是由形式与质料结合而成的个体事物的特殊本质都不足以保证个体事物的现实存在,甚至也不足以保证特指质料的现实存在。因为,事情一如阿奎那所指出的,对于受造物来说,"存在是某种并非本质或实质的东西。"③既然如此,形式也就因此而丧失了它在亚里士多德那里所拥有的"现实"的品格、功能和地位,而与质料一起降到了"潜在"的地位。真正处于现实地位、推动特指质料与个体化形式结合成个体实体,并且因此而使特指质料现实化的,不是别的正是作为第一因的上帝的创造性存在活动。也正是在这个意义上,阿奎那不止一次地宣布,不是亚里士多德所说的形式,而是上帝,才是个体事物存在和特指质料生成的终极的动力因。在《神学大全》中,当阿奎那批评古希腊哲学家质料学说的错误时,曾经强调指出:"上帝是第一原理(primum principium)",是"属于动力因(causae efficientis)系列的。"④阿奎那在讨论上帝的本质时甚至更为明确地宣布:其本质即为其存在活动的上帝乃"第一动力因"(prima

---

① Cf.Thomas de Aquino, *Summa Theologiae*,,Ia,Q.85,a.1.

② Cf.Thomas de Aquino, *Summa Theologiae*,IIIa,Q.66,a.2.

③ Thomas de Aquino, *De ente et essential*,cap.4,par.6.

④ Thomas de Aquino, *Summa Theologiae*,Ia,Q.4,a.1.

causa efficiens)和"第一活动主体"(primum agens)。① 这就是说,在阿奎那看来,特指质料的生成与现实化,以及特指质料与个体化形式结合而形成个体实体,归根到底,都是由上帝的创造活动决定的。这是我们在理解阿奎那的特指质料的生成机制时应当首先注意到的。

在我们对特指质料的生成机制作出上述初步考察之后,我们便有可能在这一前提下对它的生成性功能展开比较具体的分析了。毋庸讳言,就精神实体而言,形式是在没有质料的状态下存在的。但是,在自然哲学范围内,阿奎那毕竟是严格恪守亚里士多德的"质型论"的。这就是说,在阿奎那看来,在自然实体中,质料与形式是相互结合、相互依存、相互关联的。阿奎那在讨论它们之间的关系时,常常使用的一个字眼便是"相互(invicem)关联"。如果一切确实如阿奎那所反复强调的,"复合实体的本质不单是形式,而是包含形式与质料两个方面",②事情也就不能不如此。而且,也正是在这样的语境下,阿奎那很少简单照搬亚里士多德"质料—潜能,形式—现实"的说法,而是常常将"质料—形式"捆绑在一起讲,而根本反对从外在关系的立场来理解和界定它们之间的关系。③

但是,由此又生发出了另外一个人们常常提出的问题,这就是:为什么阿奎那不曾将形式也视作自然实体的个体化原则,而单单将特指质料视作自然实体的个体化原则呢? 这个问题如果仅仅就阿奎那的自然哲学看,是相当让人费解的,也是很难解释清楚的。但是,我们倘若从阿奎那的整个形而上学体系看问题,事情就会变得简单得多了。因为在阿奎那看来,如果说上帝自身的存在活动是上帝的个体化原则,形式是受造的精神实体(天使)的个体化原则的话,则质料(即特指质料)就一定是受造的物质实体的个体化原则了。其次,对于阿奎那来说,把形式视为物质实体的个体化原则就意味着他在重复毕达哥拉斯、柏拉图和亚里士多德的错误,意味着他也将打算从普遍的形式演绎出具有特殊本质的个体事物。因为,如所周知,阿奎那是把形式本身与个体化形式作了严格区分的。在阿奎那看来,形式本身具有一种普遍性,但是其作为受造的精神实体的本质,却是个体性的。然而,形式就其作为受造的物质实体的组成部分而言,则一定是被个体化了的。就像人的灵魂一样,就其作为一种精神实体,它毫无疑问具有一种普遍性,相对于不同等级的天使来说,它是个体性的,然而就其作为苏格拉底的形式而言,则一定是个体化了的。

现在的问题是:究竟是什么力量推动普遍形式实现其个体化的。我们固然可以把形式个体化(灵魂个体化)的动因说成是上帝,但是,在这种场合下,上帝毕竟是以第一因或终极因的身份出现的,如果我们从"质型论"的角度看问题,我们就不能不

---

① Thomas de Aquino, *Summa Theologiae*, Ia, Q.3, a.2.
② Thomas de Aquino, *De ente et essential*, cap.4, par.4.
③ Cf. Thomas de Aquino, *De ente et essential*, cap.2, par.2.

从特指质料方面来寻找形式个体化的成因了。阿奎那讲特指质料为"个体化原则（*individuationis principium*）"，所强调的也正是这样一层意思。因为"原则（principium）"一词在拉丁文中的原始意义正在于"原因"、"根源"和"根据"。既然阿奎那将特指质料规定为物质实体的个体化的原则，他也就自然视特指质料为物质实体及其形式个体化的原因、根源和根据了。也许正是在这一意义上，阿奎那才不止一次地将特指质料（质料）宣布为"支撑主体的第一位的东西（primum subiectum substans）"，[①] 甚至径直将其称作"第一主体（primum subiectum）"。[②]

四、materia signata 的中文翻译

既然我们已经初步阐述了特指质料的实存论性质、生成机制和生成性功能，我们便有可能对这一词组的中文翻译谈一下我们的看法了。

阿奎那是一个生活在 13 世纪的西方人。当 21 世纪的中国学者尝试着理解阿奎那时，我们便在所难免地遭遇到两重困难。其中一个是由时间间距造成的，另一个则是由空间间距造成的。这也就给我们的翻译工作带来种种困难。当我们面对 materia signata 一词的理解和翻译时，我们就不时地感受到这些困难。中国的台湾学者曾将其译作"可限定之质料"。[③] 我们觉得这种译法不够准确。首先，如上所述，在阿奎那那里，特指质料是对照原初质料提出来的。原初质料作为一个逻辑概念，自身固然是无任何特殊规定性的。但是，也正因为如此，我们便可能给它添加上任何一种规定性，也就是说，原初质料即是一种"可限定的质料"。这样一来，台湾学者的这样一种译法的根本弊端也就正在于从根本上模糊了特指质料与原初质料的界限。其次，如上所述，在阿奎那那里，特指质料也是一种同泛指质料相对照的东西。而特指质料与泛指质料的根本差别却正在于：泛指质料是一种虽然有所限定但是尚"可以"对之作出进一步具体限定并且如果要对个体实体的本质作出具体界定就必须对之作出进一步具体限定的质料，而特指质料则是一种"已经"受到某种具体的和特殊的限定的、本身即具有标志"这一个"或"是这个"功能的质料。鉴此，我们认为还是将之译作"特指质料"较为妥帖。因为在中文中"特"这个词具有鲜明的个体性和限定性意蕴，从而较好地表达了 materia signata 的原始意义和基本意义。

五、阿奎那特指质料的神哲学意义

中世纪哲学的学说都有神学背景，阿奎那的"特指质料"学说也不例外。为了了解阿奎那的质料观的思想背景，有必要回到奥古斯丁。奥古斯丁首先使用希腊哲学

---

① 　Thomas de Aquino, *Summa Theologiae*, Ia, Q.3, a.2.

② 　Thomas de Aquino, *Summa Theologiae*, IIIa, Q.77, a.2.

③ 　参阅刘仲容：《多玛斯"De ente et essentia"一文译注》，《空大人文学报》1998 年第 7 期。

的"质料"概念注释《创世记》。他把"最初神创造天地"(1:1)解释为"一个近乎上帝的天,一个近乎空虚的地"。就是说,"天"和"地"分别代表了世界的高低两端,"天"是精神,而"地"则是质料。质料既然是上帝创造的,就必然具有某种完善性,不可能像普罗提诺所说的那样,是漆黑一团的空虚,甚至是不存在之"恶";也不可能像亚里士多德所说的那样,是不可指称的、没有任何形状的基底。奥古斯丁把《创世记》的"地是空虚混沌,渊面黑暗;神的灵运行在水面上"(1:1)一句解释为,最初的质料虽然"未赋形相,但已经具有接受形相的条件",它"能够接受形相"。他强调,质料不是虚无,而是"近乎虚无"。①奥古斯丁的解释蕴涵着这样一个意思:质料从一开始(一旦被创造出来)就具有形相。

为了说明质料最初所具有的形相,后来的哲学家创造了"形体形式"(corporeal form)的概念,这被说成是一个事物最初的形式,除此之外,事物还有与它的其他性质相对应的多种多样的形式,这种解释被称为"多型说"。11世纪的犹太哲学家阿维斯布朗(Avicebron)说,组成一个实体的形式像是一个洋葱头,一层包裹着一层,外面的是较特殊的形式,里面的是较普遍的形式,最核心的部分是普遍质料和普遍形式;一切实体都有质料,精神实体有"精神质料",与之结合的形式是最普遍的精神形式;有形实体的质料与最普遍的形式"形体形式"。②这种认为所有实体都是由质料和形式构成的观点被称为"普遍质型论"(universal hylemorphism)。

13世纪经院哲学的托马斯主义者一般都不接受"多型论"和"普遍质型论"。因为亚里士多德认为形式是实体的本质,本质不同于偶性,一个实体的偶性是变化的,多样的,但却只有一个固定不变的本质;另外,"形式"和"质料"在亚里士多德那里是两个不同的范畴,两者只是在有形或可感实体中才是不可分的,无形或不动的实体是没有质料的"纯形式"。阿奎那作为亚里士多德主义的代表反对"多型论"和"普遍质型论",他明确拒斥了"精神质料"、"形体形式"等概念。但他也要回答奥古斯丁所面临的问题:上帝创造的质料是否具有一定的形相。为此,他区分了"原初质料"和"特指质料",或"公共质料"和"个别质料"。前者可以说是抽象概念,它存在于上帝和人类的理智之中;后者表示是可感的现实存在。或者说,存在于可感世界的质料从一开始就是有具体形相的。这样,阿奎那既避免了用"形体形式"等非亚里士多德的概念来解释质料的形相,也避免了把质料视为不存在的虚空的非创造论的解释。

"特指质料"的学说为基督宗教的"灵魂不朽"教义提供了新的神学解释。基督宗教所说的"灵魂不朽"是个人的灵魂不朽,这与希腊哲学的"灵魂不朽"说有根本差别。柏拉图所说的"灵魂不朽"是生活在不同时间和空间的个人所共有的灵魂的不朽,按照这一观念,一个人死后,其灵魂可以转移到另外(动物或人)的身体中继续存

---

① 奥古斯丁:《忏悔录》第12卷,第8章,第8节。

② Solomon Iben Gabirol, *The Fountain of Life*, in *Philosophy in the Middle Ages*, pp.349-57.

在,这实际上是原始的"灵魂转世"的观念。亚里士多德认为个人灵魂不能离开身体而存在,但他相信所有人的理智灵魂来自一个共同的"积极理智",这个全人类的灵魂是不朽的。阿奎那既反对非基督宗教的"灵魂转世"学说,也反对拉丁阿维洛伊主义把"灵魂不朽"等同为人类共同理智的不朽。

当阿奎那说质料是个体化原则,他的意思是,一个物质实体的形式需要被一个"特指质料"加以个别地"刻画"。具体到"人"这个实体而言,"特指质料"是一个人所特有的身体状况(从生到死的变化着的形状、状态、动作,等等),一个人的灵魂是他所特有的"实质性形式",其之所以是特有的,是因为每一个灵魂都被一个适合它的身体所个别化;没有两个人的身体状况是一模一样的,因此,没有两个人的灵魂是完全一样的。阿奎那可以同意柏拉图所说,人死后,灵魂与身体分开,依然存在(在这一点上他与亚里士多德不同),但根据他的个体化原则,一个人的灵魂不可能转移到另一个身体之中,因为每一个身体只能有一个适合它的灵魂。

阿奎那的"特指质料"概念首次明确地把"形状"作为"能指质料"的属性。这是希腊哲学的"质料"概念朝向近代哲学的"物质"概念转折的一个重要步骤。近代哲学的物质观的基本特征在于它把"广延"或"有边界的广袤"视作物质或自然物体的本质特征。笛卡尔强调指出,物质的"本性""只在于它是一个具有长、宽、高三量向的实体。"[1]霍布斯把物体界定为"与空间的某个部分相合或具有同样的广延"的东西。[2] 现代西文的 matter 虽然来自希腊文的 hyle,但两者的意义完全不同。Matter 与阿奎那的"特指质料"(materia)非常接近,而不同与希腊人所说的没有形相和任何性质的 hyle。阿奎那在讨论特指质料时,又突出地强调了个体化原则。这些也为从笛卡儿到康德的近代哲学的酝酿和发展,提供了可资借鉴的精神资源。[3]

阿奎那的"特指质料"学说是他的哲学创造的典范。在中世纪哲学研究中,有一个流行观点,认为中世纪没有独特的基督宗教哲学,中世纪哲学只是柏拉图主义和亚里士多德主义的残留或延续。中世纪的神学家只是在重复柏拉图或亚里士多德的观点时才能被称为名副其实的哲学家。[4] 按照这一流行观点,阿奎那只是一个亚里士多德主义者而已,他并没有提出超越亚里士多德的哲学观点,在他不同于亚里士多德的地方,有的只是神学,而不是哲学。吉尔松是反对这一流行观点的几个少数哲学家之一。他提出了中世纪的基督宗教哲学是在"信仰中建构哲学"的著名论断。[5] 阿奎那的"特指质料"学说符合这一论断。这一学说是突破了亚里士多德的质料观的、具

---

① 笛卡尔:《哲学原理》,北京:商务印书馆 1959 年版,第 35 页。

② 参阅霍布斯:《论物体》第 8 章,第 1 节。

③ Cf.F.Barber and J.E.Gracia, ed., *Individuation and Identity in Early Modern Philosophy*: *Descartes to Kant*, State of New York University Press, 1994.

④ Cf.E.Brehier, 'Ya-t-il une philosophie christienne?', in *Revue de Metaphsique et de Morale*, 38(1931), pp.131–162.

⑤ Cf.E.Gilson, *The Spirit of Medievial Philosophy*, London, 1936, p.35.

有历史意义的创造,但是在神学争论的背景中,按照基督宗教的信仰和教义(如上面所说的"创世说"和"灵魂不朽说")所建构出来的。我们可以说,正是基督宗教信仰和神学的维度和视野,使阿奎那发现了希腊哲学家没有看到哲学道理。如果有人要寻找"基督宗教哲学"的一个例证,让我们指着阿奎那的"特指质料"学说,大声地说,看哪,基督宗教哲学就在这里![①]

第四节　阿奎那公平价格学说的理论基础和基本维度及其现时代意义

"公平价格"学说在中世纪经济思想史上占有非常突出的地位,有学者甚至认为,"如果说中世纪的经济思想有任何贡献的话,那就是'公平价格'理论。"[②]然而,中世纪"公平价格"理论的主要代表人物即为托马斯·阿奎那。因此,具体地研究阿奎那的公平价格学说,全面深入地探究他的这一学说的理论基础和基本维度,澄清一些学者在这些方面的一些误解和偏见,不仅对于我们深入地理解西方中世纪公平价格理论有重大的学术意义,而且我们今天的经济学研究也可望从中获得一些可资借鉴的东西。[③]

一、阿奎那公平价格学说的理论基础:正义与公平的张力结构

与 19 世纪英国经济学家纳骚·威廉·西尼尔(Nassau William Senier,1790—1864 年)极力把经济学变成一种"抽象的演绎的科学"的努力相反,阿奎那从他的具

---

①　本节系段德智、赵敦华合著,原载《世界宗教研究》2006 年第 4 期,收入本著时,小作修改。

②　参阅中国社会科学院研究生院经济系、经济研究所经济思想史研究室编:《外国经济思想史讲座》,北京:中国社会科学出版社 1985 年版,第 54 页。

③　我之所以写这样一篇论文,还出于下面一种考虑,这就是,我国经济学界乃至整个学术界对托马斯·阿奎那其人其著作其思想的了解相对于其他西方大思想家来说比较欠缺,在有关论著中,甚至常识性的错误也时有发现。例如,巫宝山主编的《欧洲中世纪经济思想资料选辑》虽然非常重视托马斯·阿奎那,将他的《神学大全》作为第一部著作予以摘译,但是,在有关"简介"中,却没有根据地说:"大约于 1257 年,他在巴黎获得博士学位。"(巫宝山主编:《欧洲中世纪经济思想资料选辑》,北京:商务印书馆 1998 年版,第 2 页)其实,阿奎那于 1256 年 9 月所获得的只是一个"神学硕士学位",而且据我们所知,阿奎那终身未获得过博士学位。此外,北京大学晏智杰主编的《西方经济学说史教程》对阿奎那的公平价格思想作了比较出色的介绍,并给予了很高的评价,但是,在对阿奎那《神学大全》第 2 集下部问题 77 第 1 条中的一段引文的脚注中却注成"阿奎那:《神学大全》(Summa Theologica),第七章,第一节(二)"。(晏智杰主编:《西方经济学说史教程》,北京:北京大学出版社 2002 年版,第 23 页)。其实,阿奎那的《神学大全》共分四个大的部分,其中第二部分(第 2 集)又细分为"一般伦理学"(上部)和"特殊伦理学"(下部),而他的"正义论"和"公平价格"思想,则主要是在作为《神学大全》第 2 集下部的"特殊伦理学"中讲到的。而且,《神学大全》按照"辩证神学"的写作方式,全部是以"问题"形式展开的,共包含 611 个问题,其中第 1 集含 119 个问题,第 2 集含 303 个问题,第 3 集含 90 个问题,"补遗"含 99 个问题,从而根本无章节之说。

体性原则和个体性原则出发,努力把他的"公平价格"理论置放进具体、现实的政治关系、法律关系、经济关系和伦理关系的社会大框架中,努力从"正义论"、"公平论"以及与之相关的正义与公平的张力结构中来审视和考察"价格"问题。

毋庸讳言,公平价格理论早在古希腊时代就已经初露端倪。柏拉图虽然并未具体地讨论过公平价格问题,但是,他却已经把"正义"原则确立为建构和谐社会(即他所谓"共产主义"社会)的一项基本原则。其后的亚里士多德,则明确地提出了"交换正义"的概念。例如,他在《伦理学》第 5 卷中就明确地指出,存在有两种正义的问题,断言:"一种正义指向分配,而另一种则指向交换。"①在同一部著作中,他还进一步指出,在这两种正义中都有一个"中项"或"平均数"的问题,所不同的只是,分配正义中的中项是根据"几何学的比例"予以持守的,而交换正义中的中项所遵循的却是"算术比例"。②至中世纪,阿奎那的老师之一大阿尔伯特(Albertus Magnus,1193—1280 年)在《〈尼格马可伦理学〉注》第 5 卷中进一步发展了亚里士多德的交换正义思想,不仅提出了"成本价格"的概念,而且还提出了"等价值"的概念。③所有这些思想,都对阿奎那的公平价格学说的酝酿和形成产生了重大影响。

然而,需要强调指出的是,阿奎那不仅是亚里士多德和大阿尔伯特思想的继承者,而且也是他们思想的发扬光大者。而他所作出的超越前人的一项根本努力就在于他把他的公平价格问题放到了一个空前完备和系统的正义论的理论框架中予以考察,从而赋予传统的公平价格理论以空前丰富的内容和意涵。

按照阿奎那的理解,正义不仅是一个极其重大的思想范畴,而且也是一个包含许多思想范畴于自身之内的概念系统。首先,在阿奎那这里,正义有普遍正义和特殊正义之分;而他所谓普遍正义,也就是人们所说的法律正义,这种正义的根本特征在于它直接指向公共善。除作为普遍正义的法律正义外,还有诸多特殊正义。与普遍正义不同,特殊正义虽然也应当以公共善为终极指向,但是它们直接指向的却是特殊善,是他人,甚至是他自己。而在这些特殊正义中,首要的作为其主体部分的则是分配正义和交换正义。其中,公平价格问题就是一个同交换正义直接相关的问题。在分配正义和交换正义之外,阿奎那在讨论正义的构成时还提出了正义的"有机组成部分"和"潜在部分"。其中所谓"有机组成部分"指的是"行善"和"拒恶",所谓"潜在部分"则包含"宗教"(相关于上帝)、"虔敬"(相关于父母、国家)、礼仪、感激、报复、真理、友善、慷慨、公平等。此外,阿奎那在讨论他的正义论时还着力讨论了自然

---

①　亚里士多德:《伦理学》,Ⅴ,2,1130b31。

②　参阅亚里士多德:《伦理学》,Ⅴ,3,1131a29。

③　这里所说的大阿尔伯特也就是我国多数西方经济学说史著作中的艾尔贝托斯·马格努斯。但是,在拉丁文中,马格努斯的基本意思是"大"。因此,一如我们说孔老二、阮小二,并不能因此用老二和小七作为他们的姓名一样,我们似乎也不宜将"大"视作阿尔伯特的姓名,故而我们用大阿尔伯特这样一个称呼。

权利、民族权力和实在权利,讨论了以自然法为基础的"原始正义"问题。关于阿奎那的正义论体系,我们不妨图示如下:

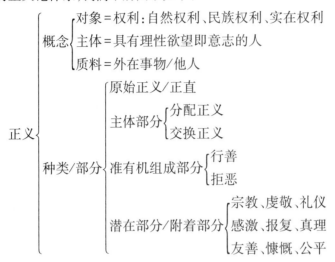

《西方经济学说史教程》一书的作者在"'正义'在经济分析中的运用"的标题下,曾经对阿奎那的正义论概念体系作了比较深入又比较系统的说明,指出:阿奎那的公平价格学说,以其正义论为理论大背景,不仅"实质性地勾画了一个今天我们所称谓的市场经济制度",而且还将这个框架"建立在法制的基础上"。阿奎那从"原始正义"出发,引申出自然法概念,自然法的"永恒"意味着某种恒久不变和不证自明的基本原则,因为它体现了自然物特别是理性受造物生存的内在趋势。它们的一些方面逐渐演变为国家的法律(法律正义),而经济活动的通则即包括在内。在这样的社会里,"正义"表现为三种形式:个人须对社会遵守的一般正义(普遍正义),支配人与人之间交换关系的正义(交换正义),社会应对个人履行的属于分配方面的正义(分配正义)。"阿奎那关于正义的设定涉及生产、交换、消费和分配的各个方面,在某种意义上,它属于市场经济制度规范学。'正义'这个核心概念及其制度层次的引申,表明阿奎那的制度理想正在合乎逻辑地向市场经济演绎。"①尽管这一说明还显得比较粗糙,有所疏漏,但从总体上看,还是比较中肯的。

阿奎那的正义论体系除其百科全书的性质外,还有一点对于我们深刻理解其公平价格学说相当重要,需要我们予以充分注意的,这就是它的相当浓重的人学意蕴。阿奎那的正义论,如上所说,不仅以人权为"对象",以由人—物关系呈现出来的人际关系(个人与他人的关系)为"质料",而且以人的理性欲望即意志或者以具有理性欲望即意志的人为"主体",从而本质上就是一种"人论"。不仅如此,阿奎那把自由的人和人的自由规定为他的正义范畴的一项中心内容。阿奎那认为:正义,作为一种基本德性,是既区别于节制和刚毅,也区别于审慎的。正义之所以区别于节制、刚毅和

①　晏智杰主编:《西方经济学说史教程》,第 22—23 页。

审慎,固然同其以外在事物、以他人为"质料"相关,但是,从根本上讲,这是由于它是以理性欲望(意志),而不是以感性欲望(情感),以实践理性而不是以思辨理性为其"主体"这一点决定的。离开了具有自由意志的人,离开了人的自由,是根本谈不上"正义",从而也是根本谈不上"公平"和"公平价格"的。亚里士多德在《伦理学》第2卷中在论述德性行为时,曾经指出,德性行为的首要条件是"知晓",第二个条件是"自愿"。① 阿奎那则进一步强调指出:"知晓"(operetur sciens)即包含在"自愿"之中,因为在"无知"(ignorantiam)的情况下做事情就是"不自愿"(involuntarium)的。因此,他建议,为了表明"正义行为必须是自愿的","正义的定义首先提到的就应当是自愿(voluntas)"。而且,也正是基于这样一种识见,他断言:关于正义的"完全的定义"(completa definitio)应该是:"正义是一种习性,一个人藉着这种习性经由恒久不变的意志将他人的应得物给予他人(iustia est habitus secundum quem aliquis constanti et perpetua voluntate ius suum unicuique tribuit)。"②

在讨论阿奎那正义论的人学意涵时,还有一点是需要强调指出的,这就是:阿奎那并不是像有些人所猜测的那样,是完全从宗教神学的立场上来处理正义问题的,恰恰相反,阿奎那常常从正义的观点来审视宗教神学。我们的这样一种说法的最有力的证据在于,阿奎那在把交换正义和分配正义理解成"正义的主体部分"的同时,却把"宗教"理解成一种"附着于正义的德性"(virtutes iustitiae annexas),理解成"正义的潜在部分"(de partibus potentialibus iustitiae)。其根本原因就在于,与正义相比,"宗教"德性缺乏正义德性所具有的两种"完满性",即一方面"缺乏对等性理据"(deficit a ratione aequalis),另一方面"缺乏应得权益之理据"(deficit a ratione debiti)。③ 这在西方中世纪是十分难能的,由此也足见阿奎那正义论人文视野的开阔。

阿奎那正义论的第三个值得注意之处在于他努力在正义(法律正义)与公平之间建立一种互补互动的良性关系。既然如上所述,阿奎那把法律正义理解为普遍正义,则在阿奎那的正义论中就势必存在有一个如何恰当地理解法律条文的普适性和局限性的问题。因为法律条文或成文法总是由身处一定时间和一定环境中的立法者针对存在于一定时间一定地区的情势制定的,既然情势是无限多样的,事情总是在发展变化的,则立法者要制定出一种适合于所有情势的法律规则便是一件绝对不可能实现的事情。然而,作为普遍正义和普遍德性的法律正义却要求法律去适合于一切情势,否则,就会使正义的同等性原则受到挑战,从而损害公共善。法律正义面临的这样一种两难处境便提出了公平的问题以及在正义(法律正义)与公平之间建立一种互补互动的良性关系的问题。在谈到这个问题时,阿奎那曾经例证说:法律要求凡

---

① 参阅亚里士多德:《伦理学》,II,4,1105a31。

② S.Thomae De Aquino,*Summa Theologiae*,II-II,Q.58,a.1.

③ S.Thomae De Aquino,*Summa Theologiae*,II-II,Q.80,a.1.

寄存的东西都应当归还,这在大多数情况下显然是公平的。然而,拘泥于这样一种法律条文,有时却会出现有害的情况,例如,如果一个疯子把他的剑存放起来,然后在其处于疯狂的状态下要求交付,就属于这样一种情况。鉴此,阿奎那提出了"公平在先"的原则,断言:"正义之被用来言说公平是先于它之用来言说法律正义的,因为法律正义(legalis iustitia)是服从公平方向(secudum epieikeiam)的。"①这一点对于我们从更高的理论层次上来理解公平价格理论,理解正义和法律正义无疑是极其重要的。

二、阿奎那公平价格学说的基本维度 I:同等性原则与商品价值论

在初步考察了阿奎那公平价格学说的理论基础之后,我们便有可能对其公平价格学说本身的基本维度作比较具体和深入的考察了。我们的这种考察拟从两个层面展开,一是其价格学说的理论维度,亦即同等性原则与商品价值论;另一个是其价格学说的实践维度,亦即公平价格的实现问题。现在,我们就着手讨论阿奎那公平价格学说的理论维度,讨论他的同等性原则与商品价值论。

在阿奎那看来,公平价格问题或交换正义问题,归根到底是一个恪守同等性原则的问题。首先,就一般正义而论,或者就正义之为正义而论,如上所述,它与包括节制、刚毅和审慎在内的其他基本德性不同,所关涉的不是一种个人的内在感情或思维活动,而是外在运作以及与这种运作相关的外在事物和他人;既然如此,正义问题就势必是一个人们在相互交往或相互交易中如何坚持和维护各自"应得权益"的问题,而这也就是恪守等同性原则问题。正因为如此,阿奎那在阐述其正义论时一而再再而三地重申和强调"同等性"原则,断言:"所谓正义的固有行为(proprius actus iustiti-ae),无非在于把属于每一个人自己的东西给予每一个人。""而所谓每一个人自己的东西也就是按照比例的同等性(proportionis aequalitatem)原则应当归于他的东西。"②他甚至更为直截了当地宣称:"所谓正义行为就是对从他人那里获得的任何物品给予一种公平价格(iustum pretium)","正义就是一种平等性","正义仅仅存在于那些完全平等的东西之间(inter eos quorum est simpliciter aequalitas)"。③ 不仅如此,他还援引亚里士多德的思想,特别地强调了交换正义中所贯彻的"同等性"原则的特殊性。他反复指出,存在有两种正义,一种是分配的正义,一种是交换的正义,前者在于"交往和交流",后者在于"相互给予和接受",前者涉及的是社群与个体的关系,后者涉及的是个体与个体的关系,前者涉及的是物—人关系,后者直接涉及的是物—物关系,前者涉及的是一种"几何比例",后者涉及的则是"算术比例";这就是说,在分配正义和交换正义中,虽然都有一个贯彻同等性原则的问题,但是,在分配正义中,同等

---

① S.Thomae De Aquino, *Summa Theologiae*, II–II, Q.120, a.2.

② S.Thomae De Aquino, *Summa Theologiae*, II–II, Q.158, a.11.

③ S.Thomae De Aquino, *Summa Theologiae*, I–II, Q.114, a.1.

性所依赖的是"物品与个人的比例",而在交换正义中,同等性所依赖的则是"物品与物品的量的均等";换言之,所谓"公平价格",从本质上讲,即是用于交换的物品之间的"量"的或"算术比例"的等同性。① 但是,倘若所交换的物品完全一样,则似乎也就没有交换的必要,从而,"公平价格"问题,说到底是一个计算交换物品之间的"量"的或"算术比例"的等同性的"可公度性"(commensurationem)问题。也正是在这个意义上,阿奎那强调说,"权利或公平所依赖的是与他人的公度性。"②

这样一来,公平价格问题或交换正义问题从理论维度上讲,就最终被阿奎那还原成了一个何以确定交换物品之间的"可公度性"问题,或者说被还原成了一个探究用于交换物品的可公度性究竟何在的问题,亦即商品的价值与价值量问题。而阿奎那对此给出的回答则包含了两项基本内容,这就是"效用"与"成本",前者所关涉的是商品的使用价值,而后者所关涉的则是商品的价值。

首先是"效用原则"。效用原则之所以能够成为实现商品交换正义同等性原则的首要条件、第一"公度"或尺度,乃是由人们进行交换的动机决定的。一如阿奎那所强调指出的,"一种商品与另一种商品交换,或者用钱来交换一种商品,其目的在于满足生活需要。"③因此,"买卖的关系似乎是为着买卖双方的共同利益(communi utilitate utriusque)而建立起来的。"④既然如此,基于效用的价格公平就是一件非常自然的事情了。因为,"买卖关系"既然是"为着共同利益而建立起来的",则在买卖中,就"不应当使一方的负担多于另一方,从而,他们之间的所有的契约也就应当遵循物物对等的原则。再者,为人们所使用的物品的价值是用给它定出的价格来衡量的,……货币也就是为了达到这一目的而发明出来的。所以,一件事物的价格如果超出了其本值的数量,或是相反,这其中就不再有公平精神所要求的对等原则了,从而,出售一件物品高于其本值或买一件物品低于其所值(emere rem quam valeat),其本身就是一种不公平和不合法的事情了。"⑤显然,这里所说的"物品本值"或"物品所值"实际上意指的是物品的"效用"或"使用价值"问题。正是在这个意义上,阿奎那强调说:"可销售物品的价格并不取决于它们本性的等级(gradum naturae),……而是取决于它们对人的有用程度(in usum hominis veniunt)。因此,卖方或买方都无须察知所售物品的潜在性质,而只需了解物品适合人们使用的性质。"⑥他举例说,当一个人在买马的时候,只要马是健壮的、善跑的,能够很好地供他使用也就足够了,至于其他东西则是无关紧要的。他还用真金真银与假金假银的比较说明商品效用的重要性。他

① Cf.S.Thomae De Aquino,*Summa Theologiae*,I-II,Q.21,a.1;II-II,Q.61,a.2.
② S.Thomae De Aquino,*Summa Theologiae*,II-II,Q.57,a.4.
③ S.Thomae De Aquino,*Summa Theologiae*,II-II,Q.77,a.4.
④ S.Thomae De Aquino,*Summa Theologiae*,II-II,Q.77,a.1.
⑤ S.Thomae De Aquino,*Summa Theologiae*,II-II,Q.77,a.1.
⑥ S.Thomae De Aquino,*Summa Theologiae*,II-II,Q.77,a.2.

断言,炼金术士所炼出的假金假银的销售之所以具有"欺骗性和不公平性",归根到底就在于"真金和真银藉其天然的作用所产生的种种效果,往往是炼金术士所炼出来的假金假银产生不出来的。"①例如,真金真银具有使人赏心悦目的属性,而且对某些疾病也有某种药物效用。再者,真金同假金比较起来,能够更其频繁地使用,其纯洁的状态也能维系得更其长久。

特别难能的是,阿奎那不仅强调了商品的效用价值或使用价值,而且还同时强调了商品的"成本"价值,强调了成本费用的原则。毋庸讳言,在大阿尔伯特那里,就已经初步形成了成本价格理论,把公平价格视为同生产上的劳动耗费相当的价格。他指出:"同一劳动和费用的集合不能不相互交换。因为制造床的人如不能收到大约相当于他制造床所耗费的相等数量的劳动和费用,他将来就不可能再制造一张床,制造业也将因此而消失。其他行业也是如此。"②但是,我们也不能不指出,大阿尔伯特在这里主要是从维系生产可持续性的角度讨论问题的。与大阿尔伯特不同,阿奎那在《神学大全》中则主要是从实现交换正义的角度提出和讨论成本价格的。而且,阿奎那在讨论成本价格时,不仅注意到了商品的劳动成本,而且还考虑到了补偿运输、储存以及可能风险等具体问题。特别值得注意的是:阿奎那虽然区分和强调了商品交换的两种形式,把目的在于"满足生活需要"的商品交换称作商品交换的"自然形式",而把以"赢利"为目的的商品交换称作商品交换的"贸易形式",虽然他特别称赞了前者,但对后者也还是作了比较具体的分析,并给予了适当的肯定的。而他借以肯定商品贸易合法性和公平性的出发点,主要的又不是别的,正是进入流通领域的商品的成本价格。他在讨论商人贱买贵卖的合法性时,曾经明确指出:如果商人"对物品不作任何加工即以较高价格出售"那就是非法的和不公平的,但是,如果商人在买到原料后对原料进行加工投入了劳动和费用,那就该另当别论了。"因为如果他以较高价格出售的是经过他改进过的物品(rem in melius),则他似乎就是在接受他的劳动的酬报了。"③而且,与大阿尔伯特相比,阿奎那对商品成本价格的理解也多元化了。因为,在阿奎那所列举的合法提高商品价格的条件和成因中,不仅有一个人"在某些方面对物品进行了加工"这一条件和成因,而且,还有"随着时间地点的变化而物品的价格也相应发生变化"、"冒险将物品从一个地方运到另一个地方"以及"让人帮他运送物品"等条件和成因。④ 也许正因为如此,阿奎那在当时商业活动是否合法的讨论中能够对商业活动作出有条件的肯定的论断。关于这一点,我们后面还要论及,这里就不予赘述了。

————————

① S.Thomae De Aquino,*Summa Theologiae*,II-II,Q.77,a.2.

② 大阿尔伯特:《〈尼格马可伦理学〉注》,第 5 卷,转引自晏智杰主编:《西方经济学说史教程》,第 21 页。

③ S.Thomae De Aquino,*Summa Theologiae*,II-II,Q.77,a.4.

④ S.Thomae De Aquino,*Summa Theologiae*,II-II,Q.77,a.4.

阿奎那的同等性原则和商品价值论在人类思想史上是有其重大的历史意义的。首先,它体现了一种新的经济学态度和经济学立场。一般来说,在古希腊罗马时代和中世纪,人们对经济现象的思考总是在政治学和伦理学的大框架下进行的,而且,由于正义或公平历来都是政治学和伦理学的一个基本范畴或核心范畴,从而人们对公平价格的讨论也就总是难免囿于政治学和伦理学的范围。如上所述,即使阿奎那也不能不在法律正义和德性伦理学的大框架下开展公平价格的讨论。但是,阿奎那超出前人的一个重要地方却正在于他试图走出这样一个大框架,尝试着从经济学的立场来思考经济现象,思考公平价格问题,提出并初步论证了一种素朴的效用价值论和劳动价值论,把交换正义奠放在"物物等值"的基础上,从交换物品的生产、效用和流通本身来寻找"同等性"的根据或理由。诚然,阿奎那在公平价格和交换正义的讨论中始终没有放弃他的德性伦理学,然而,他毕竟常常逸出德性伦理学,而从单纯经济学的立场来思考和处理问题,为此,他甚至有意无意地试图引进竞争性的市场机制。阿奎那曾经列举过一个非常典型的例子,这就是:一个小麦商贩当其将小麦运到小麦价格较高的地区出售时,忽然听说有许多小麦商人将接踵而至,在这种情况下,(1)这个小麦商人是否有义务将这个行情告诉买主?(2)他究竟有无义务即刻降低小麦价格?阿奎那对这两个问题的回答基本上是否定的,换言之,他对利用"时差"进行竞争,牟取利益的做法总体上说是肯定的。他明确地回答说:我们是不能因为卖主"没有说出将要发生的情况"并"按照现行价格出售他的货物"而说他"违背了公平原则"。诚然,他也没有忘记补充说:"尽管按照公平原则的义务,他似乎不必这样做(即将行情告诉买主并即刻降低物价——引者注),但是,如果他这样做的话","则就他而言,就显得特别有德性了。"①

其次,其同等性原则以及与之相关的效用价值和成本价值思想中所透露出来的人的自由和平等思想,对于一个中世纪的思想家来说是非常难能的,也是我们今天仍然需要关注的。诚然,阿奎那的同等性原则以及与之相关的效用价值和成本价值思想直接意指的固然是用于交换的物品或物品之间的关系,但是,进行物品交换的毕竟是需要进行物品交换的个人,因此,阿奎那对物物同等性原则的强调事实上便是对进行物品交换的个人与个人之间的平等关系的强调,他对用于交换的物品的效用价值和成本价值的重视和强调,分明是对进行商品生产和商品交换的诸个人及其经济活动的尊重,是对他们的意志自由的强调。马克思在谈到商品价值论的思想基础和历史背景时,曾经深刻地指出:"价值表现的秘密……只有在人类平等概念已经成为国民的牢固的成见的时候,才能揭示出来。而这只有在这样的社会里才有可能,在那里,商品形式成为劳动产品的一般形式,从而人们彼此作为商品所有者的关系成为占

---

① S.Thomae De Aquino, *Summa Theologiae*, II-II, Q.77, a.3.

统治地位的社会关系。"①既然如所周知,在阿奎那时代,商品形式尚未成为劳动产品的一般形式,人们彼此作为商品所有者的关系尚未成为占统治地位的社会关系,我们就不能苛求阿奎那提出一种系统的科学形态的价值论,而且,也正因为如此,他的素朴的商品交换的同等性原则以及与之相关的效用价值论和成本价值论就越发难能可贵。

三、阿奎那公平价格学说的基本维度 II:辩证的实践观

如果说阿奎那的公平价格学说,就其理论维度而言,其贡献主要在于他强调和论证了作为交换正义根本内容的同等性原则以及与之相关的效用价值论和成本价值论,那么就其实践维度而言,其贡献则主要在于他提出并系统论证了他的辩证的实践观。

公平价格学说的实践维度或者说公平价格的实现问题,对于阿奎那来说是一个更为根本因而是一个更为重要的问题。因为正义、公平作为一种基本德性之所以区别于审慎,最根本的就在于它所关涉的不是思辨理性,而是实践理性,不是人的心智,而是人的欲望(理性欲望)或意志,不是思而是行(他称之为"外在运作")。也正因为如此,在阿奎那这里,正义、公平、公平价格不是一个抽象概念,而是一种具体的经济活动;而在这样一种具体的经济活动中,正义与不正义、公平与不公平总是辩证地关联在一起的,以至于我们只有在"拒恶"中才能够"行善",只有在反对不正义、不公平的交易行为中才能够落实正义和公平,只有在反对"恶习"中才能实现和彰显正义。也许正是处于这样一种考虑,在《神学大全》中,阿奎那对交换正义和公平价格理论的论述基本上是通过对有关违反正义和公平原则的恶习或恶行的批判性考察体现出来的。

既然如上所述,自愿原则或个人自由原则是实现交换正义或公平价格的先决条件,阿奎那也就因此而把商品交换中的恶习或恶行区分为两类:一类是"与不自愿的交换相关"的罪行,一类是"与自愿的交换相关"的罪行。所谓"与不自愿的交换相关"的罪行,指的是那些违背对方意志为害对方的恶行,而这样的恶行又可进一步细分为两类:一类是通过行为为害对方的恶行,另一类是通过语词为害对方的恶行。而通过行为为害对方的恶行又包括为害对方的人身与财产两个方面。就为害对方人身论,涉及杀人、断肢、打伤、监禁等情况;就为害对方财产论,则涉及盗窃和抢劫。通过语词为害对方的恶行则包括"与司法程序相关的恶行"和"与违反司法程序相关的恶行"两个方面。就"与司法程序相关的恶行"论,涉及法官、原告、被告、证人与辩护律师等人员;而就"与违反司法程序相关的恶行"论,则涉及辱骂、背后诽谤、搬弄是非、嘲笑、诅咒等情节。

---

① 马克思:《资本论》第 1 卷,北京:人民出版社 1975 年版,第 74—75 页。

　　就"与自愿的交换相关"的罪行论,则主要涵盖"欺诈罪"和"高利贷罪"两项内容。阿奎那认为,"买卖中的欺诈行为(de fraudulentia quae committitur in emptionibus et venditionibus)"是"罪不可恕"的,其所以如此,乃是因为所谓欺诈行为就是卖主在买卖活动中使用种种欺骗手段以"超过物品本值"的价格,或者说以"超过公平价格(plus iusto pretio)的价格"来出售其物品,既然如此,倘若不消除欺诈行为,"公平精神所要求的对等原则"就会因此而遭到破坏,买方也就会因此而受到损害,"为着买卖双方共同利益而建立"的买卖行为或交换正义也就根本无从谈起。换言之,消除买卖中的欺诈行为乃实现公平价格一项必要的制度条件。

　　在消除买卖中的欺诈行为这个题目下,阿奎那主要讨论了4个问题。首先,是出售物品时"售价超过其本值(plus quam valeat)"是否合法? 其次,是"出售有缺点的物品"是否合法? 再次,是"卖方是否必须说出所售物品的缺点"? 最后,是"贱买贵卖是否合法"? 在讨论第一个问题时,既然在阿奎那看来,同等性原则是公平价格学说的一项基本原则,他也就因此而明确地否定了这种做法的合法性。但是,值得注意的是,阿奎那却并没有因此而把"同等性"原则绝对化,而是试图建立一种适合市场变化的富于弹性的价格体制。阿奎那认为,在供求关系特别紧张的条件下,是应当允许人们以"超过其本值"的价格出售物品的,例如,一个人亟需某件物品,而另一个人如果失去该物品便会蒙受损失。在这种情势下,公平价格的确定就不仅取决于"所出售的物品本身",而且还取决于"卖主因出售该物品所蒙受的损失"。此外,阿奎那还认为,法律问题与道德问题虽然有关联,但是毕竟不是一回事,因此,并不是所有违反德性的事情都被视为非法、为法律所禁止的。例如,卖方如果不使用欺诈手段而将自己的货物卖出高价,或者买主以低价买到这些货物,这些做法便都被"视为合法,而不予以惩罚"。尽管如此,阿奎那还是对超出的范围作了限制。他接着强调指出:当然,要是超出的"数额过大",那就要另当别论了。因为在这种情况下,不仅"神法"(lex divina),而且即使"人法"(lex humana)也要求退赔。例如,要是一个人受骗多付出超出所卖物品本值一半以上的价格,事情就应当照此办理。"①阿奎那之所以试图建立一种富于弹性的价格机制,还有一种考虑,这就是"物品的公平价格并不是像数学那样绝对精确的,而是取决于一种估计,似乎稍微有些出入也不至于破坏公平的同等性原则。"②

　　对出售"有缺点的物品"问题,阿奎那指出,就一件出售的物品来说,可以"发现三种缺点(triplex defectus)"。第一种缺点是就物品的质地(speciem)而言的;第二种缺点是就分量(quantitatem)方面而言的;第三种缺点则是就质量(qualitatis)方面而言的。阿奎那认为,在所有这三种情况下,"卖方不仅犯了诈骗销售罪,而且他还必

---

①　S.Thomae De Aquino,*Summa Theologiae*,II-II,Q.77,a.1.

②　S.Thomae De Aquino,*Summa Theologiae*,II-II,Q.77,a.1.

须赔偿。"①不过,他对此却作了进一步具体的分析,强调说:"但是,如果上述任何一种缺点虽然存在于所出售的物品中,而卖方对此却一无所知,则他就不能说是犯罪了",因为,"他只是事实上做了不公平的事情,他的行为因此也就不构成犯罪。然而,一旦他认识到了这种缺点,他就必须赔偿买主。再者,上面所说关于卖方的情况也同样适合于买方。因为有时卖主认为他的商品被特别地低估了,例如一个人将黄金当做黄铜出卖了,情况就是这样,这时如果买方意识到了这一点,他是不公平地买到了物品,他也就同样必须退赔。这种情况之适合于物品在数量的方面的缺点同它之适合于性质方面的缺点是一模一样的。"②

对于"卖方是否必须说出所售物品的缺点"问题,阿奎那也同样作了具体分析,区别了"潜藏"的缺点和"明显"的缺点两种情况。对于商品的潜藏的缺点,阿奎那认为卖主是应该指出来的。他论证说:"出售货物的卖主却常常由于提供有缺点的货物,而使买方蒙受损失或招致危险。如果这样的缺点可能使买方蒙受损失或招致危险的话,则这里所谓损失是指所售出的物品由于有这种缺点而只具有较低的价值,而买方却并没有因此而砍掉任何价格;而所谓危险则是指货物的用途由于其具有缺点而无从实现,甚至使之变得有害,例如,一个人把坡脚的马当做疾飞快马,把一栋摇摇欲坠的房子出售给别人,把腐烂发臭的或有毒的食品当做有益于健康的食品出售给别人,就是这样一种情况。因此,如果这样一类缺点是潜藏着的,卖主又不让人了解它们,则这样一种销售就是非法的和欺诈性的,而卖主也就必须赔偿对方蒙受的损失。"③但是,阿奎那却又具体地分析到:"另一方面,如果缺陷是显而易见的,例如,一匹马只有一只眼睛,或者货物对于买者虽然是无用的,但对于别人却是有用的,假如卖主因此而将价格削减到了物品应有的价格,他也就不必说出货物的缺点了。因为在这种情况下,买主就可能会因此而要求他所需要的折扣了。所以,卖主可以通过拒绝指出货物的缺点,以免自己蒙受损失。"④阿奎那的结论是:"凡是使任何一个人遭致危险或蒙受损失的就始终是非法的,尽管一个人没有必要在任何方面都总是为了别人的好处而给他提供帮助或劝告。"⑤

对于第四个问题,即"贱买贵卖"问题,阿奎那却出乎人们所料的审慎地为其合法性进行辩护。在阿奎那时代,人们对于自然交换的合法性是没有任何争议的,但是,对于旨在赢利的商业贸易却是见仁见智,争议很大的。阿奎那针对那种笼统地视"贱买贵卖"为一种犯罪活动的观点,对这样的贸易行为的合法性作了审慎的辩护。阿奎那给出的理由主要有下面三个:一是"作为贸易目的的赢利,虽然就其本性而

① S.Thomae De Aquino, *Summa Theologiae*, II-II, Q.77, a.2.
② S.Thomae De Aquino, *Summa Theologiae*, II-II, Q.77, a.2.
③ S.Thomae De Aquino, *Summa Theologiae*, II-II, Q.77, a.3.
④ S.Thomae De Aquino, *Summa Theologiae*, II-II, Q.77, a.3.
⑤ S.Thomae De Aquino, *Summa Theologiae*, II-II, Q.77, a.3.

言,并不蕴含有德性的和必要的东西,但是其本身却也并不就隐含有任何犯罪的和有违德性的东西"。① 二是,人们能够使这样的"赢利活动""指向某一必要的甚至有德性的目的,从而,贸易活动也是能够成为合法的事情的"。例如,一个人可以用他在贸易中获得的适度的赢利来养家糊口,或者资助穷人;"甚至一个人也可以为了某种公众利益而从事贸易活动,例如,他可以为避免他的国家缺乏生活必需品而致力于这种活动。"②三是,如果商人对买进来的材料"进行了加工",或者投入了别的费用,则他的"贱买贵卖"行为本身就是一件公平和合法的行为。③

关于高利贷罪(de peccato usurae),阿奎那也着重讨论了四个问题:(1)"借出资金收取高利是否有罪?"(2)"对借出的钱币要求补偿是否合法?"(3)"一个人如果从高利贷的货币中受益,他是否必须退还?"(4)"在高利贷条件下借钱是否合法?"在答复第一个问题时,阿奎那的立场非常明确,这就是:"贷放钱币收取高利就其本身而言是不公平的。"其理由在于:"这是因为这就意味着一个人在出售并不存在的东西,而这显然会导致交换中的不同等性(inaequalitas),而这种不同等性则是有违公平原则的。"④但是,在答复其他几个问题时,阿奎那却表现出了一种相当灵活的立场。例如,在答复第二个问题时,他认为只要不是主动"要求"的,也就不能因为他收受一些物品而被说成是"犯罪"。在答复第四个问题时,也指出"只要出于某种善的目的",在高利贷条件下借钱也可以是合法的,"这就和一个落在强盗手中的人为了保全自己的性命而招认自己有些什么财产是合法的一样,尽管这些强盗这样做时是犯了抢劫罪的。"⑤

关于阿奎那的辩证的实践观,还有两点需要指出。首先是"赔偿"(de restitutione)问题。这是一个阿奎那在《神学大全》中花了很大的篇幅予以解说的问题。他之所以如此重视这一问题,乃是因为赔偿,在他看来,是一个"恢复"和"重建""交换正义的同等性原则"的问题,一个"恢复"和"重建""公平价格"的问题。⑥其次,是阿奎那所采取的"自然价格"与"法定价格"并重的态度和立场。阿奎那是非常注重"自然价格"或"平民价格"的,这是因为在他看来,交换问题首先和基本上是一种发生在一个个人(私人个体)与另一个个人之间的事情。所以,当事人的自愿与在自愿基础上形成的"心照不宣"的或"明文规定"的"某种契约"乃实现交换正义和公平价格的基本形式。但是,阿奎那也并没有因此而否认政府干预市场价格的必要性和意义,否认"法定价格"的必要性和意义。例如,在讨论买卖活动中的度量器具时,阿

①　S.Thomae De Aquino, *Summa Theologiae*, II-II, Q.77, a.4.

②　S.Thomae De Aquino, *Summa Theologiae*, II-II, Q.77, a.4.

③　Cf.S.Thomae De Aquino, *Summa Theologiae*, II-II, Q.77, a.4.

④　S.Thomae De Aquino, *Summa Theologiae*, II-II, Q.78, a.1.

⑤　S.Thomae De Aquino, *Summa Theologiae*, II-II, Q.78, a.2, a.4.

⑥　S.Thomae De Aquino, *Summa Theologiae*, II-II, Q.62, a.5.

奎那就十分突出地强调了政府行政部门干预的必要性。他明确地指出："由于物产供应的情况在各地不同,度量商品的量具也就必须因地制宜。因为物产丰富的地方,其所用的量具也就应当大一些。然而,认真考察地方和时间的实际情况,确定每个地方出售物品的公平的量具,则是国家管理人员的事情。"①他还因此而强调说："无视政府权力部门所确定的或约定俗成的计量器具是不合法的。"②

四、阿奎那公平价格学说的历史启示与现时代意义

历史是不可能完全复制的。因此,我们虽然对阿奎那的公平价格学说作了上述肯定性的评价,不过,我们并不奢望把它用作救治现当代经济问题的现成的万应灵丹。但是,历史也总是有规律可循的。对历史规律的认识总是在一定程度上具有普遍意义的,而认识历史规律的方法论对于人们进一步认识历史规律也总是具有指导意义的。阿奎那作为中世纪最为重要的思想家,他的公平价格学说,以及他的这一学说中所透露出来的方法论原则,便有望对于我们今天的经济学研究提供某些历史启示,提供某些可资借鉴的东西。在我们看来,阿奎那的公平价格学说至少在下述几个方面值得我们注意。

首先,是经济学家的理论视野问题。一个经济学家固然要以社会经济现象为其研究对象,要注意用经济学的眼光来审视经济问题,但是,如果他要对所考察的经济现象有一种全面透彻的认识,他也就不能不对整个人类社会及其发展规律有比较深刻的理解,对人类社会的政治制度、法律制度、道德伦理关系等方面有一种多方位的把握。如上所述,在西方经济思想史上有所谓"纯粹经济学"这样一个流派,要求把立法问题、行政问题、道德伦理问题以及历史观等问题统统从经济学研究中排除掉。如果考虑到传统的经济研究基本上是作为政治学、法学和伦理学的一个分支存在的这样一个史实,这种说法在作为相对独立的人文社会科学的经济学学科形成时期是有一定的学术地位和学术价值的,但是,一旦这种相对独立的经济学初步建立起来了,这样一种观点就是有害的。因为它除了引导人们得出"最后一小时"论这样的笑话外,是不可能得出任何严肃的科学结论的。然而,在阿奎那的公平价格学说及其理论基础中,我们却看到了一种经济学立场与"大正义论"的张力结构,即一方面他力图把公平价格置放进涵盖政治关系、法律制度、道德伦理关系的百科全书式的正义论的概念系统中予以考察,另一方面他又深入到商品的价值结构与具体的流通环境对之作出认真的考察。应该说,阿奎那的这样一种理论视野和治学方式,对当代经济学研究是不无借鉴意义的。

其次,是阿奎那的价格公平学说所透露出来的以人为经济"主体"的思想。毫无

---

①　S.Thomae De Aquino,*Summa Theologiae*,II-II,Q.77,a.2.

②　S.Thomae De Aquino,*Summa Theologiae*,II-II,Q.77,a.2.

疑问,就经济学所研究的直接对象而言,它所考察的自然是物品与物品之间的关系,但是,从深一层来看,藏在物物关系背后的恰恰是人与人之间的社会关系,这一点虽然后来为马克思在《资本论》中讲得特别清楚和深刻,但是,无论如何,阿奎那对这个问题也是有所意识的。因为如上所述,阿奎那明白无误地将持有用于交换的物品的具有自由意志的个人规定为正义、公平或公平价格的"主体",而将用于交换的"外在物品"视为正义、公平或公平价格的"质料",这就非常明显地强调了人在经济活动中的"主体地位"。事实上,正是因为如此,阿奎那才处处强调商品交换中个体的自愿、自由和合法权益,而他要求交换正义应当指向"公共善"等主张,无疑也是与此息息相关的。所有这些对于经济学研究无疑是非常重要的,因为非如此就不足以克服"见物不见人"的具有明显的表面性或浅薄性的经济学研究模式,就不足以深刻地认识和阐释经济现象,就不足以上升到科学研究的理论高度和理论水平,非如此就不足以保证整个经济社会持续稳定健康的发展。当前,在我国经济学界中正在开展的"效率"与"公平"关系的讨论,无疑与我们这里所论及的话题有所关联。有学者断言,处理这一关系是"第一号社会系统工程",并主张从"广义的效率与公平的统一论"的角度来思考和处理这一复杂问题。[①] 这无疑是很有见地的。但是,这里所说的"广义的效率与公平的统一论"所意指的无非是"和谐理论、科学发展观以及经济伦理学或伦理经济学",无非是作为经济活动主体的人和人际关系问题,无非是各社会阶层的"应得权益"问题,无非是整个社会的"公共善"问题,从而与阿奎那的解释模式和解决模式也总存在有这样那样的关联,至少我们可望通过了解阿奎那的公平价格学说,对于这样一种"统一论"多一层历史的把握。

再次,是阿奎那公平价格学说中所蕴含的辩证实践观所体现出来的社会发展模式。按照一些学者的看法,自西方经济学的开山鼻祖斯密以来,西方经济学界就存在着两大学派,即社会和谐派与社会冲突派,其中社会和谐派强调的是效用价值论、社会和谐和"看不见的手",而社会冲突派所强调的则是成本价值论和阶级冲突。[②] 其实,如果我们"面向事物本身"(胡塞尔语),面向经济社会本身,我们就会发现,无论是和谐派还是冲突派,都是既包含有片面的真理也都包含有某种错误的,因为任何一个经济社会形态都是既不可能只有和谐而没有冲突,也不可能只有冲突而没有和谐的。诚然,"片面性"乃理论发展过程中难以避免的形态,它在一种新的理论酝酿产生的过程中甚至是必要的和有益的,但是,一方面,片面性的理论形态终究要为全面性的理论形态所取代,另一方面,片面性的理论总是不利于解决现实的社会问题和经

　　① 参阅颜鹏飞:《中国改革的新拐点:挑战"李嘉图定律"和"库兹涅茨假说":兼评亨特的〈经济思想史:一种批判性的视角〉》,载顾海良、颜鹏飞主编:《经济思想史评论》(第1辑),北京:经济科学出版社2006年版,第336—338页。
　　② 参阅颜鹏飞:《中国改革的新拐点:挑战"李嘉图定律"和"库兹涅茨假说":兼评亨特的〈经济思想史:一种批判性的视角〉》,载顾海良、颜鹏飞主编:《经济思想史评论》(第1辑),第328页。

济问题的。而在寻求社会经济发展的合理模式方面，阿奎那的辩证的实践观无疑有一定的借鉴意义。阿奎那的辩证的实践观的优点在于他把经济社会理解为一种正义—不正义、冲突—和谐的张力结构，把公平价格的实现理解为一种通过"拒恶"来"行善"、通过消除"不义"和"欺诈行为"来"践义"、通过消解"冲突"来实现"和谐"的活动和过程。而且，这样一种实践观，不仅对于人们跳出"李嘉图定律"和"库兹涅茨假说"怪圈有一定的借鉴意义，①而且对人们现实地思考和解决现当代社会经济问题也不无裨益。因为当代西方国家虽然为了稀释和缓解社会矛盾和非和谐而采取了种种措施，诸如发展生产力、全球化扩展、扩充资产阶级、发展社会保障制度以及倡导绿色的新发展观，但是至今收效并不特别显著，或许一个重要原因即在于它们至今尚未找到现代经济社会冲突的真正根源，尚未真正找到化解现代经济社会冲突的有效途径和有效手段。毫无疑问，中国能否避免西方国家的弯路，能否真正跳出"李嘉图定律"和"库兹涅茨假说"怪圈，也需要进行许多探索，做许多艰苦细致的工作，但是，认真借鉴一下阿奎那的辩证实践观无疑也是必要的。

最后，在阿奎那的公平价格学说中所透露出来的"执两用中"的方法论原则对于我们理解和处理社会经济现象和社会经济问题也是有一定的借鉴意义的。例如，他在讨论社会经济问题时既注意"出乎其外"，从法律和道德伦理的角度思考问题，也能够"入乎其内"，从经济运作的角度思考问题；在讨论商品价值问题时，既充分注意到"效用"问题，也充分考虑到"成本"问题；在讨论商品价格时，既突出和强调了"自然价格"，也比较重视"法定价格"，如此等等。所有这些，无论就方法论本身，还是就对这些问题的理解和阐述本身，阿奎那的立场和做法都是有一定的高明之处的，至今都是值得我们认真思考并予以借鉴的。例如，当前在我国经济学界展开的关于深化对劳动和劳动价值理论的认识的讨论，争论双方在一些方面都给人留下了"叩其两端"的印象。② 我们认为，如果争论双方能够采取"执两用中"的思维方式，或许对把争论进一步引向深入，使之更为健康地发展下去是有一定益处的。③

---

① 关于"李嘉图定律"和"库兹涅茨假说"怪圈的具体含义，请参阅颜鹏飞：《中国改革的新拐点：挑战"李嘉图定律"和"库兹涅茨假说"：兼评亨特的〈经济思想史：一种批判性的视角〉》，载顾海良、颜鹏飞主编：《经济思想史评论》（第 1 辑），第 328—330 页。

② 关于这场讨论，请参阅卫兴华：《深化劳动价值理论要有科学的态度和思维方式：兼与晏智杰教授商榷》（《高校理论战线》2002 年第 3 期），晏智杰：《本本主义不是科学的研究态度和思维方式：答卫兴华教授》（《经济评论》2003 年第 3 期），卫兴华：《错误与曲解马克思不是科学的态度与思维模式：与晏智杰教授商榷之二》（《经济评论》2003 年第 3 期）以及《"劳动价值论争鸣学术座谈会"部分发言摘要》（《经济评论》2004 年第 2 期）。

③ 本节原载《晋阳学刊》2010 年第 4 期，收入本著时，小作修改。

附录一:《迷途指津》选译

迈蒙尼德著 段德智译 陈修斋校①

第 一 卷

第51章

有许多存在的事物是清楚明白的:理智直接理解的概念(primary intelligibles)以及感官知觉到的事物,此外还有那些在明晰性方面接近这些事物的事物。如果一直让人保持他的自然所是状态,他会根本无需关于它们的证明的,例如他无需证明运动的存在,人的活动能力的存在,产生与毁灭现象,感官显而易见的事物的性质,如火之热、水之冷,以及许多诸如此类的其他事物。然而,既然怪异的意见已经产生,或者出自犯有错误的人们之口,或者出于那些心怀某种目的行事的人们之口,那么,在宣扬这些意见时,他们就势必会违反存在的本性,否认感官知觉到的事物,或是希望把一件"不存在的事物"的存在暗示给评判能力。这样,科学家们也就不得不去证明那些显而易见的事物,并去反证那些只被猜想存在的事物不存在。于是,我们就发现亚里士多德之所以要证实运动事实,乃是因为有人否认这项事实,他之所以要推证原子不存在,乃是因为有人断言原子存在。而对上帝——愿他受颂扬——本质属性的否定显然属于这一范畴。因为就一种属性并非它所言说的事物的本质而只是它的本质的一种样式,从而是一种偶性而言,否定上帝具有属性这一点是理智直接可以理解的。然而,如果这种属性是它所言说的事物的本质,那么,这种属性若不是一种同语反复,一若你说人是人,就一定只是对一个名词的解释,一若你说人是一个理性的动物。因为若说"是一个理性的动物"是人的本质和真正的实在,在这种情况下并不存在一个

---

① 迈蒙尼德(Moses Maimomues,1135—1204 年)是最著名的中世纪犹太哲学家。他的《迷途指津》(Dalālat al-Hdirīn)堪称中世纪犹太哲学最重要的著作。该著含 3 卷。其中第 1 卷除绪论外含 76 章;第 2 卷除绪论外含 48 章;第 3 卷除绪论外含 54 章。我们依据 S.皮那斯(S.Pines)的英译本(芝加哥大学出版社 1963 年出版)选译出其中的 19 章。其中第 1 卷各章阐述的是迈蒙尼德的上帝观,第 2 卷各章阐述的是迈蒙尼德的创世说和预言观,第 3 卷各章阐述的主要是迈蒙尼德的律法观。迈蒙尼德的这部论著是以致信他的学生约瑟夫(Joseph)拉比的形式展开的。这也是读者在阅读该著时需要时时注意的。

除开动物及理性这两个概念之外的构成人的第三个概念。因为人就是生命和理性所言说的存在。这么看来,那些属性仅只表示对一个名词的解释,此外别无任何意义。这就好像你说"人"这个词所指称的东西就是由生命和理性组成的东西。因此,很清楚,属性只能属于下面两种情况中的一种。它要么是它所言说的事物的本质,在这种情况下,它就是对一个名词的解释。就这一方面而言,我们认为言说上帝具有这样一种属性并非不可能,但是从另一个方面看,我们又认为言说上帝具有这样一种属性确实是不可能的。关于这一点,我们到后面会把它讲清楚的。要么这种属性不同于它所言说的事物,而只是一个外加到那件事物上的概念。然而,这就会产生如下的结论,这里所谓属性无非是属于本质的一个偶性。

然而,藉否定指称偶性的名词是造物主的属性这样一个论断,我们并不能因此而否定偶性概念。因为凡附加到本质上的概念都只是它的一个附属物,并不能使它的本质完满些,而这却正是偶性的意义。此外,还应当考虑到若有许多属性便会有许多永恒事物这么一种情况。因为除非相信有一个单纯本质(one simple essence),其中没有任何诸多概念的复合性或复多性而只有一个概念,就根本不可能有什么"一"(oneness)。这样,无论你从什么样的视角来看它,无论你用什么样的观点来考察它,你都会发现它是"一",无论什么方式、无论什么原因都不能把它分成两个概念。而且,你在它里面也找不到存在于事物里面的任何复多性,不管这事物是处于心灵之外的,还是处于心灵之中的,我的这部论著将会给你证明出这一点。

在讨论这个问题时,一些耽于思辨的人到最后总是说上帝——愿他受颂扬——的属性既非他的本质也非一件外在于他的本质的东西。这和其他一些人的意见很相似。这些人认为,样式——所谓样式,他们意指的共相(universals)——既非存在也非不存在。而且,这和另外一些人的意见也很相似。这些人认为原子不在一个点上却占据一个位置,一个人没有任何能动性(no act)但他却可以获得活动。这些东西都只是嘴巴上说说而已,它们只存在于语词中,而不存在于心灵中,更说不上在心灵之外有什么存在了。但是,如你所知,亦如每一个不自欺的人所知,这些主张却受到许多虚妄不实的语词的辩护,且为其嚣尘上的诽谤论辩以及种种繁复的辩证法和诡辩术"证明"为正确无误。然而,宣布这些主张并且试图以上述方式确立它们的人要是反省一下自己的信念,则他们除了发现混乱和无能外就将一无所获。因为他们是想要使某些并不存在的事物存在,并且在两个没有任何中项的相反事物之间创造出一个中项来。究竟是在存在的事物与不存在的事物之间存在一个中项呢,还是在两个事物的情况下,在它们中的一个等同于另外一个或某个别的事物之间存在着一个中项呢?致使其如此这般的,如我们已经说过的,乃是其维护想象概念的愿望,以及他们的凡存在的东西都总是某种本质的显现这样一个"论据"(the fact)。凡每个这样的本质都必定具有属性。因为我们永远找不到一个东西,其本质脱离一切事物存在而不具有任何属性。在这样一种想象的驱使下,人们就猜想,上帝——愿他受颂扬——同样是由各种不同的概念组合而成的，也就是说，上帝是由他的本质和那些附加于其本质之上的种种概念组合而成的。各种各样的人们都企图用别的存在物来比喻上帝，认为上帝就是一个具有各种属性的有形物体。另外一些人则"技高一筹"。他们否认上帝是一个有形物体，但是却给他保留了属性。所有这些错误都是由于他们只拘泥于"启示书"的字面意义所致。在后面的章节里，我将进一步澄清这些概念。

第52章

一个用来言说任何事物的属性，当其用来言说一件事物，说它如此这般时，必定采取下述五种方式中的一种：

第一种方式的特征在于以事物的定义来言说事物。例如，当用人是一个理性的有生命的存在者来言说人时，情况就是如此。这种属性，由于其指明的是一件事物的本质和真正的实在性，如我们已经澄清的，①它其实只是对一个名词的解释而不是任何别的东西。这种属性照任何人看来都是不适合赋予上帝的。因为上帝——愿他受颂扬——没有任何先他而在的原因能够成为他的存在的原因，从而也就无法用它来给上帝下定义。由于这个理由，凡认真思索、知道自己在说什么的人，都充分知道对上帝是不能下定义的。

第二种方式的特征在于以事物的部分定义来言说事物。例如，当我们用人是一个有生命的存在者或一个理性的存在者来言说人时，情况就是如此。这种属性所表明的是两个观念之间的一种不可分割的联系。因为我们若说每个人是理性的，这就表明在每个从其身上找得到人性的存在者身上都必定找得到理性。这种属性在任何人看来都是不能赋予上帝——愿他受颂扬——的。因为如果上帝具有本质的某一部分的话，这岂不是说他的本质就必定是合成的了。上帝属性的这种荒谬性，跟我们由第一种方式所看到的上帝属性的荒谬性并无二致。

第三种方式在于用来言说事物的属性既超出了其真正的实在性，也超出了其本质，以至于这样的属性既不能使本质得到完美，也不构成本质。因此，这种属性只是它所言说的事物的一种性质。所考察的属性也就不是一件可以用来完善且构成这本质的事物。因此，那个属性便是它所言说的那件事物的一种性质。然而，性质，当被看做一种最高的属相(genera)时，也就成了一种偶性。如是，如果这样一种属性存在于上帝——愿他受颂扬——之中的话，则他就会成为偶性的一种基质(a substratum)。这足以说明这远非上帝的真正实在和本质，在这里我所意指的是说上帝具有性质这样一种设定。然而，奇怪的是，那些宣布这种属性存在的人，谈到上帝——愿他受颂扬——时，却又否认用其他事物来比拟上帝和修饰上帝的可能性。难道他们的意思

---

① 参阅第1卷第51章。——译者注

是说除非上帝不具有性质他就无以得到修饰吗？然而,凡用来肯定事物一定本质的属性,倘若它不是在与本质相同的情况下构成本质,便势必成为本质的一种性质。

然而,如你所知,性质有四种。因此,我将对每一种性质的属性举出例证,以便向你表明:这种属性根本不可能在上帝——愿他受颂扬——身上存在。第一个例证如下:你可以用一个人的一种思维能力、道德习性,或是用存在于作为一个生命存在者的他身上的某种状态来言说他。例如,当你说某人是个木匠、说某人贞洁、某人病了的时候,情况就是如此。你说一个木匠也罢,你说一个学者或一个圣贤也罢,在你的这些说法之间并没有差别。你说一个贞洁的人和一个仁慈的人之间也没有丝毫差别。因为所有的技艺、科学和一定的道德品格都是存在于灵魂中的禀赋。所有这一切,不管是对谁,哪怕是对逻辑技巧研究得最少的人,都是清楚的。第二个例证如下:你以一件事物它里面有或没有一种自然功能(a natural faculty)来言说这件事物。例如,当你说它软或硬的时候,情况就是如此。而且,在你说软或硬与你说强或弱之间也没有差别,因为所有这些都是自然禀赋(natural disposition)。第三个例证如下:你以一个人具有的消极性质(a passive quality)或情感来言说一个人。例如,当你说某人暴躁、易怒、羞怯或仁慈时,情况就是如此。在这些情况下,这些性格并不是一成不变的。当你用某种颜色、味道、气味、暖、冷、干、湿来言说一件事物时,也属于这样一种情况。第四个例证如下:你从量的方面属于一件事物的东西当做其本身来言说一件事物。例如,当你说长、短、曲、直以及其他诸如此类的东西时,情况就是如此。然而,当你考察所有这些属性以及与之类似的东西时,你就会发现把它们归于上帝是不可能的。因为上帝不具有量,从而便不能把一种属于量本身的性质归于他。上帝也不接受印象和情感(affection),从而也就不能把任何一种属于情感的性质归于他。上帝也不可能具有任何禀赋,从而也不能把一些能力及一些类似的东西归于他。上帝——愿他受颂扬——也没有灵魂,从而他也就不可能具有任何一种习性——诸如仁慈、谦逊以及类似的东西,他也不可能具有属于生命存在者本身的东西——诸如健康和疾病等。因此,现在你已经知道得很清楚了,没有任何一个列在性质最高属相名下的属性能够存在于上帝——愿他受颂扬——身上。

关于这三种属性——它们或是表示本质,或是表示本质的一部分,或是表示存在于本质中的某种性质的属性——已经一一讲清楚了,它们是不可能用来指称上帝——愿他受颂扬——的。因为它们意指的全都是复合的东西。然而,对上帝来说复合是根本不可能的,后面我们将会把这一点证明清楚。

第四种属性有如下述:它之用来言说一件事物乃是就它同有别于自身的另一件事物具有某种关系而言的。例如,它相关于时间、地点或另一个人。举个例子来说吧:当你言说扎伊德(Zaid)时,你说他是某人的父亲,或某人的配偶,或某个地方的居民,或是生活在某个时代,情况就是如此。而这种属性并不必然蕴涵着它所言说的事物的本质里有复多性或者变化。因为刚才谈到的那个扎伊德可能是乌玛尔的配偶,巴克尔的父亲,扎伊德的一位朋友卡里达的主人,住在某地的一个居民,在某年出生的一个人。这些关系概念并不是一件事物的本质,也不是像性质那样存在于它的本质里面。乍一看,用这种属性来言说上帝——愿他受颂扬——似乎是允许的。然而,如果我们知道了真正的实在性,并且在经审慎的思虑之后把问题想得更精确了,就会清楚地发现这是不可能的。在上帝——愿他受颂扬——跟时间地点之间不存在任何关系。这是十分清楚的。因为当先后概念在运动中受到考察时,以及当运动受到计数时,时间显然就是一个附着于运动的偶性。这一点我们在专门讨论这个问题的段落中已经讲得很清楚了。另一方面,运动又是附着于物体的一种东西,但上帝——愿他受颂扬——却不是一个物体。因此,在上帝和时间之间就不存在任何关系。同样,在上帝和空间之间也不存在任何关系。因此,我们应当探讨和思考的问题便在于:在上帝——愿他受颂扬——和他所创造的任何一个实体之间是否存在某种真正的、以致可以用来言说他的关系这个问题。乍一看,在上帝和他所创造的事物之间显然并不存在任何相互的关系。因为两个相互关联的事物的特性之一便是在保留它们各自关系的同时还可以倒置关于它们的陈述。但是,上帝——愿他受颂扬——所具有的是一种必然的存在,而除他之外的别的东西所具有的却只是一种可能的存在,我们在后面将会把这一点讲清楚。因此,在它们之间不可能存在有相互关系的。至于说它们之间有某种关系这个意见,人们常常以为正确,但这却是不正确的。因为不可能想象在智慧和颜色之间有一种关系,尽管照我们经院的观点,它们两个都为同一个"存在"所包含。如果没有一个概念在任何方面包容上帝和他之外的事物这两者,那么,在这种时候,如何能够想象得出在这两者之间有一种关系呢?因为照我们的观点,只有借绝对的一语多义,才能够用存在来言说上帝——愿他受颂扬——和除他之外的其他事物。其实,在他和他的任何一个创造物之间的任何方面都不存在任何关系。因为关系永远只能在列在同一个——必须最接近的——"种相"(species)之下的两件事物之间找到,如果两件事物仅只列在同一个"属相"(genus)之下,则它们之间就不可能存在任何关系。由于这层理由,我们便不能够说这片红比这片绿浓些,也不能够说它不如这片绿浓,或者说和这片绿一样浓,等等,虽然它们两个都列在同一个"属相",即颜色之下。然而,如果两件事物列入不同的属相之下,则它们之间无论在什么方面都不可能存在任何关系,即使根据普通意见的早期概念(the inchoate notions)也不存在。这一点甚至适用于作为最后一着列入更高属相之下的两件事物的情况。例如,在100腕尺跟胡椒的辣之间由于后者属于质这个属相而前者属于量这个属相而不存在任何关系。无论是在知识和甜之间,还是在仁慈和苦之间,都不存在任何关系,虽然它们全都列在质这个最高属相之下。那么,上帝——愿他受颂扬——和他所创造的任何事物,既然在它们之间就其存在的真正实在性方面来看有一种巨大的、无以复加的差别,它们之间如何能存在有一种关系呢?如果在它们之间存在有某种关系的话,那就势必会得出结论说关系的偶性必定可以归于上帝。就算它不是一个同上帝——愿他受颂扬——的本质相关的偶性,然而一般说来,它毕竟还是某种偶性。因此,如果一个人具有关于真正实在的知识,那他就无法回避提供断言上帝有一种属性的可能性问题,甚至对于关系也没有办法。然而,关系,作为一种属性,如果在宽泛的意义上用它来言说上帝的话,倒是比其他事物更合适些。因为这既无需从他的本质里设定众多的永恒事物,也无需设定上帝——愿他受颂扬——的本质里发生某种变化,以为同他相关事物变化的一种结果。①

第五种肯定属性有如下述:一件事物藉其"行为"(action)来言说。我这里所谓"其行为"这个短语所意指的并非一个人的技艺的习性。例如,当你说一个木匠或一个铁匠的时候,情况就是如此。因为这属于质这个种相,如我们已经讲过的那样。我用"其行为"这个短语所意指的则是一个人已经完成了的行为。例如,当你说扎伊德这人造出了这扇门、筑起了这堵墙,或缝好了这件衣服的时候,情况就是这样。然而,这种属性却与它所言说的事物的本质相去甚远。由于这层理由,就应当允许用这种属性来言说上帝——愿他受颂扬——。不过,你必须事先——这一点须讲清楚——知道所考察的行为不必借存在于行为主体本质之内的不同概念便可实现出来。而上帝——愿他受颂扬——的所有不同的行为全都是借他的本质而不是,如我们已经讲清楚的,借一种外加上去的概念实现出来的。

对本章的内容我们可以概述如下:上帝——愿他受颂扬——从一切方面看都是"单一"(one)的。任何复多性都不应当放到他身上。任何一个概念都不能附加到他的本质上去。《圣经》中以不同概念来描绘上帝——愿他受颂扬——的形形色色的属性,只是就其相关于上帝行为的复多性而提及的,而不是由于复多性存在于他的本质里面才被提及的。这些属性中有一些,如我们已经讲清楚的,是旨在按照我们视为圆满性的东西来表明上帝的圆满性的。至于一个其中没有设定任何复多性的单纯本质(one simple essence)能否完成不同行为这个问题,只要举几个例证就可以把它的答案解释清楚了。

第53章

那些相信有属于上帝的属性存在的人们之所以会有这种信仰,其理由和那些相信上帝为有形存在学说的人们之所以会有那种信仰的理由很相近。因为他们之相信这个学说并不是由于理智的思考所致;他只是信奉《圣经》经文的永恒意义。关于属性的情况也是如此。因为既然有"先知书"和"启示书"在,而这些书又都是以属性来言说上帝的,人们也就照它们的字面意义来理解它们,从而上帝也就被认为是具有属性的。我们所论及的人们似乎可以说是已经排除了上帝的形体性,但却没有排除形体的样式,即偶性。所谓偶性,我指的是灵魂的各种自然习性(aptitudes),它们全都

---

① 这些话很可能是就上帝三位一体而言的。——译者注

属于与形体相关的性质。因为考察一下相信上帝有属性者所认定的对于上帝——愿他受颂扬——是本质的每个属性，你就会发现关于它的概念其实即是关于某种性质的概念，即便这些人没有明白地这样说。因为他们实际上是把属性说成是他们在具有动物灵魂的一切物体的身上所见到的各种东西。所有这一切都被说成是"《托拉》(the Tarah)总是以人子的语言讲话"。使用所有这些属性的目的是为了言说上帝的圆满性，而不是用来言说一个特殊的圆满性概念。而后面这种圆满性是属于具有灵魂的受造物的。这些属性大多数是关于上帝的不同活动的。现在，既然这个活动者的各类不同的活动有多样性，那么，在存在于他里面的概念中就再也不必有多样性了。关于这一点，我可以从我们身边找出一个例证来。我指的是这样的实例：尽管活动者只是一个，但是由他却可以产生出种种不同的活动。即使他不具有意志亦复如此，如果他通过意志而活动就更加如此了。关于这方面的一个例子是火：它能熔化一些事物，使另外一些事物变硬，也可以烹调食物和使某种事物燃烧、变白和变黑。因此，如果有人言说火时，说它是一种使某种事物变白和变黑、燃烧和烹调食物、使物体变硬和熔化的东西，则他就是说出了真理。这样，那不知道人的本性的人就认为在火里存在着六个不同的概念，火借其中第一个概念变黑，借另外一个概念变白，借第三个能烹调食物，借第四个能燃烧，借第五个能熔化事物，借第六个能使物体变硬；而所有这些都相互对立，因为它们中任何一个的意义都不同于另外一个。可是，那知道火的本性的人就一定会知道它是能够借一种能动的性质即热来完成所有这些活动的。然而，如果这样一些事态对于一个凭其本性活动的东西而言是存在的，则对通过意志而活动的人而言就越发存在，而对于超越一切属性限定的上帝——愿他受颂扬——而言就更其存在了。关于上帝，我们已经把握了具有相应不同概念的种种关系——因为知识概念在我们之中，有别于力量概念，而后者又有别于意志概念。然而，我们何以能够把在上帝身上对他是本质的各种概念的存在看做是这一点的必然后果呢？如是，在上帝身上就会存在某种他借以认知的东西、又有某种他借以意愿的东西和某种他借以具有力量的东西。因为这正是人们断言其存在的那些属性的意义之所在。他们中有些人在列举附加于本质之上的各种概念时就曾明确地这么说过。他们中有些人虽然不曾明确地这么说过，然而，这在他们的信仰里仍然是很明确的，即便它没有以可理解的语言表达出来。当他们中有些人断言上帝因其本质而具有力量、因其本质而具有知识、因其本质而成为有生命的、因其本质而具有意志时，就是这样一种情况。

现在，我就用存在于人身上的理性能力这个例证来说明这个问题。理性是一种能力，对它来说并没有设定任何复多性。通过理性，人获得了科学和技艺；通过这同一种能力，他会缝纫、做木工活、纺织、建筑、有地理知识，并且还能管理城邦。由此可见，那些很不相同的活动都出自一个单纯的其中没有设定任何复多性的能力。这些活动很不相同，它们的数目又几乎是无限的——我指的是那些由理性能力产生出来的技艺的数目。因此,断言不同的活动来自一个单纯本质,其中没有设定任何复多性,也没有任何外加的概念,把这个说法用到上帝——愿他受到赞美和尊敬——身上是不应当认为是不允许的。在有关上帝——愿他受颂扬——的书里所发现的每个属性因此也是一种有关他的活动的属性,而不是那种关于他的本质的属性,或者说表示绝对圆满性。因此,并不存在如这些人所相信的那种由不同概念复合而成的本质。因为,虽说他们不用"复合"一词,但这个事实却并不能取消关于这个具有诸多属性的本质的复合概念。然而,却存在有把他们引向这一学说的可疑之点。这正是我就要给你解释的。因为那些相信有诸多属性的人并不是由于上帝的活动有复多性才有这样一种信念的。他们毋宁说:是的,虽然是这单一本质(the One essence)完成了不同的活动,但与他——愿他受颂扬——是本质的属性却并不属于他的活动。因为设想上帝创造了他自己的本质这一点是不能允许的。他们对他们称之为本质的属性的看法也不尽相同,我这里说的是他们对这些属性的数目究竟有多少的意见也很不相同,因为他们信奉的全都只是某一卷书的经文。我们下面所谈的观点则是他们全都赞同、全都认为是理智所认知的,而且在这种情况下,也就没有必要去信奉关于某个先知的话的经文了。这样的属性共有四种:生命,力量,知识,和意志。他们说:这些概念的性质截然不同,而且它们又如此圆满乃至不可能把它们的任何一个从上帝身上排除掉。假定它们属于他的活动,是不能允许的。这便是他们意见的一个纲要。

然而,你知道,知识概念和生命概念,对于上帝——愿他受颂扬——来说,完全是一回事。因为每个理解他自己本质的人都是凭借同一样东西既具有生命又具有知识的。我们虽然期望用"知识"来表明对一个人自己本质的理解,但理解的本质和被理解的本质无疑是一个东西。因为按照我们的看法,上帝并不是由两件事物——一件是在理解的事物,另一件是不作理解的事物——组成的,就像人是由一个在理解的灵魂和一个不作理解的身体组成似的。因此,既然我们说"具有知识"旨在表明"他理解他自己的本质",在这种情况下,生命和知识便形成了同一个概念。然而,我们所考察的人们却不思量这个概念,而毋宁思量上帝对其创造物的理解。同样,毫无疑问,无论是力量还是意志也都不是作为造物主自己的本质存在于造物主身上,并属于造物主的。因为他并不把他的力量用到他自己的本质上,也不能用他意欲他自己的本质来言说他。而且谁也想象不出这一点。毋宁说这些属性一向被认为是用来指称可以在上帝——愿他受颂扬——和他所创造的事物之间获得的种种关系的。因为他有能力创造他所创造的事物,有意志使事物以他所创造的方式存在,而且他还有关于他所创造出来的事物的知识。这样,你就会清楚这些属性不应当认为是指称他的本质的,而应当认为是指称被创造的事物的。由于这个理由,我们这些人既然获得了一种关于这种真理的知识而宣称这种"独一性"(the Unity),便不会说在上帝的本质里有一个附加的概念,是他借以创造诸天的,有另一个概念是他借以创造诸多元素的,还有第三个概念是他借以创造理智的,同样,我们也不会说在他身上有一个附加概念,是他借以具有力量的,有另一个概念是他借以具有意志的,还有第三个概念是他借以认知他所创造的事物的。正相反,他的本质只是一个并且是单纯的,决然没有任何一个概念可以从任何方面附加其上。这本质已经创造了它所创造的每个事物,并且认知它,但是绝对不是凭借一个附加概念做到这一步的。至于这些不同的属性是相应于他的活动,还是相应于在他和他的这些活动所创造的事物之间的不同关系,依照我们对关系的真理以及关系只是某种存在于思想中的东西已经解释过的观点,①则完全是无关紧要的。这是我们审视"先知书"里提到的属性时应当予以持守的立场。我们将会阐明,其中有些属性可以用来象征与我们的圆满性(our perfections)相似的一种圆满性(a perfection),而我们的圆满性则是我们所理解的。②

第 58 章

本章所讨论的内容比前面各章还要深奥一些。要知道藉否定论断来描述上帝——愿他受到珍爱和颂扬——是唯一正确的方法,这种描述不受一味追求语言流畅之患,也不以普遍的或任何特殊的方式暗示上帝缺乏什么。另一方面,如果一个人用肯定论断来描述上帝,则他就会如我们已经讲清楚的,暗示上帝跟不是上帝的事物有联系,而这也就意味着上帝有某种缺陷。我首先必须把否定何以从某一个方面看是属性以及它们何以不同于肯定属性这一点给你讲清楚。然后,我将再把除非经由否定否则我们就没有任何办法来描述上帝这一点给你讲清楚。

首先,我要说,一种属性并不使任何一个对象特殊化,它虽然可以用来言说一件事物,但却并不会藉这一特殊属性而与别的事物相关联。相反,这属性有时被认为属于它所言说的对象,尽管后者通常同别的事物一起具有这属性,并且也不是藉它而被特殊化的。例如,如果你看到一个人在远处某个地方,然后你问:看到的这东西是什么? 别人告诉你:这是一个动物,则这个肯定判断无疑是言说所见事物的一个属性,虽然它没有使后者特殊化,把它同别的一切事物区别开来。然而,某种特殊化却可以藉此而获得;也就是说,可以从它那里认识到所见事物不是一个属于植物这个种相的物体,也不是一个属于矿物这个种相的物体。同样,如果这所房子里有一个人,而你又知道某个物体在它里面而不知道它是什么,因而问道:什么东西在这所房子里? 回答你的这人会说:这所房子里没有矿物,也没有植物。这样,你就知道了这件东西的特性,你就会知道这所房子里有一个动物,虽说你不知道它究竟是什么动物。因此,否定属性同肯定属性在这方面是有某种共同之处的。因为前者无疑也能造成某种特殊化,即使归因于它们的特殊化只存在于一种排除当中,也就是存在于从我们认为属于未被否定事物的总额里对被否定掉的东西的排除当中。由此看来,否定属性不同

---

① 参阅第 1 卷第 52 章。——译者注
② 参阅第 1 卷第 59 章。——译者注

于肯定属性的地方就在于：肯定属性，即使它们不特殊化，也能表示出那件事物的一部分以为我们寻求的知识，而它所表示的事物的这一部分如果不是其实体的一个部分的话，则是它的一个偶性。反之，否定属性则根本不可能给我们提供出我们想要了解的关于事物本质任何方面的知识，除非如我们前面所给出的例证中所表明的，偶尔为之。

通过这一简短的说明，我便可以说：我已经推证出上帝——愿他受到尊敬和赞美——是必然存在的；在他身上没有任何复合物。我们将对此作出进一步的说明。我们只能理解"他在"这个事实，而根本无法理解他的实质（quiddity）。因此，他之具有肯定属性便是件不可能的事情。因为在他的"所是"（What）之外没有任何"那个"（That），所以任何一个属性都无法表明这两者中的任何一个。再说，他的"所是"不是复合的，因而一个属性便不可能表明它的两个部分。更何况他根本不可能有诸多偶性，从而属性是无从表示它们的。因此，他在任何方面都不可能具有一个肯定的属性。

至于否定属性，它们是那些为了引导心灵达到关于上帝——愿他受颂扬——必须相信的东西必定要使用的属性。因为任何一个复多概念都不能由于它们而在任何方面附加到上帝身上。更何况它们还可以引导心灵达到人在理解他——愿他受颂扬——的方面能够达到的最高程度。例如，已经向我们证明：在那些为感官所认知的东西以及其知识为理性所领悟的本质之外，必然还有某种东西存在。关于这件东西，我们说它存在，意思是说它不存在是不可能的。我们还进一步认识到，这种存在跟别的事物的存在，例如跟作为无生命物体的自然元素的存在不一样。因此，我们说这种存在是有生命的，其意思是说上帝——愿他受颂扬——不是无生命的。我们还进而认识到，这种存在跟诸天作为有生命的物体的存在不一样。因此，我们说，他不是一个有形物体。我们还进而认识到，这种存在跟理智的存在也不一样。因为理智虽说既不是一个有形物体，也不是无生命的，但却是由别的原因产生出来的。我们因此说上帝——愿他受颂扬——是永恒的，其意思是说上帝没有使他得以存在的任何原因。我们还进而认识到，这种存在者的存在（the existence of this being），作为它的本质，不仅足以使上帝成为存在的，而且也足以使许多别的存在物由它流溢出来。同时，这种流溢跟热从火里散发出来不一样，也跟光从太阳射出来不一样，而是如我们将要讲清楚的，不断地借明智地设计出来的治理方式使那些存在物得以绵延并获得秩序。因此，关于上帝我们是由于这些概念才说他是有力量的，他在认知和意欲。把这些属性归于他的意图在于表明他既不是无力量的也不是无知的，既不是漫不经心的也不是粗心大意的。而我们说上帝不是没有力量的这个说法的意思就是想表明他的存在足以使除他之外的万物得以存在。我们说上帝不是无知的，这个说法的意义在于表明他能理解——这就是说，他是有生命的。因为每一个有理解能力的东西都是有生命的。而我们说上帝不是漫不经心或粗心大意的，其意思无非是想表明所有正被谈论的存在事物都是依照一定的秩序和治理方式由它们的原因产生出来的，也就是说它们不是以一种漫不经心的方式产生出来的，一如偶然事件那样，而毋宁像一个有意志的存在物借目的和意志治理的万物产生出来的那样。我们还进而认识到，没有一件别的事物和那种存在一样。因此，当我们说上帝是"一"的时候，无非是想表明他是一种拒绝接受复多性的存在。

　　这样，你对下面一点就清楚了。这就是，我们用来言说上帝的每个属性都是一个表示其行为的属性。如果打算用这种属性来认识他的本质而不是他的活动，它就只是表示对其相反属性的一种否定。再者，甚至那些否定也不能用来指称他或应用到他——愿他受颂扬——身上，除非从你所知道的下述观点看问题：当说到一件事物时我们有时可以否定某些不能够适当地存在于它里面的事物。例如，当说到一堵墙时，我们可以说它不具有视力。现在，你既在阅读这部思辨色彩很强的论著，你自然会知道，对上天这个运动的物体，我们虽说已经测量过它的尺寸和大小，知道它有多少腕尺和英寸，而且我们还获得了它的某些部分的尺寸及其大多数运动的知识，但是，我们的理智却还是完全理解不了它的实质。而且，尽管我们知道它必定具有质料和形式，但由于它的质料跟我们身上的质料不一样，我们还是理解不了它的实质。由于这层理由，我们便不能够用任何属性来言说它，除非使用那些我们完全理解不了其意义的术语，从而不能用完全可以理解的肯定判断来言说它。因此，我们可以说上天既不轻也不重，既不作用于别的事物也不接受任何外来影响（external impressions）；它们既没有什么滋味，也没有什么气味；而且，我们还可以造出来诸如此类的别的一些否定。所有这一切都是由于我们对那种质料一无所知的缘故。

　　既然上帝没有质料，他单纯得不可能再单纯了，其存在是必然的，他没有任何原因，也不可能把任何一个概念附加到他的本质上面，因为他是圆满的——说他圆满其意思如我们已经讲清楚的，是说有关他的一切缺陷都已经被否定掉了，因此，我们所能理解的只是"他存在"（He is）这样一个事实。那么，在这种情况下，如果我们的理智渴求理解上帝，这个时候，它们的状态又当如何呢？因此，必定有一个存在物，他所产生的实在事物没有一个跟他相似，而他也没有任何东西在任何方面跟它们相同；没有任何复杂性关涉到他，也没有任何产生不了除他之外的实在事物的"无能"关涉到他；他跟世界的关系是船长同他的船的关系。甚至这也算不上真正的关系和恰当的类比。因为这种类比曾被用来引导心灵达到上帝——愿他受颂扬——治理着存在的事物这样一种观点，说这种治理的意义在于说明是上帝使它们得以存在，并监视着它们的秩序，仿佛这种秩序应当受到监视的那样。后面我们还要把这个概念讲得更加清楚和更加全面。

　　荣耀归于上帝！上帝就是这样，当理智默思他的本质时，他们的理解就变得无能；当他们默思上帝出自其意志的活动秩序时，他们的知识就成了无知；而当语言渴求藉属性的描述来赞美他时，所有的雄辩都显得令人生厌且无能为力！

第 59 章

有人可能会问:如果没有一种方法能够使人理解上帝本质的真正实在性,如果种种论证所能证明的只是上帝存在这样一个事实,以及如我们业已证明了的,企图把肯定的属性归于他是不可能的,那么,在理解上帝的那些人中间,究竟在什么方面有优劣之分呢? 然而,要是根本没有分别的话,则摩西——我们的导师——和所罗门所理解的跟任何一个门徒所理解的就会没有任何区别,而且在这项知识方面也不可能有任何增益。

然而,在这个方面实际上是存在有许多等级差别的,这一点不仅律法学家而且甚至哲学家也都普遍承认。所以,应当知道实际情况的确是如此,而且在那些理解上帝的人们之间的等级差别确实很大。因为属性所言说的事物随着言说它的属性的每一次增加而益发特殊化,从而言说这些属性的人也就相应地更加趋于接近理解事物的真正实在性。同样,你也随着关于上帝的否定的每次增加而更加趋于接近理解他——愿他受颂扬;而且,比起对有关上帝的那些已经给你推证出来的必须予以否定的东西不作否定的人们,你也更加趋于接近对上帝的理解。由于这层理由,一个人有时劳作了许多年,想要理解某门科学,获得有关它的前提的真正知识,以便他能把握这门科学的真理。然而,从这门科学得出的唯一结论,却完全在于我们否定某个概念可以用到上帝身上,而这是我们通过证明不可能把它归于上帝才认识到的。但一个缺乏思辨知识的人对这种证明却可能不甚清楚,他甚至会对上帝是否存在这个概念也感到可疑。而另一个理智完全盲目的人则把那个已经证明完全不应当归于上帝的概念完全武断地归于上帝。例如,我将证明上帝不是一个有形物体,而另一个人则对此怀疑,不知道上帝是否为一个有形物体,第三个人则断然判定上帝是一个有形物体,并试图依据这个信仰来研究上帝。这三个人之间的差别何等大啊! 第一个人无疑比较接近上帝,而第二个则远离了上帝,至于第三个,离开上帝就更其遥远了。同样,如果我们可以假定有第四个人的话,对他来说,上帝——愿他受颂扬——具有情感之不可能性已经证明得清清楚楚,而关于第一个即否认上帝的形体性的人就不是这样一种情况,则这第四个人无疑比第一个人更加接近上帝。如此等等,直至无穷。所以,倘若有这样一个人,对他来说,下面一点已经证明得清清楚楚,这就是:有许多事物,我们认为其存在同上帝相关,或者说它们是由上帝产生出来是可能的,但实际上却恰恰相反,这同上帝——愿他受颂扬——相关是根本不可能的,则这个人就无疑比我们圆满。要是我们相信这些东西必然附着于上帝,则这个人就无疑比我们更加圆满了。

这样,下面一点对你就很明白了。这就是:每当你清楚认识了一件可以用来指称上帝的否定事物时,你都会变得更加圆满些;而每当你肯定对上帝的一件附加事物时,你就都会成为一个把他比作其他事物的人,从而你离开关于他的真正实在性的知识也就更远了些。由此看来,一个人应当通过探索和研究越来越接近对上帝的理解:

也就是说,这样一种探索和研究为的是使一个人知道不能用来指称上帝的每件事物之不可能性,而不是为了使一个人作出一个肯定判断,把一件事物归于上帝,以为附加于上帝本质上的概念,也不是为了当这个人发现所论概念是一种相对于我们而言的圆满性时,也就因此把它说成是上帝的一种圆满性。因为虽然凡圆满性都是一种习性,但并非不是所有的习性都存在于每个具有习性的存在物身上。要知道,当你作出一个肯定判断,把另外一件事物归于上帝时,你便在两个方面离他更远了:一方面是你所肯定的每件事物都只是一种仅仅相对于我们而言的圆满性;另一个面是,除其本质外,上帝根本不具有任何别的东西;上帝的本质与他的诸多圆满性完全是一回事,这一点我们已经讲得很清楚了。

众所周知,要获得一种对那些我们理解能力所不及的事物的理解,除非通过否定,是不可能的。然而,否定却不可能对与所否定的特殊问题相关的事物的真正实在性提供任何方面的知识。所有的人,无论是过去的,还是将来的,都明确肯定上帝——愿他受颂扬——是理智理解不了的,而且除上帝自己之外没有谁能够理解他之所是,我们对上帝的认识也只是在于我们知道我们没有能力最终理解他。于是,所有的哲学家都说:我们被他的美弄得头晕目眩了,而且他之所以对我们藏而不露乃是由于他太显而易见了,就如太阳对太虚弱而看不清它的眼睛藏而不露一样。人们对这个问题讲得已经够多了,在这里重复可能也于事无补。对这个问题说得最贴切的是出现在《诗篇》(65:2)里的格言:"沉默就是对你的赞美",把它解释一下就是:对你的沉默就是赞美。这句话把这个问题最完满地表达出来了。因为在我们所说的旨在赞美和称颂的无论什么话里,一方面我们发现有些能够适用于上帝——愿他受颂扬,但另一方面我们又觉得它里面也有些缺陷。因此,保持沉默,并且满足于理智的反思会更加合适一些。正如那些圆满的人们所说(《诗篇》4:5):"在床上的时候,要心里思想,并要肃静。"

你也知道他们的著名箴言,但愿所有的箴言都和这一样。尽管他们的箴言被人记得很牢,但为了使你注意到它所表达的各种意义,我还是按原文逐字逐句给你引证出来。他们说过(B.T.Berakhot, 33b):"有人来到犹太拉比哈尼拿(Haninah)面前祈祷说:'上帝呀,你伟大!你勇敢!你令人敬畏!你强大!你可怕!你有力!'犹太拉比哈尼拿随即对他说:你已经完成了对你的主的一切赞美吗?甚至关于你所使用的头三个形容词,即'上帝呀,你伟大!你勇敢!你令人敬畏',如果摩西——我们的导师——不曾在律法中宣布过它们,如果大会堂里的人们后来也不曾在祷文里确定下它们的用法,我们是不能把这三个形容词用到上帝身上的。而你却一口气说了这么多。这像什么呢?这其实就好像是在颂扬一个有几百万金条的尘世国王拥有银子一样。这难道不会变成对他的一种冒犯吗?"这个圆满者的箴言到此就结束了。我们首先应当注意到的是他对增加肯定属性的做法表示的勉强和不甘愿。其次,我们还应当注意到他已经明确说过,如果让我们单凭我们的理智,则我们是决不应该说起这些属性或说起一件属于它们的事物的。然而,尽管如此,为使人们获得某种表象,用这样一些语词给他们宣讲还是很有必要的。这也符合先贤的说法:"《托拉》以人子的语言讲话。"正是这种必要性使得当给他们讲话时不得不用他们自己的圆满性来言说上帝。因此,我们的工作便在于:在这些字眼的使用上划一条界线,除非是阅读《律法书》,我们是不能用它们来称呼上帝的。后来,大议会的人们(the men of the Great Synagogue),他们作为先知,把这些属性插入祷文。因此,我们就只有在朗诵祷文时方才提到这些属性,且不能因此而再用别的什么说法来称呼上帝。依照这个精神,这条箴言的意思就清楚了。这就是:有两条必要的义务决定着我们在祷告时提及这些属性的名称:一条是它们出现在"托拉"中,另一条是先知们在他们编写的祷文里使用了它们。由此看来,除非为了履行第一条必要的义务,我们就根本不应当提及这些属性;但是对于第二种必要性,我们不应当从它们的上下文里把它们提取出来,而且在我们的祷告中,也不应当求助于它们。当你继续考察这些属性时,从这个说法里你就会明白,我们在祷告时是不允许使用和援引《先知书》里所有那些归于上帝的属性的。因为犹太拉比哈尼拿不但说:"如果摩西,我们的导师,不曾宣布它们,我们就不能使用它们";而且还提出了第二个条件:"如果大议会里的人们后来不曾在祷文里确定它们的用法"。我们是因此而获准把它们用在我们的祷文之中的。

如是,则我们所做的就跟那些真正无知者所作的全然不同。后者不辞劳苦地详细讲解他们编写的祷文以及他们编制的布道词。在他们看来,他们只要这样做就可以靠上帝近一点。在这些祷词和布道词里,他们用一些有限的属性来言说上帝。这些属性即使用来言说一个人,也会表明他身上具有一种缺陷。因为他们根本不理解那些对庸众的理智完全陌生的崇高概念,从而把上帝——愿他受颂扬——当成了他们言说的研究对象。他们断言上帝具有属性,用他们想当然的词汇来言说上帝,并且解释得非常详尽,乃至按照他们的想法,他们这样就可以通过情感打动上帝。一旦他们在某个先知演讲的经文中找到了这些词句,他们就更加肆无忌惮,对这些经文滥加发挥,并且依据它们的字面意义,推演出一些次级结论,演绎出种种不同的新奇说法。诗人和传教士或那些自以为能作诗的人们,也常常这样肆无忌惮,致使他们的一些说法构成了对信仰的绝对否定,而另外一些说法则包含着一些非常荒唐的废话,以及一些非常荒唐的想象,以致当人们听到它们时,由于这些说法的荒唐和荒谬就免不了一场大笑,而当他们想到这些说法竟被用于上帝——愿他受到颂扬——时,就会感到可悲。要不是我不愿意展示那些造出这些说法的人们的缺陷,我本当给你引述他们的一些说法,好让你重视那些可能会使他们受到指责的观点。然而,他们这些说法的缺陷在明智的人们看来是明显不过的。你也一定会注意到:既然诋毁和诽谤是种大不敬的行为,则对于上帝——愿他受颂扬——信口雌黄,用那些远非称颂的属性来言说上帝,就更其如此了。但是,就那些听信这些说法的民众而言,以及就那些宣布这些东西的无知之辈而言,我则不说这是一种大不敬的行为,而毋宁说它构成了"并非存心的毁谤和辱骂"。至于那些理解这些说法的缺陷却又使用这些说法的人,照我的看法,则应该归到下列经文中所说到的那号人:"以色列人暗中行不正的事,违背耶和华他们的上帝"(《列王记下》17:9);"说错谬的话,攻击耶和华"(《以赛亚书》32:6)。因此,如果你是一个敬重上帝荣誉的人,你就无论如何也不应当去听信这些话,更不用说去说这些话,尤其不该去捏造与此类似的别的说法了。因为你知道一个人若"辱骂在上者",他的罪名该有多大。因而,你不应当在任何方面以肯定的方式宣布上帝的属性。即使如你所认为的,以赞美上帝为目的,也不应当超出大议会里的人插入祷文里和"祝祷"中的说法。因为若从必要性的观点看问题,他们的说法就足够了。倘若用犹太拉比哈尼拿的话来说就是:这已经绰绰有余了。但是,别的一些属性,诸如在《先知书》里出现的,在阅读这些书时口诵到的,正如我们已经讲清楚的,它们只是关于上帝行为的一些属性,或者说,它们只是表示它们在上帝身上根本不存在这样一种否定。即使关于它们的这个概念原本也是不应当公之于众的。因为这类思辨只适合于少数精英。他们认为赞美上帝不在于他们说些不适当的话,而在于他们理解得恰如其分。

因此,我现在就回过头来把犹太拉比哈尼拿那条箴言的所指称的内容概括一下,并对它作出一个正确的解释。例如,他并不是说:"这像什么呢? 这其实就好像是在赞美一个有几百万金条的尘世国王,说他拥有一百金条一样。"因为这个例子会向人们表明:上帝——愿他受颂扬——的圆满性,虽比归于他的圆满性还要圆满些,但却依然和后者属于同一个种类。一如我们已经证明过的,事情远非如此。但是,这个比喻所显示出来的智慧在于他的这个说法:"拥有金条被赞美为拥有白银。"他这样说的目的在于说明:在上帝——愿他受颂扬——身上没有任何跟我们认为圆满的属性属于同一种类的东西,而且所有这些属性对于上帝而言,都只不过是缺陷,正如他在这个比喻里所挑明的那样:"这难道不是对上帝的一种冒犯吗?"。届此,我已经让你认识到了下面一点,这就是:这些你认为圆满的属性中的每一个对于上帝——愿他受颂扬——都是一种缺陷,因为它归属的那个种类正是我们身上的东西应当归属的。关于这个问题,所罗门——愿他平安——不仅给我们指明了正确的方向,而且还给了我们足够的智慧。他说道:"因为上帝在天上,你在地下;所以你的言语要寡少"(《传道书》5:1)。

第 60 章

在这一章里我想告诉你一些比喻。通过这些比喻,你不仅能够借助否定属性使你对上帝的表象更趋完整,而且还可以使你从关于上帝——愿他受颂扬——的肯定属性的信念退避得更远。

假定一个人已经确实知道有一艘船存在,但却不知道"船"这个词的具体所指究竟是什么。也就是说,不知道"船"这个词究竟意指的是一个实体呢还是一个偶性。

第二个人却清楚一艘船不是一个偶性。第三个人清楚它不是一块矿物。第四个人清楚它不是一个生物。第五个人清楚它不是一株植物，即一个长在地上的与土地连接在一起的连续体(a continuum)。第六个人清楚它不是其各个部分自然结合而成的连续体那样一类物体。第七个人清楚它不是像桌子和门那样只具有一个简单形状的形体。第八个人清楚它不是一个球体。第九个人清楚它不是圆锥体。第十个人清楚它既不是球体的也不是等边的。第十一个人对前面的一切都清楚，而且还清楚它不是完全实心的。这么一来，很显然，这最后一个人凭藉这些否定属性已经差不多获得了关于这艘船原样的表象。他所获得的可以说是与下面这个人相仿。后者把这艘船表象为一个由木材组成的物体，一个中空的、椭圆形的、由许多块木板组成的物体。也就是说，他获得的知识跟一个藉肯定属性来表象这艘船的人一样多。至于那些我们在这个比喻中所列举出来的在他之前的人们，他们每一个都比尾随其后的人离开对这艘船的真实表象要远一些。如是说来，我们比喻中出现的第一个人所知道的只不过是一个空洞的字眼而已。因此，否定属性可以使你以同样的方式更加接近对上帝——愿他受颂扬——的认识和理解。因此，我们衷心希望你小心谨慎，经过推证确知那些予以否定的附件上去的东西，而不只是在语词上否定一下了事。因为你若是经由证明而否定了某种你原以为可以言说上帝——愿他受颂扬——的事物时，那么随着每一步这样的进展，你无疑就越来越接近上帝。就此而言，一些人很接近上帝，而另外一些人则离上帝很远。当然，这不是说在这个问题上存在着一种空间距离上的接近，乃至一个人可以靠上帝近一些或离他远一些，就像那些精神眼睛瞎了的人所认为的那样。你要充分理解这一点，彻底弄明白这一点，还要为此而欢欣鼓舞。因为你可以踏上的接近上帝——愿他受颂扬——的道路对你已经一目了然了。如果希望如此的话，你就踏上这条道路吧！

另一方面，对上帝——愿他受颂扬——用肯定属性来言说他是件非常危险的事情。因为我们已经证明，我们认为是圆满性的每一件事物，即便照那些相信这些属性的人们的意见，它作为属于上帝的东西而存在，也仍然不会是属于我们认为的那样一种圆满性，除非通过用模棱两可的歧义辞句，就如我们已经讲清楚的那样。因此，你必须转而求助于否定概念。因为如果你说上帝是用一种知识，是用这种其中没有任何复多性的没有变化的知识，来认知那些复多的和可以变化的事物的，则这些事物虽然是不断更新的，上帝身上的知识却是没有任何更新的。而且，如果你还说，上帝关于某件事物的知识，无论在这个事物进入存在之前，还是在它获得作为现存事物的实在性之后，以及在它已经不再存在之后，都始终是完全一样的，其间没有一点变化，那么，你就已经清楚地宣布了上帝是以一种跟我们的知识不一样的知识来认知的。同样，由此便必定可以得出结论说：上帝存在，但是却不是依照在我们身上的那种存在概念而存在的。因此，你应当诉诸否定。你并没有达到那种关于本质属性的真正实在的知识，你所达到的无非是复多性。尽管你认为上帝只有一种本质，但却具有许多未知的属性。在你看来，这些属性应当肯定地用到上帝身上，倘若你否认它们同为我们所认知的属性类似，那就应当得出结论说，它们跟后者并不属于同一个种类。这样一来，肯定属性这个问题似乎可以说是已经从你那里收回去了。因为如果你说上帝——愿他受颂扬——是一种基质，负载着一些作为附属物的东西，而这种基质又跟这些附属物不同，那么，我们所理解的，根据这种信仰，充其量只会是多神论，而不可能是别的什么东西。因为负载着这些事物的每一种基质，依照定义，无疑都是一种"二重性"（duality），即使就其存在而言只是一个。因为关于这种基质的概念不同于它所负载的附属物的概念。至于对上帝——愿他受颂扬——不可能组合而成的证明，以及更进一步，对他的绝对单纯性的证明，这是极端的和终极的，都将在这部论著后面一些章节里给你讲清楚。

　　我不仅要说：凡断言上帝——愿他受颂扬——具有肯定属性的人，不是对上帝缺乏理解，就是把上帝理解成与其他事物的关联者，理解成跟上帝本身的实际之所是不同的东西，而且还要说：他这个人已经无意地丧失了他对上帝存在的信仰。现在，我们就来把这一点讲清楚：一个人若对某件事物的真正实在性缺乏理解，则他就只是理解了它的一个部分，而对它的其他部分则全然无知。例如，当一个人只把人的概念理解为生命，而不是把它理解为理性时，情况就是如此。然而，既然在上帝——愿他受颂扬——存在的真正实在性里没有任何复多性，则一件附属于他的事物便可以在另一件事物依然不知道的情况下得到理解。同样，将一件事物与另一件事物相关联的人也就一定会把某个本质的真正实在性表象成这个本质真正所是的那样，并且断言另一个本质，说它的真正实在性跟第一个本质一样。因此，照那些认为上帝具有属性的人们的意见，这些属性其实并不是上帝的本质，而毋宁是附加于那本质上面的概念。再者，一个人对一件事物的理解虽然不同于其实在之所是，但他却必定对这件事物的某些方面有如实的理解。然而，我这里不是说他把滋味表象为一个量，以致他对那件事物的表象不同于后者的实际之所是；我毋宁是在说他对滋味这个存在者是什么一无所知，也不根本不知道滋味这个词究竟意指什么。这是一个非常精细的思辨问题；要审慎地加以理解。

　　依照这种解释，你应当明白，一个对必须通过否定来认识上帝这一点缺乏明晰了解的人是根本不可能认识上帝，同关于上帝的知识是相去甚远的。而且，如我们已经在本章一开始就讲清楚的，就上帝而言，一个人所能否定的东西的数目越小，他对上帝的理解也就越是欠缺。

　　至于一个人若断言上帝有一个属性却对关于这属性的事物除却空洞的语词外一无所知，我们便可以认为他所想象的这词适用的对象是一个"不存在"的概念——一个本身虚假的臆造。因为既然在实在的存在里没有什么东西跟这个概念一样，他就可以说是把这个词用到了一个缺乏存在的概念上。举例说，一个人听说过大象这个词，知道它是一个动物，并且想要知道它的形状和真正实在性。一个不懂装懂或道听途说的人告诉他说:大象是这样一种动物,它有一条腿和三只翅膀,居住在海的深处,有一个透明的躯体和一个其形式和形状跟人脸一样的宽脸,能跟人一样说话,有时在空中飞翔,有时则像鱼一样在海里游泳。我想要说的并非他关于大象的表象跟大象的实际情况不同,也不是这个人对大象缺乏理解。我想要指出的是,这个人所想象的作为具有这些属性的那件事物只是一项虚构,是假的,在实际存在的事物中没有一个跟它一样;而它乃是一件缺乏存在却有一个表示一件现存事物的词用到了它上面的事物。这件事物类同于一只神话传说上的巨鸟,或一个半人半马的怪物以及其他一些诸如此类的东西在人的想象中的组合;尽管这个简单的或复合的语词意指的是某个存在的事物。我们讨论的问题与这个例子类似,属于同一个类型。因为上帝——愿他受颂扬赞美——是一个其存在已被证明为必然的存在者。而且,如我将要证明的,从上帝的必然存在这一点必定能推断出他的绝对单纯性(His absolute simplicity)。

至于认为这个单纯本质——其存在,如我们已经说过的,是必然的——具有属性以及伴之而来的其他概念:这样想象出来的事物,如已经证明的,无论如何是不可能存在的。因此,要是我们说这个被称作"上帝"的本质是一个其中存在着许多言说它的概念的本质,我们就把"上帝"这个词用到了一个绝对"不存在"的东西上面了。因此,应当认识到,断言上帝有肯定属性会有何等的危险。所以,我们应该相信,《启示书》(the revealed books)里或《先知书》里出现的那些属性,它们之所以被提到,只不过是为了使心灵除了指向上帝——愿他受颂扬——的圆满性之外再不指向别的;或者说,它们无非是一些指称上帝活动的属性,如我们已经讲清楚了的那样。

第 二 卷

第13章

在人类中,亦即在所有那些相信存在着一个实在的神的人们当中,对世界的永恒性及其在时间中的产生有三种不同的意见。

第一种意见,即所有那些相信我们的导师摩西——祝他平安——的律法的人们提出来的意见。这种意见认为,世界作为一个整体,我的意思是说除上帝——愿他受颂扬——之外的所有存在,都是(was)在已经有了纯粹而绝对的非存在(nonexistent)之后由上帝产生出来的。所以,在创世之前,只有上帝——愿他受颂扬——曾经单独地存在过(had existed alone),那时除他之外别无他物,既没有天使,也没有天体和存在于天体里的任何事物。此后,上帝才藉他的意志和意愿从无中创造了所有这些如其所是的存在物。时间本身也是这些被创造的事物之一。因为时间是伴随着运动而产生的,而运动是运动物体的一个偶性。再说,被推动的物体——时间是其运动的结果——本身即是在时间中被创造出来的，而且是在不曾存在之后（after not having been）进入存在（came to be）的。人们据此说：上帝在他创造世界之前"曾经存在"（was）。在这里，"曾经存在"（"was"）这个词是表示时间的。还有些人认为，上帝在创造世界之前存在于"无限的绵延"（the infinite duration）之中。所有这些想法都不是由于真正实在的时间的缘故，而毋宁只是关于时间的一种虚设或想象而已。因为时间无疑是一种偶性。依照我们的看法，它是被创造的偶性之一，就像黑和白一样。而且，虽然它不属于性质这个种相，然而它一般说来是一个必然伴随运动而来的偶性，这一点对于那些了解亚里士多德关于时间的解释和关于它的存在的真正实在性的论述的人，是很清楚的。

下面我们来解释一个概念，虽然这并不属于我们可以追求的目标，但它于我们的讨论却还是有益的。这个概念有如下述：时间本性之所以对大多数有识之士隐而不露，以致这个概念让他们——如盖伦（Galen）等人——大惑不解，渴望知道时间在存在事物里是否有真正实在性的，乃是由于下面这样一个事实，即时间是一个存在于偶性中的偶性（an accident subsisting in an accident）。那些在物体里具有原初存在的偶性，例如颜色和滋味，人们一开始就理解它们，也能对它们的概念有一种心理表象。但是，偶性的本性，由于其根基乃是别的偶性，如一种颜色的光泽和弧线的曲度，却是最为隐蔽的。如果再加上那种用作一个基质的偶性根本没有什么持久不变的状态，而是经常地从一个状态过渡到另一个状态，那就更其如此了。因为，这样一来，问题就变得更加隐蔽了。在时间中，这两种特性是紧密地结合在一起的。因为时间是一个与运动相伴的偶性，而运动又是一个存在于被推动的物体里的偶性。再说，运动也没有黑与白那样一种地位，形成一种持久不变的状态。因为运动的真正实在性和实质正在于它连一眨眼的工夫也保持不住同一个状态。而这也就是使时间本性隐而不露成为必然的根源。然而，我们的目的却在于说明，照我们的观点，时间是一种被创造和产生出来的东西，一如别的偶性以及用作这些偶性的基质的实体一样。因此，上帝使世界进入存在并没有一个时间上的开始。因为时间也是一种被创造的东西。我们应当透彻地考察这个问题。因为唯其如此，你才不至于去附和那些反对意见，而那些对此一无所知的人则难免附和这些意见。如果你肯定时间真的先于世界而存在，你就势必会相信世界的永恒性。因为时间既然是一种偶性，它就必定有一种基质。由此，你就必定要得出结论说：在这个现存世界存在之前存在有某种东西。因此，这个概念是必须避免的。

这种看法是我们诸多意见中的一种。毫无疑问，我们的这一意见是摩西——我们的导师，祝他平安——律法的一个基础。它的地位仅次于对上帝单一性的信仰。除此而外不应有任何其他东西进入你的心灵。正是亚伯拉罕——我们的父，祝他平安——第一个当众宣布了这个他经过深思熟虑的看法。由于这层理由，他宣告（《创世记》14:22）"天地的主，至高的上帝耶和华"；他在"天地的主"（the Lord of the world)这一短语中确切地表达了这种看法。

第二种意见是由其人我们听说过、其论著我们阅读过的所有那些哲学家们提出来的。他们说,断言上帝从无中创造事物是荒谬的。再说,照他们的观点,事物消亡成虚无同样是不可能的,换言之,一个具有质料和形式的存在物从那种质料的绝对不存在中产生出来,又消亡成那种质料的绝对不存在,是根本不可能的。照他们的意见,把上帝言说为能够这样做,跟把上帝言说为能够在一瞬间把两个对立物合并到一起,或者说他能够创造出一个跟他本身——愿他受颂扬——一样的东西,能够使他本身成为有形体的,能够创造一个其对角线与它的各边相等的正方形,以及诸如此类不可能的事物并无二致。他们说正如上帝之不可能产生不可能的事物并不能证明他之缺乏能力。因为凡不可能的事物都有一个确定不变的本性,这就是:它并非由一活动主体产生出来,从而也就不会变化。而上帝之不能够从无中产生事物也同样不是由于他缺乏能力,而是由于这属于一切不可能事物之列的缘故。因此,他们相信存在有某种质料,和上帝一样是永恒的。而且,上帝若没有这种质料不可能存在,这种质料若没有上帝也不可能存在。他们并不认为这种质料跟上帝——愿他受颂扬——处于存在事物的同一个等级上,而是认为上帝是质料得以存在的原因。质料对上帝的关系,恰如泥土对于陶工或铁块对于铁匠的关系一样;而且上帝还能够用质料创造出他所希望的任何事物。上帝首先用质料创造出天和地,随后又用质料创造出某些别的东西。持这种意见的人们相信天也是有产生和消亡的,不过它既不是由虚无产生出来,也不会消亡成虚无。因为天之产生和消亡一如动物个体,是由存在的质料产生出来又消亡成存在的质料的。因此,天的产生和消亡跟天底下所有别的存在物是一样的。

属于这一派的人又分成几个小的派别。但是,在这部论著里详细论述这些不同的派别和意见没有必要。然而,这一派所持的普遍原则跟我告诉你的完全一样。这正是柏拉图的信念。因为你会发现,亚里士多德在《物理学》(VIII,1)里讲到柏拉图时,说他,我指的是柏拉图,相信天也有产生和消亡。[①]而且,你还可以在《蒂迈欧篇》这篇对话中同样发现柏拉图明确阐述过这一学说。但是,这些人并不相信我们所相信的,他们既不考察各种意见,在理论方面也不精确。他们设想我们的意见和柏拉图的意见一模一样。但是,实际上,事情却并非如此。因为就我们而言,我们是相信天是在绝对不存在状态之后从虚无中产生出来的,而他们却认为天是从某种别的事物中产生出来的。这也就是第二种意见。

第三种意见是亚里士多德、他的信徒及其著作的注释者的意见。亚里士多德主张具有质料的事物是绝不可能从没有任何质料的事物中产生出来的,这本来跟那些刚才提到的那一派的人们的主张没有什么两样。但是,他超出这一点,进而说天是绝不会有产生和消灭的。他在这个问题上的意见可以综述如下:他认为,天这存在物,

---

① 参阅亚里士多德:《物理学》,VIII,I,251b17以下。——译者注

作为一个整体,如它所是的那样,从来不曾停止过存在,而且也将永远不会停止其存在。永久的事物是不会有产生和消灭的,也就是说,天也同样不会停止其存在的。时间和运动是永久的和永远持续的,因而也不会有产生和消灭。而且,甚至有产生和消灭的事物,即月球以下的事物,也不会停止其存在。我的意思是说,它的原初质料就其本质而言,是不会有产生和消灭的,只是各种不同的形式在它身上一个接着一个出现,从一种形式转换表现为另一种形式。他还进而认为这整个从高级到低级的秩序,是破坏不掉、取消不了的,任何一种创新,只要不符合它的本性,就不可能在其中发生,任何一件事物,只要同它的类似物有违,无论如何也不可能在其中出现。他断言——虽然他不是逐字逐句这样说的,但是这正是他的意见所要表达的——在上帝身上意志发生变化或一种新的意志会在他身上出现是件不可能的事情;所有那些以现存状态存在的事物都是由上帝通过其意志产生出来的;但是,它们并不是在处于一种不存在状态之后被产生出来的。他认为正如神变成不存在或他的本质发生变化是不可能的一样,意志在他身上发生变化或一个新的意志在他身上出现也是不可能的。由此必然可以得出结论说,天这存在物作为一个整体是从来不曾停止过其如其现在所是的存在的,而且甚至在永恒的将来,它也会跟现在一样存在。

这些就是三种意见的概貌和真相。这些意见是由那样一些人提出来的,依照他们的看法,创造这个世界的神的存在是已经被证明了的。有些人对神——愿他受颂扬——的存在一无所知,而是认为万物是由于偶然的结合与分离才有其产生和消灭的,而且也没有谁来支配和安排其存在。按照亚弗洛弟西亚的亚历山大（Alexander of Aphrodisias）的说法,伊壁鸠鲁、他的信徒以及和伊壁鸠鲁类似的人就属于这号人。讨论这些派别对我们是没有什么益处的。因为神的存在既然已经证明了,则我们去阐述那些和已经证明的真理相反的学说,就不可能再有什么用处了。同样,如果希望证明持第二种意见的人主张正确也是无用的。所谓第二种意见,我的意思是说,依照这种意见,天也有产生和消灭。因为他们相信永恒;而且,照我们的看法,相信天必定由一个事物产生出来又消亡成一个事物,跟相信天不会有产生和消灭的亚里士多德的信念,毫无二致。因为追随摩西和亚伯拉罕——我们的父——的律法,或者追随那些和他们两位走同一条道的人的每个信徒,他们的目的就在于相信在与上帝同在的一切事物里,决没有永恒的东西;相信对神来说,从"非存在"中产生出"存在"并非是件不可能的事情,而毋宁如一些审慎思辨的人所相信的那样,乃是一种职责（an obligation）。

在阐述了这些意见之后,我们就可以开始解释和概述亚里士多德支持其意见的各种证明以及促成其采取这种意见的动机了。

第16章

在本章里我将给你解释一下我对这个问题的看法。然后,我再对我想要坚持的观点作出证明。再后,我将针对那些认为他们已经证明出世界是从无中创造出来的穆台凯里姆派(Metakallimun)所述说的一切,谈一下自己的看法,表明我对那些证明一个也不赞成,我也不自欺地把产生谬误的方法硬说成是证明。如果一个人藉诡辩的论证声称他打算来证明某个观点,则照我的看法,他就非但没有增强对他所证论点的同意,而毋宁削弱了它,反而会为别人对它的攻讦开辟道路。因为一旦那些论据明显地失去效用,灵魂对要加以证明的论点的认可度便随之减弱了。其实,如果坦率承认没有对之作出证明的论点而宣布它依旧是个问题,或者在两个矛盾命题中简单地接受一个,反倒更可取些。我已经为了你的缘故阐明了穆台凯里姆派是借助什么方法论证世界是从无中创造出来的,而且,我还让你注意到在哪些观点上他们应该受到批评。同样,亚里士多德及其追随者为证明世界永恒所提出的一切,照我的看法,都构不成一个令人信服的证明,而毋宁是一个大可怀疑的证明,后面我会把这一点讲给你听。我自己想要讲清楚的,是世界在时间中的被创造,照我们《律法书》的意见—— 一种我已经解释过的意见——并不是不可能的,所有那些与我们的这一观点相左的哲学证明以及所有那些针对我们观点的缺乏根据的论证和推理都将被表明是不正确的。不过,既然在我看来,我的意见是千真万确的,既然这个问题——我的意思是说关于世界的永恒性或它在时间中的创造这个问题——是一个悬而未决的问题(an open question),则在我看来,它就应当不要证明而根据先知的预言予以接受。要知道预言是可以对思辨能力无法同意的事物作出解释的。如我将要给你讲清楚的,甚至照那些相信世界永恒的人们的意见,对预言也是不应当轻视的。

在我已经把我们所主张的是可能的这一点讲清楚之后,我将开始用思辨证明它胜过任何一种别的意见。这里,我的意思是说,我们关于世界是在时间中创造出来的论断是胜过世界是永恒的论断的。我还要把下面一点讲清楚,这就是:如果由于信仰世界是在时间中创造出来的还招致某种不好的名声加到我们头上,那么,一个甚至更不好的名声则会加到世界永恒的信仰上。我现在就来提供一种方法,使得那些借推理来证明世界是永恒的人们的所有证明都全然失去效用。

第 23 章

应当知道,当人们比较两种相反意见的怀疑以决定它们中究竟哪个引起的疑问小些时,他就不应当看重疑问数量的多寡,而毋宁看重它们的不一致究竟有多大以及它们同存在事物的不一致究竟在哪里。有时仅仅一个疑问比一千个别的疑问的力量还要大一些。再说,只有在两种对立意见于他同等的情况下,他才能正确地进行这种比较。然而,无论什么人,只要他由于其教养或由于某种利益而偏好两个意见中的某一个,他就会弊于一曲而暗于真理。一个人只要接受了一种无根据的偏好,他就无论如何无法使自己驳倒一条可以得到证明的真理,但他却可以从自己的偏好出发去论证有两个相反意见的问题。有时,只要你愿意,你就可以摆脱无根据的偏好,使你自己从习以为常的东西中超脱出来，完全依靠思辨，选择你应当选择的意见。然而，为要做到这一步，你就必须满足下述几个条件。首先，你应当知道你的心灵有多么好，你的先天气质是多么健全。这一点通过数学训练和掌握逻辑规则就行了。其次，是掌握自然科学知识，掌握它们的真理，在它们的真正实在性上认识到你的疑问的重要性。第三个条件关系到你的道德品质。因为无论何时一个人只要发觉自己倾心于——对我们的心灵来说，这种情况不论是由于他的自然气质所致还是由于一种后天获得的性格所致，都没有区别——色欲或肉体享受，或是很喜欢生气，动辄暴躁和暴怒，听任其为所欲为，则他无论到什么地方都会出毛病，犯错误。因为这样一来他就会去寻求有助于其本性所倾向的事物的意见。为了使你不受骗上当，我已经提醒你注意这一点。因为有人有朝一日会提出有关世界是在时间中创造出来的疑问，让你陷入自负的想象，而且你也可能很快地让自己蒙受欺骗。因为这种意见里包含着对律法基础的破坏，包含着对神的肆意妄断。所以，要始终在你的心里对这一点有所怀疑，承认这两位先知（即亚伯拉罕和摩西）的权威，承认他们是人类信仰和人类交往方面幸福的支柱。不要排拒可据以推断出世界是从无中创造出来的意见，除非是出于证明。然而，就事物的本性看，这样一种证明是根本不可能存在的。

此外，阅读这部论著的学生不应当对我为了支持世界是从无中创造出来的论断而使用这种谈话的修辞手法进行批评。因为亚里士多德这位哲学家之王（the prince of the philosophers），在他的主要作品里也曾同样使用过修辞方式来支持他的世界永恒的意见。鉴此，我们确实可以说（B.T.Baba Bathra，116a）："我们完满的《托拉》难道还比不上他们的无聊之谈吗？"如果一个人为了支持他自己的意见而提到塞比教徒（Sabians）的疯话，则为了支持我们的意见，难道我们就不应当引证摩西和亚伯拉罕的话并从中推演出一切吗？

我答应过你，还要给你讲这么一章，在其中我将给你解释清楚那些对下面这类人常常产生重大影响的分量很重的疑问。这些人认为，人已经获得了有关天体运动的知识，也拥有关于自然事物根据必然规律运行的知识，而且，对它们的秩序和安排都了然在胸。我现在就来把这一点给你解释清楚。

第24章

关于天文学问题，你知道的无非是在我指导下阅读过以及由《天文学大成》（Al-magest）的内容所理解的东西。但是，还不曾有足够的时间跟你一起来开始另一种纯理论研究。你已经知道的是，就与天体的规则运动和星辰的运行轨迹同所见现象一致相关的而言，一切都依据两条原理：或是本轮（the epicycles）原理，或是偏心圆（the eccentric spheres）原理，或是基于它们两者。现在，你要注意到下面这个事实，这就是：这两条原理都完全在推理范围之外，并且是违背自然科学里已经阐述清楚的一切的。首先，如果一个人断言真的存在着一个环绕着某个天体旋转的本轮，同时又断定那种旋转并不是环绕载着本轮的天体的中心进行的——人们向来假定月亮和五颗行星的情况就是如此,则由此便必然可以得出结论说:存在着滚动,也就是说本轮滚动着并且可以完全改换它的位置。然而,这正是那种应予避免的不可能性,也就是关于在天上应当存在某些经常改换位置的事物这样一个假定。由于这个原因,艾卡·巴克尔·伊本·阿尔—萨依(Abu Baker Ibn al-Saigh)在他的尚存的天文学论著里说道:本轮的存在是不可能的。① 他所指出的必然的推论前面已经提到。除了从本轮存在这个假定必然推出的这种不可能性外,他还提出了九种别的也是从这种假定推出的不可能性。现在我就来把它们解释给你听。

本轮的旋转不是环绕着世界的中心进行的。而存在着三种运动则是这个世界的一项基本原理:一种是来自世界正中心点的运动,一种是朝向这个中心点的运动,再一种是环绕着这个中心点的运动。但是,如果本轮存在,则它的运动就既不会来自这个中心点也不会朝向或环绕这个中心点。

况且,亚里士多德的自然科学中有一个基本的假定,这就是:必定存在有一个不动的东西,圆周运动就是环绕着它进行的。因此,地球不动就是一件必然的事情。可是,如果本轮存在,则它们的运动就会是一个并非环绕着一个不动事物进行的圆周运动。艾布·伯克尔(Abū Bakr)曾说到他发明了一个天文学体系,其中并不出现本轮,而只有偏心圆。然而,我从他的学生那儿却没有听说过这一点。而且,即便他果真发明了这样一个体系,他也不会由此得到许多。因为偏心率必然使得人们越出亚里士多德确立的原理所设定的界限之外,而那些原理是不能再增加什么的。在我看来,应当注意的就是这个论点。就偏心率而言,我们同样可以发现诸天体的圆周运动也不是环绕着世界的正中心进行的,而是环绕着一个并非处于世界中心的假想的点进行的。因此,那项运动同样也不是一个环绕着一个不动的东西进行的。然而,一个对天文学一无所知的人也可能会认为关于这些假想的点的偏心率可以被看做是和环绕着世界的正中心进行的运动同等的,因为当这些假想的点乍一看似乎就处于月亮这个天体之内。其实,我们也会承认他的这一观点的,只要那项运动环绕着火或气的环带中的某一点发生,虽然在那种情况下那项运动就会不是环绕着一个不动的东西进行了。然而,我们会给他讲清楚,偏心率的量度已经在《天文学大成》里根据那儿假定的东西证明出来了。后来的科学家们也已经提供出了一个正确的无可怀疑的证明,说这些偏心率的量度大得可以同地球半径相比。这种证明就像他们对所有别的距离和大小所作的证明一样。这样,下面一点就很清楚了。这就是:太阳环绕其旋转的偏心点必定在月亮天体的凹面之外和水星天体的凸面之下。同样,火星环绕旋转的

---

① 艾卡·巴克尔·伊本·阿尔—萨依(Abu Baker Ibn al-Saigh,? —1138 年)绰号伊本·巴哲,生于西班牙萨拉盖斯塔。他不仅是一位著名的天文学家和数学家,而且也是一位著名的哲学家、医学家、文学家和诗人。其著作有《论灵魂》和《认一论者之安排》。曾被称作"时代的奇迹"和"当代天下奇才"。——译者注

点,我的意思是说它的偏心圆的中心,在水星天体的凹面之外和金星天体的凸面之下。而木星偏心圆的中心则处于同样的距离——我的意思是说处于水星和木星的天体之间。至于土星,它的偏心圆的中心在火星和木星的天体之间。这样一来,就终于看清楚了,所有这些事物离开自然的思考该是何等的遥远啊! 如果你考虑到每个天体和星辰的为你所知的距离和大小,并且以地球半径为单位来对所有这些加以测量,所有这一切对你就都变得非常清楚了:一切都是根据同样的比例加以测量的,每个天体的偏心率并不是根据这个天体本身的大小来衡量的。

更为荒诞不经从而更加值得怀疑的是:有人认为,存在有两个天体,其中一个天体存在于另一个天体之中,而且,其各边又都紧紧地挨着另一个天体,然而,这两个天体的中心却不同,即使较大的天体不动,较小的天体也能够在它里面运动,但是,较小的天体若不运动,较大的天体便不能沿着轴心进行运转。因为每当较大的天体运动时,它就必然地凭借它的运动使较小的天体运动,除非是它的运动在穿过两个中心的轴上进行这样一种情况。从这种证明的前提和虚空不存在这个被证明了的事实,以及从关于偏心率的假定,必定能够得出结论说:当较高的天体处于运动状态时,它就必定要推动它下面的天体以同样的运动环绕着它自己的中心运动。然而,我们却发现实际情况并非如此。我们毋宁发现这两个天体——包容的和被包容的——中的任何一个都不是由另一个的运动推动的,也不是环绕着另一个的中心或极运动的,而是它们中的每个都有它自己的特殊的运动。这么一来,在每两个天体之间存在有不同于它们的另外的天体的必然性就使人非相信不可。可是,如果情况真的如此的话,还会留下多少隐晦不明的东西呢? 你将假定那些存在于每两个天体之间的天体的中心在什么地方呢? 而且,既然,它们也是天体,它们同样也就应该有属于它们自己的特殊的运动。塔贝特(Thabit Ibn Qurra)曾经在他的一部论著里解释过这个问题,并且推证出我们说过的上述观点,这就是:在每两个天体之间必定有一个另外的天体。①所有这一切当你在我指导下阅读的时候,都不曾给你解释过,担心当时若给你解释这些,则你对我旨在使你理解的那些东西反倒会被弄得糊涂起来。

至于关于金星和水星的纬度(latitude)所讲到的交角(the inclination)和偏差(deviation),我曾经给你口头解释过,我已经给你说明,这些东西是不可能存在于这些星体之中的。至于别的,如你已经看到的,托勒密已经明确说过,严格地讲,一个人是做不到这一步的。他说:一个人如果把我们所宣布过的原理看做是总要靠耍手段玩巧计方可获得并且只能够困难地实现出来的话,那就没有一个人会认为这些原理以及与之类似的原理能够容易地实现出来。因为我们是不应当拿人的事情同神的事情作比较的。如你所知,这些是托勒密的原话。只除了我告诉过你的关于对偏心圆中心

---

① 塔贝特(Thabit Ibn Qurra,836—901 年),著名的阿拉伯数学家、天文学家、哲学家和翻译家。——译者注

点所在位置的考察之外,我已经给你指出了一些段落,它们清清楚楚地把我给你谈到的这些内容表达出来了。因为我从来不曾遇见有谁注意到这一点。然而,只要你根据阿尔—卡比西(al-Qabisi)在《关于距离的书信》里已经证明出来的,知道了每个天体直径的大小以及两个中心之间与地球半径相比的距离,你就能把这一点弄清楚。如果你考察了那些距离,则关于我使你注意的这些问题的真实性对你也就很清楚了。

现在该看到了这些困难是何等的大啊!如果亚里士多德关于自然科学所说的真实无误,那就根本没有什么本轮或偏心圆,一切都环绕着地球中心旋转。但是,在那种情况下,星辰的各种不同的运动何以能够发生呢?运动一方面是圆的、齐一的和圆满的,而另一方面,可观察的事物应该依照其后果加以观察,除非用这两条原理之一或同时用这两条原理把这一点讲清楚,这又怎么可能呢?这种思考由于下面这个事实而更其有力了,这就是:如果一个人接受托勒密关于月亮本轮及其朝向处于世界中心之外又处于偏心圆的中心之外的一点的偏离所说的一切,那他就会发现,根据这两条原理的假设计算的结果不会有甚至一分的差错。而且,这种计算的真理性也可以藉关于日食的计算的正确性以及对日月食时间、初亏的时刻及食甚时间的长短的精确确定得到证实。因为所有这些计算始终都是根据这些原理作出来的。再者,一个人如果不假定一个本轮存在,他如何能够设想一颗星的逆行以及它的其他运动呢?另一方面,他又如何想象得出天上的滚动或环绕一个并非不动的中心的运动呢?这正是真正的困惑所在。

然而,我已经口头给你解释过所有这一切都影响不了天文学家。因为天文学家的目的不在于告诉我们诸天体的实际存在方式是怎样的,而在于设定一个天文学体系,在其中运动既可以成为圆的和齐一的,又可以同视觉所见的情况相符,而不管事情实际上是否如此。你已经知道,在讲到自然科学时,艾卜·巴克尔·阿尔—萨依(即伊本·巴哲)曾表示怀疑:当论及从太阳的轨道交角由于偏心率的效果,不可能同轨道交角的效果区别开来必然得出的结论时,亚里士多德究竟是知道太阳的偏心率而把它默默地放过了,还是他根本就没有意识到偏心率呢?不过,实际情况是,他根本就没有意识到它,而且从来也不曾听说过它。因为在亚里士多德时代,数学还没有完善到今天这个地步。然而,即使亚里士多德确实曾经听说过偏心律,他也会激烈地反对它。倘若他对之信以为真的话,那他对他在这一学科领域的所有假设就准要困惑不安了。在这里我将要重复我先前曾经说过的那些观点。亚里士多德关于月亮天体以下的事物所说的一切都是与推理相合的;这些事物都有已知的原因,都是一个接着一个而来的,智慧的和自然的天道在什么方面对它们有效是很清楚和明白的。然而,关于天上的一切事物,人所把握的除属于数学的一个狭窄领域外什么也没有,而这一点,你也是知道的。因此,我将借用一句诗来表达我的意思(《诗篇》115:16):"天是耶和华的天,但是地,他却给了世人。"我的意思是说:唯有神才充分知道诸天的真正实在、本性、实体、形式、运动及原因。但是,神已经使人能够具有关于天下万物的知识，因为这是一个人的世界，是一个人被置放于其中的世界，并且他自己也是其中的一个部分。实际情况就是如此。因为我们要达到可以从中得出关于诸天的结论的起始点是根本不可能的。因为后者离我们太远，在位置和等级上都太高了。甚至可以从它们得出的一般结论，即它们证明了它们的推动者存在，也是一个人的理智无法企及其知识的问题。而且，心灵由于对那些概念无法领悟和没有任何可资领悟的工具而生的倦怠，乃是人先天气质的一种缺陷或某种诱惑。这样看来，还是让我们停留在我们力所能及的某一点上，让我们把那些凭藉推理无法领悟的事物交给那样的人，他由于神的流溢的强大力量而达到这一步，从而能够适当地对他说（《民数记》12:8）："我要与他面对面说话。"这就是有关这个问题我要讲的内容的结语。很可能别人会找到一个证明，凭藉这个证明，于我含糊不清的真正实在性于他却可以变得清清楚楚。我所具有的研究真理的极端偏好既可以为关于这些问题我已经清楚地述说和报告了我的困惑这个事实所确证，也可以为我没有听说过我也不知道有一个有关它们的一切的证明这样一个事实所确证。

第 25 章

应当知道，我们之所以避免断言世界的永恒性，并不是由于《托拉》里的经文说过世界是在时间中产生出来的。因为《圣经》中表示世界在时间中产生出来的经文远不如表示神是一个有形物体的经文多。然而，关于世界在时间中创造这个题目，比喻性解释的大门也并不曾对我们关闭，或者说并非不允许让我们进入。因为我们可以把它们解释成比喻性的，就如我们在否定上帝的有形体性时所做过的那样。或许这样做甚至还要容易得多：我们完全能够对那些经文作出一种比喻性的解释，而又断言世界的永恒性是真的，就如我们对别的经文作出了比喻性解释而又否定上帝——愿他受颂扬——是有形物体一样。

我们之所以不这样做或不相信世界是永恒的根据有两个。其中之一有如下述：神不是一个有形物体已经得到了证明；由此必然能够得出结论说，在其外在意义上与这个证明不相符合的一切都必须藉比喻来解释。因为这些经文必然适合于比喻性解释是众所周知的。然而，世界的永恒性却不曾得到过证明。这么一来，在这种情况下，为了使一种其对立面可以藉各种论证得以流行的意见得到论证，这些经文如果不遭到抛弃，就应当对之作比喻性的解释。这就是我们的第一个根据。

第二个根据有如下述：对于我们来说，我们的"神不是一个有形物体"的信仰并没有危及《律法书》的任何基础，而且也没有使任何一位先知的主张成为谎言。对它的唯一反对意见是由无知者认为这条信仰同经文相抵触这件事实构成的。然而，这条信仰其实非但不与经文相抵牾，反而，如我们已经解释过的，为经文所意指。另一方面，用亚里士多德领会的方式信仰永恒，也就是说，按照这种信仰，世界由于必然性而存在，自然本性一无变化，事件的惯常过程对任何事物都不可能更易，这就从原则上破坏了律法,必然使每个奇迹成为谎言(give the lie to every miracle),并且使律法提供出来的一切希望和恐惧全都化为泡影。只有通过上帝,一个人才能够比喻性地解释奇迹,如伊斯兰教的"内涵论者"(the Islamic internalists)所做过的那样,然而,这种做法也非常容易导致某类狂热的想象。

然而,我们业已解释过第二种意见,也就是柏拉图的意见,以为诸天也有产生和消灭。如果有人据此相信世界的永恒性,则这种意见就不会破坏《律法书》的基础,而且它之被推断出来也不会经由使奇迹成为谎言,而是经由让它们变得可以接受这条途径。遵循这条途径,比喻性地解释经文也就有了可能。而且,在《托拉》的经文里以及别的一些经文里,都可以找到许多晦涩的段落,可以把它们与这种意见联系起来,或者毋宁说可以藉之得到证明。然而,没有什么必然性能够迫使我们这样做,除非这种意见得到证明。鉴于它尚未得到证明这个事实,我们不会赞成这种意见,我们也根本不会注意另一种意见,而毋宁根据其外在意义来看待经文。而且,我们还要说:《律法书》已经对我们的能力把握不了的问题提供了知识,而奇迹也证实了我们主张的正确性。

应当知道,由于信仰世界是在时间中创造出来的,一切奇迹也就都因此而变得可能了,《律法书》也就因此而变得可能了,从而在这个问题上可能提出的一切难题也就因此迎刃而解了。于是,我们可以说:为什么上帝给这个人而不给那个人以预言的启示?为什么上帝把《律法书》给了这一特殊的民族,而不给任何别的民族?上帝为什么在这一特定的时间立法,而不是在此之前或在此之后立法?为什么上帝把这些戒律和这些禁令加之于人?为什么上帝把所提到的关于他的那些奇迹作为特权给了那位先知,而不给其他一些人?上帝制定这种律法的目的何在?如果这些就是上帝的目的,那他为什么不把这些戒律的完成及这些禁令的恪守置放进我们的本性之中呢?如果事情被说成这样的话,则所有这些问题的答案便都可以说成是:上帝想要它如此这般;或者说上帝的智慧要求他如此这般。而且,恰如上帝是在有了世界的形式,在他想要产生世界的时候使世界进入存在的,我们并不知道上帝在这方面的意志或在他使世界形式和创世时间特殊化过程中在什么方面有智慧——我们同样也不知道他的意志或引起上述所有问题特殊化的他的智慧的要求。然而,如果有人说世界之所以成为现在这个样子乃是出于必然性,则询问所有那些问题就成了一项必要的义务;不过询问这些问题也没有任何出路,除非求助于一些不恰当的答案。而这些答案往往会把使律法全部外在意义成为谎言同宣布其无效结合在一起。对于这一律法,没有一个明智的人会怀疑它们应当照其外在意义来理解的。正是由于这一点,这种意见才被规避,而善良人们的生命一向是而且将继续花费在研究这个问题上面。因为如果在时间中创造世界得到证明,即使仅只像柏拉图那样来理解创造世界,哲学家们在这个问题上向我们提出的那些轻率主张也都会因此而变得毫无意义。同样,如果哲学家们成功地证明了像亚里士多德所理解的世界的永恒性,则《律法书》整个说来就会失去其效用。这样一来,转向其他意见的事情就会发生。因此,我曾给你解释过,一切都同这个问题结合在一起。要认识到这一点。

第 32 章

人们对预言的意见跟他们对世界的永恒性或它在时间中的创造的意见很相像。我的意思是说:恰如那些对神的存在已在心中牢固确立起来的人们,如我们已经阐明的,对世界的永恒性或它在时间中的创造有三种意见,他们对预言同样也有三种意见。我将根本不考虑伊壁鸠鲁的意见。因为他根本不相信神的存在,而且更不相信预言。我将只限于探讨那些信仰上帝存在的人们对于预言的意见。

第一种意见属于对预言信以为真的异教徒大众,也为承认我们律法的一些普通人所相信。这种意见认为上帝——愿他受颂扬——从人们中挑选出他所希望的人,把后者变成一位先知,并且赋予他一种使命。按照这些人的意见,不管这个人是有识之士还是无知之徒,是上了年纪的人还是年轻人都没有关系。然而,他们却把他具有某种善和健全的品德作为先决条件。因为迄今为止,人们并没有走得远到说,上帝有时把一个歹徒变成一个先知,除非,根据这种意见,上帝首先把他变成一个好人。

第二种意见是哲学家们的。这种意见断言,预言是人的本性里的一种圆满性。然而,这种圆满性并不是随便哪个人都能获得的,只有经过训练,才能使这种作为人类潜在的圆满性变成现实。因为唯其如此,那些或是由于禀赋或是由于某种外在原因而具有的障碍才能够不再对此起阻碍作用。每一种圆满性只要其存在于某一个种相里是可能的,情况就都是如此。因为任何一种圆满性以其极端的和终极的形式现实存在于属于该种相的每个个体里都是不可能的。然而,这种圆满性必定至少存在于一个特殊的个体里。如果为了达到这一步,这种圆满性需要某种把它实现出来的东西的话,则那种东西就必定存在。根据这种意见,一个一无所知的人成为一个先知是不可能的。一个人也不可能在头天晚上还不是一个先知,到了第二天早上就突然成了一个先知,仿佛他作出了某种发现似的。事情毋宁有如下述:就一个其理性和道德品质都很圆满的优秀个人来说,当他的想象能力处于最圆满状态的时候,当他一直以你将听到的方式做好准备的时候,他就必定可以成为一位先知。因为就天性而言,预言是一种属于我们的圆满性。根据这种意见,一个人适合于预言,且为此作了准备,到头来却成不了先知,这是不可能的,除非到了这样一种地步:一个具有健康体质的个人虽然得到了精美食物的滋养,却很可能没有健康的血液及类似的东西从那食物里产生出来。

第三种意见是我们的《律法书》的意见。这种意见构成了我们学说的基础。除了一件事之外,它跟哲学的意见并无二致。因为我们相信一个人适合于预言又作了充分的准备却成不了先知,这样的事情是可能发生的,这是神的意志使然。在我看来,这跟奇迹完全一样,而且和它们同出一辙。因为一个人只要他的自然气质适合于预言,在其教育和研究中又受到过训练,则他成为一位先知就是件很自然的事情。他之受阻而未能成为先知,就跟耶罗波安(《列王记上》13:4)的手不能弯回一样,①或者像去搜寻以利沙的亚兰王的军队(《列王纪下》6:18)看不见东西一样。② 至于我们所确定的基本规则,即先知们必须受过准备性的训练且具有道德及理性品质方面的圆满性,这无疑也是他们的意见(Shabbat,92):"预言能力仅仅寄寓在睿智、强壮和富有的人身上。"我们在《密西拿评注》(Seder Zeraim 导论)里及我们的鸿篇巨制(《密西拿律法书》Yesodei Aa-Torah III)里,我们已经对此作出过解释。而且,我们还说过"先知们的门徒"总是在从事准备接受训练一类的话。但是,一个在从事准备接受训练的人有时却受阻而未成为先知这个事实,你可以从尼丽亚之子巴录的故事中获知。因为他追随耶利米,后者训练他,教导他,为他作准备。而他自己也树立了成为一个先知的目标,但是却受阻了。正如他自己所说(《耶利米书》45:3):"我因呻吟而困乏,不得安歇。"于是经由耶利米告诉他说(《耶利米书》45:4—5):"你要这样告诉他,耶和华如此说,我所建立的我必拆毁。我所栽植的我必拔出。……你为自己图谋大事么,不要图谋它们。"可以说这清楚不过地道出了作预言对巴录来说实在是件太难而做不到的事情。同样,也可以说,如我们将要解释的,在(《耶利米哀歌》2:9)"他(指锡安城——译者注)的先知不得见耶和华的异象"这句话里,之所以会出现这种情况乃是由于他们全都处于"被遗弃"的状态。然而,我们可以找到许多经文,其中有些是《圣经》里的,有些是先贤的名言,它们全都主张下面这条基本原理,即当上帝愿意的时候,他就把他愿意的人变成一个先知,但是这个人必须圆满,并且是最大限度的优越。然而,对于那普通人中的无知者,根据我们的意见,这是不可能的。我的意思是说,他把他们中的一个变成先知是不可能的,除非他能把一头蠢驴或一只青蛙变成一个先知。我们的基本原理在于必须受到训练并具有圆满性,神的能力依附的可能性正是由这里产生出来的。你不应当误解上帝所说的话(《耶利米书》1:5):"我未将你造在腹中,我已经晓得你,你未出母胎,我已分别你为圣。"因为这是每一个先知的状态:他必须在其原初的自然气质中有一种自然的准备,这一点将会得到解释。至于他的话(《耶利米书》1:6)"因为我年轻",你知道在希伯来语里"约瑟这个义人",虽说30岁了,仍被称作"年轻人",而约书亚虽说已年近60了,也被称作"年轻人"。经文在讲述"那头牛犊"的有关事情说到(《出埃及记》33:11):"唯有他的仆

① 据《列王纪上》第13—14章载,犹大王耶罗波安要人们在伯利特向他所铸造的金牛犊献祭。这时,有一个神人"奉耶和华的命",从犹大来到伯利特,向着正站在坛旁准备烧香的耶罗波安大声呼叫,说邱坛上的祭司必定被杀死,"这坛必破裂,坛上的灰必倾撒"。耶罗波安对神人所说的这些"预兆"不以为然,反而从坛上"伸手"说:"拿住他吧!"然而,王向神人所伸的手"就枯干了,不能弯回"。紧接着,"坛也破裂了,坛上的灰倾撒了,正如神人奉耶和华的命所设的预兆。"——译者注

② 据《列王纪下》第6章载,当神人以利沙住在多坍时,亚兰曾"打发车马和大军"开往多坍,并围困多坍。当敌人来到以利沙面前时,以利沙祷告耶和华说:"求你使这些人的眼目昏迷。"耶和华就照以利沙的话,"使他们的眼目昏迷。"——译者注

人一个少年人嫩的儿子约书亚不离开会幕。"可是,摩西——我们的导师——在那时已经81岁了,他的整个生命持续了120年。约书亚在摩西死后活了14年,他的生命持续了110年。这样看来,很清楚,约书亚那时至少57岁了,然而他还是被称作"少年人"。还有,你也不应当误解他在允诺(《约珥书》3:1)里所讲的话:"我要将我的灵浇灌凡有血气的,你们的儿女要说预言。"因为他解释了这一点,从而使我们知道他所指的究竟是什么种类的预言。因为他说(《约珥书》3:1):"你们的老年人要做异梦,少年人要见异象。"因为一个人,只要他传达关于某种秘事的知识,不论他是借助于占卜和预测还是借助于一个真正的梦,同样也可以称作先知。由于这个缘故,无论是巴利的先知,还是阿什拉的先知,就都被称作先知。你没有看到,他——愿他受颂扬——说(《申命记》13:2):"你们中间若有先知,或做梦的起来?"至于"西奈山上的集会",虽然通过一个奇迹,所有的人都看到了大火并且听到了可怖的声音,但只有那些适合于此的人才能进入到预言家的行列,而且就连那些人也区分为不同的等级。你没有看到他说(《出埃及记》24:1):"你和亚伦、拿答、亚比户,并以色列长老中的七十人,都要上到我这里来"吗? 他还说(《出埃及记》21:2):"唯独摩西可以亲近耶和华;他们都不可亲近。亚伦在他下面;拿答和亚比户在亚伦的下面;七十个长老在拿答和亚比户下面",而其他人又按照他们的圆满程度处于后者下面。当上帝这样说时,他——愿他平安——就居于最高等级。关于先贤——愿他们永垂不朽——的一段经文说(《出埃及记》19:24):"摩西有摩西的位置,而亚伦也有亚伦的位置。"

既然我们已经讲到"西奈山上的聚会",我们就将以一专章,据圣经的经文(如果它们受到了充分的考察),也据先贤们的名言,清楚明白地叙述出有关那个集会的实际情况。

第36章

应当知道,预言的真正实在性及实质在于它是一种流溢物(an overflow)。这种流溢物是从上帝——愿他受到珍爱和尊敬——经过能动理智这个中介流溢出来的,首先达到理性能力,尔后再达到想象能力。这是人的能力的最高等级,也是作为人这个类所能达到的圆满性的极致。这是一种绝不可能在每个人身上都存在的东西。而且,这种东西是不可能仅仅通过纯理论思辨科学即可获得的圆满性,也是不可能仅仅通过道德习性的改进就能获得的,即使这些道德习性全都变成尽可能的优秀和美好也不行。除此之外,在原初自然气质方面还需要想象能力有最高可能等级的圆满性。现在你已经知道,身体能力的圆满性,是想象能力所从属的,它无非是作为所论能力的基质的身体部分的最可能好的气质、最可能好的大小及最纯粹的质料的结果。它并不是一件随便借一种摄生法就可以补偿其不足或弥补其缺陷的事物。因为对于一个在原初自然禀赋方面糟糕的身体部分来说,正确的摄生法所能达到的充其量是以某种方式使它保持健康;它无法使它复原到它尽可能好的最佳状态。然而,如果它的缺陷来自它的大小、位置或实体,我的意思是指它从中产生出来的物质实体,则任何办法都无济于事。你知道所有这一切;因此大可不必对它做详细解释。

你也知道存在于其本性中的想象能力的各种活动,诸如通过感官知觉到事物的印象,组合这些印象,并且模拟它们。而且你还知道它的最重大、最高尚的活动只有当感官休息不进行任何活动时才发生。因此,它是某种流溢物按照它的禀赋流向这种能力,而且这也正是诚实之梦(the veridical dreams)的原因。这种流溢也是预言的原因。这两者之间只有等级上的差别,没有种类上的差别。你知道,先贤们曾经再三说过(B.T.Berakhot,57b):"梦是预言的第六十个部分。"然而,在种类不同的两个事物之间是建立不起任何比例的。例如,不会允许一个人说,一个人的圆满性比一匹马的圆满性大一定数量的倍数。他们在 Bereshith Rabbah(XVIII 和 XLIV)中反复地讲述这一观点,说"梦是预言的未成熟的果子(noboleth)"。这是一个非同寻常的比较。因为"未成熟的果子"虽说是那个"果子"本身,但却是一个在它圆满、成熟之前落下来的果子。同样,睡眠状态中想象能力的活动也正是它在预言状态中的活动;然而,其中却有一种缺陷,因而达不到它的终极状态。为什么我们应当借先贤——祝他们永垂不朽——的话来教导你,而把《托拉》的经文丢在一边?"你们中间若有先知,我耶和华必在异象中间向他显现,在梦中与他说话(《民数记》12:6)。"这样,上帝——愿他受颂扬——就已经告诉我们预言的真正实在性和实质,并且还让我们知道了这是一种在梦中或在异象中达到的圆满性。"异象"(mar'eh)这个词来自"看见"(ra'oh)这个动词。这意味着想象能力获得了非常高的活动的圆满性,乃致它竟能看到这个东西仿佛在外面,而且还意味着这个起源于它的东西看来像是借外在感觉达到它的。预言的全部等级都包括在这两组事物里,我的意思是指"异象"和"梦"这两种现象,到后面我会把这一点解释清楚的。众所周知,当一个人醒着的时候,当他的感官各司其职的时候,极大地占有他的东西——他一心想着它且想得到它——实际上还是那个在他睡眠之际想象能力对之发生作用的东西,这时,他就接受了一种相应于其禀赋的理智的流溢物。援引这方面的例证来进一步详述这一问题,未免有画蛇添足之嫌。因为这实在是一个世人皆知的明显不过的问题。这类似于那样一种知觉的把握,对于这种把握,凡自然禀赋健康的人,没有谁会不赞同的。

在知道了这些初始命题之后,你应当知道我们所考察的这种情况是属于这样一个人类个体的。在其自然禀赋起源方面,他的大脑资质(the substance)是极其合比例的,这不仅是由于它的质料的纯粹性,由于它(即大脑)的每个部分的特殊气质(the particular temperament),而且还由于它的大小和位置;同时,他的大脑资质也不会受来自身体别的部分的出自气质的障碍的影响。这样,那个人就可以获得知识和智慧,以便他的理性能力从潜能过渡到现实,臻至圆满,获得纯粹而又充分调和的人类道德习性。他的所有欲望都可以因此而导向去获得关于存在事物奥秘的科学以及那种关于其原因的知识。而他的思想也会因此而始终指向高尚的事物,从而他也就只会对有关神的知识、神的工作和那些应当相信的东西的反思感兴趣。届此，他将使自己的思想摆脱和解除对那些卑劣事物（bestial things）的欲望——我的意思是指对饮食男女以及一般说来的触觉快乐的嗜好。对于触觉，亚里士多德在《伦理学》（Ⅲ，10）里曾经作出过一个清楚的解释，他说，这种感觉对于我们说来是一大耻辱。他说的多么好，把触觉快乐说成是人类的一大耻辱又是何等正确呀！就我们是跟别的野兽一样的动物而言，我们有这样耻辱，但属于人的概念的东西却与之毫不相干。至于其他一些感官快乐——例如那些来自味觉、听觉、视觉的快乐——在它们之中有时可以发现（虽说它们是肉体的）人之为人的快乐，如亚里士多德作过解释的那样。我们的这些话虽然似乎有些跑题，但却很有必要。因为智能之士中的许多杰出人物常常沉湎于这种感官快乐上来，渴望得到它们。于是，他们感到奇怪，想知道如果预言是件自然事情的话，他们如何成不了先知。同样必要的是，那种人的思想应当超脱各类不正当东西的束缚，甚至连对它们的欲望也应当消除——我指的是对于统治地位的欲望，或者说欲望让老百姓视为显贵，让他们崇敬和服从自己。毋宁应当按照其不同的身份（their various states）来对待众人：他们中有些人无疑像驯养的畜生，有些人简直就像捕食的禽兽。如果有德性圆满的人理会他们，或许是出于使自己免于受害的立场。因为如果他碰巧跟那些害人之徒发生瓜葛，他们就会伤害他。他之所以理会他们也可能是出于不得不谋取某种利益的立场。如果他为他的某些需要所驱使而可以从他们那里获取这种利益的话，他就可能这样做。总之，无论何时，一个人只要他的尽可能圆满的想象能力运作起来，从理智那里获取与其思维圆满性相称的流溢物，他就无疑只去理解那些神圣的卓尔不凡的问题，就会只看到上帝和他的天使，就会只去认知和获取那些真知，为谋求人民的幸福获得真知灼见和行为准则。众所周知，关于我们提出的这三项目标：即经过研究达到理性能力的圆满，经过自然禀赋达到想象能力的圆满，经过戒绝肉体享乐、弃绝种种无知与罪恶的虚荣达到道德习性的圆满。它们即使在那些圆满的人身上也是有许多等级差别的。而存在于不同等级先知间的等级差别是视这些目标的等级差别而定的。

你知道，我们身体的各种能力有时会变累、变弱，或被搅乱，但在另一些时候却处于健康状态。不用说，想象能力无疑是一种身体能力。因而，你会发现，当先知们悲哀或生气，或处于一种类似的情绪状态时，他们的预言能力就中止了。你是知道他们的话的，他们说（B.T.，Shabbath，30b），"预言的启示在雅各——我们的父"哀痛期间也没有降到他的身上，因为那时他的想象能力专注于失去约瑟这件事上（Rabbi Elizer，xxxviii）；甚至在"密探们"的灾难性事件之后，直到消亡了的"功德"重又完全"产生"出来，预言的启示也不能照过去启示通常降临的方式降到摩西——祝他平安——身上（B.T.Ta'anith，30）。因为目睹到他们罪大恶极——他正是由于这个问题而极端痛苦的。即使想象能力不介入他——祝他平安——的预言，情况亦复如此，因为理智是可以在没有中介的情况下向他流溢的。如我们已经多次提到的，他跟别的先知不同,他是从不借比喻来预言的。这个问题将留待以后去讲清楚,因为详细讲解这一问题并不是本章的目的。同样,你可以发现有若干先知在一段时间里能够预言,但到后来由于一个事故意外发生,预言能力就从他们身上丧失了,因此,这种能力并不是固定不变的。在"大流亡"(the Exile)期间,先知的预言能力之所以丧失殆尽,其本质的和最切近的原因正在于此。一个人卖身为奴,受制于罪大恶极、愚蠢无知的统治者,则还有什么比这更强烈的"倦怠或悲哀"能够降临到他身上呢?"你手中将无力拯救(《申命记》28:32)。"我们一向就是受到这样的警告。而这也是下面这句话(《阿摩司书》8:12)的意思:"他们将往来奔跑寻求耶和华的话,却寻不着。"经文上还说(《耶利米哀歌》2:9):"他的君主和首领落在没有律法的列国中,他的先知不得见耶和华的异象。"这是真的,而其中的原因也是清清楚楚的:这就是,预言藉以践履的工具已经不再起作用了。而这也将是预言能力以其惯常的形式在我们身上得以恢复的先决条件。这在"弥赛亚——祝他很快地显露出来——时代"就允诺了的。

第 37 章

提醒你注意存在于流向我们的神的流溢物里面的东西的本性是适当的。因为正是藉着这种流溢物,我们方能获得理智的认识,我们理智之间才出现了等级差别。因为有时它其中的一些东西来到某个人身上,它们的影响所及只限于使他一个人圆满,而没有任何别的效果。但是,有时来到这个人身上的东西却不仅能够使他本人圆满,而且还能进一步使他人臻于圆满。万事万物,莫不如此:其中一些人获得的圆满性能够达到使他们统治别人的程度,而另外一些人获得的圆满性则只能够达到允许他们受他人统治的程度,这一点我们已经解释过了。

你还应当知道,在一种情况下,理智的流溢物只向理性能力流溢而根本不向想象能力流溢。这或是由于流溢东西的不足所致,或是由于想象能力里有一种按其自然禀赋使其不可能接受理智流溢物的缺陷所致。从事理论研究的科学家等级的特征正在于此。另一方面,如果这种流溢物能够达到两种能力——我的意思是指理性和想象这样两种能力,如我们和其他一些哲学家已经解释过的,如果想象能力又由于其自然的禀赋而处于终极的圆满状态,则这一点正构成了先知等级的特征。还有,如果流溢物仅只达到想象能力,理解能力或是由于它的原初自然禀赋,或是由于训练不足而存在有缺陷,这一点便是那些城市统治者等级的特征。而这些城市统治者同时又是立法者、占卜者、相命者和获真梦者。所有那些凭借非常手段和秘密技巧做非常事情然而却不是科学家的人们都同样属于这第三等级。你应当获得关于这种真正实在情况的知识。这种实在情况就是某些属于第三等级的人们,即使当他们醒着的时候,也具有超常的想象、处于梦境以及诧异的状态。这些都跟"预言的异象"(the vision of prophecy)没有两样,致使他们想到自己即是先知。他们对自己在这些想象中所把握到的东西也很满意,并且认为他们尽管没有受过什么教育也获得了科学知识。他们因此而把极大的混乱带进了很重要的理论问题里。在他们心中,真实的概念跟想象的概念总是奇怪地混合在一起。所有这一切都是由于他们想象能力很强、理性能力薄弱造成的;他们的理性空洞无物,没有任何实在的东西,我的意思是说他们的理性能力尚未充分实现出来。

众所周知,在这三个等级中的每一个等级里又都有许多等第的差别,而且前两个等级中每一个又都可以划分成两个部分。这一点我们在前面已经解释过了。因为达到它们每一个等级的流溢物的量度有的只能够使那获得它的个人圆满,此外并无任何别的效果,有的则在造成那个人的圆满之外另有一些东西保存下来足以使他人也得以圆满。就第一个等级,亦即科学家的等级而言,达到那个人理性能力的流溢物的大小有时使他或为这样一个人,他从事研究并且具有理解力,他能够认知和识别,但却未能推动他去教导别人或从事写作。在他身上既找不到做这些事情的欲望,也不具备做这些事情的能力。但在有些时候,流溢物的量度却能够推动他去从事写作和教育他人。这一点对于第二个等级也同样适用。有时先知获得的预言的启示只能够使他自己圆满,此外并无任何别的效果。但在有些时候,他所领受的预言的启示却能够驱使他向众人呼吁和宣讲,使他自己的圆满性流溢到众人身上。①

现在,下面一点对你已经很清楚了。这就是,如果不是为了这种增加的圆满性,科学就不必藉书本阐述出来,而先知也不必号召人们去获得关于这种真理的知识。因为一个有知识的人之所以需要记下什么东西,并不是想把他已经知道的知识教给他自己。这种理智的本性在于:这种理智总是不断地向外流溢,从那个接受它的人身上传送到另一个在他之后得到它的人身上,这样不断地传送直到它达到这样一个人,那时这种流溢物再也无法超越他而只能使他这个人圆满,就如我们在这部论著的一章里已经借比喻言说出来的那样。② 这种理智的本性使得这种流溢物增加的量度已经达到一定程度的人必定要向人们发出号召,不管这个号召是否有人听从,而且甚至即使作为此事的结果是他的身体受到伤害也在所不辞。我们甚至发现先知们总是不停地向人们发出号召,直到他们被杀害为止。这种神圣的流溢物推动他们,使得他们不可能停顿下来休息和安静,即使他们遇到很大的不幸,亦复如此。由于这个缘故,你会发现耶利米——祝他平安——曾经明确地说过,由于他受到他那个时代的不顺从和无信仰的人们的蔑视和凌辱,他便希望取消他的预言,不再向他们发出为他们所反对的真理的号召,但是他不能够自禁。他说(《耶利米书》20:8—9):"虽然耶和华的话使得我终日受凌辱、讽刺,但我若说,我不再提耶和华,也不再奉他的名讲论,我

---

① 迈蒙尼德在这里所强调的区别有点类似于佛教中"小乘"与"大乘"的区别。因为小乘强调"自觉",而大乘则不仅强调"自觉",而且还强调"觉他"。——译者注

② 在《迷途指津》第2卷第11章里,迈蒙尼德曾以财富为例来解说这两种不同的完满性。一种人可以拥有财富只供自己享受而不留给别人,而另一种人则有足够的财富让别人受益,甚至可以使别人变成富翁以致后者也可以救济别人。

便心里觉得似乎有烧着的火,闭塞在我骨中,我就会忍不住,不能自禁。"这也是别的先知的话的意思(《阿摩司书》3∶8)∶"主耶和华发命,谁能不说预言呢?"要认识到这一点。

第38章

应当知道,在每个人身上都必定有一定的勇气能力(the faculty of courage)。因为,否则的话,他就不可能在思想上受到推动以避开有害于他的东西了。在灵魂的诸项能力中,这种能力在我看来类似于自然能力中的排斥(repulsion)能力。这种勇气能力跟其他能力一样,也有强弱的不同,以致你可以在人们中间发现某人敢于向狮子进击,而另一个人则望鼠而逃。你可以发现某人敢挺身而出,迎击一支部队,并同它战斗,而另一个人只要一个女人向他喊叫一声,都会恐惧和战栗。在原初的自然禀赋中也必定存在有一种气质的准备,勇气能力可以随着潜在的东西向现实的过渡而增大,这种过渡往往或是由实现过渡的主观意图造成的,或是按照某种意见努力奋斗的结果。勇气能力也可能由于练习的不足和所依据的意见而减少。这种能力在青年人身上的充裕或虚弱从他们的婴儿期起就已经给你清楚地表明了。

同样,预见能力也存在于所有的人身上,但是程度各异。对于那些人们极其关心、反复思考过的事物,尤其存在有这种预见能力。因此,你总可以在你的灵魂里发现某某人以这种那种方式在这样那样的事件里讲过什么话或干过什么事,事情实际上也是如此。你可以在人们中间找到一个人其推测和预见能力特别强,因而平常总能言中,乃至他几乎无法想象一个事件竟可以即使不是整个地也是部分地照他所想象的情势发生。造成这种情况的原因有许多——它们是种种不同的在前的、在后的和现时的环境条件的种种变迁。但是,藉着这种预见力量,心灵用极短时间审视所有这些前提并且从中得出结论,乃至这被认为是根本无需花费什么时间就可以完成的。凭借这种能力,有些人能够对未来一些重大事件发出警告。

这两种能力在先知身上必定都很强。所谓两种能力,我这里是指勇气能力和预见能力。而且当理智流向它们的时候,这两种能力就会大大增强,乃至可能最终达到你所知道的这样一点∶即那孤独的个人,只拿着一根权杖,但为了使一个宗教团体免于奴役的重负,竟勇敢无畏地走向那伟大的君王,因为他曾听到耶和华对他说(《出埃及记》3∶12)∶"我必与你同在。"①这种勇气能力在他们之中也是各各不同的,但是,这种能力却是他们不可或缺的。有人曾对耶利米这样说过(《耶利米书》1∶8,17,18)∶"不要惧怕他们。""不要因它们惊惶。""看哪,我今日使你成为坚城、铁柱、铜墙与全地。"而且,也有人对以西结说(《以西结书》2∶6)∶"不要怕他们,也不要怕他们的话。"同样,你还可以发现他们——祝他们平安——全都有很大的勇气。由于他们

---

① 这里,所谓"那孤独的个人",指的是耶和华。——译者注

身上预见能力充裕,他们也就能在最短的时间里对未来事件发出信息。这种能力如你所知,在他们身上也同样各各相异。

应当知道,毫无疑问,真正的先知是能把握理论思辨问题的;然而,单单靠他的思辨,人是不能把握先知所知东西从出的原因的。在他们提供的信息里总有一种东西,是那些只运用普通推测和预见的人根本无法提供出来的。因为那种影响着想象能力的流溢物,随着它的成为圆满,它的活动便可以对将要发生的事件提供信息,它对那些未来事件的了解就仿佛它们是那些曾经由感官感知过,且又从感官达到了想象能力的事物似的。这种使想象能力臻于圆满的流溢物同时也能使理性能力的活动臻于圆满,它的活动不仅产生出对真实存在的事物的认知,而且还使先知们的认识仿佛是经由思辨前提出发而领会到的一样。这是一条凡愿意公平待己的人都会相信的真理。因为一切事物都是相互作证、相互显示的。这甚至更适合于理性能力。因为能动理智的流溢,就其真正的实在性而言,仅只流向理性能力,使它由潜能变为现实。那种流溢物也正是从理性能力达到想象能力的。这样,如果理性能力不能跟想象能力一样,以同样的方式受到影响,以致可以在不藉前提、推理和反思进行领会的情况下进行领会,那想象的能力何以能够圆满到这么高的程度,竟致可以领会不从感官达到它的东西呢!

这就是预言概念的真正实在性,而这些意见也是预言学说所特有的。在我的解说里,我所意指的仅仅是那些真正的先知。这也只是为了从中排除掉那些属于第三等级的人们。因为这些人完全没有理性概念,也没有任何知识,而只有想象和虚构。或许它们,我这里指的是这些人所领会的东西,仅只是一些他们一度曾经有过的意见,这些意见印在他们想象中的痕迹连同存在于他们想象能力中别的一切一直保留了下来。这样,当他们淡忘和排除掉他们的许多想象时,便只留下了这些意见的痕迹,这些痕迹对他们就变得明显了。因此,他们便以为这些事物对他们是意外发生的,而且是从外面进来的。照我的意见,他们是可以和这样一个人相比较的。这就是,这个人先是一个在其房子里有几千个动物跟他待在一起的。然后,除了其中一个动物外,所有的动物全都走出了那所房子。当这个人单独同那个体动物待在一起时,他就误认为它现在刚走进了那所房子且同他待在一起了。但情况却并非如此,那个动物原来只是尚不曾走出的那群动物中的一个。这就使人误入歧途、招致沉沦。在那些一直渴望获得洞察力的人们中该有多少人为此而沦丧呀!因此,你可以找到若干批人,他们借助于他们曾经见到的梦境来建立他们的意见的"真理性",以为他们在睡梦中见到的并非他们在醒时所相信或曾经听人说过的东西。所以,人们是不值得重视那种其理性能力尚未圆满、尚未达到思辨圆满性最高程度的人的意见的。因为一个人只有获得了思辨的圆满性,他才能够在神的理智的流溢物达到他情况下领会别的知识对象。真正说来,只有像他这样的人才算得上先知。《圣经》曾明白无误地强调说(《诗篇》90:12):"凡先知都有一颗智慧的心。"这句话的意思是说,一个真正算得上先知的人总会有"一颗智慧的心"。这也是你应当知道的。

第 39 章

我们已经讲过预言的实质,已经使你知道了它的真正实在性,并且已经把摩西我们导师的预言不同于其他人的预言这一点也讲清楚了。由此,我们便可以看出究竟该由谁来宣布《律法》的号令了。因为在亚当和摩西我们的导师之间这段时间,还不曾有谁在摩西之前发出过这样一类的号令;在他之后的先知中也不曾有过一个发出过与之相似的号令。与摩西律法的这种空前绝后相一致,我们律法的一条根本原则就是绝不会有另外一种律法。因此,照我们的意见,除了我们的导师摩西的律法外,从来不曾有过,将来也不会有另外一种律法。对这一点的解释,根据在先知中书面陈述的和在口头圣传中发现的,有如下述:在摩西我们的导师之前虽然也有很多先知,如早期基督教的教父们闪、埃伯、挪亚、玛士撒拉和以诺诸族长,但他们中没有一个曾经对一个等级的人们说过:上帝曾经把我派遣给你们,并且命令我对你们说某件某件事情;他一向禁止你们做某件某件事情,一向命令你们去做某件某件事情。这种事既不能为摩西五经中的任何一条经文所证实,在任何一种真正的圣传里也不曾出现过。这些人只能根据我们说过的方式从上帝那里获得预言的启示。一个人若获得极多的流溢物,就像亚伯拉罕那样,他就能集合人民,并且以教导和教诲的方式号召他们坚持他已经把握了的真理。因而,亚伯拉罕教导人民并且用理论思辨的证明给他们解释,世界上只有一个神,神已经创造了他自己以外的一切事物,而且所有这些形式的事物中没有一个,一般说来也没有一件被创造的事物应当受到崇拜。这就是他以雄辩的讲演及用带给人们利益的方式来吸引人们、教诲人们的内容。但是,他从来不曾说过:上帝曾经把我派遣给你们,并且给了我一些戒律和禁令。甚至当割礼的命令加到了他、他的儿子以及那些属于他的人们身上的时候,他也只是对他们进行割礼手术,而不是使用预言号召的形式来劝告他们这样做,难道你没有看见摩西五经里关于他的经文写道(《创世纪》18:19):"我眷顾他,为要叫他吩咐他的众子,和他的眷属,遵守我的道,秉公行事。"因此,他只是根据训谕行事这一点是很清楚的。以撒、雅各、利未、柯哈及阿玛拉也是以这种方式向人们发号召的。你同样可以发现先贤们关于在他之前到来的先知们说过的话(Genesis,Rabbah,43):"埃伯的公义的法庭","玛士撒拉的公义的法庭","玛士撒拉的经院"。因为他们——祝他们平安——全都是作为指导者、教师和向导来教导人们的先知,而不是对人们说,耶和华对我说:"去告诉这些那些人如何如何。"即使在摩西我们的导师之前到来,先知们的情形也完全一样。至于摩西,你知道说给他听的,他说的以及所有的人对他说的(《申命记》5:21):"今天我们得见上帝与人说话"等。至于我们之中在摩西我们的导师之后到来的那些先知,你知道有关他们所有故事的经文,还知道下面这个事实:他们的作用就是传道士的作用,也就是号召人们服从摩西律法,警告那些反对它的人,并向那些坚

决遵守它的人们作出承诺。我们同样相信事情将永远是这个样子。正如圣经上说的
（《申命记》30：12, 29：28）："不是在天上与你说"；"永远为着我们和我们的子孙"。
而且事情也应当如此。因为在一件事物在其同类事物中最圆满的情况下，在这类事
物中要想找到一件不是由于"过"就是由于"不及"而缺乏那种圆满性的事物是不可
能的。就气质（temperament）而言，相对于在同类事物中其组成最平衡的气质，所有
别的气质不是由于"不及"就是由于"过"而不是依照这种平衡的方式组成的。《律法
书》的情况也是如此。这从它的平衡性方面就可以清楚地看出来。因为它《律法书》
说（《申命记》4：8）："公义的律例和审判"；而你知道公义的意义就是平衡或公平
（equibalanced）。因为在这样一些崇拜方式里面既没有任何负担，也没有任何过分，
诸如修道院的生活、朝圣以及类似的事情，也没有一种缺陷，必定会导致贪婪和沉湎
于纵情享乐，致使人的道德习性和理论思辨的圆满性因此而减弱。而过去各宗教团
体所有别的律法却存在有这样一类缺陷。当我们在这部论著里讲到解说戒律的理由
时，它们的公正和智慧凡需要的就都会给你讲清楚的。由于这个原因，关于它们就有
这样的说法（《诗篇》19：8）："耶和华的训词正直，能快活人的心。"至于有人以为《律
法书》增加了人们的负担，令人悲伤，不堪忍受——所有这一切都是由于这些人考察
它们时出现的错误使然。稍后我会非常轻易地给你解释清楚，这些律法的真正实在
性与德性完满的人的意见是完全一致的。由于这层理由，经文上说（《申命记》10：
12）："现在耶和华你上帝向你所要的是什么呢？只要你敬畏耶和华你的上帝，遵行
他的道，爱他，尽心尽性事奉他，遵守他的诫命、律例，就是我今日所吩咐的。"而且，
经文上还说（《耶利米书》2：31）："我岂向以色列作旷野呢，或作幽暗之地呢？"等等。
然而，所有这一切都只是对有德行的人而言的，而照那些不公义的、狂暴的、暴虐的人
们的意见，使暴行成为不可能的法官存在则是件最有害的和最令人悲伤的事情。至
于贪婪和卑鄙之徒，照他们的意见，令人悲伤的事情莫过于障碍他们沉湎于放荡行径
及惩治那些太过放荡之徒。同样，每个在任何方面有缺陷的人都把对他由于道德败
坏而喜欢的不道德行径的障碍看成一个很大的负担。因而，律法实行的难易问题，不
应当依据所有邪恶之徒、可耻之徒及道德败坏者的好恶来评估，而应当依据人们中间
功德圆满者的意见来衡量。因为使每个人成为这样的人正是这种律法的目标。只有
这种律法我们才可以把它叫做神的律法，而别的政治强制，如希腊的习惯法（the no-
moi）以及萨比教徒（Sabians）和其他人的谵语，如我已经多次解释过的，都应归因于
那些并非先知的各种统治者的作品。

第 40 章

我们已经最明确地解释过人天生是政治的动物，在社会中生活乃是人的本性。
人跟别的动物不一样，因为对于别的动物来说，社会并非是必需的。由于这个种相是
由多种元素组合而成的——因为如你所知，它是组合起来的最后一个种相——其各

个个体之间便存在着许多差别,乃至你几乎找不到两个个体在这个种相的道德习性方面有任何一致,除非从类似的方面看,他们的可见形式才可能相互一致。其所以如此的原因在于混合物的差异,由于这种差异,不仅各个种类的质料不同,而且人的形式所产生的各种偶性也不同。因为每一种自然形式都会产生一些特有的偶性,而且,这些偶性也不同于那些作为质料的结果的偶性。像这种存在于各个个体之间的重大差异在动物的其他种相之间一点也找不到,在其中,属于同一个种相的不同个体之间的差异很微小,而人在这方面则是一个例外。因为你可以在我们之间找到两个个体,就每一种道德习性而言,似乎属于两个不同的种相。你可以在一个个体身上发现残忍性,残忍得竟致在盛怒时杀害他的孺子,而另一个个体却连杀害一个臭虫或任何一只别的昆虫都满怀怜悯之情,他的灵魂对这种事情来说简直太过温柔脆弱了。这种情况同样也适合于大多数偶性。

然而,既然人类个体之间存在这些差异为人类本性所必需,而且社会生活也为人类本性所必需,则除非有一个统治者,估量这些个体的各种行为,使那些"不及"的方面圆满起来,把那些"过"的方面裁减下去,规范他们的活动及道德习性,让他们全体都必须始终以同样方式活动,使自然的歧异由于多方面约定的一致藏而不露,将整个社会共同体组织得井然有序,人类社会便无法臻于可能的圆满。所以,我说律法,虽说它原本不是自然的,但却应当成为自然的。让人类这个物种存在乃上帝的意愿,将人这个物种中的个体具有统治能力投放到人的本性之中,以便人这个物种得以长存,乃上帝智慧的一部分。他们当中有一个人,预言已经直接把上述统治方式启示给了他。他就是那个先知或那个带来律法的人。他们中间还有些人有能力迫使人们去完成、遵守和实现他们所确立起来的东西。他们或是采纳律法的国王,或是自称完全接受或部分接受律法的先知。他们之所以会采用律法的一部分而抛弃其另一部分可能或是由于这对他较为容易,或是由于他出于妒忌而希望使人们幻想那些事情是通过预言的启示来到他身上,从而根本无需向别人学习这些东西。因为,在人们当中有些人羡慕某种圆满性,以之为乐,对它怀有一种激情,希望人们想象这种圆满性属于他们,虽然他们知道他们根本没有什么圆满性。这样,你就明白了有许多人为什么会要求承认别人的诗是他的,把它们当作自己的发表出来。对一些科学家的著作以及许多科学的特殊论点也出现过类似的事情。因为一个妒忌的和怠惰的个人有时对别人发明的事物提出要求,声言他自己是这些事物的发明者。在预言的圆满性方面,这种事情也曾经发生过。因为我们发现有些人要求预言的所有权,并且说了一些事情是来自上帝的预言的,而其实任何时候都不曾有过这样一类事情发生过。例如,基拿拿(Chenaanah)的儿子西底家(Zedekiah)就是这样(参见《列王纪上》22:11)。① 我们也

① 据《圣经》载,基拿拿的儿子西底家造了两个铁角,耶和华告诉他说,"你要用这两只铁角抵触亚兰人,直到将他们灭尽。"——译者注

发现另外一些人也要求预言的所有权，并且说了一些上帝无疑确实说过的事情，我的意思是指已经通过预言的启示发生过的事情，但这个预言的启示实际上是上帝说给别人听的。例如，押朔（Azzur）的儿子哈拿尼雅（Hananiah）就是这样（参见《耶利米书》28:1 以下）。[1] 这些人是把这些预言的启示当做他们自己的公布出来的，并且以此自诩。有关所有这一切的知识和识别都是很清楚的。我将把这一点给你解释清楚，这样你对这个问题就不再迷惑了，而且你也可以因此而获得一个标准，凭借这个标准，你便可以区分什么是已经确立起来的人的律法的和神的律法的统治（regimens），什么是先知智慧剽窃者的统治。

关于人法或习惯法（nomoi），那些把它们制定出来的人们曾经明确地说过，这些法律是他们按照他们自己的思想制定出来的，对此无需提供任何证明，由于即使对手也承认它们，所以就无需什么进一步的证据了。因此，我只想给你提供关于那些要求成为预言的统治方式的知识，其实它们中间有些真的是预言的——我的意思是指来自神的——而另外一些则是习惯法的，还有一些是剽窃来的。

如果你发现一种律法，它的整个目的以及决定着其所需要的各项活动的首领的整个目的，全都指向城市及其环境的秩序，指向消除其中的不义和压迫。而且，如果这部律法一点也不考虑理论思辨问题，一点也不关注理性能力的圆满，甚至一点也不在意各种意见的正确或错误——相反，这部律法的整个目的在于以无论什么样的方式安排人们的相互关系，按照首领的意见为人们提供被认为是幸福多需要的物品——那你就必须知道，这种律法是一种人法或习惯法，它的立法者，如我们已经提到的属于第三等级，我的意思是说属于那种只有想象能力圆满的人。

如果另一方面，你发现一种律法，它的全部条例，如我们前面所说，不仅起因于对有助于身体健康的环境的关注，而且还起因于对信仰健全的关注，不辞劳苦地向人们反复灌输有关上帝——愿他受颂扬——以及天使的正确意见，它还旨在开启民智，赐予人们理解能力，且唤醒他们的注意，从而使他们知道那个依照其真正形式存在着的事物的整体，那你就必须知道，这种指导来自上帝——愿他受颂扬，这种律法就是神的律法。

你还应当知道，一个要求这样一种指导权的人，究竟他是一个圆满的人，一个曾经从上帝获得预言启示的人，还是一个从别的先知那里进行剽窃的人。检验这一点的方法就是考察他这个人的圆满性，仔细审视他的活动，并且研究他的生活方式。构成你应当注意的最有力的标志的，是他对肉体享乐的漠视和放弃，因为这对于科学家，尤其是先知这些等级是首要的。对于那种就我们来说是一耻辱的感觉——如亚里士多德已经阐明的——在这一方面特别适用，尤其是属于这种感觉的下流性行为。

---

① 据《圣经》载，哈拿尼雅在耶和华的殿里当着祭司和众民说，万军之耶和华以色列的上帝曾经对我说过："我已经折断巴比伦王的轭。"——译者注

由于这个原因,上帝就藉借他给每个要求预言所有权的人打下烙印,以便把真理给那些追求它的人弄清楚,使他们不至于误入歧途,陷入谬误。难道你没有看到:玛西雅(Maasiah)的儿子西底家(Zedekiah)和哥赖雅(Kolaiah)的儿子亚哈(Ahab)就是这样的假先知。他们要求预言的所有权,要人们追随自己,并且公布了原本出自他人的启示的名言;然而,他们却沉湎于性交快乐的可耻行径,乃至他们同他们的同事及其信徒的妻子私通,最后上帝让他们声名狼藉,正像上帝使别人丢脸那样,并且让巴比伦王火烧了他们。事情正像耶利米所说的那样(《耶利米书》29:22—23):"住在巴比伦一切被掳的犹太人,将藉他们赌咒,说:愿耶和华使你像巴伦王投进火中烧的西底家和亚哈一样;因为他们在以色列行了丑事,与邻舍的妻行淫,又假托我名说未曾吩咐他们的话;但是知道的是我,作见证的也是我,这是耶和华说的。"要领会这一段话的奥义。

第 三 卷

第 26 章

就像在作为律法拥护者的思辨理论家之间,对上帝——愿他受颂扬——的工作究竟是出于智慧还是仅只出于那不趋向任何目的的意志见仁见智那样,在他们之间,对上帝给我们制定的律法问题之是否具有目的也同样存在有分歧。他们中有些人根本不探求上帝为我们制定律法的任何理由,一味说所有的律法都仅只出于上帝的意志。也有一些人说这些律法中的每条戒律与禁忌都出于智慧,且旨在某个目标,所有的律法都有其理由,都是着眼于某种效用才制定出来的。然而,我们,包括民众和精英两个阶层,却都相信全部律法都有其缘由,虽然我们对它们的缘由一无所知,对它们符合智慧的方式也不清楚。关于这一点,圣经的经文讲得很明白(《申命记》4:8,《诗篇》19:10):"公义的律例和典章","耶和华的典章真实,全然公义"。

关于那些被称作"a huqqim"的条例(statutes),如那些关于"掺杂料作的衣服","在山羊羔母的奶中煮山羊羔肉"以及"打发人送羊"(参见《申命记》22:11,《出埃及记》23:19,《利未记》16:10,21)的条例,①先贤们——祝他们永垂不朽——宣告过如下的声明(B.T.Yoma,67b):"我已经嘱咐你的事情,你没有获准去思想的事情,为撒旦所非难又为异教徒所驳斥的事情。"很多先贤都不认为这些戒律的制定是全然无缘无故的,人们根本不必探询它们的目的。因为按照我们已经解释过的,这会导致把

---

　　① 据《圣经》载,摩西曾对以色列人说过"不可穿羊毛细麻两样掺杂料作的衣服","不可把山羊羔放到山羊羔母的奶里来煮","那拈阄归与阿撒泻勒的羊,要活着安置在耶和华面前,用以赎罪,打发人送到旷野去,归与阿撒泻勒"。——译者注

它们看做无意义的活动。正相反,很多先贤相信它们毫无疑问都有一个缘由——我的意思是说都有一个有用的目的,只是这类目的或是由于我们理智无能或是由于我们知识的不足而对我们藏而不露而已。这样看来,照他们的意见,所有的戒律都有一个原因;我的意思是说:任何一条特殊的戒律或禁令都有一个有用的目的。就它们中的一些而言,对它们在什么方面有用,我们是清楚的,例如,关于杀人和偷盗的禁令的情况就是如此。至于一些别的禁令,它们的效用并不十分清楚,例如,关于"不可吃树上最初收获的果子"①(参见《利末记》19:23)以及"不可把两样种子种在葡萄园里"(参见《申命记》22:9)的禁令就是如此。② 那些其效用民众清楚的戒律是所谓"典章"(mishpatim),而那些其效用民众不清楚的则是所谓"条例"(huqqim)。关于这些律法,摩西和约书亚总是说(《申命记》32:47):"因为这不是空虚与你们无关的事"——"如果它是空虚与你无关的事,那是由于你"(J.T.,Peah I; J.T., Kethuboth, 8)。③ 其意思是说,这种律法并不是一个毫无用处的空虚的问题,如果在你看来,一些"戒律"的情况是如此,其缺陷则是在你的领会上。你已经知道了那条在我们之间广为流行的圣传,根据该条圣传,所有"戒律"的原因,除关于"红色小母牛"这条外,所罗门全都知道(参见 Midrash Qoheleth,7:23)。他们还有下面一句名言,说(参见 Sanhedrin,216):上帝之所以要隐瞒"戒律"的原因,是担心人们会因此而不再尊重这些戒律,就如那三条"戒律"的原因弄清楚后对所罗门所发生的情况一样。④

　　他们的所有说法都出自这条"原理",而且《圣经》的经文也表明了这一点。然而,我在 Bereshith Qabbah 里却发现了先贤们——祝他们永垂不朽——的经文;当人们最初反思它时,情况好像是一些戒律只是为了规定律法,此外便无任何别的原因,从而不能指望它们有任何别的目的或任何实际的效用。他们在那一节里的名言如下(Genesis Rabbah, , 44):"屠宰动物是从前面还是从后面割断颈项,这于上帝——祝福主——又有何干呢? 所以说,发布戒律只是为了使人们道德品质净化。因为圣经上说(《诗篇》18:31):'耶和华的话是炼净的。'"虽然这段名言很离奇,在他们别的

----

　　① 据《圣经》载,耶和华对摩西谈到"戒民数例",其中一条是"你们到了迦南地,栽种各样结果子的树木,就要以所结的果子如未受割礼的一样。三年之久,你们要以这些果子,如未受割礼的,是不可吃的。但第四年所结的果子,全要成为圣用,用以赞美耶和华。"——译者注

　　② 据《圣经》载,摩西曾向以色列人宣布"不可把两样种子种在你的葡萄园里,免得你撒种所结的果子和葡萄园的果子都要充公。"——译者注

　　③ 据《圣经》载,当摩西120岁的时候,曾召约书亚来到以色列"众人眼前",说约书亚当"和这百姓一同进入耶和华向他们列祖起誓应许所赐之地",并且写了"一篇歌""教导以色列人",最后"将这律法的话写在书上",要求以色列众人"要吩咐你们的子孙谨守遵行这律法上的话"。他给出的理由是:"因为这不是虚空与你们无关的事,乃是你们的生命,在你们过约旦河要得为业的地上,必因这事日子得以长久。"

　　④ 所罗门(公元前1000—前930年),月公元前960—前930年为古代以色列国王。《圣经》上讲"王不可为自己加添马匹"、"也不可为自己立妃嫔"和"也不可为自己多积金银"(《申命记》17:16—17)。所罗门虽然功勋卓著,但晚年却一度骄奢淫逸,沉湎女色,违背上述三条诫命,致使以色列王国国势大衰,终至崩解。——译者注

名言里没有任何一条跟它类似，但是我却曾经以——如你将听到的——这样一种方式解释过它。这就是：我们不应当抛弃他们言说的全部观点，我们也不应当反对一条普遍认可的原理，这就是我们应当在全部律法里寻找一个对生存有用的目的(《申命记》32：47)："因为它不是空虚与我们无关的事物，乃是你们的生命。"他还说(《以赛亚书》45：19)："我没有对雅各的后裔说：你们寻求我是徒然的，我耶和华所讲的是公义，所说的是正直。"

在这个问题上，每个具有健全理智的人都应当相信的，正是我将要给你阐明的：这些戒律的一般原则必定有一个原因，都是为了某种效用才制定出来的；但它们的细目却被说成是这些戒律之所以制定出来仅只是为了下命令这件事本身的缘故。例如，杀死动物这件事由于获取营养丰富的食物的必要性其明显是有用的，我们将把这一点解释清楚。但是，它们应当通过切割喉咙较高的而不是较低的部位，应当在一个特殊位置上把它们的食管和气管割断，这种规定跟别的同类规定一样，都是从净化人们道德的目的提出来的。同样的事情用他们的例子也可以给你讲清楚："经由切割它们颈项的前面或后面予以屠宰。"我已经对你提到过这个例子仅只是因为人们在他们——祝他们永垂不朽——的经文里发现："经由切割它们颈项的前面或后面而杀死。"然而，如果一个人研究这个问题的真理，他就会发现它的真理有如下述：当吃动物必要时，这条戒律就打算以一种简易的方式使它们死得最容易。因为砍头非借助一把剑或一件别的相类似的工具不可，但切割咽喉则随便用件什么工具都行。为了使死来得更加容易些，刀锋的锐利这个条件也就提了出来。戒律细目的真正实在性可以由祭品这个例子加以说明。奉献祭品本身有重大而明显的效用，我将把这一点讲清楚。但是，一项特殊祭品由一只"羔羊"组成，而另一项则由一只"公羊"组成，以及祭品数量应当是哪一个特殊数字，对于这个事实，人们是永远找不出任何缘由的。因此，照我的意见，所有那些执意要为有关这些特殊事项的规定寻找原因的人，都是在长期患疯病，他们这样做非但没有消除掉违背真理的东西，而毋宁是平添了妨害真理的东西。其实，那些设想可以为这一类事情找到原因的人们远离真理，跟那些设想设计一条戒律的一般原因不是以获取某种实际效用为目的人们没有什么两样。

应当知道，正是智慧使下面一点成为必要，如果你愿意的话，可以说是产生出了必要性。这就是，应当有无论什么原因都找不到的特殊事项；说律法里没有一丁点这类东西，似乎是不可能的。在这样一种情况下，这种不可能性便是出于下面一种情势，这就是：当你问为什么应当规定一只"羔羊"而不是一只"公羊"的时候，如果规定了一只"公羊"而不是一只"羔羊"，同样的问题也必定可以提出来。但是，人们总得选定某一个特殊的种类。这同样适用于你问为什么规定"七只羔羊"而不是"八只"这样一种情况。因为如果规定"八只"或"十只"、"二十只"的话，则类似的问题也还是会提来的。然而，人们总得选定某一个特殊的数目。这类似于可能事物的本性，因为诸多可能性中总得有一个实现出来这一点是确定的。至于对为什么这个可能性而不是另一个可能性实现出来这样一个问题是不应当提出来的，因为如果另一个可能性而不是这一个特殊的可能性实现出来的话，则类似的问题也会变得必要的。要知道并且把握这个概念。先贤们不断地阐述所有戒律都有原因，阐述所罗门都知道这些原因这样一条意见。然而，当他们这样做的时候，他们心中考虑的是一条既定戒律一般方式的效用，而不是对它的特殊事项的考察。

　　既然是这样，我们就已经看到把 613 条戒律划分成许多类，让其中每一类都包含许多条属于某一种类的或意义相近的戒律，是非常合适的。我将告诉你其中每一类的原因，我还将说明它们都具有不容置疑的效用。然后，我将回到包含在每个类里的每条戒律，给你解释它的原因，这样就会只留下很少几条我对其原因迄今尚不明了的戒律。有一些戒律的特殊事项或条件，我已经很清楚，因而也就有可能说出它们的原因。你将听到所有这一切。然而，在我能够把所有这些完全给你讲清楚之前，我必须做好准备，先给你写上几章，其中包括若干有用的前提，以为表达我的意图的引论。下面就是我现在即着手讨论的各章。

第 27 章

律法的根本宗旨，整个说来，在于两件事情：灵魂的幸福与身体的幸福。所谓灵魂的幸福在于民众获得符合于他们各自能力的正确意见。所以，这些意见中有些是直接地提了出来，而另一些则是藉寓言提了出来。因为直接领会所有这些问题所必备的能力并不在普通民众的本性之内。至于身体的幸福，它是经由改善他们相互间的生活方式产生出来的。这种幸福同样是通过两件事情实现出来的。一件是消除他们的相互损害。这等于说，社会中每个人都不允许按照自己的意志尽其全部能力活动，而是被迫去做对人类整体有用的事情。第二件在于每个人都获得对社会生活有用的道德品格，这样，城邦的事务就可望得到整顿。应当知道，在这两个目标之间，其中一个无疑比较高贵些，这就是灵魂的幸福，我指的是获得正确意见；而第二个目标，我指的是身体的幸福，则在本性上和时间上在先。后一个目标在于对城邦的治理，在于城邦的全体人民视其能力而定的不同状态的幸福。这第二个目标比较确定，为了这一目标所作出的每项努力都恰恰说明了这一目标及其所有特殊事项。因为第一个目标只有在达到这第二个目标之后才有望实现。人被证明有两种圆满性：一种是首先的圆满性，即身体的圆满性，再一种是终极的圆满性，即灵魂的圆满性。第一种圆满性在于身体健康，在于有一个非常好的身体状态。而这只有在满足了人们所产生的各种需要的情况下才有可能。属于这类事物的有人们所需要的食物以及其他一切为维持其身体所需要的一切，诸如一个隐蔽住处，洗澡设施，等等。这些并不是一个孤立的个人以随便什么方式就可以获得的。相反，一个人只有通过一个政治团体才能够得到这一切。人天生是政治的动物，这一点已经众所周知。他的终极的圆满性就是现实地（in actu）成为理性的。我是说现实地具有理智，这往往在于一个达到其终极圆满性的人认识落在他的认识能力范围之内的一切事物。很显然,这种圆满性并不在于任何行为或道德品格,而是只在于获得那些理性思辨已经导向而研究又使之强迫人们接受的种种认识。这种高贵的和终极的圆满性只有在首先的圆满性达到之后才能够达到。这一点也是很清楚的。因为如果一个人十分痛苦,或是很饿、很渴、很热或很冷,则他对一个可理解的概念,哪怕是当他受教育来理解它的时候也无法想象它,更不用说凭自己的努力来领悟它了。但是,一旦首先的圆满性达到了,获得这种终极的圆满性就有了可能,后者无疑更高贵些,而且唯有这种圆满性才是永生的根源。

因此,真正的律法,如我们已经讲清楚的,是唯一的,即摩西我们的导师的律法,它一向带给我们两种圆满性;我的意思是指通过消除相互加害以及通过获得一种高尚而优秀的性格而达到的人们相互关系状态的幸福。这样,这个国家的人口的保存以及他们在同一秩序下永生就变得可能了,他们每一个也就因此而可以获得自己的首先的圆满性。此外,我还意指信仰的健全以及终极圆满性借以达到的正确意见。《托拉》的经文就讲到过这两种圆满性,并且告诉我们这种律法的目的整个说来就是实现这两种圆满性。因为,他——愿他受颂扬——说过(《申命记》6:24):"耶和华吩咐我们遵行这一切律例,要敬畏耶和华我们的上帝,使我们常得好处,蒙他保全我们的生命,像今日一样。"这里,他之所以首先提到终极的圆满性,乃是由于它的高贵性使然。因为,如我们已经解释过的,它是终极的目的。在这句话里也提到这一点:"使我们常得好处。"你已经知道先贤们——祝他们永垂不朽——已经说过的解释他——愿他受颂扬——的金言的话(《申命记》22:7):"这样你就可以享福,日子得以长久。"他们说(B.T.,Qiddushin,396):"生活在一个其中一切事情都好的世界里,而且你可以在一个整个来说是长久的世界里活更长的日子,这对你可能是好的。"同样,他"使我们常得好处"这句金言的意义也是这样一个概念:我的意见是指达到一个其中"一切都是好的,而且整个说来也是长久的世界。"而这正是永久的保存。另一方面,他的金言"蒙他保全我们的生命,像今日一样",也涉及首先的和身体的保存,这种保存总能持续一段时间,而且如我们已经解释过的,这只有通过政治团体才能够安排得好。

第 28 章

在你应当注意的事物中,有一件是这样的:你应当知道可借以达到终极圆满性的正确意见,律法只以概括的方式传达它们的目的,并且号召人们相信它们,也就是号召人们去相信神——愿他受颂扬——的存在,他的单一性,他的知识,他的力量,他的意志,以及他的永恒性。所有这几点都是终极的目标,我们只有在知道了许多意见之后才能够详细地并且借定义把这些讲清楚。同样,律法也要求采取一定的信仰,因为信仰对于政治幸福是必不可少的。例如,我们信仰上帝——愿他受颂扬——对那些不服从他的人极端愤怒,因而敬畏他、惧怕他是必要的。至于有关整个宇宙存在的所有别的正确意见——这些意见构成了许多种类的全部理论科学,构成终极目的意见就是借它们得到证实的——律法尽管并不要求从细节上把注意力指向它们,像它对待构成终极目的的意见那样,但是它却通过说(《申命记》11:13)"去爱耶和华你的上帝"以概括的形式成就了这件事。你知道这是如何在关于"爱"的金言里得到证实的。"你要尽心、尽性、尽力"(《申命记》6:5)。我们已经在《密西拿律法书》(Yesodei ha-Torah,II,2以下)里解释过,这种"爱"只有通过领会整个宇宙存在的本来面目,通过考察上帝在它里面得到证明的智慧,才可靠有效。我们在那儿也提到过一个事实:先贤们——祝他们永垂不朽——叫人们注意这个概念。

从我们现在已经说过的作为关于这个题目的前提的东西中所能得出的结论在于:一条戒律,不管它是一条命令还是一条禁令,只要它要求消除相互加害,或是要求促成一种导致良好社会关系的高尚道德品格,或是传达一种应当予以相信的正确意见,不管是由于它本身,还是由于它为消除相互加害或获取一种高尚道德品格所必需,这样一条戒律就必定有一个清楚的原因,即具有一种明显的效用。对于这样一些"戒律"是没有什么必要进一步追问其目的的。因为没有一个人会这样糊涂乃至有朝一日会问为什么我们会接受上帝是单一的这条律法的命令,问为什么我们会被禁止去杀人和偷盗,为什么我们会被禁止去报仇和报复,为什么我们会安排得相互亲爱。但是,对于另外一些戒律,人们还是会迷惑不解,从而意见分歧。例如,一些人说除了纯粹命令这件事实外,种种戒律根本没有什么效用,而另一些人则说它们有一种对我们隐蔽的效用,不过它们都是这样一些戒律,这就是从其外在意义里看不出有什么符合我们提到过的那三种目的:我的意思是说,它们既不能传达一种意见,也不能教诲一种高尚的品格或消除相互的加害。表面看来,这些戒律既同灵魂的幸福无关,因为它们并不传达一种信仰,也同身体的幸福无关,因为它们也不传达对城市治理或家庭治理有用的规则。这样的戒律,如关于"不可穿羊毛细麻两样掺杂料作的衣服"、"不可用两样掺杂的种子,种你的地"以及"不可用母羊的奶煮它的羊羔"的禁令(参见《申命记》22:11,《利未记》19:19,《出埃及记》23:19),以及关于"不可吃血"①、"打折母牛犊的颈项"②以及"凡头生的驴,你要用羊羔代赎"③(参见《利未记》17:13,《申命记》21:19,《出埃及记》13:13),以及其他一些类似的禁令。然而,你

---

① 据《圣经》载,耶和华曾对以色列人说过:"你们都不可吃血,寄居在你们中间的外人,也不可吃血。凡以色列人,或是寄居在他们中间的外人,若打猎得了可吃的禽兽,必放出它的血,用土掩盖。"——译者注

② 即《圣经》中所谓"察究见杀者之例",有关经文说:"若遇见被杀的人倒在田野,不知道是谁杀的。"那个"离被杀的人最近"的"那城的长老就要从牛群中取一只未曾耕地、未曾负轭的母牛犊",在一个未"曾耕种过"的山谷里,"打折牛犊的颈项",然后在这条牛犊以上"洗手"、"祷告"。——译者注

③ 即《圣经》中所谓"以色列中凡首生者当分别为圣",其中的有关经文说:"凡头生的驴,你要用羊羔代赎,若不代赎,就要打折他的颈项。"——译者注

将听到我对它们每一个的解释,听到我对它们每一个的正确的被证明了的原因的说明,唯一除外的就是我已经给你提到过的一些具体的准则与极少数戒律。我将解释,所有这一切以及别的同类戒律无疑都关涉到曾经提及的三种效用中的一种,它们或是同一种信仰的幸福相关,或是同城邦状态的幸福相关,而为要达到这后面一种幸福还需要做好两件事情,这就是:消除相互加害及获取优秀品格。

现在,我来把我们关于信仰所说过的综述如下:在一些情况下,一条"戒律"传达一条正确的信仰,这是其目标所向的唯一一件事情,例如,信仰神的单一性和永恒性以及他之不是一件有形物体就是如此。在另外一些情况下,这种信仰对于消除相互加害或获取一种高尚道德品格是必要的,例如根据下面所说的,信仰上帝——愿他受颂扬——对那些做不义事情的人极其愤怒(《出埃及记》22:23):"我将发烈怒,用刀杀你们,使你们的妻子为寡妇,儿女为孤儿。"再如,信仰上帝——愿他受颂扬——即刻对受害者或受骗者的祈祷作出响应(《出埃及记》22:27):"他哀求我,我就应允,因为我是有恩惠的。"

附录二:《上帝慰藉之书》

艾克哈特著 段德智译①

"愿颂赞归于我们的主耶稣基督的父神。"

——《格林多后书》1:3

尊贵的导师圣保罗在他的书信中写道:"愿颂赞归于我们的主耶稣基督的父神,仁慈的父,施予各种慰藉的上帝。他在我们的一切苦难中都给我们以慰藉。"有三种苦难会降落到我们人身上,迫使其于尘世流浪。其中第一种是身外之财蒙受损失,第二种是其亲友遭遇不幸,最后是他本人遭受种种不幸,如受辱、贫困、肉身病痛和精神烦乱等。

因此之故,在本书中我首先打算阐明一些教诲,俾使身处各种逆境、苦难和悲哀之中的人们由此得到慰藉;其次,在获得足以使我们在任何种类的困苦烦恼中获得慰藉的真理的基础上,使人了解三十条教诲,其中任何一种都足以使人得到慰藉。所以,在该书的第三部分,我们将会发现一些堪为楷模的嘉言懿行,这些言行都是有智之士蒙受苦难时所言所行的。

一

首先,"智"与"智的","真"与"真的","善"与"善的","义"与"义的"之相互关

① 约翰·埃克哈特(Johannes Eckhart,1260—1327 年)是中世纪最著名的神秘主义思想家。他的神秘主义思想不仅对文艺复兴时期的路德和库萨的尼古拉有深刻的影响,而且对当代思想家,如叔本华、弗洛伊德、海德格尔和布洛赫等,也有广泛的影响。《上帝慰藉之书》(The Book of Divine Comfort)大约写于1318 年,名义上是写给哈布斯堡阿尔布雷希特一世之女阿格涅斯(Agnes,约 1280—1364 年)的。在这本书中,艾克哈特对他的神秘主义思想作了比较全面和系统的阐释,不仅强调了上帝概念的内在性,而且还强调和阐述了人与上帝的本质的同一性和人的自否定思想。本书据 1957 年出版的由雷蒙·伯纳德·布拉克尼编译的 Meister Eckhart: A Modern Translation 译出。

联必定是显而易见的。① 例如,善既不是制造出来的,创造出来的,也不是逐步形成的,而是它自身即为善的东西的生育者。而善的东西,就其为善的东西而言,并非制造或创造出来的,而是生出来的,仿佛它就是"善"的孩子或儿子。② 善本身是自生育的,并且即是它所有的作为,因为它即为善的本质。它将知识、爱和德行倾注到善人身上。善人则从"善"的幽深之处获得他的本性、知识、爱和作为。他也只能从此处获得。③ 当"善的"添加到"善"上面的时候,它依然只是"善",除非一个为另一个所生,其中一个为生者,另一个为所生者,④仿佛它是"善"的孩子似的。只有在"善"中才存在有实在和生命,故而善人由"善"接受了他之所是的一切,并且存在于"善"中。他认识一切,他也爱一切,但是他却是藉着在他身上工作的"善"来认识和爱的,而"善"也是通过他而工作的。一如圣子所说:"父住在我内,作他自己的事业。""我父到现在一直工作,我也应该工作。""父的一切都是我的,而我的一切也都是父的。"⑤他是赐予,而我是受取。

因此,我们必须认识到,"善"这个名称或这个词所意指的不是别的,正是纯粹和单纯的善,从而当我们讲善的东西的时候,所意指的即是那由非受生的"善"所灌输进去或生育出来的"善"。所以,《福音书》中说:"就如父在自己有生命,照样他也使子在自己有生命。"⑥值得注意的是,这里说的是"在自己",而不是"由自己",因为父已经将其赐给了他。

我在这里就"善"和"善的"所说的一切,同样也适用于"真"与"真的"、"义"与"义的"、"智"与"智的"、"圣父"与"圣子",以及一切为上帝所生的东西,因为它是没有尘世的父母的。任何东西,只要不包含并非纯粹和单纯上帝之观念,其中没有任何受造物,没有任何并非上帝的受造物,均可作如是观。一如若望在他的《福音书》中所说:"他赐给他们权柄,使他们成为上帝的子女……他们不是从血气生的,不是从肉身的意志生的,也不是从人的意志生的,而是从上帝生的。"⑦

这里所谓"血气",他所意指的是人身上一切不属于人所意愿的东西。所谓"肉身"或"情欲",他所意指的是人身上一切虽然属于人的意愿,然而却反叛性地倾向于肉体欲望的东西。他将之归于那些为身体和灵魂所共同的东西,而非那些仅仅为灵魂所特有的东西,归于那些用于解说灵魂活动主体疲惫和染疾之原因的东西。所谓"人的意志",圣若望所意指的是灵魂和个人的最高的活动主体,其功能并不是与肉

---

① 　Cf. Boethius, *The Consolation of Philosophy*, tr., by H. F. Stewart, E. K. Rand, and S. J. Tester, Harvard University Press, 1936, Ⅲ, pp. 10-11.

② 　参阅艾克哈特:《辩护》,Ⅴ,2;Ⅰ,2。

③ 　参阅艾克哈特:《辩护》,Ⅴ,3;Ⅰ,3。

④ 　参阅艾克哈特:《辩护》,Ⅴ,4;Ⅰ,4。

⑤ 　《约翰福音》14:10;5:17;17:10。

⑥ 　《约翰福音》5:26。

⑦ 　《约翰福音》1:12—13。

身混杂在一起的；由于完全脱离开了时间，所以始终以一种纯粹的状态存在于灵魂之中；它不定位于所有与之相关的事物之中，也不与所有与之相关的事物相接续，或者随时间和空间而朽坏。他意指的是人身上某种属于上帝品位的东西，它们与任何别的东西都毫无共同之处，而人则是藉着这些东西而合乎上帝的属相和种相的。然而，既然这些灵魂活动主体，由于是与灵魂一起造出来的，从而也就不是上帝，则它们就必定被改造成为上帝，在他身上新生，并且藉他新生，以至于只有上帝才是父，而他们也就成了他的子女，他的独生子。

因为当我按照上帝的形象生了下来并且成人的时候，我也就成了上帝的子了。"善"的"善子"、"义"的"义子"也就是这样成为上帝之子的。在一个人为上帝之子，并且像一个生出的儿子那样再生出这个非生子的意义上，他就与义具有了同样的实在等级，也就行进在"义"和"真"的道路之上了。这样一些学说，源出于神圣的《福音书》，并且经具有理性的自然之光得到确认。凭着这些学说，所有的苦难和悲哀便都有望得到切实的慰藉。

圣奥古斯丁说："上帝既不会离得很远，他的来临也不会太久。"如果你不想离上帝太远，也不想等他等得太久，那你就径直走向他。因为对上帝来说，过去几千年也不过恍如昨日。我也说过，在上帝那里是既没有苦难，没有哭喊，也没有苦痛的。倘若你要摆脱一切苦痛和灾难，那你就在你所处的地方停下来，转向上帝，而且只有转向他一途。毫无疑问，一切苦难都是由于我们不能以上帝为目的，不能仅仅以上帝为目的所致。因为倘若你再生并且在义中脱胎换骨，那就真的没有什么东西对你能有所伤害，一如义不会对上帝有所伤害那样。①

所罗门说："义的"决不会为降到他身上的任何东西烦恼。② 他在这里所说的，并非"义人"，并非"正义的天使"，也非"义"的这个那个实例。因为"义"，在受到这样限定之后，便只不过是尘世父母的孩子。它只是一种被制造或被创造出来的受造物，就像他的父母亲那样。他在这里所讲的不是那种纯粹的义，这种义的父亲既不是制造也不是创造出来的，这是一种唯有上帝才是的那样一种义。这就是不幸与痛苦何以几乎干扰不了义，一如不幸与痛苦干扰不了上帝的原因。义是不会给任何人带来悲伤的。因为义即是爱、愉悦和狂喜。倘若"义"会给"义者"带来悲伤的话，则它本身就必定转向悲伤。任何不义和不公都绝不可能使一个义人罹受苦难，因为受造的事物的地位远在义的下面，故而它们不可能影响义，也不可能在其中生出来，唯独上帝才是它们的父。

所以，一个人应当学习低估自己，低估所有别的受造物，从而认识到除了独一上帝没有任何父亲。因此，也就没有任何东西能够使他悲伤和烦恼，无论是上帝还是受

---

① 参阅艾克哈特：《布道录》18。
② 参阅《所罗门的智慧》（即《智慧篇》）3：1。

造物,受造的或非受造的,都是如此。他的整个存在、生命、认知和爱都属于上帝,都处于上帝之中,并且都将是上帝自身。①

除此之外,还有一些事物也能够使身处苦难处境的人们得到慰藉,这也是需要了解的。这就是,义人和善人在善行中无可比拟、无可言喻地愉快,比他甚至比最高等级的天使处于自然等级中还要欢悦。这也就是圣徒们甘心为正义事业献身的缘由。

然而,我要说,当外部的伤害降到了一个善人和义人身上时,他却丝毫不为其所动,他内心深处的平和也没有受到丝毫的影响,则我所说的话便得到了证实:降落到义人身上的任何灾难都是不可能给他带来任何困扰的。但是,要是一个人为某种外在的伤害所困扰的话,那就真的只是上帝的公平正义注定这种伤害降落到那种自认为正义但是却依然为一些鸡毛蒜皮的小事所烦恼的人身上。而如果这就是上帝的义,则这人便非但不应当介意此事,反而应当无限欢悦,远远超出他介意于自己的生命。然而,通常对所有的人说来,他的生命带给他的欢悦和价值远远超出整个世界能够带给他的欢悦和价值。因为倘若他不再活着,整个世界对他还有任何好处可言呢?

我们应当而且可能知道的第三条真理有如下述。这就是,基本的事实在于:上帝乃“善”的唯一的源流和唯一的生命大动脉、实在的真理和完满的慰藉;凡非上帝的东西在其自身之中都带有一种天然的辛酸、不安和苦难,从而它便绝不可能倾向于善,倾向于那种仅仅属于上帝的东西;毋宁说,它还会减少、遮蔽和隐藏上帝赐予的甘甜、欢悦和慰藉。

我还进而主张,苦难来自我对不可能具有的东西的热爱。如果我为我的所失而悲伤的话,这就是一个确实的信号,说明我爱外在的事物,从而也就是在喜爱我的悲痛和疾苦。因此,如果我的心追求业已失去的东西而我的灵也把仅仅属于上帝的东西归因于受造事物,则我因此而变得悲伤,爱我的苦恼和苦难,又有什么奇怪的呢?既然我转向那不断地滋生困苦的受造物,而背离一切慰藉得以产生的上帝,则我悲伤并且变得越来越悲伤,又有什么奇怪的呢?毫无疑问,任何一个人,当其妄想从受造物那里寻求慰藉的时候,无论是上帝还是这整个世界,都无法让其找到真正的慰藉。而只有那些在受造物中唯独爱上帝和唯独在上帝中爱受造物的人才能够在所有的方面发现实在的、真正的和适当的慰藉。

二

接下来我们要阐述三十个证明,其中任何一个都足以使身处苦难之境的诚实无欺的人得到慰藉。第一个证明在于凡艰难困苦没有不带来慰藉的;那种作为纯粹失

---

① 参阅艾克哈特:《辩护》,V,5;I,5。

去的失去是根本不存在的。因此之故，圣保罗说：上帝的善的信仰和本质的善决不允许任何试探和苦难达到无法承受、没有出路的地步。① 他总是为了人的好处而提供某种慰藉。连圣徒和异教大师们也都说过，无论是上帝还是自然都不允许纯粹不二的邪恶或苦难存在。

让我们设定这样一种情况，即假设一个人有 100 马克，失去了 40 马克，还剩下 60 马克。要是这人整天一门心思地想那失去的 40 马克，那他就难免苦恼，焦虑不堪。既然这人对所失去的损失和不幸耿耿于怀，尤其是如果他始终盯住不放，沮丧不已，其双眼由于悲伤而迟滞无神，当谈及他的损失时，这种损失总是压在心头，就好像他们两个是相互盯住对方的脸不放的人一样，这样的人何以可能得到慰藉呢？然而，要是他转而只看他那依然存有的 60 马克，把那失去的 40 马克丢到脑后，忘得无影无踪，他就势必会因此而得到某种慰藉。凡是存在的东西，凡善的东西，都是能够给人提供慰藉的东西。反之，凡不存在的东西，凡是既不为善也不属于我自己的东西，既然我已经失去了，也就只能引起不幸、不安和烦恼的感受和情绪。

因此，所罗门说："在苦恼和不幸的日子里，不要忘记享乐的好日子。"②他的这句话意思是说：当你为事物误入歧途，遭受苦难的时候，你就应当想到那些给你带来好处和快乐的事物，并且使之对你有某种好处。例如，我们在前面说到的那个人，如果他想到，有成千上万的人，假如他们能向你那样手上有 60 马克，他们自己就会觉得他们自己成了富翁或富婆，他们就会因此而衷心地感恩上帝和欢迎上帝，他们不就因此而得到了慰藉吗？

我们接着谈慰藉的第二条证明。让我们设定，一个人由于患病，身体遭受了极大的痛苦，然而，他却还是拥有自己的房子、必要的食品和饮料，又得良医治疗，受到家人很好的护理，亲朋好友不仅问寒问暖甚至陪伴。他会作何感想呢？而那些穷苦的人们，假如也患上同样的疾病，甚至遭受更大的不幸，但是却得不到任何人的关心，甚至连一杯冷水也得不到。他们又该如何呢？他们必定在风雨交加或大雪纷纷的日子里，顶着凛冽的寒风，挨门挨户地讨要干面包。所以，如果你想要得到慰藉，你就忘掉那些日子过得最好的人，而念想这些比你穷苦的人吧。

再者，我还要指出：苦难来自喜好和爱。因为它们是苦难的始点和终点。故而，如果我为了过去的事物而悲伤的话，这就表明我尚未全心全意地爱上帝，甚至还没有把他可能正当地期望我与他一起去爱这样一份爱给予上帝。在这种情势下，如果上帝要我遭受一些损失和痛苦，又有什么奇怪的呢？

圣奥古斯丁在《忏悔录》第 10 卷中说："主啊，我确实不想失去你，但是，我却曾想去贪占一些除你之外的受造物。这也就是我后悔失去你的原因。因为任何一个人

---

① 参阅《格林多前书》10：13—14。
② 《训道书》7：14。

占有虚而不实的受造物而同时又拥有作为真理的你,这是不会让你感到高兴的。"①
他在另外一处还说道:"那种对与上帝同在还不满足的人,真是太贪心了。"②上帝所
给予的受造物何以能够使一个上帝对之并不满足的人满足呢?

世上的事物不可能给一个善人以慰藉或满足,而毋宁说除上帝之外或与上帝不
同的任何事物都是令人痛苦的。他无论何时何地都应当说:"主啊,上帝,当你把我
遣到别处,而不是进入你自己的临在之中的时候,我将恳求你届时赐给我一个另外的
'你'。因为你是我的慰藉,而我只想要你。"当我们的主对摩西允诺给予良善的祝
福,将其差遣到在这里即为天国的圣地时,摩西回答说:"你若不与我一同去,便不要
派我去。"③

所有的意向、欲望和爱都是由于类似性所致。因为凡事物总是为其自己一类事
物所吸引,总是爱其同类。"纯者"总是爱纯粹;"义者"总是爱义,并且总是倾向于
义;而每一个人口里说出的总是他心里所想的。因此,我们的主说:"心里充满什么,
口里就说什么。"④所罗门也说过:"人的一切劳碌都是为了口腹。"⑤当一个人作为有
死的和暂时的受造物为了使自己得到慰藉而渴望外在事物时,这就是一个确实无疑
的标志,说明上帝根本不在他这个人的心中。

一个善人当其发现上帝并不在他心中,圣父并不藉他而工作,他是靠粗鄙的受造
物生活并且活动,他就会在上帝和他自己面前感到羞耻,无地自容。所以,大卫在
《圣咏集》中倾诉说:"我的眼泪竟变成了我昼夜的饮食,而他们却不停地对我说,你
的上帝在哪里?"⑥在苦难中渴望在外在的事物中得到快乐和慰藉,渴求得到它们,对
这些东西津津乐道,所有这些都是切实的标志,说明上帝既不藉我而闪耀,也不在我
身上工作;要是这样一种情况,我就羞于站到善良人们的面前,因为他们会察觉到我
的这样一种状况。一个善人是绝不可能为了他的不幸和苦难而抱怨的。相反,他只
会抱怨自己的抱怨,他当对此有清醒的意识。

权威们都说,直接处于天之下的是熊熊燃烧的烈火,然而天却丝毫不受其害。⑦
还有一本著作说道,即使灵魂的最低级的部分也比最高的天高。但是,如果一个人的
灵魂竟然为一些鸡毛蒜皮的琐事所干扰和困扰,那又怎么能说他的灵魂在天上,他的
心在天中呢?

让我们更深入地讨论一下这个问题。根本不可能有任何一个善人不想要上帝所

---

① 奥古斯丁:《忏悔录》,X,41。
② 参阅奥古斯丁:《布道录》,第3、53、105讲。
③ 《出埃及纪》33:15。
④ 《路加福音》6:45。
⑤ 《训道篇》6:7。
⑥ 《诗篇》42:4。
⑦ 参阅亚里士多德:《论天》,VI;但丁:《神曲》,XI,28—34。

想要的。因为除了善之外,上帝不可能想要任何东西。而且,正因为如此,当上帝确实想要什么东西的时候,这东西就必定不仅是"善的",而且还必定是"最善的"。这就是我们的主通过宗徒们教导我们,每天祈祷上帝的意志得到成就。然而,当上帝的意志来临和成就时,我们却在抱怨、悲伤和烦恼。

异教哲学家塞涅卡当被问及对于那些遭受苦难的人们来说,他们可能得到的最好的慰藉究竟是什么这个问题时,曾经说道:人对降临到他身上的任何事情都要坦然处之,就好像这一切原本是他所追求、他所祈求的一样。而如果你在任何时候都祈求上帝的意志付诸实践,这样,当真的付诸实践的时候,你就不会烦躁不安了。有一位异教权威说过,"主,至上的父,身居高天之上的唯一大师,我时刻准备着,接受你所意愿的一切;只求你赐给我那想要你所意愿的东西的意志。"

善人总是信任上帝,相信并且笃定上帝即善这样一种知识,相信并且笃定既然上帝善并且爱善,则上帝把苦难降落到任何人身上就是一件不可能的事情了,除非他为了据此来赦免那人更大的苦难,或是为了据此给他尘世上更高贵的慰藉,或是为了据此打算把更好的东西降到他的身上,使他身上有更多的东西适合上帝的荣光。但是,既然所发生的事情原本是上帝的意志,既然善人的意志当与上帝的意志合二而一,那就顺其自然吧,即便他受到损害,甚至受到诅咒,他也依然在所不辞。所以,圣保罗说:为了上帝的缘故和荣光,即便与上帝隔绝,我也心甘情愿。①

一个真正完满的人将会乐意让自我趋于消亡,在上帝面前失去自我,在上帝的意志面前完全放弃自我,从而使他的全部幸福都基于对自我的无意识和对它的漠不关心,基于对上帝的意识,除了上帝的意志和真理之外,不去认识任何东西,也不希望去认识任何东西,用圣保罗的话说就是,"认识上帝,一如上帝对我所认识的那样"。②上帝在他自己和他自己的意志之内,认识他所认识的东西,爱他所爱的东西。因此,我们的主说:"唯独认识你,唯一真正的上帝,才是永生。"

权威们说,在天国中享真福者是无需以观念为工具来认识它们的受造物的,他们是藉存在于上帝之中的公共原型来认识它们的受造物的,就如上帝认识、爱和意愿事物一样。上帝努力教导我们,渴望和祈求我们能够如此这般:"我们的父,愿你的名神圣。"而这就意味着"唯独认识你"。"你的国降临"则意味着"我将一无所有,一无所知,一无所用,只受你的支配"。所以,《福音书》也说"精神贫乏的人是有福的",③这是就那些他们自己的意志贫乏的人而言的。因此,我们祈求上帝的意志行在地上,也就是说,行在我们里面,而如同行在天上,则意味着行在上帝自身里面。这样一种人与上帝如此密切地结合在一起,与上帝的意志如此协调一致,以至于他想要的也就

① 参阅《罗马书》9:3。
② 《格林多前书》13:12。
③ 《马太福音》5:3。

是上帝所想要的,并且还是以上帝的方式想要的。所以,偶尔我犯罪也是上帝的意志,我此后也就因此而不期望自己不去犯罪。因为这也就是上帝的意志行在"地上",也就是行在"罪过之中",一如上帝的意志行在"天上",也就是行在"正道"或"正业"上。以这样的方式,人就为了上帝的缘故而离开了上帝,与他隔绝;这也就是对罪的唯一真正的忏悔,而我的罪也就因此成了对我虽然痛苦,但是对我却毫无伤害,正如所有的恶对上帝都是痛苦的,但是却丝毫无害一样。

由于罪,我遭受痛苦,而且遭受我的主要苦难,即使我不会为了所有受造物而犯罪,哪怕在亘古之中我有成千上万个世界,我也不会去犯罪。然而,如果我接受了苦难,并且将痛苦美化成上帝的意志,则所有这一切都将使我毫发无损。这样,受苦受难也就因此而变得完满起来。因为这完全是由于对上帝的纯粹的善和愉悦的纯粹的爱所致。这也就是我在这本书中所说的东西之所以为真,并且应当得到领会的缘故:善人,就其为善而言,总是接纳上帝本身所是的那种"善性"的全部特征的。①

试想,一个人在地上所过的生活该是多么的奇妙呀!这种生活简直就像上帝在天上所过的生活一样。这是一种多么奇妙的慰藉呀!这时,灾难也被理解为舒适,而痛苦也就像快乐一样。要是我获得了我正在谈论的恩典与善,那我无论在何时何地,无论在什么样的处境之下,都会拥有完全的慰藉和幸福。不然,我就安心于没有慰藉和幸福;因为这正是上帝的意志。如果上帝允准我先前所想要的,我就以他的名义愉快地享用之。如果他不允准的话,我就按照同样的精神,在一无所有的情况下过日子。因为很显然,这并不合乎上帝的意志。这样,我就既采纳了上帝肯认的态度,也采纳了上帝否认的态度。

那么,倘若如是,我又缺少了什么呢?诚然,人在接触上帝时,有所缺失比有所获得还要更为真实。因为如果一个人从上帝那里获得一些东西,则他得到慰藉和高兴的理由可能就是赠品了;但是,如果他什么也没有接受的话,他幸福的唯一理由就只能是上帝和上帝的意志了。②

还有另一种慰藉。假定你失去了一些善的事物,如朋友、亲戚、眼睛或无论什么别的东西,那么,你就应该相信,如果你是为了上帝的缘故仁慈地承担这种损失,则你到最后都还享有某种内在的东西,而你本来是不情愿忍受这些事情的。例如,假定某个人失去了一只眼睛,如果他本来是宁愿失去成千上万的马克也不愿意失去这只眼睛的,则在上帝看来,他由于不愿忍受他的损失而依然享有他的视力。我们的主的意思很可能是这样的:"你有一只眼睛进入生命,比有双眼而失去生命更好。"③上帝说:"凡为我的名,舍弃父母、兄弟、姊妹或无论什么样东西的,将再次获得百倍的补偿,

---

①　参阅艾克哈特:《辩护》,Ⅴ,8;Ⅰ,8。
②　参阅艾克哈特:《辩护》,Ⅴ,9;Ⅰ,9。
③　《马太福音》18:9。

并且承受永生。"①

我们还必须进一步看到,美德和自愿忍受苦难是有不同等级的,就像我们看到的,一个人生来就比另一个人更漂亮些,技艺方面更高一些。所以,我说,一个善人,他是善的,尽管他可能会受到对其父母与生俱来的爱的影响和干扰,尽管这不会影响到他对上帝或"善"的态度;但是,他的"善"的程度却还是要受到他得到的慰藉或他对其父母、兄弟姊妹或他自己的自然情感之影响。

一如我在前面所说,如果一个人能够按照上帝的意志(就其为上帝的意志而言)接受:既然第一个人的罪反对了上帝的义,则人的本性便具有了罪的缺陷,而且即使情况并非如此,他也会高兴没有这种缺陷,而如果这是上帝的意志,则一切都会与他同在,而他也就肯定能在苦难中找到慰藉。这将意味着,如圣若望所说,真正的光照在黑暗里;②或者如圣保罗所说:"德性在软弱中才全显出来。"③倘若一个贼能够真正、完全、纯粹、自愿和高兴地为爱上帝的"义"而赴死,倘若他承认按照上帝的意志,作恶者理应被处死,则他就会立刻得救,并且受到祝福,因为上帝的意志乃我们的救赎和至福。

还有另外一种使人得到慰藉的思想。很可能我们找不到一个人只要使他十分喜欢的某个人活下去,而不高兴让他在一年时间里没有眼睛而看不到任何东西。照此看来,只要此后能救了他朋友的命免于一死,则他也就能够使其眼睛复明。因此,假如一个人期望再活20年或30年,如果他没有眼睛一年就能使一个人在这一年里不死,那么,如果指望他放弃他的这20年或30年,以便他可以因此而获得永恒的幸福,在上帝的光辉中看到上帝,并且在上帝里面看到他自己和所有别的受造物,就是一件不无道理的事情了。

再者,还有另外一种慰藉。一个由善按照它自己的形象生育出来的善人,按照他的"善"的比例,看到受造物的世界是卑劣的,充斥着辛酸和伤害,失去受造物就意味着摆脱苦难、灾害和伤害,如果正确理解的话,也就是弃绝苦难、灾害和伤害。实际上,解除痛苦本身即是一种慰藉。而且,既然对尘世物件的占有即是一种麻烦、烦恼和焦虑,则人们就不应当抱怨它们的失去。他应当抱怨的毋宁说是他竟然不知道何谓真正的慰藉和安逸,这是由于这种慰藉和安逸从未安慰过他的缘故。他更其没有理由抱怨他之未曾摆脱受造物的观念,从而未曾按照上帝的"善"的模式建立和铸造出来。

我们还应当想到,上帝是藉颁布命令的方式告诉我们真理和赞美真理的。要是他说的话不算数,告诉给我们的不是真理,他就没有神性了,从而也就不再是上帝了,因为上帝的话即是真理。他曾经允诺,我们的悲愁要转化为欢悦。如果我知道,我的

---

① 《马太福音》19:29。
② 参阅《约翰福音》1:5。
③ 《格林多后书》12:9。

所有的石头都将变成纯金这样一条真理,则我所占有的石头越多和越大,我就会越是高兴。我便可以说,这对任何一个遭受烦恼和苦难的人来说都是一种极大的慰藉。

还有一点与其非常相似。没有一个容器可以同时盛两种饮料。如果这个容器要盛酒,那就得先把其中的水倒出来,以便使这个容器变空,并且洗刷干净。所以,如果你想要接受上帝的欢乐,你就必须首先把自己的所有的受造物倒掉或者抛弃掉。

圣奥古斯丁在谈到这一点时说:"倒掉,乃是为了使你能够被充满。先学会不去爱这个,你才能够爱那个;只有先离开这里,然后你才能够转向那里。"他的这段话,一言以蔽之,就是讲为了接受或承受,你就首先必须是空的。权威们还告诉我们,倘若眼睛具有自己的颜色,那它就既看不到它自身的颜色,也看不到任何别的颜色。正是由于它自己没有颜色,它才能够把所有的颜色辨别出来。墙壁自身是着了颜色的,因此它就既不可能辨别它自身的颜色,也不可能辨别任何别的颜色;它对颜色了无兴趣,无论是对金黄色,还是对黑色,都是如此。但是,眼睛却没有颜色,然而它却因此而实在地具有颜色,它总是欢天喜地、兴趣盎然且准确无误地识别颜色。

灵魂的活动主体更为自由,也更为纯洁,在知觉活动中,其视野更为宽阔,其功能也更为精确。它们与其关心的对象越是同一,它们由此得到的喜悦也就越大。这项原则是能够适用于灵魂的最高活动主体的,这种活动主体对受造物是一尘不染的,而且与任何别的东西都毫无共同之处,从而能够像上帝那样活动,一点也不逊色,在上帝自身之中,如上帝实际之所是。权威们一致认为,任何狂喜都比不上与上帝的这种结合,都比不上与上帝本性的穿透贯通。

我们的主在福音书中深刻地指出:"在精神方面贫乏的人是有福的。"他一无所有,故而贫乏。而所谓精神方面的贫乏,其意思是说:就像贫乏的眼睛,正由于其没有颜色而能够看到所有的颜色那样,精神方面的贫乏则敏于接受别的精神。上帝即是一种精神,他的精神的成果便是爱、和平和欢悦。[①]"空"贫乏得一无所有,并且因此非常洁净,从而改变了本性。"纯"则能够使水向上流动,至于许多的别的奇迹,这里先不告诉你。

所以,如果你想在上帝里面找到完满的慰藉和愉悦,那你就自我审视一下,看看你是否对受造物和受造物的慰藉一尘不染。确实无误的是,只要你能够在受造物那里找到慰藉,你就不可能找到真正的慰藉。只有到了除上帝之外的任何东西都不可能使你得到慰藉的时候,他就是一种实在的慰藉,而你则在他身上找到欢乐,并且与他同在。如果上帝之所是不能给你提供慰藉,则你就既不在这儿也不在那儿,既不在尘世也不在天上。只有当受造物不再使你得到任何慰藉,根本不适合你的时候,这儿和那儿,尘世和天上都全属于你。

如果这是可能的,如果一个人知道如何去弄空一个容器,并且使之一直空下去,

---

① 参阅《加拉太书》5:22。

其中没有能够填充它的任何东西，甚至空气，这一容器无疑便会忘却和虚化它的常规本性，腾飞到天上。同样，对受造物一尘不染的"空"的灵魂，也会上升达到上帝。①类似性和热忱也是提升事物的实存。我们把类似性归于神性中的子，而将热忱和爱归于圣灵。事物中的所有类似性，尤其是处于上帝本性中的类似性都是从作为神性的"太一"生出来的，而这种类似性，为太一所生，处于太一之中，并且属于这太一，乃是这一灿烂花朵的开端和源泉。然而，这太一本身却是一个没有开端的源泉，一个所有的类似性都以它为起源、因它而存在和开始的源泉。反之，爱的本性虽然看来只是"二"所在的地方，但是其本身却回归而成为"一"，并且一以贯之，永远不被二重化。因为爱是不可能分开存在的。在爱的本性中，"二"是作为"一"发生作用的，从而存在有热忱、意愿和渴望。

所罗门说：一条河流，与所有别的受造物一样，匆匆地流了出去，又流回到它的源头；而这就表明我刚才所说的必定为真。类似性和爱火焰般地急速向上，把灵魂带回到它的源头，带进太一之中；而这太一即是我们天上的父，他是天上和地上的父。所以，我说，生于太一的类似性将灵魂引向上帝。因为上帝即是太一，即是一种非生的统一性。对此，我们证据凿凿。当物质的火点燃了木材，火花四射时，这木材也就吸纳了火的本性，变得像那直接悬挂在天下面的纯火一样。这块燃烧的木材突然忘却了并放弃了它的尘世上的父母和兄弟姐妹，而急匆匆地向上寻找他的天上的父。②火星在地上的父是火，其母是木，它的兄弟姐妹是别的火星。这最初的火星并不等待它们，而是急匆匆地向上飞舞，一直上升到它的天上的真正的父那里。上帝既然知道这条真理，也就知道物质的火并非这火星的真正的父；所有火的实在的真正的父在天上。

因此，还必须注意到另外一点。这就是这火星离开和忘却的并不只是地上的父母，而毋宁是它否定和忘却了它自身，处于一种自然的倾向而达到它的天—父，即使它消失在凛冽的大气之间也在所不辞。

此前，我曾讲到过空性，亦即纯真性，讲到灵魂越是纯真和贫穷，它与受造物的关联就越少，它在非上帝的事物方面就越是空虚，它从上帝那里得到的就越多，就越是能够进入上帝，与之合二而一，它自己也就越是能够变成上帝。③ 因此，用圣保罗的话说就是，灵魂现在是面对面地看着上帝，而不再是一个观念或肖像。

所以，现在当我谈到类似性（关系）和爱的火时，也会这么说。一件事物越是像另一件，它就越是追求它，越是急速地追踪它，它追求得越是轻快，这种追求也就变得越是令人欢欣鼓舞。它离弃"旧我"越远，离开不是其所向往的目标的东西越远，它就变得越是不像"旧我"，它就变得越是像它如此热切追求的那个目标。而且，既然

---

① 参阅艾克哈特：《辩护》，V，9；I，9。

② 参阅亚里士多德：《论天》，VI；但丁：《神曲》，XI，28-34。

③ 参阅艾克哈特：《辩护》，V，9；I，9。

类似性是从太一流溢出来的，是借助于太一的力量才具有拉拽力和吸引力的，则在其最后结合进太一之前，便既不可能停止，也不可能满足，无论对于吸引者还是对于被吸引者，都是如此。所以，我们的主藉先知依撒依亚的口，实际上说道："无论是高度、深度、类似性和爱的和平，都不能使我得到满足，除非我出现在我的圣子之中，除非我点燃并且燃烧在圣灵之中。"①

我们的主耶稣基督求他的父让我们与他合一，不仅仅与他结合在一起，而是在他里面合一，在这一个独一的太一中与他共在。② 对于关于这话的这条真理，我们在自然界里也有显而易见的比喻和启示，这在火的例证中最为明显。当火对木材发挥作用，点燃它使它燃烧起来的时候，这火先是以它自己的不同的本性充满这木材，去除掉它原有的固体性和寒性，以及它的坚硬性和潮湿性。这样，这火就使这块木材越来越像它自己，它也不可能在纯粹的温暖、热度或类似性方面停下来，得到满足或者平静下来。这火在这木材里生出自身，把它自己的火性，甚至自己的存在给予这木材，以至于木材可能与这火同一，没有丝毫区别。而在这能够发生之前，虽然在木材与这火之间始终存在有冒烟、劈啪作响的争斗，但是，一旦所有的非类似性被消除掉，这火就使这木材平静或镇定下来了。我还要进一步指出，实际上在自然界中有一种能力，甚至憎恨事物之间的隐蔽的类似性，当其产生出差异性和二分性时，事情就更其如此了。这种能力寻求的是太一而不是类似性，它之所以爱事物也仅仅是为了存在于它们身上的太一，一如人的口之所以喜欢酒，仅仅是由于其中的甜味和香味而已。如果水具有这酒所具有的气味，人的这口就不会喜欢酒而不喜欢水了。

鉴此，我曾经证明说，灵魂憎恨类似性。它之爱类似性，并不是自在地为了自己的缘故，而是为了那隐藏在其中的统一性的缘故。这统一性即是它的父，天上和地上的一切都是在他那里开始的。我曾经说过，只要存在有诸如木材与火之间的类似性，那就既不可能有真正的快乐，也不可能有真正的宁静，既不可能有真正的歇息也不可能有真正的满足。所以，权威们说：火虽然是在时间中经历冲突、运动和变化的一个过程，但是，火的生，一如欲望的生，是既不依赖于时间也不依赖于距离的。任何人都不会觉得快乐得时间太久，或者觉得欢乐得太远。我所说的一切都是我们的主的意思。因为他曾经说过："妇女生产的时候感到忧苦，……既生了孩子，因了喜乐再不记忆那苦楚了。"③因此，上帝在福音书中又告诫我们，祈求在天的父，让我们的喜悦得以充满。④ 腓力也说过类似的话。他说："主啊，求你将父显示给我们，这就使我们心满意足了。"这里所说的"父"所意指的就是太一，在太一里面所有的类似性都被遮蔽了，具有存在和欲望的所有东西都归于静寂了。

---

①　《以赛亚书》7:10—16。

②　参阅埃克哈特：《辩护》，V，10;I，10。

③　《约翰福音》16:21。

④　参阅《约翰福音》15:11。

现在，我们可以清楚地看到我们何以会在我们遭受痛苦、苦恼和伤害时得不到慰藉的原因。这完全是由于我们靠事物外表生活的人的生活方式所致，这种生活方式远离上帝，不能对受造物取空的和纯真的态度，不是与上帝类似，致使我们对上帝的爱非常冷淡。

然而，还有另外一种考虑。这就是，当你认识到和思考到这一点的时候，它就会使你在外来的损害、痛苦和不安中给你以合理的慰藉。一个人旅行，总要走一段路，或是放弃一定的工作。因此，他受到了伤害，断了一条腿或一只胳膊，或是失去了一只眼睛或害了一场病。如果他因此而老是想：啊！要是你走了另一条路，或是做过或是没有做过那件事情，这样的苦难就不会在你身上发生。这样，你就一直得不到慰藉，还势必因此而遭受苦难。但是，如果他这样来思考问题，事情就会变得好得多：要是你走了另一条路，放弃了另一件工作，则降到你身上的损失或伤害可能会更大些。这样一来，他就可以理所当然地找到慰藉，并且感到由衷的高兴。

我们还可以这样来看问题。假如你失去了 1000 马克，你就不要再为你失去的这 1000 马克而哭泣，而是感谢上帝曾经给了你这 1000 马克，使你有可能失去它，致使你可能锻炼你的耐性和德性，从而值得永生，而这样的机会却是成千上万的人所得不到的。你还可以这样来得到你的慰藉。例如一个人有许多年境遇都特别好，但后来却完全丧失了。到这种时候，他就应该聪明地反思一下，感谢上帝给了他不幸和损失。因为只有在这种情况下，他才会意识到他以前过的生活是多么的优越呀。他应当感谢上帝，使他享受福利这么多年，而不是对之愤愤不平，大加抱怨。

他还可以很有理由地想到，人就其本身而言，无外乎错误和邪恶。凡他身上善的东西都是上帝借给他的而不是送给他的。所谓认识真理，也就是要认识到上帝把任何善的东西都给了他的子和圣灵。他并没有给受造物任何一点善，而只是把善借给了它，赊给了它。太阳把热赠给了大气，而只是把光借给了天空。太阳一旦落山，光就消失了，而热却依然存在，因为热是送给大气让它保存的。

因此，权威们说，在天的父上帝乃圣子的父，不是他的主，也不是圣灵的主上帝，圣父，圣子和圣灵，都是主，但是，是受造物的主。我们说，上帝亘古存在，而且是我们的父，但是既然他造了受造物，他就是它们的主，就是它们的业主。因此，如果凡任何善的使人得到慰藉的东西都是借给人要人照管的，这样，当上帝想要收回这些东西的时候，他又有什么好抱怨的呢？他还应该感谢上帝，上帝并未把他借出去的东西一下子统统收回去。要是当上帝从人那里取走从来就不属于人的东西时，人竟因此而生气，则上帝从人那里收回一切东西就是一件非常合理的事情了。因为人从来都不是这些事物的主人和业主。耶肋米亚在他正值苦难和悲痛之际曾经非常得体地呼叫："啊！上帝各种各样的仁慈是何等的伟大！竟没有将我们完全消灭。"①

----

① 《耶利米书》3:22。

如果一个人曾经将他的上衣、皮外套和大衣借给我，后来收回了他的大衣，而将上衣和皮外套留给我御寒，我就应当非常高兴，对他非常感激。当什么东西失去时，我就生气并且抱怨，这该是一种多么严重的错误呀！这事实上就是自以为是地设定那些善的事物是送给我们的而不是借给我们的，我们就是它的业主，生来就是上帝的完满的子而不是由上帝的子恩典而成为上帝的子的。正相反，上帝之子和圣灵的财产在任何情况下都得到了公平的处理。

我们还应当记住，人的自然的德性比力量优越。① 任何可见的努力都不足以大到获得充分的表达范围。由于这个理由，就需要有一种内在的或精神的努力造出来，不受时间的限制，也不受空间的限制。在这种努力里面，我们能够发现上帝，发现神的和像神的东西，所有这些都是时间和空间无法包容的。这种努力在任何地方和所有的时间里都同等地造了出来，它确实是与上帝同类的或者说是有血缘关系的。因为任何一个受造物都永远不可能完满地意识到上帝的善，甚至连想象到它也不可能。这也就是为什么必须有某种更高和更富精神的东西的缘由，在这种实存里，天上的父得以完满地启示出来、倾泻出来并变得显而易见，这也就是圣子和圣灵。

任何人都无法阻止德性的这种内在的努力，就像无法阻止上帝本身一样。② 这德性是一个变化过程，始终照耀着，并且将光赋予了日月，赋予了白天和黑夜。它赞美上帝，以一首新歌来歌唱上帝的荣光。一如大卫所说："请向上主歌唱新歌，普世大地请向上主讴歌。"③上帝并不爱这种努力，因为它是一种受时空限制的变化过程，是一种约束和强制人的狭隘的工作，人在进行这样的工作中会变老，也会变得厌倦。那实在的工作就是去爱上帝，去意欲善和善的事物，所有的善人当其以一种纯粹而完满的意志向往这样的目的时，他就已经做到了；就像大卫所做的那样。大卫在谈到上帝时，写道："凡他想做的都已经做了。"④

关于这个学说，我们还有一个很好的比喻。这就是石头这个例子。石头的外在的工作在于向下降落，落到地上。诚然，它的活动也可能受到阻碍，因为一块石头是不可能总是不间断地降落到地上的。然而，对于石头来说，另一种活动比向下降落更其本质。这就是在其中根深蒂固的不断向下降落的倾向，这种倾向，无论是上帝、是人，还是任何受造物都是不可能将之消除掉的。石头日日夜夜地做这样的活动。即使它在地面上屹立不动一千年之久，它也依然像最初一天那样坚持向下运行。

对于德性，我们同样可以这么说。它也有一种内在的功能：去意欲和趋向所有的善，去抵制和反对所有的恶，反对所有那些与上帝和善不相一致的东西。行为越是邪恶，便越是与上帝不可兼容，德性的反作用也就越是强而有力。如果善行越大，它与

---

① 参阅埃克哈特：《辩护》，V，11；I，11。
② 参阅埃克哈特：《辩护》，V，11；I，11。
③ 《诗篇》96：1。
④ 《诗篇》33：9。

上帝就越是协调一致,德性的努力也就越是容易,越是令人愉悦,越是令人惬意。它的唯一的抱怨和痛苦在于,如果德性能够认识痛苦的话,它就会觉得它为上帝所遭受的太少了,以至于它在时间中所做的事情根本不足以将自己充分表达出来或显示出来。它在活动中表现得越是强大,它的献身就越是丰富。它希望它尚未遭受到足够的苦难和悲伤。不停地为上帝和善遭受苦难始终是它的欲望。它的幸福在于遭受苦难,在于为上帝遭受苦难,而不在于是否曾经遭受过苦难。

所以,我们的主说:"为义的缘故受苦的人有福了。"他并不是说"那些受过苦的人。"那些有福的人憎恨过去受过的苦。他们所爱的并不是在受的苦难。这是一种已经消除掉的苦难,从而是一种有损于为上帝受苦的苦难,而为上帝受苦才是他们所爱的。我也说过有福的人也憎恨未来的受苦,因为这也不是现在受苦。他们对未来受苦的憎恨要比对过去受苦的憎恨少一些。因为后者已经受过的苦已经过去了,与任何现在所受的苦难都是不可相比的,离得要远一些。反之,期望中的苦难却依然具有一定的刺激,而且,他们也爱这样的苦难。

圣保罗说:他愿意为了上帝的缘故离开上帝,只要这样可以为上帝增光。有人说,圣保罗是在他尚未完满的时候说这番话的,但是我却认为这种话只能出自一个心灵完满者之口。他们还说圣保罗的意思是说,他只不过想离开上帝片刻而已。然而,我却要纠正说,一个完人一刻也不愿意离开上帝,倘若离开一个小时,他会觉得像离开一千年似的。离开一个小时所受的痛苦一点也不比离开一千年少。即便如此,倘若一个人离开上帝是上帝的意志,并且是为了上帝的荣光才离开的,离开一千年,甚至永远离开也会像离开一天或一个小时那样容易。

德性的内在过程也是上帝的。[①] 它与上帝同类,并且分享上帝的特性。使上帝加上成千上万个世界上的所有的受造物也不比独一上帝多出一星点东西。因此,我说,如前所述,可见的行为并不能给内在生命的善增加任何东西,不管这种行为是多么的长久和宽阔,也不管它们的数量和维度有多么的大。它的善只是它自己的。如果德性的内在过程很小,甚至根本不存在,则德性的可见行为绝不可能有任何大的价值;而如果这种内在过程存在,并且很大,则它们的价值就不会小。德性的内在过程经久不衰,从上帝那里,从上帝的心本身领受它的价值。因为它被上帝视作圣子,它被看做是从天上的父的心里生出来的。

至于可见的活动,则不是这样。因为它们是由德性的内在过程产生出它们的善的。它们像瀑布那样从神性倾泻而下,所有藉以区分、多样化和划分的包裹都远非它们得以起源的上帝的类似物,然而它们却都依赖于它们的根源性的善。然而,受造物对于它自身内蕴的善和光却总是视而不见,对于上帝藉以生出他的独生子并通过他的独生子使所有上帝的孩子得以存在并成为上帝的儿子的那样的东西却总是视而不

---

① 参阅埃克哈特:《辩护》,V,11;I,11。

见。而这也是圣灵的源泉。既然它是上帝的灵和与上帝同在的"一",则唯有藉它,人才能孕育圣子。这里也是所有上帝之子的发源地,这是就他们纯粹由上帝所生并且按照他的方式生育而言的,或者说是就他们转化成他的类似者、摆脱了种种多样性,然而即使在被提升得最高的天使身上在一定程度上却依然能够找到多样性而言的。

然而,为了充分地认识德性的这种内在工作,我们就必须甚至远离善、真或者任何内蕴有区分的光或影的别的任何东西,无论是在思想中还是在命名时出现的都是如此。他必须将自己委身给这纯粹的"太一";这太一极其纯粹,其中没有任何复多和划分,他之为"一",甚至就像圣父、圣子和圣灵之为"一"一样。然而,正是这个"太一",使我们成为有福之人;我们离他越远,我们就越是不能成为上帝之子,流经我们的圣灵也就越少。我们离这"太一"越是近,我们就越是能够成为上帝之子,流经我们的圣灵也就越多。这就容易解释我们的上帝之子说过的下面一段话:"谁若喝了我赐予他的水,他将永远不渴;并且,我赐给他的水,将在他内成为涌到永生的水泉。"①圣若望说,他在这里所指的就是圣灵。

圣子,由于处于神性之中,严格地讲,他所指称的只是子性,"由上帝所生性",只是作为圣灵和对上帝之爱的源泉、小溪和河流。他所指称的是对"太一"即天上的父的一种充实的、真正的和令人满足的体验。所以,父的声音自天而降,对圣子说:"你是我所爱的爱子,我非常喜悦的。"②

毋庸置疑,如果不是上帝之子,上帝是不会纯粹和完满地爱任何一个人的。③ 因为爱,作为圣灵,源于圣子,圣子是在父里面爱他自己,而在他自己里面爱父。因此,我们的主很有理由地说在精神上贫乏的人是有福的,也就是说,那些没有属于他们自己的东西即人的精神从而达到上帝纯粹性的人是有福的。一如圣保罗所说:"上帝在他的圣灵里面把这一切启示给了我们。"④

圣奥古斯丁说:一个人要对《圣经》有一个最好的理解,就必须毫无偏见地研究它们,因为它们所包含的是存在于圣灵里面的真理。圣彼得说:"圣人是在受到圣灵感动之后言说上帝的话的。"⑤圣保罗说:"除了人的心外,没有人能知道那人心里的事;同样,除了上帝的心外,没有一个人能够知道上帝之所是。"⑥有本书里有一条注释也把这个问题说得很好:"没有一个人能够理解和教授圣保罗的学说,除非他具有圣保罗藉以言说和著述的那个灵。"我不甚满意的是:一些粗俗的人,对于上帝的灵

---

① 《约翰福音》4:14。
② 《马太福音》3:17。
③ 参阅斯宾诺莎:《伦理学》,第五部分,命题 xv—xx。
④ 《格林多前书》2:10。
⑤ 《彼得后书》1:21。
⑥ 《格林多前书》2:11。

一无所知,当《圣经》由为圣灵所推动的人所说所写的时候,他们甚至不曾转变他们的方向,进而判断他们在《圣经》里所听到和读到的东西。他们从来不曾考虑到所写的内容,那对人是不可能的东西对上帝却是可能的,也就是说,对他是普通的和自然的。在自然中不可能的事物在高于自然的领域里就可能是通常的和自然的了。

对此,我们不妨回顾一下关于善人我刚刚说过的话:善人为上帝之子所生,他是为了上帝自己的缘故而爱上帝的。我还曾经说过许多与之相关的话,其中一句是:一个善人,一生下来即进入上帝和善性,分有上帝本性的所有特征。① 用所罗门的话说就是,为他自己的缘故做任何事情乃上帝的特征。这就是说,除他自身之外,他不在意任何别的事物。他仅仅为他自己而爱,也仅仅为他自己而行动。所以,如果一个人只爱他自己,他做的所有事情,都不是为了荣誉、奖赏或慰藉,而只是为了上帝和上帝的荣光。这就表明他是上帝之子了。

再者,上帝为他自己的缘故而爱,为他自己的缘故而活动。这就意味着他是为了爱的缘故而爱,为了活动的缘故而活动的。毋庸置疑,如果上帝想到生与现实的生不是一回事的话,上帝就决不会在永恒中生下他的子。所以,圣徒们说:上帝之子是永恒地在出生,以至于上帝可以不停地出生。同样,如果上帝的创造观念无非是一种创造活动的话,上帝也就决不会创造这世界了。因此,上帝创造这世界,以至于他还会持续不断地创造它。过去和未来都是远离上帝的,都是与他的道路相异的。

所以,成为上帝所生的子,就是去为上帝自己而爱上帝,也就是说,去为了爱上帝的缘故而爱上帝,仅仅为了上帝活动的缘故而活动;凡这样行事的人决不会对爱或工作感到厌倦,凡他所爱的,对他来说,就只是一个爱。这就表明究竟何谓上帝之爱,而且,一如前面所说,善人总是希望为上帝受苦,而不是急于结束自己的痛苦。他之所以愿意受苦,乃是因为他喜欢为上帝受苦,享有上帝的意志,从而到最后成为上帝之子,藉上帝转化成上帝。他将通过他自己,通过他自己的情感和工作而爱上帝,这是他不能不做的工作,这样上帝就将始终爱他,在他的本性活动。所以,最后,善人,在他是上帝之子的意义上,将为上帝而受苦,为上帝而活动,对他来说,这将是存在、生命、工作和福乐。这部分地也就是我们的主下面这段话的意思:"为义的缘故受苦的人有福了。"

第三点,我之所以说这个善人,由于在一定程度上他是善的,故而总具有善的特征,②不仅是因为在他的爱和服务中他在爱和服务上帝,而且还因为他是爱他自己并且服务他自己的。他,作为爱者,是上帝的生子;而他爱的对象对他来说则是非被生养的圣父,从而这子即处于父之中,而这父即处于子之中,他们一起在圣灵中合二而一。在这一解说的结尾处,在一个题为《论贵人》(The Aristocrat)的短篇里,你将能够

---

① 参阅埃克哈特:《辩护》,Ⅴ,8;Ⅰ,8。
② 参阅埃克哈特:《辩护》,Ⅴ,13;Ⅰ,13。

发现灵魂的至高至深之处是如何创造和接受上帝之子,并且成为天上的父的腹中或心中的上帝之子的。

我们还应该理解到,就本性而言,更高力量的影响和表达给每一件事物带来的快乐和愉悦比它自己的道或本质带给它自己的还要多。例如,水向下流动,流入低谷就是这种"道",也是它的习性;但是,由于天上月亮的影响和活动,水便抛弃了和忘却了它自己的"道",向上涌流和涨潮反而比向下流动更容易些。

我们由此便可以得出结论说,一个人有意识地高兴地悬置他自己的自然的意志,否定他自己,并且在上帝要人承受的无论什么事情上都始终摈弃自我,才是正确的。这也就是我们的主所说的意思:"若愿意跟随我,该弃绝自己,背着他的十字架。"①这就意味着他应当放下和舍弃掉在遭受苦难方面十字架所象征的一切。因为对否定和忘却自我的人来说,在历经苦难和痛苦方面确实没有什么能够比钉死在十字架上的刑罚更残酷的了。但是,对于他来说,所有这一切都是喜悦、欢乐和衷心的满足。他实际上就是在跟随着上帝,就像没有什么东西能够使上帝感到苦恼和悲伤一样,也没有任何东西能够使他感到苦恼和悲伤。

所以,当我们的主说"若愿意跟随我,该弃绝自己,背着他的十字架"时,这并不是像一般人所认为的通常所说的那样,只是在下达一个命令。毋宁说这是一种信仰,是上帝的一个教导,教导我们人究竟如何受苦和工作,人的生命方能够充满欢乐和喜悦。它与其说是诫命,毋宁说是奖赏。凡是做我们的主要求我们去做的事情的人都有他想要的一切,而不会想要任何邪恶的东西,这就是我们的主所讲到的福乐。我们的主说:"为了义的缘故而受苦的人有福了。"

当我们的主说"若愿意跟随我,该弃绝自己,背着他的十字架"时,他仿佛是说:"所以,他应该成为圣子,就如同我是受生的子一样。"因为上帝即是我所是的同一个"太一",即我在我的本性里藉存留在圣父的腹和心里创造的"太一"。圣子也说过:"我愿跟随我的人也同我在一起。"②但是,人除非成为圣子他自己,就没有一个人来跟随圣子;除非他存活于圣父的心里和腹里,像圣子那样存活于太一之中,就没有一个人能够同圣子在一起。

圣父说:"我要诱导她,领她到旷野,和她谈心。"③这也就是所谓心心相印。因为上帝爱合为一体的太一,而恨一切异在的东西或其反面的东西。他将一切都聚拢、提升进"一"之中,而这也正是所有的受造物都在实际上寻求的"一",即使受造物中最低级的东西亦复如此。最高级的受造物当其被提升到超出它们的本性时,便能够发现这"一",并且也确实发现了这"一",并且也转化成了这"一"。关于这一点,在圣

---

① 《马太福音》16:24。
② 《约翰福音》17:24。
③ 《阿西阿书》2:16。

子耶稣基督就其神性所说的话或许得到了充分的表达。他说道："父啊！我在那里，那跟随我事奉我的仆人也要在那里。"①

还有另外一种慰藉也是我们应当知道的。除非有一种更好的善，一种比自然现存的善更好的善，受到意欲，自然就不可能遭到破坏、毁坏或扰乱。自然是决不会满足于重复它的旧有模式的。它总是想要对它的旧有模式作出不断的改进。一个聪明的医生是不会纯粹为了伤害一个病人而去触动他的感到疼痛的手指的；当他不能使他的手指好起来，使他的病情有所好转，对他有利时，就更其不会如此了。如果他能够使他的手指好起来，他会乐意这样做的；但是，如果他达不到这一步，他就会为了这个病人自己的康乐而切掉他的手指。使病人失去这个手指从而使这个病人得到保全比起既毁掉这个病人的手指又毁掉这个病人来还是好一些。损害一个总比损害两个要好，当一个损失比另一个损失更为严重的时候，事情就更其如此了。

我们还应当知道，手指和手，或身体的任何一个部分当急需的时候都会甘心情愿毫不犹豫地放弃它自己的存在的，更加看重的是整个人而不是它自身。因此，我们可以确定无疑地说，人的肢体所关心的不是它自己，而只是它为其肢体的身体。所以，如果不是为了上帝和在上帝里面，我们是完全不会在乎我们自己的；这种说法是言之有理的，是自然的和正确的。因此，上帝无论想从我们这里获得什么，或者为了我们想要什么，所有这一切都是容易的和令人高兴的，尤其是当我们知道并且肯定如果上帝不是认为会带来更大好处的话，他是不会允许把无论多么小的伤害或损害加到我们的身上的。诚然，如果一个人并不信任上帝，则他之具有许多痛苦和灾难就只能是一件非常自然的事情了。

还有另外一种慰藉问题。圣保罗说：上帝责罚他所爱的人，把他们收为自己的儿子。② 由此得出的结论是：做上帝之子就得去受苦。然而，上帝之子永远受苦是不可能的，故而天上的父把他打发到时间中去，成为人并且受苦。如果你认为你能够成为上帝之子而不受苦，那你就弄错了。《箴言》中写道：上帝检验义人就像藉在火炉中焚烧来检验黄金一样。③ 当国王或王后派遣一个骑士到战争前线，这就表明他信任这个骑士。我曾经看到过一个领主，当他挑选一个家臣时，他竟晚上骑马出去，同其格斗。有一次，为了对一个家臣进行考察，在一个夜晚，竟差点被其杀死，但他却很亲近这个家臣，对他做了高度评价。

我们还在书中读到，圣安东尼（St. Anthony）有一次曾在荒野里遭到恶灵的残酷迫害，当他克服了困难时，我们的主显现了，不仅楚楚可见而且满怀喜悦。④ 这位圣人当时说道："啊！主呀，当我非常需要你的时候，你刚才在什么地方？"我们的主回

---

① 《约翰福音》12：26。
② 参阅《希伯来书》12：6。
③ 参阅《箴言》17：3。
④ 圣安东尼（Sankt Antonius，约251—356年），基督宗教古代隐修院创始人。

答说:"我那时就像现在这样站在这儿,但是,我当时想要高兴地看到你究竟是一个多么虔诚的人。"白银和黄金尽管可能很纯,但是为要把它打造成可供国王饮用的杯子,那就需要比用于别的目的锻造的时间长得多。因此,宗徒们写道,他们非常欣慰,配得上为上帝遭受侮辱,历经磨难。①

那些自然地成为上帝之子的,由于上帝的恩典,倒愿意变成人,以便他能够为你受苦受难。因此,要是你期望成为上帝之子以至于你根本无需受苦受难,无论是为上帝还是为你自己,事情又会怎样呢?如果人们只知道、只考虑到上帝、天使以及所有那些认识和爱上帝者,在人的忍耐中享受多么大的欢乐,而一个人在这种忍耐中却为了上帝的缘故而遭受痛苦、灾难和损失,他们就会发现在这种认识中有充分的理由得到慰藉。一个人将为了他的朋友的缘故而放弃他自己的利益,遭受不幸,只要他的这种不幸会使他的朋友得到欢乐,心情舒畅。然而,要是他的朋友为了他的缘故遭受痛苦和灾难,则他到他的朋友身边力所能及地安慰他的朋友,就是一件唯一合理的事情了。因此,我们的主在《圣咏集》中在谈到善人时说:他将在苦难中与其同在。②由主的这句话我们可以引申出慰藉的七条教训和根据。

第一,圣奥古斯丁说过,当为上帝受苦的时候,忍耐要比不情愿的任何数量的尘世货物的献祭好得多、高贵得多、崇高得多。在那些爱尘世的人中,没有一个人这样的富有,以至于他们竟不高兴经历令人厌烦的艰难困苦而成为尘世的主人的。

第二,上帝说他在苦难中与人同在,我虽然不会只拘泥上帝的话的字面意义,但是,我会进一步探究他的这句话的深义,而说:如果当我受苦时上帝与我同在,我还需要别的东西吗?如果我是正确的,我将不需要任何别的东西,除了上帝之外我什么东西也不要。圣奥古斯丁说,不满足与上帝同在的人是愚蠢的,也是极其贪婪的。一个人倘若不满足于与上帝本身同在,他又何以能够满足上帝精神上和物质上的赠品呢?因此,他在另外一处说过:"主啊,如果你将我驱赶出去,你就会把另一个你赐给我们,因为我们只想要你。"

《智慧篇》中写道:"随着上帝,永恒的智慧来到我的身边,所有善的事物也就立刻来到我的身边。"③这句话的一个意思是,离开了上帝,就没有什么东西是善的,就没有什么东西能够是善的;由于上帝,任何东西都是善的,其所以为善,只是因为它是与上帝一起到来的。但是,把上帝他自己撇在一边,如果把上帝赐给受造物的本质从受造物身上取走,则受造物就会成了纯粹的无、令人厌恶、毫无价值和令人憎恨。这句话还有另外一个高贵的意思,有待得到阐述:所有的善都是与上帝一起来到的。我们的主说:"我将在苦难中与人同在";圣伯尔纳(St. Bernard)也评论说:"主啊,如果

① 参阅《使徒行传》5:41。
② 参阅《诗篇》91:15。
③ 《智慧篇》7:11。

你与我们在苦难中同在,那就求你让我终日受苦;这样,你就会终日与我同在,我就因此而可以留住你。"

第三,我说,既然当我们受苦时,上帝与我们同在,则他就是与我们一起受苦的。他实际上知道我们所知道的我在说的为真这样一条真理。上帝,既然与人一起受苦,则他就以他自己的方式所遭受的苦难比人为他遭受的苦难多得没有办法言说。所以,如果上帝愿意受苦的话,我们也跟着受苦就是非常公正的,因为我欲上帝之所欲是唯一正确的事情。我整天像上帝给我们讲话那样祈祷:愿你的旨意成就。然而,当上帝想要受苦的时候,我就会抱怨,认为这是不应该的。所以,我敢肯定地说:上帝虽然高兴与我们一起受苦,并且为了我们受苦,但是,当我们只是为了他的缘故而受苦时,他虽然受苦也是一点也不感到痛苦的。因此,苦难对上帝来说是一种极乐,并不会给他带来任何痛苦。所以,如果我们是我们之当是,我们在苦难中发现的就不是痛苦,而是极乐和慰藉。

第四,我还注意到,痛苦可以为友人的同情而减轻,但是,如果我能为人的同情而得到慰藉的话,则我在上帝的怜悯中就能够发现多得多的慰藉。

第五,如果我随时准备为一个我爱他而他也爱我的人一起受苦,则我就应正当地和高兴地与上帝一起受苦,因为当他与我一起受苦并且是由于他的爱而受苦的,他就被牵涉进来了。

第六,我主张,既然上帝在我受苦之前就经受我的痛苦,那么,如果我是为他而受苦的,则我受的苦,不管多么的大,也不管其花样如何的多,都是一种慰藉、愉悦,也都是非常容易的。当一个人为另一个人做某件事情的时候,则他做这事就更加贴近他自己的心,而所做的事和这事对于他来说就没有任何意义,除非这影响到他做的这事所服务的人。建筑师,为了建筑一栋房子而砍木凿石,为的是用来抵御夏天的酷热和冬天的严寒,他首先和始终想到的是这房子成为什么样子。倘若不是这样,他是不会砍木、凿石,也不会去干任何一件此类事情的。

然而,如果一个病人喝美酒,却认为这酒很苦,于是就说这酒是苦的,他说的也是对的。在这种情况下,这酒在它有机会进入灵魂得到辨认和得到证明之前,便因为苦味覆盖了他的舌头而失去了其美味。人仅仅为上帝而行动,情况也是如此,不过无以复加的显著而已。在后一种情况下,上帝就成了媒介,他的灵魂的周围环境,以至于没有任何东西能够在享受上帝的甜美中在不首先失去其苦味的情况下接触到他的。在其能够影响人的心之前,它必须先失去它的苦而变成纯粹的美味。

权威们说,在天之下和围绕着天的是火,不管是下雨刮风,还是暴风雨等恶劣天气,都是不可能影响天的,因为它是在天的下面行这事的。这些气候条件在其能够达到天之前,早就全都被消耗和毁灭殆尽了。所以,我说,凡是一个人通过上帝所受的苦难和所做的事情,如果他是仅仅为上帝而行动和受苦的,在其能够达到他的情感之前,就由于上帝的甜美而变得甜美了。我们说"通过"上帝,其意思是说,一些东西只有通过上帝的甜美,在上帝之爱的热火中被纯粹化之后,才达到情感的,因为善人的心此时是被上帝之爱的热火包裹着的。

现在,我们可以清楚地看到,善人是如何在苦恼、工作和受苦中以各种方式正当地发现慰藉。如果他是通过上帝而工作和受苦的,这是一种方式。如果他被包裹进上帝的爱中,则是另一种方式。正是凭借这样一种方式,一个人可以知道他是否是在通过上帝做他的一切事情的。如果一个人发现他在受苦却未得到慰藉,他就可以知道他并不是仅仅通过上帝而工作的,从而他也并未包裹进上帝的爱中。大卫王曾经说过:"烈火随着上帝到来,并且来自上帝,包围着所有那些令他讨厌的与他不同的人们,烧灭这些人。"[1]这火即是痛苦、苦难和苦涩。

在"上帝当我们受苦时与我们同在并且与我们一起受苦"这句话中还蕴含有第七条教训。这是一种最伟大的慰藉:上帝的特性在于他是纯粹的太一,在他身上,毫无任何偶然的区分,无论是理智的区分或者别的区分,[2]从而他身上的一切都是上帝他自己。如果果真如此的话,我便可以说,无论善人遭受到什么样的痛苦,他都是为上帝遭受的,并且是在上帝之中遭受的,而上帝也就与他一起受苦;而他也讲过"我在上帝之中受苦"以及"我的受苦的上帝"的话。因此,受苦损失的是剧痛;既然如此,这样的受苦何以能够烦扰我呢? 我在上帝之中受苦;我的受苦即是上帝。例如,如果上帝是真理,我就是在发现真理的地方发现作为真理的他的。同样,在我发现为上帝纯粹受苦和在上帝之中受苦的地方,我也就发现了受苦即是我的上帝。无论什么人,如果他理解不了这一点,那么,该责备的就应当是他自己的有眼无珠,而不是我或真理。

因此,非常高兴和友好地为上帝而受苦。因为受苦乃一种有用的福乐,一如我们的主所说:"那些为义的缘故而受苦的人有福了。"爱人的上帝何以能够忍心让善人,他的朋友永远不受苦难呢? 假如一个人有一个朋友,他能够在短短一天内受苦而换得非常大的好处,赢得持久的荣誉和慰藉,假如有人阻止他的朋友受苦,或者使他的朋友受苦受到阻拦;人们便几乎都会说他不是这人的朋友,认为他并不十分爱他。很可能这就是上帝何以不允许他的朋友,即这个善人,不遭受一些苦难,即使他们曾经遭受过一些苦难但现在却没有遭受苦难,亦复如此。

如上所述,受苦的好处是与意志的善性一起同涨同落的。所以,凡是善人随时准备为上帝去忍受苦难和欲望为上帝忍受苦难,在上帝看来,他就已经在上帝之中并且通过上帝而生了下来。大卫王在《圣咏集》中说:"我准备遭遇各种不幸,我的痛苦不断地出现在我的面前。"[3]圣耶肋米亚说:空的容器,是精心造出来的和好的,随时准

---

① 《诗篇》97:3。

② 参阅埃克哈特:《辩护》,V,15。

③ 《诗篇》37:18。

备用做任何用途,已经赋予人们可能期望于它的所有的特性,即使没有人使用它们亦复如此。一如我在前面所说,一块石头并不因为它之依赖地球,重量就少一些:它的重量在于它之降落的倾向或准备不断降落的倾向。这也就是我刚才所说的一个善人已经做了他曾经意愿在地上或在天上去做的任何事情。就此而言,他与上帝是一样的。

我们可以据此察觉到并且可以理解有些人之愚蠢,这些人当他们看到善人忍受痛苦和不幸时非常吃惊,妄加推测,以为善人之所以受苦乃是因为他犯了一些隐蔽的罪恶。他们还不时地评论说:"啊! 我竟一直以为他是一个善人! 要是我相信他没有任何缺点是正确的话,他何以会遭受这么大的痛苦和不幸呢?"①诚然,如果这人也觉得他所承受的一切也是痛苦和不幸,他也就谈不上是善人或无罪的人了。但是,如果一个人是善人,他之受苦对他来说就决不意味着痛苦、不幸或灾难,而毋宁说是一种极大的愉悦和福乐。所以,主说:"为上帝和义的缘故受苦的人有福了。"

因此,《智慧篇》说:义人的灵魂在上帝手中。② 唯有蠢人才认为,义人也和他们一样地死去,但是,义人实际上却走向了和平、心醉神迷和福乐。圣保罗在谈到圣徒历尽种种磨难时说道:尘世是不配有这些圣徒的。③ 如果加以正确分析的话,他的这个说法内蕴有三层意思。首先,这个世界是不值得这些杰出的人临在的。第二层意思更妙,这就是善行是与这个世界的道路相反的,并且对它来说是毫无价值可言的;这些圣徒是配得上上帝的,他们只有对上帝才是有价值的,一如善行只有对上帝才是有价值的一样。然而,第三层意思却是我现在心里所想的。那些爱这个世界的人们并不配去为上帝而忍受痛苦和不幸的。所以,《圣经》中写道:他们非常欣慰,配得上为上帝遭受侮辱,历经磨难。④

至此,我已经说得够多了。在本书第三部分,我将谈到几种慰藉,供身处逆境中的善人参考,不仅在善人和智者的言语中发现慰藉,而且在行动中找到慰藉。

三

我们在《列王纪》中读到:有人咒骂大卫王,说粗话来凌辱他。大卫的一个朋友说出了自己的想法:杀死这个小人。但是,王却说:"绝不要杀死他! 绝对不要伤害他。很可能主会因为这个人的咒骂而施恩于我。"⑤

---

① 《约伯记》4:7。
② 参阅《智慧篇》3:1。
③ 参阅《希伯来书》11:38。
④ 参阅《使徒行传》5:41。
⑤ 《列王纪下》16:5—12。

在《宗主教纪》(*the Book of Partriarchs*)中,我们也读到,有人对教父抱怨说:他总是处于苦难之中。教父则对他说:"我的子,你是想让我向上帝祷告,让你脱离苦难吗?"这个人回答说:"不!教父,这是对我好,我清楚地意识到了这一点;我是求你向上帝祷告,要上帝恩赐我,使我得以智慧地非常耐心地忍受苦难。"

有人问一个病人,为什么他不向上帝祷告,使他病愈。他说,有三个理由使他不情愿这样做。首先,要不是害病对他最好,满怀爱心的上帝是决不会让他害病的。他对此确信不疑。第二条理由是,如果一个人是善的,他就不会要上帝去做他自己想要做的事情。因为这是错的。他毋宁应当要上帝所要的。因此,"如果他想要我害病——而我不应当害病,除非是他的意志,则我之不希望不害病就是恰当的。毫无疑问,如果上帝违背他自己的意志治愈我是可能的,则这对我来说就是不幸的和有害的事情了。"这种受苦的意志来自爱;而这种不愿受苦的意志则来自爱的缺乏,即来自无爱。我更愿去爱上帝,去害病,这对我更好更有用,而不是身体健康却不爱上帝。上帝所爱的总是某个东西,而上帝不爱的,却只是无。

《智慧篇》里说,当上帝意愿一件事物的时候,这其中就内蕴有一些真理。因为只要上帝意愿一件事物,这件事物因此就是善的了。就人间的事物而言,我倒更希望一个有钱有势的人,如国王,爱我,即使在一段时间里他不给我任何东西,而不希望他不爱我却传唤我给我一些礼物。假如他由于爱我而克制不给我任何东西,而打算以后给我更多更有价值的东西,事情就必定如此。再者,一个人,如果他爱我却什么也不给我,甚至连礼物也不考虑给我,但是,他现在却很可能在想给我更好的东西,作为给我的礼物。因此,我必须耐心地等待。当他的赏赐完全出于自由的恩典,我根本不配他的礼品时,事情就更其如此了。如果我根本不在乎他的爱,使我的意志与他的意志背道而驰,除非当我想从他那里得到一些东西的时候,则他什么也不给我,恨我,听任我遭遇不幸,就是一件再公正不过的事情了。

我何以不愿意求上帝恢复我的健康的第三条理由在于,我不愿意也不应该要求富有、满怀爱心和慷慨的上帝为这样一件区区小事而操心。假如我走了一二百里路去看神父,站到他的面前说:"我的主啊!教父。我已经走了近二百里路,花了一大笔钱,现在我请求你,既然我老远赶来,你就给我一粒豆子吧。"当然,这个神父以及所有听到你的话的人都会正确地说我是个大傻瓜。然而,如果我说,与上帝相比,所有善的事物,甚至整个创造,都比不上一粒豆子,这倒是千真万确的。所以,由于很好的理由,如果我是一个善的和有智慧的人,如果我祈求上帝让我康复,我就会因此而感到羞耻。

对此,我还有一点要说的是,如果一个人对于这个世界上流逝的事物或喜或悲,这正好说明了他的软弱。如果人们对此有所觉察的话,他在上帝面前,在天使面前,在四周的人面前都会感到十分羞耻。即使一个人脸上长了一个无关紧要的小斑,让所有的人看到了,都会感到羞耻,何况是这样一件事呢!但是,为何我还要对此大发议论呢?《旧约》和《新约》中的各篇,教父们、圣徒们以及一些异教徒的著作,都列举了大量例证来解说虔诚的人们,或是为了上帝,或是由于天赋的德性,是如何甘心情愿地献出他们的生命,否定自己。

异教徒之一,苏格拉底说过:德性是使不可能的事情成为可能,甚至使之变得容易和令人快乐。与此相关,我绝对不应该忘掉那个受到祝福的女士,《马加伯》曾经说到过她。有一天,她曾经亲眼看到她的七个儿子受着非人的惨不忍睹、令人震惊的刑罚,并且亲自听见了他们的惨叫声。但她却非常愉快地看着这个场景,一个个地鼓励他们,提醒他们,要他们不要害怕,心甘情愿地为了上帝的义而牺牲他们的身体和灵魂。

我还要再谈两点,如果谈过这两点,我想该谈的也就都谈了。第一点,当一个善良和属神的人看到一个贩子如何冒着远离家乡过起居无常、捉摸不定的生活的风险,不辞辛苦,跋山涉水,穿越荒漠和海洋,还要冒钱财被抢劫、生命遭谋害的危险,省吃俭用,起早贪黑,为了一点不确定的蝇头小利而将所遭受的一切苦难都高兴地置之脑后,如果他这个善良的和属神的人竟为自己受苦受难而心境难平,他就会感到自己太不像话,而无地自容、羞愧难当。一个骑士在战斗中为了转眼即逝的荣誉,竟不惜舍掉自己的财产、身体和灵魂,然而,当我们为了上帝并且希望获得永恒的福乐而忍受一点点痛苦,我们想想我们该是何等的超乎寻常呀!

我心里想到的另一个问题是:一些蠢人会说,我在本书中和其他地方所阐述的许多观念未必是真的。对此,我可以用圣奥古斯丁《忏悔录》第一卷中的话加以答复。[1]他说:上帝今天在做所有那些未来千百万年就已经做过的事情,仿佛世界是一直这样延续下去的,上帝今天依然在做他在几千年以前就已经做过的事情。如果人们对此根本不理解的话,那我又能做些什么呢? 他在另一个地方还说过:当人们试图使他人眼盲的时候,这只不过是为了掩盖他们自己的眼盲而已。这实在是一种纯粹的自爱。我所说的只要对我自己和对上帝为真,我就心满意足了。有些人可能看到一根杆子插进水里,即使它是直的,也会被认为是弯的。因为水比空气的密度更大一些。但是,这根杆子对于仅仅在较稀薄的空气里看到它的人来说,却始终是直的。

圣奥古斯丁说,领会,当其离开思想、离开空间形式和想象,不依赖对所见事物的抽象时,就是去认识事物的真理了。那种对这种"道路"一无所知的人将会讥笑我,而我却觉得他们可怜。他们想要看到永恒的事物,考察上帝的工作,进入永恒之光里面,但他们的心却依然漂浮在昨天和今天,存在于时间和空间之中。

塞涅卡这位异教哲学家曾经说过:"一个人在谈论重大和崇高的问题时,应当怀有伟大而高尚的意图,具有崇高的灵魂。还应当进一步说,这样的学问是不能够说给和写给没有教养的人的。"对此,我答复说:如果没有教养的人们得不到教育,他们就

---

[1] 参阅奥古斯丁:《忏悔录》,1,6。

将永远不可能学习,他们也就因此而永远不知道如何生和如何死。正因为如此,没有文化的人之所以要受教育,正在于改变他们,使他们从一个无知者转变成一个有教养的人。如果没有什么新的东西,也就不可能有什么旧的东西。所以,我们的主说:"那些健康的人是不需要医生的。"①之所以要请医生,乃是为了把病治好。

如果连这些话都理解不了,那么,我们拿什么才能对他们作出正确的解释呢? 圣若望曾经对所有的信者宣讲他的神圣的福音,然而,他是藉讲上帝来开始他的宣讲的,而他用的词语则是高于先前任何人曾经使用过的。② 因此,他的话,也就是我们的主的话,实际上,常常遭到曲解。

怀有爱心和怜悯心的上帝,你就是真理本身,求你赐我以及所有读这书的人对真理有一种内在的意识。

---

① 《马可福音》2:17。
② 参阅《约翰福音》1:1—5。

附录三:《永恒之父通谕》

——论依据天使博士托马斯·阿奎那的精神复兴基督宗教哲学

利奥十三著　段德智译

尊敬的弟兄们:

　　永恒之父的独生子降生到地上,把上帝的救赎和上帝的智慧之光带给了人类。当其升向天堂的时候,他将真正伟大而奇妙的祝福赐给了尘世,命令他的使徒们"去教导万民"。① 他留下了教会,教会是他亲自创建的,是万民的普遍而至上的主妇。真理曾经使人获得自由,人也将由于真理而享有安全。人是靠神圣学说获救的,除非基督我们的主为在信仰方面教导我们的灵魂树立了恒久的教诲的权威,神圣学说的成果就不可能长久地持续不断地绵延下去。因此,教会不仅应当奠放在其上帝权威的应允之上,而且还应当遵循上帝的爱,践行他的诫命。她始终如一地执著于一个目标,强烈地意欲这一目标的达成。这就是,教导真正的宗教,与谬误进行不懈的战斗。主教们正是为此而恪尽职守,高度警觉,不眠地劳作。教会会议也正是为此而制定了种种律法和教令。除此之外,罗马教皇也日日挂虑此事。他们既然是众使徒之王圣彼得的继承人,则教导同仁,坚定其信念,便正乃他们的权利和义务。

　　然而,这位使徒却警告我们说,对基督的信在心灵上常常遭到"哲学和空虚的妄言"的蒙骗,②致使人们信仰的真诚不时遭到破坏。由于这个缘故,教会的至上的精神领袖始终主张,不仅竭尽全力推进真知为他们的职责所在,而且,最精心的关注依照天主教信仰的规则传授整个人类学问,也是其职责所在。这一点对于"哲学"尤其真实和重要,因为能否正确地对待其他科学在很大程度上依赖于我们能否正确地对待哲学。尊敬的弟兄们,我们自己曾经在谈论其他问题的同时,扼要地给你们谈到过这个问题,我们最初是在一个通谕中给你们全体谈到过这一点的。然而,由于这个问题的极端重要性,也由于时代的状况所致,我们不得不再次致信大家,希望你们组织哲学研究课程,以确保这些课程完满地相称于信仰的赠品,并符合人类知识的尊严。

　　如果有人细心地察看到我们时代的苦难,并且认真地考察那些在公共领域和私

---

① 《马太福音》28:19。
② 参阅《歌罗西书》2:8。

人领域所出现的种种事情的原因,他就能够确定无疑地发现那些正在吞没我们的诸多恶行以及我们极其忧虑的种种恶行的愚蠢的根源。他将发现的原因在于,在人的和神的问题方面所教授的恶已经从各种学派的哲学家们那里蜂拥而至。它已经不知不觉地渗透进了政府的各项指令,它甚至赢得了许许多多人的流俗的喝彩。然而,遵循理性,以为人的行为的向导,毕竟已经植入到了人的本性,所以,任何事情如果在理解方面出了差错,意志也就容易将错就错。因此,在人的理解活动中邪恶的意见往往会浸入人的行为之中,使人们作出这样那样的坏事。另一方面,如果人的心灵是健康的,有力地奠基于既坚实又真实的原则之上,它就能够确保成为伟大赐福的源泉,这既关乎个人的善,也关乎公共福利。

其实,我们并不能将如此大的力量和权威归诸人的哲学,说它足以完全排除乃至根绝所有的错误。当基督宗教最初由外面发出的奇妙的信仰之光确立起来的时候,"不是用人的智慧的委婉的言语,乃是用圣灵和大能的明证",①整个世界都恢复了它原初的尊严。所以,现在,我们首要的是依靠上帝的全能和帮助,希望错误的黑暗从人的心灵中撤走,他们得以悔改。② 但是,我们也绝对不能因此而轻视或低估那些自然的帮助,因为这些自然的帮助也是上帝的仁慈和智慧赋予人的,而上帝是有力而惬意地安排万物的。因此,我们完全有理由断言,正确地运用哲学也就是这诸多帮助中最大的帮助。因为上帝并不是白白地将理性之光赋予人的灵魂的,也不是想藉此熄灭附加上去的信仰之光,或者削弱理解活动的力量。其效果远不止如此。上帝将理性之光赋予人的灵魂旨在使人的理解活动臻于完满,赋予其新的力量,使其适合于承担更大的工作。所以,上帝本身运筹的本性在于帮助我们,使我们在努力使人们回到信仰和救赎的时候,从人类知识中获得保障。古代的记录证明,这种方法既是可行的又是聪明的,是教会的最卓越的创始者所惯常使用的。实际上,他们赋予理性的职责往往既不少也不小。伟大的奥古斯丁曾经将这些职责扼要地概述如下:"正是藉着这门科学,……赋予生命并维系生命的信仰才得以产生,得以营养,得以守护,得以加强。"③

首先,如果哲学得到正确和智慧的运用的话,它就能够在一定程度上铺垫和守护那条通向真正信仰之路;它也能够以一种适合的方式为其追随者的心灵接受启示做好准备。因此,古代圣贤将哲学称作"导向基督宗教信仰的教育",④称作"基督宗教的前奏和助手",⑤和"福音的导师"。⑥ 所有这些都绝非虚妄不实之词。

---

① 《哥林多前书》2:4。

② 参阅《上帝的筹划》78:113。

③ 奥古斯丁:《论三位一体》,第14卷,第7章;为托马斯·阿奎那所引用,见《神学大全》第1集,问题1,第2条。

④ 亚历山大城的克莱门特:《杂文集》,I,16。

⑤ 奥利金:《致格里高利书》。

⑥ 亚历山大城的克莱门特:《杂文集》,I,5。

实际上，上帝的慈爱，就相关于他自身的事情而言，不仅藉信仰之光使人获知，因为许多真理都非人类理智所能及，而且也启示出一些并非完全超出理性能力所能发现的真理。然而，这样一些真理，当上帝的权威附加上去的时候，就能够为所有的人即刻不混杂任何错误地认识到。既然如此，一些真理，无论是由于我们信仰上帝启示给我们的，还是与信仰学说密切相关的，就都有可能为异教徒中的聪明之士所认知，而这些人士所接受的却只是自然理性之光的指导。他们凭借合适的论证来为这些真理进行辩护，作出推证。圣保罗说过："上帝的永能和神性，虽是眼不能见，但藉着所造之物，就可以晓得。"①又说道："这些外邦人，他们虽然没有律法"，但是，"显出律法的功用却刻在他们心里。"②

所以，为了启示真理的利益和好处，在一种较高的层次上利用这样一些甚至连聪明的异教徒也能认知的真理，实在是一种机遇。因为这样一些人的智慧，以及对手的这样一些证言，都为天主教真理提供了证据。再者，这样一种处理问题的方式，显然并不是新近发明的方法，而是一种教会的圣师们大量使用过的古代方法。还有，神圣传统的这些尊贵的证人和守护者在希伯来人的一次活动中看到了一种形式，而且几乎可以说是一种类型。希伯来人，当他们走出埃及的时候，被命令随身带着金银器皿，穿上埃及人的珍贵的外套。藉着一种突然改变了的用法，这些原本是提供给迷信、提供给耻辱仪式的财富，就用来服务于真正的上帝。钮开萨拉的格列高利，③由于这个缘故而赞赏奥利金。他说，奥利金为了捍卫基督宗教的智慧，为了破除迷信，非常在行地收集到异教徒们的学说，并拿这些来自敌人的东西作为武器，以一种奇异的大能又反过来投向这些敌人。无论是纳西昂的格列高利，还是尼斯的格列高利，都认可和称赞大巴西尔的理论范式。哲罗姆也同样对阿波斯托的门徒奎德拉杜、亚里斯提德、查士丁、伊里奈乌以及许多其他思想家的这样一种理论范式作出过高度评价。④ 奥古斯丁也说过："难道我们没有看到塞浦路斯这位极其亲切的博士和受到祝福的殉教者在其离开埃及时，是如何满载金银，穿着盛装吗？拉克坦修、维克托里、奥普塔图和奚拉里不也同样如此吗？不讲活着的，无数的希腊人不也是如此吗？"⑤因此，如果自然理性在其为基督的大能和工作变得丰饶之前，就产生出如此丰富的学问，现在，当救主的恩典更新和增加了人的与生俱来的能力和心灵之后，它的收获岂不要丰富得多吗？其实，那些看不到坦途的人不是也藉着这样的哲学本身而敞向信仰了吗？

---

① 《罗马书》1:20。
② 《罗马书》2:14—15。
③ 钮开萨拉的格列高利，也被称作格列高利·托马都格，托马都格的意思是"奇迹创造者"，参阅《奥利金的护教讲演集》,6。
④ 参阅哲罗姆：《致罗马城伟大演说家书》,4。奎德拉杜、查士丁、伊里奈乌都被视为早期基督宗教护教士。他们的著作致力于为基督宗教真理辩护，反对异教徒。
⑤ 奥古斯丁：《基督宗教学说》,1,2,40。

　　然而，由这样一种研究哲学的方式所产生出来的用处还远不止这些。因为在真理方面，哲学还可以用上帝智慧的语言向一些人的愚蠢提出严肃的责备；这些人"未能从看得见的美物，去发现那自有者；注意了工程，却不认识工程师"。①

　　因此，首先，这一伟大而光荣的成果也是由人类理性所获得的，也就是说，是人类的理性推证出上帝的存在的："从受造物的伟大和美丽，人可以推想到这些东西的创造者。"②

　　其次，理性也表明，上帝以仅仅适合于他自己的方式，超过了所有完满性的总和，也就是说，藉着无限的智慧，超过了所有完满性的总和，在这种智慧面前，任何东西都无所隐遁。上帝也藉着至上的正义超过所有完满性的总和，这种正义是不会受任何恶的影响的。理性因此而证明出，上帝不仅是真的，而且就是真理本身，这种真理既不可能行骗，也是不可能受骗的。再者，由此也可以推演出一个显而易见的结论，这就是：人类理性也认可了上帝之道的完全的信念和权威。

　　理性还可以用同样的方式宣称，福音学说从一开始就藉着作为无误真理之无误证据的符号和奇迹像明灯一样闪闪发光；从而那些藉着福音获得信仰的人就不至于轻率活动，仿佛他们"随从乖巧捏造的虚言"，③而是藉着一种完全合理的权威，使他们的理解活动和他们的判断顺从上帝的权威。

　　再次，其价值一点也不低于上述各点的还在于，理性还向我们明白无误地表明了基督所缔造的教诲的真理。一如梵蒂冈会议所指明的那样，教会"由于其奇妙的扩展方式，由于其在所有地区的伟大的神圣性和无穷无尽的成就，本身即是一个伟大的恒久的值得信赖的目的，即是它自己的神圣使命的无可争辩的证明"。④

　　因此，尽管这些基础已经以最坚实的方式奠定了起来，但是，为了使神圣神学具有并呈现出真正科学的本性、习性和特性，依然需要恒久地和多层面地运用哲学。因为在这门最高贵的学问中，神圣学说的各个部分，既然不仅多而且各不相同，就比任何事物都更加需要集合在一起，似乎可以说是，形成一体。它们之间因此就应当和谐一致地结合起来，形成一个整体，在这个整体中，其所有的各个部分都得到合适的安排，并且都由它们自己固有的原则产生出来。最后，所有这些部分以及它们中的每一个，都必须由适合于每一种情况的无可争辩的证明得到加强。

　　我们这样说，绝对不是忽略或轻视我们信仰的更其充分的知识，以及对信仰神秘的尽可能明白的理解。对信仰的更其充分的知识以及对信仰神秘的尽可能明白的理解，是奥古斯丁和其他教父们所称赞的，也是他们孜孜以求的。而梵蒂冈的会议本身

---

① 《智慧篇》13：1。
② 《智慧篇》13：5。
③ 《彼得后书》1：16。
④ 《梵蒂冈第一届大公会议》，"论天主教的信仰"，3。

也承认这些都是富有成果的。① 这样的知识和理解确实为一些人更其充分更其容易地获得;这些人将信仰的生活和研究的整体与受到哲学文化训练的心灵有机地整合在一起。梵蒂冈会议教导说,我们应当寻求的关于神圣学说的理解应当是这样一种理解,这就是"既来自我们自然认识到的事物的类比,也来自神秘本身相互关联的方式以及与人的最后目的关联的方式"。② 既然这样,事情就越发如此了。

最后,以一种宗教的情怀来捍卫由神圣传统达到我们身上的所有的真理,并抵制那些胆敢攻击这些真理的人们,也是适合于哲学这门学科的。就此而言,哲学是值得大加赞赏的,它不仅可以视为信仰的堡垒,而且也可以视为对宗教的有力辩护。一如亚历山大里亚的克莱门特所证实的:"我们的救主的学说,实际上,就其自身而言,是完满的,是无需任何东西的,因为它即是上帝的能力和智慧。但是,希腊哲学,虽然对它的研究并不能使真理更其有力,然而却可以视为葡萄园的合适的篱笆和沟渠。"③因为它可以削弱那些反对真理的智者的证明,并且可以防止攻击真理的人们的狡黠的诡计。

事实上,正如天主教会的敌人,当其开始攻击宗教时,常常从哲学的方法中借用一些东西来作战争的准备一样,关于上帝的科学的保卫者也可以从哲学的宝库中借用许多武器,来保卫启示的信条。再者,我们为要在基督宗教信仰方面取得重大胜利,也必须指望人类的理性。因为人类的理性能够迅速有效地对付那些敌人们藉着同样的人类理性的技巧为着害人的目的而收集起来的种种武器。圣哲罗姆,在其《致罗马城伟大演说家书》中,曾经表明在异教徒中传教的使徒是如何采用这种证明方法的。"保罗,基督宗教军队的领袖和无可辩驳的发言人,为基督事业作出辩护,甚至得心应手地将信仰的铭刻转换成了对信仰的证明。从真正的大卫开始,他就实际上已经学会了如何从其敌人手中夺取武器,如何最为自豪地以其自己的剑割取了哥利亚的头颅。"④

不仅如此,教会本身不仅劝告基督宗教的教师们,而且也命令他们从哲学获得这种保障。因为第五次拉特兰会议规定,"凡与启示信仰的真理相矛盾的主张,都是完全错误的,因为启示信仰的真理是根本不可能与真理相抵触的。"⑤因此,它也命令哲学博士们认真地驳斥种种荒谬的证明。圣奥古斯丁说过:"如果任何理性用来反对圣经的权威,则不管其如何的精妙,它都是在用其与真理的相似性来进行欺骗。因为它是绝对不可能成为真的。"⑥

但是,如果哲学一定要产生出像我们前面所提到的那样一种奇妙的结果,它首先

---

① 参阅《梵蒂冈第一届大公会议》,"论天主教的信仰",4。
② 《梵蒂冈第一届大公会议》,"论天主教的信仰",4。
③ 亚历山大城的克莱门特:《杂文集》,I,20。
④ 哲罗姆:《致罗马城伟大演说家书》,2。
⑤ 《天主教信理通谕》。
⑥ 奥古斯丁:《书信集》147,"致马采里诺书",7。

就必须谨慎小心,务必不要偏离可敬的古代教父们所开辟、为梵蒂冈会议上权威的郑重投票所认同和批准的道路。显而易见的是,在远远超出任何理智能力的超自然的秩序方面,我们必须接受许多真理。所以,人类理性只要意识到自身的弱点,就绝不敢贸然处理超出其自身的事情,也不敢贸然去否认这些真理。再者,它也绝不会以其自己的力量来测度它们,按照它自己的意志来解释它们。毋宁让它以信仰的充分和谦卑来领受它们,将其视为它的最大的荣耀。因为只是由于上帝的善,它才被允准成为女仆和侍者,操心神圣的学说,并在一定程度上领悟这些学说。

然而,人类理智能够自然接纳的这些学说的首要内容,显然也正是哲学应当运用自己的方法、自己的原则和自己的证明予以说明的东西,然而,这并不意味着它可以鲁莽地脱离上帝的权威。既然藉启示为我们所认知的东西都是最确定的真理,既然凡用来反对信仰的证明都是不符合正确理性的,则天主教哲学家就必须牢牢记住:他要是持守任何一条在他看来是与启示学说相悖的结论,那他就既违背了信仰的真理,也违背了理性的真理。

我们知道,也有一些人,由于过分地拔高人类本性的能力,而主张人类的理智当其隶属于上帝的权威时便失去了其天生的尊严;而且仿佛由于这样一来被套上了奴隶的枷锁,就极大地妨害和障碍了其达到真理和卓越的高度。这样一类说教充满了错误和荒谬。这就使得人们从愚蠢和罪恶的忘恩负义的角度,反对所有更高形态的真理。他们蓄意抛弃上帝信仰的祝福,而万善的溪流都是从这种祝福中流向公民社会的。然而,人们的心灵却封闭在一定的界限之内,而这样的界限是何等的狭小。结果,它不仅因此而陷入种种错误,而且对许多事物都一无所知。另一方面,基督宗教信仰,由于其依赖于上帝的权威,从而是真理的一定的教师。那些遵循这种指导的人既不至于陷入错误的网络之内,也不至于颠簸于怀疑的风浪之中。因此,最好的哲学家便是那些将哲学研究与对基督宗教信仰的服从合为一体的人。基督宗教信仰的光辉照耀到人的心灵之上,而藉着这样的光辉人的理智本身也获得助益。这对于理性的尊严毫发无损;毋宁说,它给理性平添了许多辉煌,精妙和力量。

当我们投身于驳斥反对信仰的意见,证明与其一致的思想时,我们也就是在恰当地和最富有成果地运用理智的敏捷。因为,在驳斥错误的过程中,我们就查明了它们的原因,从而也就揭示了支撑它们的证明的荒谬;而在证明真理的过程中,我们就运用了理性的力量,真理就是藉着理性的力量得到确定无误的证明的,而一些精明之士也是藉着理性的力量而信服真理的。因此,任何一个人只要他否认心灵的丰富和能力会随着这样一些研究和证明而增加,他就必定荒谬地主张真理与错误的识别丝毫无助于理智的进展。所以,梵蒂冈会议用下述一段话来说明信仰从理性获得的诸多重大好处:"信仰使理性免于错误,守卫它,并且以多重知识来指导它。"①因此,如果

---

① 《梵蒂冈第一届大公会议》,"论天主教的信仰",4。

一个人聪明的话,他就不会责备信仰,把它说成是与理性和自然真理相敌对的。他毋宁会衷心地感谢上帝,会极大地庆幸自己:在无知的众多原因中,在错误泛滥的漩涡中,最神圣的信仰光辉地照耀到了自己的身上;信仰,就像有用的恒星那样,给他指明了真理的港湾,使他无所畏惧地行进在自己的航线上。

因此,尊贵的弟兄们,如果你们回顾一下哲学历史的话,你们就会发现,我们所讲过的所有这些话都为种种事实所证实。古代哲学家们,由于他们没有信仰而活着,他们这些被视为最智慧的人们确实在许多事情上都最有害地犯了错。尽管他们在一些问题上也教导了真理,然而,你们知道他们是多么经常地在教导一些错误乃至荒谬的东西。你们知道他们对神的真正的本性、创造的初始、世界的管理、上帝关于未来的知识、恶的原因和原则、人的最后的目的、持久的幸福、德行与恶行,也和其他别的问题上一样,极其轻率地说了那么多不确定的和可疑的话;而关于这些问题的真实和确切的知识无疑是远远超出对人必然的任何东西的。

另一方面,教会的最初的教父和圣师们,从上帝意志的智慧中清楚地理解了,人类知识的修复者正是基督,基督是"上帝的能力和上帝的智慧",[1]"智慧和知识的所有宝藏都隐藏在他的身上".[2] 他们彻底考察了这些古代智慧之士的著作,把他们的意见与启示的教导进行比较。经过审慎的选择,他们接受了他们所见到的所有真实的信息和智慧的思想,而对其余的东西则不是予以矫正,就是予以彻底摈弃。正如上帝,在其对捍卫他的教会的精心筹划中,针对暴君的残暴,提升殉教者,使其有力的灵魂特别强大和慷慨。针对那些被错误地称呼的哲学家,针对异教徒,他也同样提升人的智慧,以便借助于人类理性的帮助,来为启示真理的珍宝加以辩护。实际上,从教会产生之日起,天主教学说就发现它的敌人对它怀有极端的敌意,他们极力嘲笑基督宗教的信条和教诲。他们全面否认天主教学说。他们说:存在有许多个神;构成世界的质料既不曾有开始也不曾有原因;事件的进程受某种盲目的力量和不可避免的必然性支配;它根本不接受上帝运筹的智慧支配。

但是,有智之士,我们曾经称之为护教士,已经有条不紊地回击了这些荒唐学说的教导者,并且以信仰作为他们的指导,从人类的智慧本身作出种种证明。他们证明说,只有一个上帝,他在各种完满性中都是最高的,应当受到崇拜;万物都是由上帝的全能从无中创造出来的;它们全都受到他的智慧所支撑和维系;它们每一个都指向它自己的目的并且向着这样的目的运动。

在这些护教士中,殉教者圣查士丁堪称第一人。在先后研究和尝试了各个最为著名的希腊学派之后,一如他自己所坦然承认的,他终于认识到,只有从启示的学说中他才畅饮到真理之酒。他的灵魂如饥似渴地领受这些真理;剥离掉所有那些与这

---

① 《哥林多前书》1:24。
② 《哥林多前书》2:7。

些真理掺和在一起的诽谤中伤之词;在罗马皇帝面前为这些真理作出充分有力的辩护;并且调解希腊哲学家各种不同的说法。

在那个时代,奎德拉杜、亚里斯提德、赫尔米亚和阿萨纳戈拉斯也在这方面作出了相当突出的成就。在同一项事业中,里昂主教伊里奈乌这位战无不胜的殉教者也赢得了丝毫不逊于他们的荣耀。他曾有力地驳斥了"东部教会人士"的邪恶的说教,这些说教藉着诺斯替派的帮助而扩散到罗马帝国的边境地区。圣哲罗姆在谈到伊里奈乌时说道:"他一个一个地解说了各种异端的起源,并且从这些异端所源出的哲学家的源头解说了这些起源。"①

还有,没有一个人不知道亚历山大里亚的克莱门特的辩论的。圣哲罗姆曾经怀着崇敬的心情评论说:"难道有什么东西不能从这些辩论中学到吗? 难道有什么东西不能从哲学的深处推演出来吗?"②而哲罗姆自己,也难以置信地写了各色各样的书,他的这些著作在构建哲学历史、正确运用辩证技巧、建立理性与信仰和谐等方面都具有极大的用处。奥利金追随哲罗姆,他在亚历山大学派的教师中间负有盛名,深谙希腊人和东方教会人士的学说。他写了大量的著作,在这些学说方面花费了大量精力。令人震惊的是,就在那个时候,他们解释了圣经,阐明了我们的神圣的信条。诚然,他们所写的这些书,就其现存的状态而言,也并非完全没有错误,然而,它们却具有巨大的说服力,自然真理不仅在数目上增加了,而且也更有力量了。德尔图良也运用圣经的权威同异端作斗争。他通过变换武器,用哲学证明来反对哲学家们。他以丰富的学识和敏锐的理论嗅觉驳斥那些哲学家,公开而自信地回答他们说:"我们确实如你们所认为的,无论在科学方面还是在学识方面,都不是站在同等的立足点上。"③阿诺毕乌斯在他的著作中也反对异教徒,拉克坦修在他的《神圣的原理》中尤其致力于以同样的雄辩和力量来劝说人们接受天主教智慧的信条和诫命。他们并非要按照学术的路子废弃哲学;而是部分地运用他们自己的武器,部分地运用哲学家们一致使用的武器,来说服这些异教徒们。④伟大的阿塔纳西和金口约翰这两个第一批传道人,写下了许多作品,不仅讨论人的灵魂,讨论上帝的属性,而且还讨论了那个时代的许多别的问题。在对所有问题的判断中,他们的这些作品都极其卓越,它们的精妙和详尽几乎无可复加。如果一个接一个地提到这些人物不是太过冗长的话,在这个最为卓越的人物的名单中,我们还可以加上我们已经提到的大巴西尔和两个格列高利。从雅典时代起,他们就宣布,最高文化的家园是由哲学的盛装装点起来的。在通过热忱的研究获得所有的丰富学识之后,他们就运用这些学识驳斥异教徒,构建所有可信赖的东西。

---

① 哲罗姆:《致罗马城伟大演说家书》,4。
② 哲罗姆:《致罗马城伟大演说家书》,4。
③ 德尔图良:《申辩篇》,46。
④ 参阅拉克坦修:《神圣原理》,7,7。

但是,奥古斯丁似乎比所有这些人都更胜一筹。他以超人的理智,圆融神圣和世俗学问的心灵,以最强的信仰和相称的知识,同他所在时代的形形色色的错误展开了不屈不挠的斗争。有什么哲学学说被他忽略了吗? 不仅如此,还有什么问题他没有给予彻底的探究吗? 当他向信仰者解释信仰的最深奥秘、在反对对手的狂暴攻击中捍卫这些最深的奥秘时,难道他不正是这样做的吗? 在他戳穿的学院派哲学和摩尼教徒的虚构之后,他便确保了人类知识基础及其确定性的安全,进一步找出了那些使人受到征服的恶的理据、起源和原因。他的著作该是多么的丰富,多么的精深,广泛涉及天使问题、灵魂问题和人类心灵问题;涉及意志和意志自由问题;涉及宗教和幸福生活问题;涉及时间和永恒问题;涉及所有可变形体的本性问题! 此后,在东方教会人士中,大马士革的约翰遵循巴西尔和纳西昂的格列高利的足迹,阐明了奥古斯丁的学说,极大地拓宽了哲学领域。

中世纪的博士们,我们称之为经院哲学家,以承担宏大的学术工程为己任。在罗马教皇的浩如烟海的卷帙中到处都分散有神圣学说的丰硕成果。经院哲学家的目标可以说就在于孜孜不倦地将这些成果收集到一起,似乎可以说是储存到一处,以便后来者方便地使用。

经院哲学的起源在哪里,其特征和价值何在,尊敬的弟兄们,所有这些,在我们的前辈西克斯图斯五世这个最高智慧的人的下面一段话中,得到了更加充分的阐述。他说道:“只有上帝才提供了知识、智慧和理解的灵,只有上帝,世世代代,按照教会的需要,以新的赠品充实他的教会,以新的防护设备来装备教会。因此,我们的先人们,凭借着上帝的神圣的赠品,以超乎常人的智慧,发展了经院神学的研究。尤其是两位光荣的博士,这门著名科学的教师,即最光荣天使博士圣托马斯和六翼天使博士圣波纳文都。他们以超常的能力,不懈的研究,勤勉的操劳和长期的观察,制定并完善了这门神学。他们以最好的方式设计了这门神学,以各种各样的方法阐述了这门神学,并把这门科学交给了后人。”①

这门救赎科学的知识和练习确实一直给了教会最大的帮助。无论是对于圣经的正确理解和解释,还是对于以极大的安全和益处阅读和阐释教父的著作,还是对揭露和回答各种不同的错误和异端,都是如此。这门学问源自圣经、至上的主教、教皇和主教会议的充盈的源泉。然而,最近一个时期,驳斥异端,证实天主教信仰的信条,成了最为迫切的事情了。因为现在可以说是到了使徒所说的那个最为危险的时代了。现在,人们渎神、狂妄、无诚信可言,可以说是每况愈下,不仅他们自己游离于真理之外,而且还常常将他人引入歧途。这些话似乎仅仅是就经院神学讲的,但它们显然也关乎哲学,关乎对哲学的赞扬。

经院神学具有辉煌的赠品,这使得真理的敌人对它望而生畏。西克斯图斯五世

---

① 西克斯图斯五世:《胜利通谕》,1588年。

就是这么说的。他说道:"它具有一种恰当的相互关联的事实与原因的逻辑连贯性;它具有秩序和很好的安排,就像战斗中列队的士兵那样;它的定义和区别相当清晰;它的证明无可争辩,它的论辩犀利无比。由于所有这些,光也就与黑暗隔开,而真理也就与谬误二橛。异端的谎言,裹挟有许多欺诈和荒谬,从而只有在剥离了所有这些遮蔽物之后,才能够充分暴露出来。"①但是,这些伟大而奇妙的赠品只有在经院哲学的大师们对哲学的正确运用中才能够发现;这些大师不仅目标坚定,而且聪明智慧,在他们的神学论辩中习以为常地运用这种哲学。

再者,以一种最好的黏合剂将人类知识和神圣知识紧密无间地结合在一起,实乃经院神学家们所固有的非凡的天赋。由于这个缘故,如果这些神学家仅仅运用那种遭受创伤的、不完全的或肤浅的哲学体系的话,无论如何他们所擅长的神学都是不可能从人们的判断中获得如此大的荣耀和赞赏的。

然而,托马斯·阿奎那,作为所有经院博士的大师和帝王,却高高地矗立在他们所有人之上。卡耶坦在谈到托马斯·阿奎那时,曾经真诚地说道:"他对古代的博士和圣师们是如此的尊敬,以至于可以说是他已经对他们全体全都有完满的理解。"②托马斯将他们的学说收集到一起,就像把散落在各处的肢体收集到一处,并将它们浇铸成一个整体。他将它们安排得如此惊人的井然有序,并且给它们加上了如此丰富的内容,以至于把他说成是天主教教会的非凡的捍卫者和光荣,不仅一点也不过分,而且可以说是实至名归的。他的理智驯服而精妙,他的记忆机敏而惊人,他的人生至上神圣,他唯一爱的就是真理。他的上帝的知识和人的知识竟是如此的丰富,他就像是太阳。因为他以他那神圣的火焰温暖了整个地球,他的学说的光辉映满了整个地球。哲学的任何一个部分,没有未得到他敏锐而坚实的处理的。他的著作不仅涉及推理的法则,涉及上帝和无形实体,涉及人和其他有感觉的事物,而且也涉及人的行为及其原则。更为难能的是,他不仅广泛涉及这些题目,而且在所有这些方面他的论证都不缺乏下述的完满性:对主体的充分选择;对其各个部分的精妙的安排;处理它们的最佳的方法;各项原则的确定性;证明的力量;语言的清楚明白和得体;对深层奥秘的解释能力。

除了这样一类问题之外,这位天使博士,在其沉思中,还得出了一些关于受造事物的理由和原则的哲学结论。这些结论不仅涉及极其广泛的领域,而且还可以说在其深层还包含在数量上几近无限的真理的种子。这些都必定为其身后的教师们在他们自己的时代以最丰富的成果予以展开。由于他不仅在教导真理中运用自己的哲学化方法,而且还把这种方法运用来驳斥谬误,他从而就为自己赢得了这样一种特权。他不仅亲手战胜了古代的所有谬误,而且,在与历史进程中不断涌现出来的与各种谬

---

① 西克斯图斯五世:《胜利通谕》,1588 年。
② 《卡耶坦对〈神学大全〉第 2 集下部问题 148 第 4 条评注》,列奥兰编,第 10 卷,第 174 页注 6。

误的冲突中,他也提供了一个给我们带来种种胜利的军械库。

再者,区别理性与信仰,这是正确的,在谨慎地区别开理性与信仰的同时,又将它们以友情般的和谐结合在一起,托马斯就这样捍卫了理性和信仰各自的权利,这样保护着各自的尊严;以至于就与人相关的而言,理性现在差不多可以说是超过了它曾经达到的高度,在托马斯的飞翔中,理性是受到鼓励的;而另一方面,信仰从理性那里得到的帮助也几乎不可能比托马斯给予的还多些和大些。

由于这些原因,尤其是在过去的时代,那些在神学和哲学领域具有最大学问、值得受到最高赞扬的人们,都以难以置信的勤勉搜寻托马斯的不朽的作品,痴迷于他的天使般的智慧,而不是这样来接受他的话语的教导,完全为它们所营养。很显然,差不多所有宗教团体的奠基人和立法者都吩咐他们的孩子们研究托马斯的学说,虔诚地持守它们,并且告诫他们说,任何人都不允许丝毫偏离这位伟人的足迹。且不要说多米尼克教派,所有教师中最伟大的教师的种种光荣仿佛成了它自己的一种权利似的,每一个教团的法令法规都表明了这一点,无论是本尼狄克教团的僧侣、卡梅尔教派的僧侣、奥古斯丁教派的僧侣和耶稣会教派的僧侣,还是许多别的神圣教派的僧侣都受制于这条规律。

现在,让我们的心灵无比喜悦地驰向过去在欧洲曾经兴盛的那些著名的大学和学院。这样的大学和学院有巴黎、塞拉曼加、阿尔卡拉、都艾、杜鲁斯、卢汶、帕杜亚、波隆那、那不勒斯、孔布拉以及许多别的大学和学院。没有一个人不知道,这些大学的声望与时俱增;每当重大的问题出现和争论存亡攸关时,人们就会来询问他们的意见;他们的意见到处都发生着重大的影响。但是,同样非常著名的是,在那些辉煌的人类理智的大厦中,托马斯在他自己的王国里是以王者的地位统治着的。所有的心灵,无论是教师的心灵,还是听众的心灵,对于这位天使博士的指导和权威,都达到了一种令人惊奇的和谐一致。

但是,更令人惊奇的是,我们的罗马教皇前辈们曾经以罕见的颂词和最充分的证言赞美了托马斯的智慧。克莱门特六世在《为了》的通谕中,尼古拉五世在1451年致修道会修士的短信中,本尼狄克十三世在《珍宝》的通谕中,以及其他教皇都见证了我们大公教会从托马斯的值得赞叹的学说获得的光辉。教皇圣庇护五世在其《奇迹》的通谕中,也声言说,各种异端,由于受到了托马斯的学说的驳斥和为托马斯的学说判定为错误,而销声匿迹;整个世界每天都从致命的错误中解脱出来。其他一些罗马教皇,如克莱门特十二世,在其《上帝之言》的通谕中,也证明说,最富有成果的祝福是由托马斯的作品广泛地散发给整个教会的,他和格列高利、安布罗斯、奥古斯丁和哲罗姆一样,都是配得上最伟大的教会博士的光荣称号的。而另外一些教皇则毫不犹豫地建议托马斯为大学和重大研究中心应坚定效法的典范和大师。在这方面,追述一下圣乌尔巴诺五世对图鲁斯大学的致辞是有益的:"我们在这里责成你们,你们要遵循圣托马斯的学说,把它看做真正的天主教的学说,并且要竭尽全力、不辞劳苦地利用和阐述他的学说。这就是我们的意愿。"英诺森十二世,在 1694 年 2 月 6 日致鲁汶大学的信件中,以及本尼狄克十四世在致格拉那达狄奥尼索斯学院的信中,都遵循了乌尔班诺的榜样。而使伟大教皇对托马斯·阿奎那的这样一些判断登峰造极的则是英诺森六世的证言:"托马斯的学说超出所有别的学说,只是在教规的作品方面例外,其语言是如此的精确,其材料组织得是如此的有序,其结论是如此的真确,以至于持守它的人绝不可能偏离真理的道路,而胆敢攻击它的人便总是有让人生疑之虞。"[1]

大公会议是全球智慧之花盛开的地方。在历届大公会议上,都始终特别注意维护托马斯独享的荣誉。在里昂、维也纳、弗罗伦斯和梵蒂冈大公会议上,我们几乎能够说,托马斯出席并且主持了神父们的各项审议和教令的裁定,以及他们反对希腊人、各种异端邪说和理性主义者的种种错误的斗争,不仅赋予了他们以战无不胜的力量,而且也使他们获得了最为幸福的结果。但是,托马斯首要的和真正独享的荣誉,任何一个天主教博士都不能分享的荣誉,在于:在特伦特大公会议期间,神父们竟一致同意,将托马斯的《神学大全》,与《圣经》和至上教皇的教令一起,摆放在祭坛上,昭示它们乃人们寻求智慧、理性、灵感和各种答案的源泉。

最后的胜利留给了这位天下无双的人物。他甚至迫使天主教会的敌人不得不产生敬意,予以赞赏。因为,事实表明,即是在异教派别的领袖中,也不乏有识之士,他们坦承:只要托马斯·阿奎那的学说被清除掉了,他们就能够轻而易举地同所有的天主教的教师们进行战斗,获得胜利,废除天主教会。[2] 这虽然无疑是一个徒劳的希望,然而却并非是一个无用的证言。

所以,尊敬的弟兄们,只要我们看到我们的神父们所挚爱的托马斯的哲学学说所产生出来的善、力量和卓越的效用和优势,我们就会判定那种认为托马斯的学说所独享的荣誉始终存在并且到处存在的说法实在是轻率的。既然伟大人物显然长期运用过他的学说并且对之作出过他们自己的判断,更为糟糕的是,教会的认同显然支持了这种经院哲学方法,则我们这样说就更加轻率了。到处都有这种或那种新的哲学在取代这种古老的哲学,从而人们也就得不到教会和公民社会自身所期望的那些值得欲求的和有益的成果。16 世纪的好战的革新家们毫不犹豫地不着信仰边际地卖弄哲学,并且进而又询问和赋予那种发明他们能够想到的以及合乎他们口味、他们感到惬意的无论什么事物的权利。这样,自然也就产生出了不计其数的哲学体系,甚至在人类知识的主要问题上也涌现出许多相互区别、相互冲突的意见。从这样一些形形色色、纷纭复杂的意见中,人们只能获得某种不确定性和怀疑;而没有人看不到人们的心灵是多么轻易地从怀疑陷入错误。

---

[1] 英诺森六世:"关于托马斯的讲演"。

[2] 马丁·布塞珥(1491—1551 年),著名的斯特拉斯堡宗教改革家。

　　但是,既然人总是喜欢追求那些曾经引导过他们的东西,我们就会看到一些新奇的东西似乎俘虏了许多天主教哲学家的心灵。这些哲学家贬低古代智慧遗产,毋宁喜欢去发明某种新的东西,某种看起来甜蜜但实际上对科学不无损害的东西,而不是用新的真理来加强和完善古老的真理。这样一种混杂有各种内容的学说所具有的只是一种不确定的和变易不定的基础,它一方面依赖于权威,另一方面又依赖于个别教师的意志。由于这个缘故,它便不能够使哲学坚定、有力和坚实,像古代哲学那样,而是相反,使得哲学赢弱和浅薄。

　　但是,当我们这样说的时候,我们并不是在谴责那些用他们的勤奋和知识以及大量新的发现来帮助哲学发展的有学问、有才智的人士。因为我们清楚地看到,这是有助于学问的发展的。但是,我们必须高度防范将我们的整个注意力,甚至将其首要方面用到这样一些研究上面,以及这样一些训练上面。

　　对于神圣的神学,也可以形成同样的判断。神圣学问是可以得到所有种类的学问的助推,为它们所阐明。但是,以经院哲学的严肃方式来探究它却是绝对必要的。因为唯其如此,它才有望借助于理性以及与之内在地结合在一起的信仰的力量,而继续成为"信仰的坚不可摧的堡垒"。①

　　所以,哲学的学生们,近来有不少人以将哲学置放到更为确实的基础为己任。他们一直竭尽全力,现在也正在竭尽全力恢复托马斯·阿奎那光荣哲学的地位,重新赢得它在古代所享有的声望和辉煌。

　　尊敬的弟兄们,你们中有许多,以同样的意愿,敏捷愉快地沿着同一条道路跟了过来,我们获悉到这种情况后感到由衷的高兴。我们在赞赏这些的同时,也敦促他们在他们已经踏上的道路上继续前进。而对于你们中的其他人,我们也给出下面的劝诫:你们应当更大规模地更其充足地将源自这位天使博士的纯洁的智慧之流提供给那些从事研究的年轻人,使这种智慧的河流之源出于这位天使博士,就像源出一条长年不断、永不干涸的源泉一样。

　　我们之所以如此认真地提出这样的期望,理由有很多。

　　首先,在我们的时代,信仰普遍地遭到了这样那样骗人智慧种种诡计的反对。所以,所有的年轻人,尤其是那些作为教会的希望培养成长起来的年轻人,应当受到健康、有力学说食粮的哺育;从而,在力量上强大有力,又具有在其中所有武器都能够找到的武器库,他们也就能够按照使徒的劝诫,以能力和智慧来推进宗教的事业。使徒曾劝诫我们说:"有人问你们心中盼望的缘由,就要常作准备,满意地回答各人。"②他还劝诫说:"坚守所教真实的道理,又能把争辩的人驳倒。"③

———————————

① 西克斯图斯五世:《胜利通谕》,1588 年。
② 《彼得前书》3:15。
③ 《提多书》1:9。

其次,有许多人,他们的心灵疏远信仰,憎恨整个天主教学说。他们声言,只有理性才是他们的教师和向导。为了治愈这些人的怀疑病,将他们引导到恩典和天主教信仰,我们认为,除了上帝的超自然的帮助外,再没有什么比神父们的坚实的学说和经院哲学更其有用的东西了。他们教授了信仰的坚实的基础,信仰的上帝起源,信仰的确定的真理,将信仰交托给人们的证明,信仰带给人类的种种好处,以及信仰与人的理性的完满的和谐。而且,他们教授这些真理时所运用的证据是如此的充分和有力,以至于甚至那些完全不同意,乃至怀有最高程度的敌意的心灵也能受到极好的劝说而回心转意。

再次,我们看到,由于种种邪恶意见的瘟疫般的流行,已经出现了威胁国家生活乃至公民社会本身的巨大危险。如果在大学和学院里能够教授那些有益学说的话,则整个公民社会本身真的就会平和得多、安全得多。这样一种学说也就是那种与教会的学说更其一致的学说,也就是包含在托马斯·阿奎那著作里的那样一种学说。

托马斯的学说论辩了自由的真正本性,这是一个在那个时代尚未进入法律论域的问题,论辩了所有权威的上帝起源问题,论辩了法律及其约束力问题,论辩了君王的家长式的和正义的统治、我们对更高权力的服从,以及我们所有人之间的公共之爱问题。托马斯对所有这些问题的论述,都具有一种最强的逻辑力量,一种不可抗拒的逻辑力量,颠覆了新法学的种种原理,而这种新法学无论对于社会的和平秩序还是对于公共安全都显然是极其危险的。

最后,随着我们所阐明的哲学学说的这样一种复兴,所有的人类科学都有望得到改进,也都有望得到有效的维护。因为迄今为止,凡善意的和有益的人文学科都是从作为指导的智慧或智慧的主妇的哲学获得其健康方法和正确尺度的。再者,它们也一向从哲学那里吸收生命的精神,以为生活的公共源泉。事实和恒久不变的经验证明,当哲学的荣誉纯洁无瑕的时候,以及当哲学的判断是为智慧而持守的时候,便是各门自由的人文学科最为繁荣兴旺的时候。但是,当堕落的哲学被错误和荒谬所笼罩的时候,各门自由的人文科学也就为人们所忽视,并且差不多为人们所忘却了。

各门物理科学,由于造出了许多惊人的发现,现在享有非常多的声誉,并且到处都赢得了特殊的赞赏。但是,这不仅无损于古代哲学的复兴,而且还从古代哲学那里获得巨大的保护。因为要充分解说这些科学的富有成果的运用和增加,单单考察事实和默思自然是不够的。在事实被确立下来之后,我们就必须站得更高,更多地关注我们的思想。唯其如此,我们才能理解有形事物的本性,研究有形事物所服从的规律以及它们的秩序所从出的原则,研究它们的多样性中的统一性,以及它们的差异性中的公共类似性。经院哲学要是被智慧地运用的话,它给这些研究带来的能力、光和帮助就会相当的惊人!

这里,有一点是值得注意的。这就是,把对自然科学进步和增长的任何嫉妒,作为一种错误,归咎于哲学,实在是一种最高等级的不公正。当经院哲学家,遵从神圣教父们的教导,在他们的人类学中,到处都教导说,人类理智只有通过感性事物才能上升到对非物质事物的知识,没有什么东西能够比认真地探究自然的秘密,长期地和勤奋地熟悉物理科学研究,对于哲学更为有用。其实,经院哲学家们藉着他们的著作就证明了这一点。托马斯,圣大阿尔伯特,以及其他经院哲学领袖,都不是只痴迷于哲学研究,以至于几乎不关心关于自然事物的知识的。不仅如此,在这个问题上,他们的话语和发现中,也有不少即使现代教师们也认可和承认是与真理和谐一致的。此外,在当今时代,许多著名的物理学教授也证明说,在现代物理学的确定的得到证明了的结论与这些学派的哲学原理之间真的可以说是没有任何矛盾。

所以,当我们声明说,凡智慧地说到的东西,凡有益发现或计划的东西,都应当以一种自愿的和高兴的心灵接纳,我们也就是在教促你们全体,尊敬的弟兄们,以最大的热忱来复兴圣托马斯的金子般的智慧,尽可能广泛地传播这种智慧。这既是为了天主教信仰的安全和光荣,也是为了社会的善和所有科学的发展。我们说的是圣托马斯的智慧。因为如果有什么东西是经院哲学的博士们极少探究的,或是他们极少考察且与后代的研究不相一致的,或是根本不可能的,则它就绝对不可能进入我们的心灵被视为我们时代的标准。

因此,让你们精心挑选的教师们竭尽全力将托马斯·阿奎那的学说灌输进他们听众的心灵里。让他们清楚地指出托马斯的学说超出所有别的学说的坚实性和卓越性。让托马斯的学说成为照耀你们可能曾经敞向的学问的所有领域的光,也成为照耀你们今后可能敞向的学问的所有领域的光。让我们用它来驳斥正在产生获得根据的种种谬误。

但是,为了避免人们吸收的是错误而非真理,为了避免人们吸收的是不洁的东西而非纯净的东西,我们就必须注意到,托马斯的智慧是从他自己的源泉中得到的,无论如何是从那些溪流中得到的,这些溪流,按照学人们确定的无歧义的意见,是洁净的和未受污染的,因为它们是从源泉本身直接流出的。还应特别注意的是,年轻人的心灵虽然被约束在可以说是发源于源泉的溪流之中,但在实际中却一向受到来自其他源泉的脏水的污染。

但是,我们必须很好地认识到,我们的所有工作都将会是徒劳的,除非尊敬的弟兄们,上帝祝福我们共同努力,在圣经中,上帝被称作"全知的上帝"。① 圣经警告我们说:"各样美善的恩赐,和各样全备的赏赐,都是从上头来的。从众光之父那里降下来的。"②圣经还说道:"你们中间若有缺少智慧的,应当求那厚赐予众人、也不斥责人的上帝,主就必赐给他。"③

---

① 《列王纪上》2:3。
② 《雅各书》1:17。
③ 《雅各书》1:5。

因此，在这个问题上，让我们仿效天使博士的榜样。天使博士若不藉祷告寻求到上帝的帮助，便决然不去阅读和写作的。他真诚地承认他所获得的所有的学问，与其说是来自他自己的研究和辛劳，毋宁说是直接来自上帝。所以，让我们以谦卑和一致的祷告，全都一起来恳求上热诚地将知识和理解之灵倾泻到教会的儿子们身上，使他们的心灵敞向智慧的理解。

我们还可以接受上帝之善的更加丰盛的成果，去运用上帝最有力的恩惠。这也就是圣童贞女玛丽亚，她被称作智慧之所。同时还要有一些代言人，圣约瑟，童贞女玛丽亚的配偶；彼得和保罗，使徒的首领，当世界为错误的不洁之物污染而朽坏的时候，他们以真理更新了整个世界，用来自上天的智慧之光照亮了世界。

最后，我们信任上帝的帮助，依仗你们放牧的热情，我们用我们在主中的大爱，把我们教皇的祝福，对上天礼物的渴望，以及我们特有的善良意志的证言奉献给你们全体，尊敬的弟兄们，也奉献给所有的教士以及所有那些承担照管责任的众人。

附录四：从"托马斯的现代化"到"现代化的托马斯"

——试论吉尔松的学术贡献

新托马斯主义不仅是当代西方世界一个重要的神学派别，而且也是当代西方世界一个重要的哲学派别。从当代西方哲学思潮的角度看，其最重要的代表人物有马利坦（1882—1973年）、吉尔松（1884—1978年）和卡尔·拉纳（1904—1984年）等。长期以来，我国哲学界比较偏重对马利坦和卡尔·拉纳的研究，不仅发表了一系列有一定理论深度的相关学术论文，甚至还出版了相关专著。相形之下，对吉尔松的研究则比较冷清。不要说出版相关专著，即使相关论文，也可谓凤毛麟角。

这样一种研究状况是与吉尔松的理论贡献和学术地位不相称的。事实上，吉尔松作为新托马斯主义阵营中的核心人物之一，在一些事关新托马斯主义全局的重大问题上，担当了一个无可替代的理论角色，作出了无与伦比的理论贡献。

吉尔松的理论贡献首先表现在他对基督宗教哲学概念合法性的认真辩护和系统论证上。在西方历史上，基督宗教哲学向来是个饱受争议的概念。早在3世纪之初，早期拉丁教士德尔图良（145—220年）就诘问道："耶路撒冷和雅典有什么关系？""基督徒和哲学家有什么关系？"[1]这种抗议的声音1千多年来始终没有停止过。至17世纪，法国科学家和哲学家帕斯卡尔（1623—1662年）呼吁在"基督宗教的上帝"与"哲学家的上帝"之间明确划界，宣称："基督徒的上帝并不单纯是个创造几何学真理与元素秩序的上帝；那是异教徒与伊壁鸠鲁的立场。……但亚伯拉罕的上帝、以撒的上帝、雅各的上帝、基督徒的上帝，乃是一个仁爱与慰藉的上帝；那是一个充满了为他所领有的人的灵魂与内心的上帝，那是一个使他们衷心感到自己的可悲以及他的无限仁慈的上帝！"[2]其实，即使在吉尔松时代，否认基督宗教哲学可能性和合法性的也大有人在。德国哲学家海德格尔1927年在图宾根的一篇题为《现象学与神学》的演讲中就断然否定了基督宗教哲学的可能性。他无所踌躇地写道："并没有诸如一

---

[1] *The Ante Nicene Fathers*, III, ed.by A.Roberts and J.Donaldon, Buffalo, 1885, p.51. 也请参阅赵敦华：《基督教哲学1500年》，第105页。

[2] 帕斯卡尔：《思想录》，何兆武译，北京：商务印书馆1985年版，第250页。

种基督宗教哲学这样的东西,这绝对是一个'棘手的问题'。但也绝没有什么新康德主义神学、价值哲学的神学、现象学的神学等,正如绝没有一种现象学的数学。"①其后,海德格尔在《形而上学导论》中更其尖刻地断言:"一门'基督宗教哲学(christliche Philosophie)'是一种木制的铁器(ein hölzernes Eisen),是一套误解。"②更为严重的是:不仅当代无神论哲学家质疑"基督宗教哲学"概念的合法性,而且即使在托马斯主义阵营内部否定"基督宗教哲学"概念合法性的也不乏其人。例如,吉尔松的法国同胞埃米尔·伯里埃(1876—1952年)就曾于1928年作过一个题为"有基督宗教哲学吗?"的专题演讲。按照伯里埃的说法,基督宗教哲学概念无非具有三种可能的含义,这就是:它或是可能意指符合基督宗教教义的哲学,或是可能意指与基督宗教有内在联系,或是可能意指具有基督宗教信仰的人从事哲学。但无论它意指何种含义,都不可能导致基督宗教哲学概念的合法性。因为当基督宗教哲学意指符合基督宗教教义的哲学时,这样的哲学只能是一种神学;当它意指其与基督宗教有内在联系时,历史上与基督宗教有内在联系的哲学从来就不曾存在过,因为无论是奥古斯丁的哲学还是托马斯的哲学同基督宗教的联系都是外在的;当它意指具有基督宗教信仰的人从事哲学时,鉴于哲学家的个人信仰与他的理性思维并不是一回事,则这样一种情况便与基督宗教哲学的存在毫不相干,"正如不能说基督宗教数学、基督宗教物理学一样,也不能谈什么基督宗教哲学"。③

如果基督宗教哲学概念是一种"木制的铁器",缺乏合法性,则无论是作为中世纪基督宗教哲学形态的托马斯主义和中世纪经院哲学,还是作为当代基督宗教哲学形态的新托马斯主义和新经院哲学的合法性就都成了问题。正因为如此,吉尔松在《中世纪哲学精神》、《中世纪基督宗教哲学史》和《圣托马斯·阿奎那的基督宗教哲学》等著作中不厌其烦地对基督宗教哲学概念的合法性作了一系列认真的辩护和系统的论证。在吉尔松看来,既然凡否认基督宗教哲学概念合法性的人都以强调理性哲学与神学、理性与信仰的差异性和对立性为口实,则他就必须从论证基督宗教信仰与哲学理性的兼容性和一致性入手对基督宗教概念的合法性进行辩护。吉尔松认为,基督宗教信仰与哲学理性之间确实存在着一定的差异性,但它们之间的这样一种差异性并不妨碍它们之间的兼容性和一致性。这里的根本问题是一个哲学观的问题。伯里埃等学者之所以否定基督宗教哲学的合法性,从学理层面看,最根本的即在于他们仅仅从知识论的立场而不能进一步从人生观和救赎论的立场来审视哲学。倘若我们能够从救赎论的立场来审视哲学,我们便能即刻看出基督宗教信仰与哲学理

---

① 海德格尔:《现象学与神学》,载《海德格尔选集》,孙周兴选编,上海:上海三联书店1996年版,第733页。

② Martin Heidegger, *Einführung in die Metaphysik*, Tübingen: Niemeyer, 1987, p.6.

③ Émile Brehier, "Y-a-t'il une philosophie chrétienne?" in Revue de Metaphsique et de Morale, 1931 (38), pp.131-162.

性的兼容性和一致性了。吉尔松强调指出：哲学不只是"一种科学"、"一种知识"，而且还是"一种生活"、"一种实践"。他写道："柏拉图在《斐多篇》、亚里士多德在《尼各马可伦理学》中，都认为哲学虽然本质上是一种科学，但并非只是一种科学，它同时还是一种生活(a life)。"①如果从生活或实践的立场看问题，我们就会发现哲学理性本身有其不充分性，而这种不充分性又根源于它的不完满性。为了克服哲学理性的这样一种不完满性，它就需要接受某种超自然的东西或启示的东西，亦即基督宗教信仰，以便从中获得救赎的真理、实现人生的终极圆满。由此看来，"这样的信仰也并不违背我们的理性，毋宁说，对不可理解的东西的信仰赋予理性知识以完善(perfection)和圆满(consummation)。"②托马斯在《神学大全》中所谓"神恩并不破坏自然，而是要使之完满(gratia non tollat naturam, sed perficiat)"，③即是谓此。

此外，哲学不仅是一种"关于生活"的科学，而且也是一种"关于真理"的科学。如果说从哲学是一种关于生活的科学的观点出发，我们推证出来的只是基督宗教信仰与哲学理性之间的"外在的和简单的一致(an exterior and simple accord)"的话，则从哲学是一种关于真理的科学的观点出发，我们就能推证出来基督宗教信仰与哲学理性之间的"自然的和内在的一致(a natural and internal accord)"。这是因为真理有两种：一种是理性真理，另一种是启示真理。理性真理是我们凭借我们的自然理性从上帝的受造物出发获得的真理。而启示真理则是直接来自万物源泉和所有真理源泉的上帝的真理。相形之下，启示真理是更为根本的真理，也是哲学追求的终极真理。一如托马斯所强调指出的："第一哲学乃关于真理的科学，然而，不是关于任何一条真理的科学，而是关于那条作为所有真理之源的真理，即那条适合于构成万物借以存在的第一原则的真理。"④既然追求终极真理是哲学的根本使命，既然理性真理与启示真理归根到底是同源的，则"我们也就必须承认在信仰和真理之间不可能存在有任何矛盾。只有假的东西才能够与真的东西相矛盾。在真的信仰和真的知识之间必定存在有一种自然的一致"。⑤而这种出自理性真理和启示真理同源性的证明，在吉尔松看来，是对基督宗教信仰与哲学理性一致性的"一种纯粹哲学的推证(a purely philosophical demonstration)"。⑥吉尔松因此非常重视基督宗教哲学家"转识成智"和"转智成识"的理论功夫。他强调指出："信仰的真理，努力自行转换为理解的真理，这才真正是基督徒智慧的生命。从这种努力所产生的理性真理体系，就是基督宗教哲学。所以，基督宗教哲学的内容，就是通过理性自启示那里获得的帮助，所发现

---

① E.Gilson, *The Spirit of Medieval Philosophy*, p.28.

② E.Gilson, *The Christian Philosophy of St. Thomas Aquinas*, tr. by L. K. Shook, Indiana：University of Notre Dame Press, 2002, p.17.

③ Thomae de Aquino, *Summa Theologiae*, Ia, Q.1, a.8.

④ Thomae de Aquino, *Summa Contra Gentiles*, I, cap.1, 5.

⑤ E.Gilson, *The Christian Philosophy of St. Thomas Aquinas*, p.18.

⑥ E.Gilson, *The Christian Philosophy of St. Thomas Aquinas*, p.18.

的理性真理之体系。"①毋庸讳言,无论是马利坦还是拉纳都曾讨论过"基督宗教哲学"的合法性问题。但马利坦试图通过区分"哲学性质"和"哲学状态"来为基督宗教哲学概念的合法性辩护,未免把复杂的问题简单化了。② 而拉纳既然宣布"宗教哲学……将永远是一种基础神学的人类学",③则他就在事实上对基督宗教哲学采取了一种取消主义的立场。因此,在当代托马斯主义者中,真正担当起对基督宗教哲学概念合法性作有力辩护和系统论证责任的则是吉尔松。而他对基督宗教哲学概念的这样一种论证和辩护不仅是对以托马斯为代表的中世纪经院哲学的一种论证和辩护,而且也是对现代新托马斯主义或新经院哲学的一种论证和辩护,其学术价值,尤其是其对基督宗教哲学和新托马斯主义的学术价值是不言而喻的。

吉尔松所作出的另一项特殊贡献在于他对中世纪基督宗教哲学"原创性"的充分肯定。毋庸讳言,无论是马利坦还是拉纳都对中世纪基督宗教哲学持肯定的立场,但他们两个作为哲学家,其兴趣似乎主要地不是在于对中世纪基督宗教哲学本身的考察和阐述,而是在于中世纪基督宗教哲学的"现代化"。就马利坦而言,他的基本目标无非在于以公认的托马斯哲学的基本原理为逻辑前提,针对流行的"以人为中心的人道主义",构建出一个"以神为中心的全整的人道主义"哲学体系。就拉纳而言,他的宗教哲学的基本目标,不是别的,而是以康德的先验认识论和海德格尔的基础本体论充实和改造托马斯的形而上学,"设计出一种'基础神学的'人类学"。④ 作为中世纪哲学史家的吉尔松则不同,虽然他充满了哲学智慧,虽然他也不乏时代的眼光,但他的主要兴趣却几乎始终在于对托马斯哲学思想和中世纪哲学思想本身及其现时代意义的深度开掘,始终在于对中世纪基督宗教哲学"原创性"的"肯定"和"阐扬"。中世纪经院哲学的存在及其原创性问题长期以来一直是个备受争议的问题。黑格尔有"经院哲学本质上就是神学"的说法。⑤ 哈姆林(1856—1907年)则有"在哲学上,古代人之后就是笛卡尔,差不多可以说,在这之间只是一片空白"的说法。⑥此外,还有中世纪"只有片片断断的希腊思想(shreds of Greek thought)"以及中世纪经院哲学只是"希腊哲学史的一类附录(a sort of appendix to the history of Greek philosophy)"的说法。⑦ 吉尔松不仅依据雄辩的史料论证了中世纪基督宗教哲学的存在,而且还论证和强调了中世纪基督宗教哲学的"内在价值"、"原创性"和它对古代

---

①   E.Gilson,*The Spirit of Medieval Philosophy*,pp.34-35.

②   Cf.Jacques Maritain,*An Essay on Christian Philosophy*,New York:Philosophical Library,1955,p.30.

③   卡尔·拉纳:《圣言的倾听者——论一种宗教哲学的基础》,朱雁冰译,北京:三联书店2003年版,第196页。

④   卡尔·拉纳:《圣言的倾听者——论一种宗教哲学的基础》,第196页。

⑤   黑格尔:《哲学史讲演录》第3卷,第279页。

⑥   O.Hamelin,*Le Systéme de Descartes*,Paris:F.Alan,1921,p.15.

⑦   Cf.E.Gilson,*The Spirit of Medieval Philosophy*,p.2;E.Gilson,*History of Christian Philosophy in the Middle Ages*,p.542.

希腊哲学的超越性。吉尔松在《中世纪哲学精神》中曾经以存在与本质的关系为例，来解说中世纪基督宗教哲学对于古代希腊哲学的原创性和超越性。吉尔松承认"基督宗教哲学家受柏拉图和亚里士多德的启发，引用他们的原则"，但是，在任何意义上，都不意味着中世纪基督宗教哲学缺乏"批判精神"和"创新精神"，正相反，中世纪基督宗教哲学家虽然引用希腊哲学家的原则，"但却从其中提出柏拉图和亚里士多德连做梦都没有梦见过的结论，而且是他们的系统中根本不可能具有地位的结论，倘若强行安插进去，势必会因此而毁灭整个系统。"吉尔松例证说："尤其是本质与存在的著名区分，无论采取任何意义，这个区别对于基督宗教哲学家都是必要的，但在亚里士多德的哲学中，却无法想见这种区别。"①在《中世纪基督宗教哲学史》中，吉尔松断言：中世纪并非"一个哲学停滞和萧条的漫长时期"，而是一个具有"内在价值"和"惊人财富"的哲学发展时期，它馈赠给人类三种"纯粹的哲学立场"：奥古斯丁的方法论，司各脱的形而上学本质论和托马斯的形而上学存在论，赋予西方哲学以"新的生命"。② 吉尔松认为发现和肯认中世纪基督宗教哲学的"原创性"和"内在价值"不仅对于理解和把握中世纪基督宗教哲学形态的实在性具有重大意义，而且对于理解整个西方哲学史的"连续性(continuity)"和"可理解性(intelligibility)"以及近现代哲学的精神实质和"实际面貌"都有不可估量的意义。③

　　在对吉尔松关于中世纪基督宗教哲学的原创性的论证中，有一点值得特别予以注意，这就是他对中世纪基督宗教哲学原创性的强调是与他对基督宗教的积极的哲学功能的强调紧密联系在一起的。吉尔松反对将基督宗教哲学称作"关于宗教的哲学(a philosophy of religion)"，而主张将其称作"宗教性的哲学(a religious philosophy)"。④ 这是因为在吉尔松看来，基督宗教信仰与哲学理性之间不仅存在有"兼容性"和"内在的一致性"，而且还存在有一种相互推动和相互发明的"动力学"的关系，而在这种相互推动和相互发明的动力学的关系中，基督宗教信仰往往发挥更为根本、更为原始的作用和功能。这就是吉尔松所谓的"神学秩序优先性原则"。我们有两种不同的认识秩序：一种是"从被造之物上升到上帝"的认识秩序，亦即"哲学的秩序"；另一种是"从上帝下降到被造之物"的认识秩序，亦即"神学的秩序"。既然"神学所遵循的是一种就其本身而言更完善的秩序，因为它以上帝的知识为开端，而上帝在认识自己时也就认识了其余的一切东西"，⑤则神学的秩序优先于哲学的秩序也就是一件非常自然的事情了。在吉尔松看来，中世纪基督宗教哲学之所以具有原创性，

---

　　① E.Gilson, *The Spirit of Medieval Philosophy*, pp.409-410.

　　② E.Gilson, *History of Christian Philosophy in the Middle Ages*, pp.544-545.

　　③ Cf.E.Gilson, *History of Christian Philosophy in the Middle Ages*, p.542; E.Gilson, *The Spirit of Medieval Philosophy*, p.18.

　　④ E.Gilson, *History of Christian Philosophy in the Middle Ages*, p.5.

　　⑤ E.Gilson, *The Christian Philosophy of St.Thomas Aquinas*, p.21.

之所以能够超越古代希腊哲学实现西方哲学的重大变革,最根本的正在于它切实贯彻了神学秩序优先性原则,一方面坚持转识成智,另一方面又坚持转智成识,藉启示真理来推进和促成理性真理或哲学真理。吉尔松强调说:正是由于宗教信仰的召唤,正是由于"这两种不同思想秩序的结盟","才赋予哲学以新的生命,并且产生出积极的哲学成果"。① 这就把基督宗教及其信仰对西方哲学的提升作用和铸造功能以一种托马斯主义的语言清楚不过地表达出来了。在人类历史上,宗教作为社会系统中的一个子系统,其存在与发展一方面总是受到社会母系统及其他社会子系统的制约,另一方面又总是对社会母系统及其他社会子系统的存在和发展发生这样那样的影响,对作为社会诸子系统之一的哲学的存在和发展产生这样那样的影响。从这个意义上讲,吉尔松对基督宗教及其信仰的哲学功能的肯定和强调,尽管也具有某种护教学的色彩,但却内蕴有一种普遍的宗教学意义。

吉尔松所作出的第三项特殊贡献在于他对托马斯的哲学,特别是对托马斯的存在观作出了深度挖掘和系统阐释。如果说作为哲学家的马利坦和拉纳的工作中心主要在于托马斯的"现代化",那么,我们就可以说作为哲学史家的吉尔松的工作中心则主要在于现代化的"托马斯"。也就是说,吉尔松的工作中心主要在于用现当代哲学眼光审视和重新评估中世纪的托马斯。吉尔松不仅著有《圣托马斯·阿奎那的基督宗教哲学》专著,而且即使在他的其他著作中,托马斯都是其永远的基础和参照体系。用"言必称托马斯"来述说吉尔松是一点也不过分的。如果对于托马斯来说,哲学家就是亚里士多德,那么,对于吉尔松来说,基督宗教哲学家就是托马斯。吉尔松对托马斯称赞倍加。为了突出和强调托马斯在西方基督宗教哲学史上的独特地位和恒久价值,吉尔松在《圣托马斯·阿奎那基督宗教哲学》中甚至断言:"只有一个托马斯·阿奎那。""托马斯·阿奎那的形而上学基本主张依旧远远领先于被认为是我们时代最先进的思想。就托马斯而言,我不是说他过去是正确的(he was right),而是说他现在是正确的或他永远是正确的(he is right)。"②在《中世纪基督宗教哲学史》中,吉尔松宣称:"从大约 1270 年以来,特别是从 13 世纪末以来,要解释中世纪大师们的哲学或神学立场而不考虑托马斯主义是完全不可能的。"③他到处强调托马斯哲学的"原创性"和理论"深度",宣称托马斯的哲学既不是对亚里士多德的"重复",也不是对古代希腊哲学片段的"拼凑"。吉尔松一再地强调托马斯作为形而上学革命家的历史地位,断言:托马斯不是以"进化的方式(by way of evolution)",而是以"革命的方式(by way of revolution)"继承包括亚里士多德主义在内的西方形而上学遗产的。④他特别强调托马斯存在论的理论价值,宣称:"作为哲学,托马斯主义本质上是一种

---

① E.Gilson, *History of Christian Philosophy in the Middle Ages*, p.545.

② E.Gilson, *The Christian Philosophy of St.Thomas Aquinas*, pp.vii-viii.

③ Etienne Gilson, *History of Christian Philosophy in the Middle Ages*, p.361.

④ Cf.Etienne Gilson, *History of Christian Philosophy in the Middle Ages*, p.365.

形而上学。它是对作为形而上学第一原则,即'存在'的形而上学解释历史上的一场革命(a revolution)。"①这场革命的本质在于:"存在"在托马斯这里不再像在古代希腊哲学家那里,只是一个思辨概念或逻辑范畴,而是成了"一个不定式"(to be,to exist),成了"存在活动(the act of being)",成了"纯粹的存在活动(the pure act of existing)",成了万物得以存在的存在活动。② 存在问题因此也就成了"解释实在的'硬核(the very core)'",③成了形而上学的"第一原则(the first principle)",④成了哲学或形而上学的"拱顶石(keystone)",成了形而上学得以存在的"根据"。⑤ 而形而上学也因此而成了"关于存在之为存在的形而上学(the metaphysics of being as being)"。⑥应该说,经吉尔松阐明的托马斯的这样一种形而上学存在观不仅在从笛卡尔到黑格尔的近代形而上学的发展中没有得到充分的理解和吸收,而且即使在从尼采到海德格尔再到马利坦和拉纳的现当代形而上学的发展中也同样是需要认真咀嚼、不断品味的。有史料称,有"我国康德哲学研究先驱"声誉的王国维在《静安文集》自序中曾说他是通过阅读叔本华逐渐读懂康德的。⑦ 同样,我们也完全有理由说,阅读吉尔松既是我们走向托马斯的一条便捷的途径,也是我们了解托马斯的一扇明亮的窗口。⑧

---

① Etienne Gilson, *History of Christian Philosophy in the Middle Ages*, p.365.

② Cf.E.Gilson, *The Christian Philosophy of St.Thomas Aquinas*, pp.29, vii, 44.

③ E.Gilson, *The Christian Philosophy of St.Thomas Aquinas*, p.vii.

④ Etienne Gilson, *History of Christian Philosophy in the Middle Ages*, p.365.

⑤ E.Gilson, *The Christian Philosophy of St.Thomas Aquinas*, pp.444, 29.

⑥ E.Gilson, *The Christian Philosophy of St.Thomas Aquinas*, p.44.

⑦ 参阅丁东红:《百年康德哲学研究在中国》,《世界哲学》2009 年第 4 期。

⑧ 本附录原载车桂:《吉尔松哲学研究》(北京:人民出版社 2012 年版)。采用时,小作修改。

主要参考文献

（以作者姓名的汉语拼音或英文字母为序）

一、中文部分（含中文译本）：

托马斯·阿奎那：《论存在者与本质》，段德智译，《世界哲学》2007 年第 1 期。

托马斯·阿奎那：《何谓真理?》，段德智译，《世界哲学》2008 年第 4 期。

托马斯·阿奎那：《论独一理智——驳阿维洛伊主义者》，段德智译，《世界哲学》2010 年第 6 期。

托马斯·阿奎那：《阿奎那政治著作选》，马清槐译，北京：商务印书馆 1982 年版。

奥古斯丁：《忏悔录》，周士良译，北京：商务印书馆 1981 年版。

奥古斯丁：《论三位一体》，上海：上海人民出版社 2006 年版。

威廉·巴雷特：《非理性的人：存在主义哲学研究》，段德智译，陈修斋校，上海：上海译文出版社 2007 年版。

北京大学哲学系外国哲学史教研室编译：《西方哲学原著选读》上卷，北京：商务印书馆 1981 年版。

柏拉图：《游叙弗伦，苏格拉底的申辩，克力同》，严群译，北京：商务印书馆 1983 年版。

笛卡尔：《哲学原理》，北京：商务印书馆 1959 年版。

保罗·蒂利希：《文化神学》，陈新权、王平译，北京：工人出版社 1988 年版。

董尚文：《阿奎那存在论研究：对波爱修〈七公理论〉的超越》，北京：人民出版社 2008 年版。

段德智：《主体生成论：对"主体死亡论"之超越》，北京：人民出版社 2009 年版。

段德智：《莱布尼茨哲学研究》，北京：人民出版社 2011 年版。

段德智：《阿奎那的本质学说对亚里士多德的超越及其意义》，《哲学研究》2006 年第 8 期。

段德智：《试论阿奎那的本质特殊学说及其现时代意义》，《哲学动态》2006 年第 8 期。

段德智、赵敦华：《试论阿奎那特指质料学说的变革性质及其神哲学意义：兼论 materia signata 的中文翻译》，《世界宗教研究》2006 年第 4 期。

段德智：《试论经院哲学的学院性质及其学术地位》，《基督教思想评论》2007 年第 1 册。

段德智：《试论阿奎那公平价格学说的理论基础和基本维度及其现时代意义》，《晋阳学刊》2010 年第 4 期。

段德智：《中世纪阿拉伯哲学的西方属性及其对拉丁哲学的影响》，《哲学动态》2012 年第 3 期。

海德格尔：《海德格尔选集》，孙周兴选编，上海：上海三联书店 1996 年版。

黑格尔：《哲学史讲演录》第 1 卷，贺麟、王太庆译，北京：商务印书馆 1981 年版。

黑格尔：《哲学史讲演录》第 3 卷，贺麟、王太庆译，北京：商务印书馆 1981 年版。

卡尔·拉纳:《圣言的倾听者——论一种宗教哲学的基础》,朱雁冰译,北京:三联书店 2003 年版。

詹姆士·利奇蒙德:《神学与形而上学》,朱代强、孙善玲译,成都:四川人民出版社 1997 年版。

凌继尧、徐恒醇:《西方美学史》第 1 卷,北京:中国社会科学出版社 2005 年版。

刘仲容:《多玛斯'De ente et essentia'一文译注》,《空大人文学报》1998 年第 7 期。

卢梭:《论人类不平等的起源和基础》,李常山译,东林校,北京:商务印书馆 1982 年版。

莱昂·罗斑:《希腊思想与科学精神的起源》,陈修斋译,段德智修订,桂林:广西师范大学出版社 2003 年版。

罗素:《西方哲学史》上卷,何兆武、李约瑟译,北京:商务印书馆 1981 年版。

约翰·马仁邦主编:《中世纪哲学》,孙毅、查常平、戴远方、杜丽燕、冯俊等译,冯俊审校,北京:中国人民大学出版社 2009 年版。

麦克斯·缪勒:《宗教学导论》,陈观胜、李培荣译,上海:上海人民出版社 2010 年版。

穆萨·穆萨威:《阿拉伯哲学》,张文建、王培文译,北京:商务印书馆 1997 年版。

A.E.泰勒:《柏拉图:生平及其著作》,谢随知等译,济南:山东人民出版社 1991 年版。

帕斯卡尔:《思想录》,何兆武译,北京:商务印书馆 1985 年版。

邬昆如、高凌霞:《士林哲学》,台北:五南图书出版公司 1996 年版。

赵敦华:《基督教哲学 1500 年》,北京:人民出版社 1994 年版。

二、英文部分:

Thomas Aquinas, *Summa Contra Gentiles*, Tr. by Anton C. Pegis, James F. Anderson, Verson J. Bourke and Charles J. O'Neil, London: University of Notre Dame Press, 1975.

St. Thomas Aqunas, *Summa Theologica*, tr. by Fathers of English Dominican Province, New York: Benziger Brothers, Inc., 1947.

S. Thomae De Aquino, *Summa Contra Gentiles*, Torino: Casa, 1934.

S. Thomae De Aquino, *Summa Theologiae*, Instituti Studirum Medievalium Ottaviiensis, Ottawa: Commissio Piana, mdccccliii.

S. Thomae De Aquino, *De Ente et Essentia*.

Thomas Aquinas, *On Spiritual Creatures*, tr. by M. G. Fitzpatrick and J. J. Wellmuth, Milwaukee: Marquette University Press, 1949.

St. Thomas Aquinas, *On Being and Essence*, tr. by Armand Maurer, Toronto: Pontifical Institute of Mediaeval Studies, 1968.

Thomas Aquinas, *Commentary on the Metaphysics of Aristotle*, tr. by John P. Rowan, Chicago: H. Regnery Co., 1961.

St. Thomas Aquinas, *Truth*, tr. by R. W. Mulligan, Cambridge: Hackett, 1954.

Saint Thomas Aquinas, *Philosophical Texts*, ed. by T. Gilby, Oxford: Oxford University Press, 1960.

St. Thomas Aquinas, *Basic Writings of Saint Thomas Aquinas*, Beijing: China Social Sciences Publishing House, 1999.

F. Barber and J. E. Gracia, ed., *Individuation and Identity in Early Modern Philosophy: Descartes to Kant*, State of New York University Press, 1994.

Boethius, *The Consolation of Philosophy*, tr., by H. F. Stewart, E. K. Rand, and S. J. Tester, Harvard University Press, 1936.

Johannes Eckhart, *Meister Eckhart: a Modern Translation*, tr., by Raymond Bernard Blakney, Harper & Brothers, 1941.

Etienne Gilson, *The Spirit of Mediaeval Philosophy*, tr. by A. H. C. Downnes, New York: charles Scribner's sons, 1940.

Etienne Gilson, *History of Christian Philosophy in the Middle Ages*, New York: Randorn House, 1955.

Etienne Gilson, *The Christian Philosophy of ST. Thomas Aquinas*, Notre Dame: University of Notre Dame Press, 1994.

Martin Heidegger, *Einführung in die Metaphysik*, Tübingen: Niemeyer, 1987.

Arthur Hyman and James J.Walsh ed., *Philosophy in the Middle Ages*, Indianapolis: Hackett Publishing Company, 1973.

David Knowles, *The Evolution of Medieval Thought*, London: Longmans, 1962.

Anthony Kenny ed., *Aquinas: a Collection of Critical Essays*, London: Macmillan, 1969.

Norman Kretzmann and Eleonore Stump ed., *The Cambridge Companion to Aquinas*, Cambridge University Press, 1993.

Norman Kretzmann, *The Metaphysics of Theism*, Oxford: Clarendon Press, 1997.

Hans Kung, *Great Christian Thinkers*, New York: The Continuum Publishing Company, 1994.

Gottfried Wilhelm Leibniz, *Kleine Schriften zur Metaphysik*, hrsg. von Hans Hein Holz, Frankfurt: Insel Verlag, 1986.

Leone PP.XIII, *Aeterni Patris*, 1879.

Moses Maimonides, *The Guide of the Perplexed*, tr.by Shlomo Pines, Chicago: University of Chicago Press, 1963.

Jacques Maritain, *An Essay on Christian Philosophy*, New York: Philosophical Library, 1955.

B.Mckeon ed., *Selections from Medieval Philosophers*, New York: Charles Scribner's Sons, 1929.

A.Roberts and J.Donaldon ed., *The Ante Nic ene Fathers*, Buffolo, 1885.

后　记

1. 我虽然从 1963 年考入武汉大学哲学系起开始学习哲学,但真正思考哲学与宗教的关系以及西方中世纪哲学则是"文化大革命"之后的事情。自 1978 年我考入武汉大学哲学系外国哲学硕士研究生之后,哲学与宗教的关系问题以及中世纪哲学问题便从我的脑子里冒了出来,并且进入了我的哲学思维领域。当时,我不仅购买了一些相关书籍,而且还写出了一篇题为《从欧洲哲学的发展看宗教对哲学的影响》的学位课程论文。[①] 其后,虽然我的哲学视野不断开阔,哲学研究的中心领域也时有变迁,但它们却不仅一刻也没有逸出我的哲学视野,而且随着我的哲学研究的不断深入,越来越走近我的哲学研究的中心领域,以至于近十多年来它们竟成了我哲学思考的中心内容。甚至我之对杜维明先生《论儒学的宗教性》的翻译以及随后对托马斯·阿奎那《神学大全》、《反异教大全》和《论存在者与本质》的翻译也只有从这样的学术轨迹中才能得到合理的说明。

2. 本著可以说是我对中世纪哲学以及与之相关的哲学与宗教关系 30 多年来反思和写作的一个结果。其中一部分内容是我此前发表过的相关论文和相关译文。为了方便读者查找原作,凡已经正式发表过的,我都在文末对其原始出处做了说明。敬请读者留意。

3. 中世纪哲学和西方哲学所有其他发展阶段的哲学一样,都是其所在时代的精华,都既有其真实的意义和价值也有其缺陷和不足。宗教的功能,一如世界上任何别的事物一样,也有两重性,既有正功能也有负功能。我们在本著中之所以特别强调中世纪哲学的学术价值和学术地位以及宗教对哲学的正功能,一方面是由于本著的理论视角所致,另一方面也与作者"救偏补弊"的写作意图有关。希望读者不要因此"弊于一曲,而暗于大理",从一个极端而走向另一个极端。

4. 书稿初成后,我的女儿段淑云硕士审读了所有章节,并指出了其中的一些错讹之处。借此机会,对于她所付出的辛劳表示谢意。

5. 在书稿付梓之际,谨向本著责编洪琼先生致以衷心的谢意,感谢他为本著所付

[①]　这篇学位课程论文当时曾受到包括陈修斋、杨祖陶、萧萐父在内的研究生指导小组老师们的高度肯定,给我打出了罕见的高分。

出的全部辛劳。

6.在西方哲学史的断代史研究中,中世纪哲学至今依然是一个特别薄弱的环节。从世界哲学界看是如此,从中国哲学界看更是如此。深入开展中世纪哲学研究,使其达到与西方哲学其他阶段的断代史研究相匹配的水平是当代世界哲学家理应担当的一项使命,更是当代中国哲学家理应担当的一项使命。愿以此与哲学同仁共勉。

段德智

2014 年 9 月 14 日于武昌珞珈山南麓

责任编辑:洪　琼

图书在版编目(CIP)数据

中世纪哲学研究/段德智 著. -北京:人民出版社,2014.11
ISBN 978 - 7 - 01 - 013962 - 3

Ⅰ.①中… Ⅱ.①段… Ⅲ.①中世纪哲学-研究 Ⅳ.①B13

中国版本图书馆 CIP 数据核字(2014)第 218899 号

中世纪哲学研究
ZHONGSHIJI ZHEXUE YANJIU

段德智 著

人民出版社 出版发行
(100706 北京市东城区隆福寺街 99 号)

北京瑞古冠中印刷厂印刷 新华书店经销

2014 年 11 月第 1 版 2014 年 11 月北京第 1 次印刷
开本:787 毫米×1092 毫米 1/16 印张:18.5
字数:370 千字 印数:0,001-2,000 册

ISBN 978 - 7 - 01 - 013962 - 3 定价:56.00 元

邮购地址 100706 北京市东城区隆福寺街 99 号
人民东方图书销售中心 电话 (010)65250042 65289539